막스 베버의
일반경제사

막스 베버의 일반경제사

초판 1쇄 발행   2020년 10월 30일

원제   General Economic History(1961)
지은이   막스 베버
옮긴이   정명진
펴낸이   정명진
디자인   정다희
펴낸곳   도서출판 부글북스
등록번호   제300-2005-150호
등록일자   2005년 9월 2일

주소   서울시 노원구 공릉로63길 14, 101동 203호(하계동, 청구빌라)
           (139-872)
전화   02-948-7289
전자우편   00123korea@hanmail.net
ISBN   978-11-5920-134-9 03900

막스 베버의
일반경제사

General Economic History

막스 베버 지음 정명진 옮김

차례

1부

가구와 씨족, 마을, 장원
(농경 조직)

1장

농업 조직과
농경 공산주의의 문제

모든 경제적 진화가 원시적인 농경 공산주의에서 시작되었다는 이론은 특히 한센(G. Hanssen)과 폰 마우러(von Maurer)가 고대 게르만 민족의 경제 조직을 연구한 결과 처음 제시되었다. 한센과 폰 마우러는 고대 게르만 민족의 농경 공산주의 이론을 처음 주장했으며, 이 이론은 훗날 학계의 공통 재산이 되었다. 이후 다른 땅에서도 고대 게르만 민족의 농업 조직과 유사한 것이 확인됨에 따라, 모든 경제 발달의 공통적인 시작이 농경 공산주의라는 이론이 최종적으로 확립되기에 이르렀다. 이 이론의 발달에는 특히 에밀 드 라블레이(Émile de Laveleye)가 많은 기여를 했다.

고대 게르만 민족의 농업 조직과 비슷한 것은 러시아와 아시아, 특히 인도에서도 확인되었다. 그러나 독일에서든 다른 경제 체제에서든, 최근에는 확인 가능한 시대 중에서 가장 오래된 시대에 이미 토지에 사유 재산이 존재했고 장원 유형의 발달이 있었다는 점을 인정하려는 경향이 강하게 나타나고 있다.

만약에 독일 민족의 농업 조직을 18세기의 형태를 먼저 고려한 다음에 거꾸로 관련 자료가 빈약한 옛날의 조건으로 더듬어 올라간다면, 우리의 조사는 튜턴족[1]이 원래 정착했던 지역으로 국한되어야 한다. 따라서 첫째, 예전에 슬라브 인이 거주했던 지역인 엘베 강과 잘레 강의 동쪽을 배제하고, 둘째, 예전에 고대 로마의 영토였던 지역, 즉 라인 강 지역과 헤센, 그리고 대략적으로 헤센의 경계에서부터 레겐스부르크 근처까지 잇는 선의 남쪽인 독일 남부를 배제하고, 마지막으로, 베저 강 왼쪽에 원래 켈트족이 정착했던 지역을 배제한다.

원래 게르만 민족이 정착했던 지역의 취락은 외따로 떨어진 농장 형태가 아니라 마을 형태를 띠었다.

마을과 마을을 연결하는 길들은 원래 존재하지 않는 것이나 마찬가지였다. 이유는 각 마을이 경제적으로 독립되어 있어서 이웃과 연결할 필요성을 전혀 느끼지 않았기 때문이다. 훗날에도 도로들은 체계적으로 계획되지 않았으며, 필요에 따라 통행이 이뤄지면 그곳이 곧 길이 되었다. 그러다 보니 길은 어느 해에 생겼다가도 그 다음 해엔 사라지곤 했다. 그러다가 수 세기의 세월이 흐르는 과정

---

1   일반적으로 게르만 민족의 한 부족으로 분류된다. B.C. 2세기 말에 튜턴족은 스칸디나비아 남부의 본거지를 떠나 도나우 강쪽으로 이동하면서 그곳에서 세력을 넓히고 있던 로마 공화정과 충돌을 일으켰다.

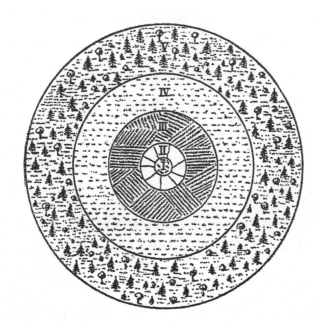

에 땅에 대한 개인적 보유를 바탕으로, 도로를 유지하고 관리하는 의무가 생겨나게 되었다. 따라서 이 지역을 그린 군사용 지도들은 오늘날 마을들이 불규칙하게 연결되어 있다는 인상을 준다.

　앞의 그림을 보면, 한가운데의 첫 번째 구역은 주거지들을 포함하고 있다. 주거지들은 꽤 불규칙하게 배치되어 있다. 두 번째 구역은 둑으로 둘러싼 채소밭을 포함했으며, 채소밭은 마을에 있는 주거지들의 숫자와 동일하게 나뉘어졌다. 그 다음의 세 번째 구역은 경작지이고, 네 번째 구역은 목초지이다. 각 가구는 목초지에서 동일한 수의 가축에게 풀을 뜯게 할 권리를 누린다. 그래도 목초지는 공동의 소유가 아니었으며 가구마다 몫이 정해져 있었다. 숲(다섯 번째 구역)도 마찬가지다. 숲도 마을의 소유가 아니며, 거기서도 나무를 심고 나무를 자르고 열매들을 딸 권리는 마을의 거주자들 사이에 똑같이 나뉘었다. 주거 지역의 집과, 채소밭과 경작지와 목초지와 숲에 대한 개별적 몫이 '하이드'(hide)[2](독일어는 'Hufe'이며, 이 단어의 어원은 영어의 "have"와 같다)를 이룬다.

경작지는 '경지'(耕地)라 불린 다수의 부분들로 나뉘며, 이 경지는 다시 길쭉한 구획으로 나뉜다. 길쭉한 구획은 폭이 언제나 일정한 것은 아니며 종종 대단히 좁기도 했다. 마을의 농부는 저마다 각 경지에 그런 길쭉한 구획을 하나씩 소유했으며, 따라서 각 가구가 경작지에서 차지하는 몫은 원래 넓이 면에서 똑같았다. 이런 식으로 경지로 나눈 것은 위치에 따라 품질이 다를 수밖에 없는 땅을 공동체의 구성원들이 최대한 공평하게 차지하도록 하기 위함이었다. 이런 식으로 공동체의 구성원들이 각 땅마다 일정 몫을 소유하도록 하는 방법은 마을 사람들이 우박 같은 자연 재해의 영향을 똑같이 받도록 하는 이점을 안겨주었으며, 따라서 개인의 위험 부담이 가벼워질 수 있었다.

정방형이 지배적이었던 로마의 관습과 반대로, 길쭉한 구획으로 구분한 것은 독일의 쟁기가 지닌 특성과 관계있다. 보편적으로 쟁기는 먼저 손으로 다루거나 동물들이 끄는, 괭이처럼 생긴 도구였으며, 단순히 땅을 파서 표면에 골을 만드는 데 쓰였다. 이 괭이 쟁

---

2 영국의 초기 역사에서 한 가족을 부양하는 데 필요한 토지를 말한다. 일반적으로 60-120 에이커였다.

기를 그 이상의 수준으로 발달시키지 않은 민족들은 모두 흙을 부드럽게 부수기 위해 어쩔 수 없이 들판을 앞뒤로 오가며 갈지 않을 수 없었다. 이 목적을 위해 땅을 나누는 가장 적절한 방법은 장방형이었다. 카이사르(Caesar) 시대 이후로 이탈리아에서는 장방형의 구획 정리가 확인된다. 캄파냐[3]의 군사용 지도들과 개인이 소유한 토지의 경계선들은 지금도 여전히 장방형을 보여주고 있다.

이와 반대로, 게르만 민족의 쟁기는 우리가 알고 있는 한 땅을 수직으로 자르는 칼과 땅을 수평으로 자르는 보습, 마지막으로 오른쪽에 흙을 뒤집는 볏으로 이뤄져 있었다. 이 쟁기는 땅을 십자 모양으로 교차하며 갈 필요가 없었으며, 이 쟁기를 이용하는 데엔 땅을 길쭉한 구획으로 나누는 것이 가장 적절했다.

길쭉한 구획의 크기는 대체로 소가 쉬지 않고 하루 동안 쟁기로 갈 수 있는 양에 의해 결정되었다. 그리하여 독일어 단어 "Morgen"(영어의 "morning"에 해당하지만 에이커와 동의어이다)이나 "Tagwerk"(영어로 'day's work'(하루치의 일)이라는 뜻이다)가 생겨나게 되었다. 세월이 흐르면서, 구획으로 나눈 구분이 많은 혼란을 야기했다. 왜냐하면 쟁기가 볏이 오른쪽에 달린 탓에 오른쪽 구획을 침범하기 쉬웠기 때문이다. 따라서 구획의 크기가 일정하지 않게 되었다.

길쭉한 구획들 사이에 적어도 처음에는 경계 표시 같은 것이 전혀 없고 고랑만 있었기 때문에, 다른 사람의 구획이 쟁기에 갈리는

3 로마 시 주변의 평원을 말한다.

경우가 종종 있었다. 그러면 '경지 배심원들'이 곧은 자 등을 이용해서 원래의 위치를 잡아주곤 했다.

할당된 몫의 땅들 사이에 길이 전혀 없었기 때문에, 땅을 경작하는 일은 오직 공동의 계획에 따라 동시에 행해질 수밖에 없었다. 경작은 대체로 삼포제(三圃制)를 따랐으며, 이 방법은 독일에서 경작 방법으로 가장 일반적인 형태이지만 가장 오래된 형태는 절대로 아니다. 삼포제의 도입은 적어도 8세기까지 거슬러 올라간다. 770년경에 작성된 로르슈 수도원의 한 문서에 그 방법이 당연한 것처럼 적혀 있기 때문이다.

삼포제는 먼저 경작 가능한 지역 전체를 세 개의 구역으로 나누는 것을 의미한다. 이 세 구역 중 하나는 겨울철 곡물을 심고, 다른 하나는 여름철 곡물을 심고, 세 번째 구역은 거름을 준 상태로 휴경지로 남겨 둔다. 해마다 이 구획들은 곡물을 바꿔 심는 방식으로 순환되었다. 말하자면, 겨울철 곡물을 심은 구획은 이듬해에 여름철 곡물을 심고, 그 다음해엔 휴경지로 남겨 두는 방식이었다.

가축은 겨울에는 우리에서 키웠고, 여름에는 목초지에 방목시켰다. 그런 농경 제도 아래에서는 어떤 개인도 공동체의 나머지 사람들과 다른 방법을 채택하는 것이 불가능했다. 개인은 모든 활동에서 공동체와 연결되어 있었다. 마을의 하급 지방 공무원이 씨를 뿌리고 추수하는 시기를 결정했으며, 경작지 중에서 말뚝으로 울타리를 친 휴경지를 제외한 구역에 씨앗을 뿌릴 것을 지시했다. 추수가 끝나자마자 울타리를 뽑았다. 그래서 추수를 하기로 정한 날에 추수를 하지 못한 사람은 그루터기만 남은 밭으로 쏟아져 나온 가축이 당연히 자신의 곡물을 짓밟을 것이라고 예상해야 한다.

하이드는 개인에게 속하고 상속되었다. 하이드는 크기가 아주 다양했으며 마을마다 다 달랐다. 대체로 40에이커의 넓이가 전형적인 한 가구를 부양하는 데 필요한 땅의 크기로 여겨졌다. 주거지와 채소밭은 개인이 자유롭게 이용할 수 있었다. 집은 부모와 자식으로 구성된 가족에게 보금자리를 제공했으며, 가족은 종종 장성한 아들들을 포함했다.

경작지 중에 개인에게 할당된 몫은 개인적으로 이용할 수 있었지만, 개간한 땅은 하이드맨(hide-man)들, 즉 토지 보유 농민들, 말하자면 완전한 자격을 갖춘 마을 자유인들의 공동체에 속했다. 이 공동체는 경작지의 3개 경지 각각에 어느 정도의 몫을 가진 사람들만을 포함했다. 땅이 전혀 없거나 모든 경지에 몫을 갖고 있지 않은 사람은 하이드맨으로 여겨지지 않았다.

마을보다 더 큰 집단에, 숲과 황무지를 포함했던 공용의 "마르크"(mark)가 속했으며, 이 마르크는 목초지와 뚜렷이 구분되었다. 보다 큰 마르크 집단은 몇 개의 마을로 구성되었다. '마르크 협동체'(Markgenossenschaft)의 기원과 원래 형태는 아직 밝혀지지 않고 있다. 여하튼, 마르크 협동체는 카롤링거 왕조가 정치적으로 토지를 행정구로 나누기 전으로 거슬러 올라간다. 그럼에도 마르크 협동체는 행정 단위인 '헌드레드'(hundred)와 동일하지 않다. 공용의 마르크에 상속을 통해 어느 농지와 연결되는 "최고 관리"가 있었다. 이 자리는 대체로 왕이나 봉건 영주에 의해 결정되었다. 그 외에 "삼림 법원"(wood court)가 있었고, 마르크에 속하는 마을들의 하이드맨들의 대표로 구성된 회의가 있었다.

원래 이 경제 조직에 속한 구성원들 사이에 이론적으로 엄격한 평등이 존재했다. 그러나 상속 물건을 나눠 갖게 되는 자식들의 숫자 때문에 그런 평등이 허물어졌다. 그리하여 하이드맨 외에 반(半)하이드맨과 사분의 일 하이드맨이 생겨났다. 게다가, 하이드맨들이 마을의 유일한 거주자들이었던 것도 아니었다.

마을엔 하이드맨들 외에 다른 부류의 사람들이 있었다. 가장 먼저, 땅을 물려받지 않은 작은 아들들이 있었다. 장남이 아닌 작은 아들들은 소유지의 외곽에 아직 개간하지 않은 땅에 정착하고 목초지의 권리를 누리는 것이 허용되었다. 작은 아들들은 두 가지, 즉 개간되지 않은 땅에 정착하고 목초지를 이용하는 데 대해 대가를 지불해야 했다. 아버지는 밭으로 할당 받은 땅 중에서 작은 아들들에게 집을 지을 땅을 줄 수 있었다. 외부에서 노동자들이 들어왔으며, 하이드맨들의 조직과 상관없는 이웃들도 있었다.

따라서 농민들과 또 다른 계층의 마을 거주자들 사이에 구분이 생겨났다. 이 다른 계층의 거주자들은 남부 독일에서는 일꾼이나 농장 노동자라 불렸으며 북부 독일에서는 가난한 농민이라는 뜻으로 "브링크짓처"(Brinksitzer)라 불렸다. 일꾼이나 농장 노동자들은 집을 소유했다는 사실 때문에 그 마을에 속했을 뿐이며, 경작지에는 어떠한 몫도 갖지 못했다. 그러나 그들도 어느 농민이 마을을 관리하는 관리나 거물급 인물(원래는 씨족이었다)의 동의를 받아 자신의 몫 중 일부를 판다면 그 몫을 구입할 수 있었다. 아니면 마을이 목초지의 일부를 임대해줘도, 그들은 그 몫을 획득할 수 있었다. 그런 식으로 팔거나 임대한 몫은 "이전 가능한 보유지"(rolling holdings)라 불렸다. 그 몫들은 하이드의 소유에 따르는 특별한 의무의 적용을 받지 않았으며, 영주 재판소의 관할권 밖에 있었으며, 자유로이 양도할 수 있었다. 한편, 그런 몫을 갖고 있는 사람들은 하이드맨의 권리를 전혀 누리지 못했다. 법적 지위가 낮은 이런 사람들의 숫자가 적지 않았다. 마을들이 경작지의 반까지 그런 이전 가능한 보유지로 바뀌었으니 말이다.

그 결과, 농민 인구는 토지 소유를 기준으로 두 계층으로 나뉘게 되었다. 한쪽에 다양한 하위 구분으로 나뉘는 하이드맨들이 있고, 다른 한쪽에 하이드 조직 밖에 있는 사람들이 있었다. 그러나 하이드맨들 위로 특별한 경제적 계층이 하나 형성되었다. 토지를 소유하고 있으면서도 주요 마을 조직 밖에 있는 계층이었다.

게르만 민족의 농업 제도가 시작하던 단계에, 주인 없는 땅인 한, 개인은 그 땅을 개간해서 울타리를 칠 수 있었다. 그 사람이 그 땅을 경작하는 한, 소위 "비팡"(Bifang)이라 불린 이 땅은 그 사람이 활용할 수 있었다. 그러나 경작하지 않는 경우에 그 땅은 공유의 마르크로 다시 돌아갔다.

그런 "비팡"을 취득하려면 상당한 수의 가축과 노예를 소유하는 것이 요구되었으며, 따라서 그런 토지는 보통 왕과 군주들, 대군주들[4]만이 취득할 수 있었다. 이 같은 절차 외에, 왕은 최고 주권자의 자격으로 마르크의 소유가 아닌 땅을 하사하곤 했다. 그러나 이런 하사는 하이드 토지의 할당과는 다른 조건에서 이뤄졌다. 이 경우에 할당은 경계선이 분명한 숲 지역을 대상으로 했으며, 그 숲 지역은 먼저 경작 가능한 곳으로 바뀌어야 했으며, 그러면 공동 경작의 의무들로부터 해방됨으로써 법적 관계에서 보다 유리한 입장에 설 수 있었다. 이런 식으로 왕이 준 토지의 구획을 정할 때, '로열 하이드'(royal hide)라 불린 명확한 어떤 면적이 활용되었다. 로열 하이드는 40 내지 50 헥타르의 장방형을 말한다(1헥타르는 2½에이커와 비슷하다).

하이드 체계를 갖춘 옛 게르만 민족의 정착 형태는 엘베 강과 베저 강 사이의 지역 그 너머로 퍼져나갔다. 게르만식 정착 형태가 전파된 나라들로는 가장 먼저 스칸디나비아 반도의 나라들이 꼽힌다. 노르웨이 쪽으로 베르겐까지, 스웨덴 쪽으로 다렐프 강까지, 덴마크의 섬들과 유틀란트 반도까지 전파되었다. 둘째, 앵글로-색슨족과 덴마크 사람들의 침공 이후의 잉글랜드(개방 경지 제도)가 꼽힌다. 셋째, 북부 프랑스의 거의 모든 지역과 브라반트에 이르는 벨기에의 상당 부분이 있다. 한편, 북부 벨기에와 플랑드르, 홀란트의 일부는 이와 다른 정착 형태를 가진, 살리족[5]의 영역에 속했다. 넷

---

4 봉건제도에서 여러 군주들을 거느린 군주를 말한다.

5 A.D. 4-5세기에 역사서에 등장하는 프랑크족의 하위 부족으로서 유럽 북서부 지역에 거주했다.

째, 남부 독일 중에서 도나우 강과 일러 강과 레흐 강 사이의 지역이 있다. 이 지역은 오버 바이에른, 즉 뮌헨 주변, 특히 아이블링 인근뿐만 아니라 바덴과 뷰르템베르크의 일부를 포함한다.

게르만 민족의 식민지 건설로 인해, 옛 게르만 민족의 정착 형태는 또 동쪽으로 엘베 강 너머까지 다소 합리화된 형태로 바뀌어 넘어갔다. 왜냐하면 그 나라가 최대한 많은 수의 정착민들을 받아들이도록 한다는 목표 때문에 호의적인 재산 제도와 경제생활의 자유를 가능하게 하는 "거리 중심의 마을"이 확립되었기 때문이다. 거기선 집들이 불규칙적으로 집단을 이루지 않았으며, 거리를 따라 마을이 좌우로 질서정연하게 섰다. 주택은 저마다 할당된 토지 위에 지어졌으며, 할당된 토지들은 서로 맞닿으면서 긴 띠를 이루었다. 그러나 여기서도 들판은 나뉘어졌으며, 공동 경작이 강제적으로 이뤄졌다.

게르만 민족의 토지 정착 제도가 원래의 본거지 너머로 널리 확장됨에 따라, 주목할 만한 특징들이 생겨났다. 이 특징들은 베스트팔렌 지역에서 특별히 더 두드러졌다. 이 지역의 정착 유형은 베저 강을 기준으로 뚜렷이 나뉜다. 베저 강에서 게르만 민족의 정착 유형이 갑자기 뚝 끊어지고, 강의 왼쪽에서 농장이 외따로 떨어져 있는 그런 형태의 정착이 시작된다. 거기엔 마을이나 목초지가 전혀 없으며, 공동 소유는 제한적인 범위에서만 일어난다. 따로 떨어져 있는 농장들은 원래 개간하지 않은 땅인 공용 마르크에서 제외된다. 개간해서 새로 확보한 넓은 들판은 "에르벡센"(Erbexen)이라 불린, 공동체의 구성원들에게 할당되었다. 게다가 분배 과정에 의해서, 다른 정착민들이 동쪽의 "콘새텐"(Kossäten)과 다소 비슷한 마르크에 들어가는 것이 허용되었다. 이 다른 정착민들은 장인(匠人)들과 소농민들과 노동자들이었으며, 이들은 에르벡센과 소작 관계를 맺거나 임금 노동자로서 에르벡센들에게 의존했다.

베스트팔렌의 에르벡센, 즉 농장주는 장착 유형 덕분에 평균 200 에이커의 땅을 소유하고 있으며, 공동 소유권을 가진 농민보다 훨씬 더 독립적인 지위를 누린다. 베저 강으로부터 네덜란드 해안에 이르는 지역에서는 개인적인 농장 제도가 지배적이었으며, 이 제도는 살리족의 주요 영토에도 적용되었다.

남동쪽으로, 게르만 민족의 정착 지역은 알프스 인종의 농경 지역과 남(南)슬라브 족의 영토와 접하고 있다. 알프스 인종의 농경은 전적으로 가축 사육과 방목에 바탕을 두고 있으며, 당연히 공동의 목초지가 대단히 중요했다. 그러므로 모든 경제적 규제들은 추정의 필요성에서, 말하자면 자격을 갖춘 사람들이 목초지를 이용하는 기회를 관리할 필요성에서 비롯되었다. 그 방법은 목초지를 다수의 "스트라이크"로 나누는 것이었으며, 한 개의 스트라이크는 가축 한 마리를 1년 동안 키우는 데 필요한 초지의 양을 말한다.

세르비아와 바나트와 크로아티아에 있는 남슬라브 족의 경제 단위는 역사 시대에 마을이 아니라 하우스 공동체, 즉 자드루가(zadruga)였으며, 이 공동체가 기원한 시대는 논란의 대상이 되고 있다. 자드루가는 하우스의 남자 우두머리의 지도 아래에 사는 대가족이며, 그의 모든 후손을 포함한다. 종종 결혼한 부부까지 포함되기 때문에, 구성원의 숫자가 40명 내지 80명에 이른다. 이들은 공동체를 기반으로 경제생활을 영위한다. 그렇다고 구성원들이 모두 한 지붕 밑에서 사는 것은 아니지만, 생산과 소비에 있어서는 구성원들이 "공동의 솥"을 이용하는 하나의 가구로서 행동한다.

남서쪽 지역에서, 게르만 민족의 농촌 조직은 로마식 토지 분배 방식의 잔재와 접촉한다. 로마식 토지 분배를 보면, 한가운데에 영주의 저택이 있고 주위에 영주에 의지해 사는 소작농들이 있다. 니더바이에른과 바덴, 뷰르템베르크에서, 이 두 가지 제도는 꽤 혼합되었으며, 특히 고지와 구릉이 많은 지역에서 게르만 식의 제도가 사라지는 경향을 보인다. 거기도 공동 소유가 있지만, 그런 한편으로 마을의 개간한 땅은 통합된 구역들을 이루었으며, 이 구역 안에서는 몫을 공평하게 나누거나 분배의 원칙을 발견하려는 노력을 특별히 기울이지 않는 가운데 개인 소유가 이뤄졌다. 아우구스트 마이첸(August Meitzen)이 "촌락 분배"(hamlet distribution)라고 부른 이 방법의 기원은 불확실하다. 이 방법은 토지를 비(非)자유인에게 하사함으로써 생겨났을 수도 있다.

특별히 게르만 민족적인 농업 제도의 기원은 모호하다. 그 제도가 이미 카롤링거 왕조 시대에 존재하고 있었지만, 공동 경작지를 균일하게 길쭉한 조각으로 분배한 것은 대단히 체계적이기 때문에 원시적이라고 할 수 없다. 마이첸은 그 제도 앞에 소위 "라게모르겐"(Lagemorgen)으로 나눈 다른 방법이 있었다는 점을 보여주었다. 라게모르겐은 토양의 질과 들판의 "경사", 주거지로부터의 거리 등에 따라 크게 달라지는 땅의 크기를 일컫는다. 그 땅을 농민은 멍에를 씌운 소들을 이용해서 정오 전에 갈 수 있었다. 따라서 라게모르겐은 개방 경지의 바탕을 이루며, 옛날식 구분이 남아서 내려오는 곳마다 개방 경지는 언제나 이런 불규칙한 형태를 보여준다. 이것은 훗날 동일한 크기의 길쭉한 조각들로 나누었을 때 생긴 기하학적인 형태와 대조를 이룬다.

이 같은 견해는 독일의 토지 및 경작 제도가 군사적 기원을 갖는다는 점을 증명하려는 릿쉘(Rietschel)의 최근 시도를 부정한다. 그의 이론에 따르면, 독일의 토지 및 경작 제도는 "헌드레드"로 조직된 데서 발달해 나왔다는 것이다. 이 이론은 헌드레드가 100명가량의 하이드맨으로 구성된 전술적인 단위임과 동시에 정치적인 집단이었다고, 또 이 하이드맨들의 소유지는 훗날의 공동체 하이드보다 적어도 4배 이상 넓었다고 주장한다. 이 조직의 핵심적인 인물은 병역에 임할 수 있었을 것이다. 왜냐하면 그들이 농노들의 노동에서 나오는 소득으로 살았으며, 따라서 공동체로부터 떼어놓아도 별다른 문제가 생기지 않을 수 있었기 때문이다. 따라서 게르만 민족의 하이드는 훗날 앵글로 색슨의 하이드(hyde)처럼, 완전 무장한 기마 전사 한 사람을 부양하는 데 적절한 하나의 이상적인 단위였다. 이런 종류의 하이드 조직으로부터, 합리화 과정을 통해서, 말하자면 위대한 하이드맨들의 소유지들을 네 개나 여덟 개 또는 열 개의 부분으로 나눔으로써 하이드 공동체가 생겨나게 되었다는 주장이다.

독일 하이드 조직의 들판 분배가 합리적인 과정에 의해 생겨난 것이 아니라 라게모르겐에서 발달했다는 점은 앞의 이론에 결정적으로 불리하게 작용한다. 한편, 프랑스 북부에서는 살리족이 정복한 지역에서만 하이드 조직이 생겨났고 원래 살리족이 차지하고 있던 땅에서는 생겨나지 않았다는 문제가 남아 있다.

원래의 게르만식 정착 형태는 더 이상 남아 있지 않다. 이 정착 형태의 해체는 비교적 일찍 시작되었으며, 그것은 소작농들이 취한 조치의 결과가 아니었다. 소작농은 그런 변화를 이룰 위치에 있지 않았다. 이 형태의 해체는 위로부터의 간섭에 의해 이뤄졌다.

농민은 아주 일찍부터 정치적 상급자, 즉 봉건 대군주에 의존하는 지위로 추락했다. 공동체의 하이드맨으로서 농민은 경제적, 군사적 의미에서 왕에게 봉사하는 하이드맨보다 힘이 약했다.

항구적인 평화가 확립된 뒤에, 귀족은 경제적인 문제에 점점 더 많은 관심을 보이기 시작했다. 특히 남부 독일에서 농촌 조직을 파괴한 것은 일부 귀족의 경영 활동이었다. 예를 들어, 켐프텐의 제국 수도원은 16세기에 소위 '인클로저'(enclosures)[6]를 시작했으며, 이 인클로저는 18세기까지 계속되었다. 개간한 땅은 재분배되었으며, 농민은 울타리를 친 농장 한가운데에 자리 잡았다.

북부 독일에서 국가는 19세기에 옛날식 토지 분배를 폐기했으며, 프러시아에서는 강제력을 동원해 폐기했다. 1821년에 교환 경

6 가축을 키우기 위해 공유지에 울타리를 치는 것을 말한다.

제로의 전환을 강제할 목표로 제정된 '공동체 분할을 위한 칙령' (Gemeinheitsteilungsordnung)이 공동 소유와 공동 마르크, 공동 목초지에 반대하는 자유주의 사상의 영향 하에서 발표되었다. 공동 소유제를 시행하던 공동체는 강제로 통합되고 폐지되었으며, 공동 목초지는 분배되었다. 따라서 이제 농민은 경제생활을 개인적으로 영위하지 않을 수 없게 되었다.

남부 독일에서 당국은 소위 공동 경지 제도의 "정비"에 만족스러워 했다. 먼저, 경지의 구획들을 서로 연결하는 도로망이 마련되었다. 그 결과, 흩어져 있던 땅들을 통합하길 갈망하는 개별 소유자들 사이에 땅의 교환이 활발히 이뤄졌다. 목초지는 그대로 남았지만, 겨울철에 가축에게 사료를 먹이는 방법이 도입됨에 따라 목초지 중 상당 부분이 경작지로 바뀌었다. 이런 식으로 바뀐 경작지는 개별 마을 주민들의 추가적인 수입원이 되거나 고령자들을 위한 식량의 역할을 했다. 특히 바덴에서, 이런 식의 발달이 두드러졌다. 바덴에서는 인구가 먹을 식량을 확보하는 목표가 언제나 중요하게 여겨졌으며, 그 결과 그곳에 정착한 주민의 밀도가 특히 높았다. 그래서 타지로 이주하는 사람들에게 지원금까지 줘야 했으며, 마침내 곳곳에서 옛 정착민들을 분리시키고, 훗날 특정한 목초지 공동체에 권리를 가졌던 사람들을 마을 공동체로 배치하려는 노력을 펼 수 있게 되었다.

많은 학자들은 게르만 민족의 농촌 조직에서 모든 민족들에게 두루 나타나는 원래의 농업 공산주의의 흔적을 보았으며, 게르만 민족의 제도를 역사적으로 더 이상 접근이 가능하지 않은 시대로까지 끌어올릴 예들을 다른 곳에서 찾으려 노력했다. 이런 노력을 펴면서, 학자들은 컬로든(Culloden) 전투[7]가 벌어질 시기의 스코틀랜드의 농업 제도, 그러니까 런리지 제도(runridge system)[8]에서 게르만 민족의 제도와 닮은 점을 발견하려는 뜻을 품고 있다. 게르만 민족의 제도가 이 런리지 제도의 초기 단계들에 대한 추론을 가능하게 할 것으로 여겨지고 있는 것이다.

스코틀랜드에서 경작지가 길쭉한 조각들로 나눠졌고, 소유가 공동이었던 것은 사실이다. 또 공동 목축지도 있었다. 여기까지는 독일과 진정으로 닮은 점이 있다. 그러나 스코틀랜드의 길쭉한 조각들은 해마다, 또는 정해진 시간에 추첨으로 다시 배분되었으며, 그래서 약한 형태의 마을 공산주의가 생겨났다. 우리가 알고 있는 독일의 들판 분배 방식 중에서 가장 오래된 라게모르겐에는 이 모든 것이 배제되었다.

이런 계획과 함께, 종종 그 계획의 일환으로, 아일랜드와 스코틀랜드 지역에서 공동으로 쟁기질을 하는 관습인 '키바르'(cyvvar)가 생겨났다. 꽤 긴 시간 동안 풀에 덮여 있던 땅이 여덟 마리의 소가 끄는 무거운 쟁기에 의해 갈아엎어졌다. 이 일을 위해, 소의 소

---

7 1746년 4월에 스코틀랜드의 하이랜드 근처의 인버네스와 가까운 컬로든 습지에서 자코바이트(스튜어트 왕가를 국왕에 복원시키길 원하는 세력) 군과 그레이트 브리튼 왕국 군 사이에 벌어진 최후의 전투이다. 이 전투에서 자코바이트 측이 완패했다.
8 들판에서 융기한 지점을 기준으로 소유자를 달리하는 토지 제도.

유자와 대체로 마을의 대장장이였던 무거운 쟁기의 소유자는 하나의 단위로 힘을 모아 경작지를 갈았다. 이때 한 사람은 쟁기의 방향을 잡는 일을 맡았고, 다른 한 사람은 소를 몰았다. 농작물의 분배는 수확 전이나 공동으로 수확을 끝낸 뒤에 이뤄졌다.

스코틀랜드의 경작 제도가 독일의 경작 제도와 뚜렷이 다른 점은 한 가지 더 있다. 스코틀랜드의 경작지가 두 개의 구역으로 나뉘어졌다는 사실이다. 이 두 구역 중에서 안쪽 구역은 거름을 주고 삼포식 윤작에 따라 경작되었던 반면에, 바깥 구역은 다섯 개 내지 일곱 개의 부분으로 나뉘었으며 이 중에서 한 해에 한 곳만 쟁기질을 하고 나머지는 풀이 자라게 해서 목축지로 이용했다. 이 "야생 목장" 농경의 특징이 그 시기에 이뤄진 '공동 쟁기질'의 발달을 설명해준다. 한편, 안쪽 구역에서는 스코틀랜드인이 독일 농민처럼 자신의 책임 하에 개인적으로 농사를 지었다.

스코틀랜드 농업 제도는 현재와 매우 가까운 시대의 제도이며, 경작이 큰 발달을 이뤘음을 암시한다. 그래서 켈트 족의 원래 제도를 찾기 위해서, 우리는 아일랜드로 가야 한다. 아일랜드의 경우에 농업은 원래 전적으로 가축 사육에 바탕을 두었다. 그것은 기후 덕분에 가축이 1년 내내 열린 공간에서 지낼 수 있었다는 사실 때문에 가능했다. 목초지는 하우스 공동체에 할당되었으며, 하우스 공동체의 우두머리는 보통 300마리 이상의 가축을 소유했다. 600년경에, 아일랜드에서 농업이 쇠퇴하고 경제 조직에 변화가 일어났다. 그러나 토지는 전과 같이 영원히 할당되지 않고 최장의 경우에 평생 동안만 할당되었다. 토지 재분배는 11세기에 이르러서야 족장('타나이스트'(tanaist)라 불렸다)에 의해 이뤄졌다.

우리가 알고 있는 켈트 족의 경제 형태 중에서 가장 오래된 것이 전적으로 가축 사육과 연결되기 때문에, 아일랜드의 경제 형태나 스코틀랜드의 키바르로부터는 게르만 민족의 농경의 원시적 단계들에 대한 결론은 거의 아무것도 끌어내지 못한다. 우리에게 알려진 바와 같이, 게르만 민족의 전형적인 농업 제도는 경작의 필요성과 가축 사육의 필요성이 거의 동일하던 시기에 비롯되었음에 틀림없다. 아마도 게르만 민족의 농업 제도는 카이사르의 시대에 존재하기 시작했으며 타키투스(Tacitus)의 시대엔 야생 목장 농경이 분명히 우세했던 것 같다.

그러나 이들 로마 저자들의 진술을 바탕으로 연구하는 것은 어려운 작업이다. 특히 그 중에서도 타키투스가 수사적 과장이 심하기 때문에 특별히 더 많은 의심을 불러일으킨다.

게르만 민족의 토지제도와 대조적인 모습을 보이는 것이 러시아의 미르[9]의 토지제도이다. 러시아의 미르는 대(大) 러시아[10]에 널리 퍼져 있었지만, 안쪽의 정치적인 지역들에서만 그랬으며, 우크라이나와 동쪽의 백(白)러시아에는 그런 것이 존재하지 않았다.

러시아 미르의 마을은 거리를 중심으로 형성된 마을이며, 종종 최대 3,000명 내지 5,000명의 주민을 포함할 정도로 대단히 넓었

---

9 제정 러시아의 지역적·경제적 공동체를 말한다.
10 러시아 내에서 유럽의 북부와 중부 지방을 일컫는다.

다. 주거 지역 뒤쪽에 밭과 들판이 자리 잡고 있다. 새로 생긴 가족들은 할당된 구역의 맨 끝에 정착한다. 경작지 옆에 공동의 목초지가 있다. 경작지는 경지로 구분되고, 경지는 다시 길쭉한 조각으로 구분된다.

게르만 민족의 토지 제도와 반대로, 러시아에서는 이 길쭉한 조각들이 엄격히 개인 주거지에 배당되지 않았으며, 할당은 가구가 부양해야 하는 사람들의 숫자와 제공할 수 있는 노동력을 고려해서 정해진다. 부양하거나 노동력으로 활용할 수 있는 사람들의 숫자에 따라 길쭉한 조각들이 할당되고, 따라서 그 할당은 최종적이지 않고 일시적일 뿐이다.

러시아에서 법은 12년마다 재분배를 계획했지만, 실제로 보면 재분배가 그보다 더 자주 행해졌다. 1년마다, 3년마다, 아니면 6년마다 재분배가 행해졌다. 토지(나디엘(nadyel)이라 불렸다)에 대한 권리는 개인들에게 있었으며, 그 권리는 하우스 공동체가 아니라 마을과 관계가 있었다. 토지에 대한 권리는 영구적이었으며, 심지어 몇 세대 전에 미르에서 빠져나온 조상을 둔 공장 근로자도 다시 돌아가서 토지에 대한 권리를 주장할 수 있었다.

거꾸로, 어느 누구도 공동체의 동의를 얻지 않고는 공동체를 떠날 수 없었다. 토지에 대한 권리는 주기적인 재분배에 대한 권리로 나타난다. 그러나 마을의 모든 구성원들의 평등은 대체로 이론적으로만 존재했다. 재분배를 결정하는 데 필요한 과반수가 거의 언제나 불가능했기 때문이다. 부양해야 하는 사람들의 숫자가 크게 증가한 가족들은 모두 재분할에 찬성했지만, 그들에게 반대하는 다른 이해관계들도 있었다.

미르의 결정은 명목상으로만 민주적이었을 뿐이며, 실제로 보면 결정은 종종 자본주의적으로 이뤄졌다. 식량을 확보해야 하는 필요성 때문에, 독신 가구들은 마을의 부르주아, 즉 '쿨라크(kulak)[11] 들에게 빚을 다양하게 졌으며, 부르주아들은 돈을 빌려주는 행위를 통해서 무산자들의 집단을 자신들의 지배하에 두었다. 부르주아들이 채무자들을 가난하게 만드는 일에 관심이 있느냐 아니면 채무자들에게 더 많은 땅을 획득하는 것을 허용하느냐에 따라, 마을에 재분배 문제가 생길 때 부르주아의 결정이 달라졌다.

미르의 경제적 활동에 관한 의견은 둘로 갈렸다. 의견은 러시아에서 미르가 해체된 데 대해서도 서로 엇갈리는 모습을 보였다. 한 견해는 개인적인 농촌 조직과 반대인 미르에서 경제적 삶의 구원을 보았다. 이 견해는 타지로 나간 노동자들이 다시 마을로 돌아와서 자신의 몫을 요구할 수 있는 권리를 사회 문제의 해결책으로 보았다. 이런 견해를 가진 사람들은 거기에 농업 방식의 발전을 가로막는 요소가 있다는 점을 인정하면서도 토지에 대한 권리가 모든 사람을 향상의 과정에 포함시키게 될 것이라고 단정했다. 이런 견해에 반대하는 사람들은 미르를 무조건적으로 발달을 방해하는 요소로, 또 반동적인 차르의 정책을 가장 강력히 지지하는 요소로 보았다.

11 러시아 제국 말기에 8에이커 이상의 토지를 소유한 부농 계층을 일컫는다.

20세기 초에 사회 혁명가들의 권력이 위협적일 만큼 증대됨에 따라, 미르가 해체의 길을 걷게 되었다. 표토르 스톨리핀(Pyotor Stolypin)은 1906-1907년의 농지 개혁 법안을 통해서 농민들에게 구체적인 조건에서 미르를 탈퇴하고 훗날 토지를 재분배할 때 부채에서 해방된 상태에서 자신들의 몫을 요구할 수 있는 권리를 부여했다. 미르에서 탈퇴하는 구성원의 몫은 통합된 형태, 말하자면 한 덩어리로 된 상태여야 했다. 그래야만 농민들이 원칙적으로 알가우의 인클로저와 비슷하게 서로 흩어지게 되고, 각 개인이 자신의 소유지 한가운데에 자리를 잡을 터였다. 그리하여 위트 백작(Count Witte)이 장관으로서 요구했던 결과, 즉 미르의 파괴가 이뤄지게 되었다.

러시아 내의 자유주의 정당들은 감히 그 정도로까지 나가지 않았거나 입헌 민주당원들처럼 미르의 개혁 가능성을 믿었다. 스톨리핀의 농지 개혁의 즉시적 결과는 보다 부유한 농민들, 그러니까 상당한 자본을 소유한 농민들과 가족의 수에 비해 상대적으로 많은 땅을 가진 농민들이 미르에서 탈퇴하는 경향으로 나타났다. 이로써 러시아의 농민 계급은 두 부류로 나뉘게 되었다. 한쪽 반을 차지하는 부유한 대농은 미르에서 빠져나와 개별 농장 제도로 넘어갔으며, 이들보다 숫자가 훨씬 더 많고 이미 뒤처져 있었던 다른 반쪽은 이미 가진 것이 너무 적고 재분배의 권리마저 박탈당한 터라 어쩔 수 없이 농촌 프롤레타리아의 지위로 전락했다. 후자에 속한 농민 계급은 전자를 미르의 신성한 법을 위반한 사람들로 여겨 증오

했으며, 그들은 기존의 통치 제도를 무조건 지지하지 않을 수 없었다. 만약 세계 대전이 일어나지 않았더라면, 그들은 제정 러시아의 새로운 지지자와 "수호자"를 자처하고 나섰을 것이다.

미르의 기원과 관련해서 러시아 학계의 의견은 갈리고 있다. 그러나 가장 널리 받아들여지고 있는 견해에 따르면, 미르는 원시적인 제도가 아니라 과세 제도와 농노 제도의 산물이었다. 1907년까지 미르의 개별 구성원은 마을을 상대로 토지에 대한 권리를 누렸으며, 마을도 마찬가지로 구성원에게 노동력을 무조건적으로 요구할 권리를 누렸다. 마을 구성원이 촌장의 허락을 받아 타지로 나가서 완전히 다른 직업을 가졌을 때조차도, 마을은 공동 부담에 따른 몫을 부과하기 위해서 그를 언제든지 불러들일 수 있었다. 이 부담은 특별히 마을 구성원이 농노제로부터 해방되고 과세로부터의 자유를 얻는 대가로 치러야 했던 보상과 관련해서 생겨났다.

비옥한 땅인 경우에 농민은 자신에게 떨어지는 몫 그 이상으로 챙길 수 있을 것이고, 따라서 도시의 노동자는 마을의 요구가 없어도 마을로 돌아가는 것이 이익이라는 사실을 깨달았다. 그런 경우에 미르는 종종 권리를 포기하는 데 대해 보상을 지급했다. 그러나 세금이 아주 높고 다른 곳에서의 돈벌이가 높을 가능성이 있는 곳에서는, 공동 작업에 가담하지 않는 사람에게 세금 부담이 더 많이 돌아갔다. 이유는 그 작업이 어디까지나 공동의 의무였기 때문이다. 이 경우에 미르는 구성원들에게 마을로 돌아와서 농민으로서의 삶을 살 것을 강요했을 것이다. 따라서 연대 책임은 개별 구성원들의 이동의 자유를 제한하고 이미 폐지된 농노 제도를 미르를 통해 연속시키는 것에 지나지 않았다. 농민은 더 이상 영주의 농노는 아니었지만 미르의 농노가 되어 있었다.

러시아의 농노제는 대단히 가혹했다. 농민들은 고문도 당했으며, 감독관이 해마다 결혼 적령기에 이른 남녀들을 짝을 짓게 해서 땅을 주었다. 대군주에 대해 말하자면, 대군주는 오직 인습적인 권리만을 가졌으며, 강제적인 법은 전혀 없었다. 대군주는 언제라도 계약을 파기할 수 있었다.

농노제가 실시되는 동안에, 재분할은 척박한 토지인 경우에 개별 농민의 가구에 속한 노동자들의 숫자에 따라서, 비옥한 토지인 경우에 부양해야 할 구성원의 숫자에 따라서 이뤄졌다. 토지에 대한 의무가 토지에 대한 권리보다 앞섰으며, 공동체는 토지에 대한 의무에서도 토지에 대한 권리에서와 마찬가지로 영주에게 지급해야 하는 부담을 공동으로 떠안았다. 동시에 러시아의 장원은 농민들을 이날까지도 착취했다. 장원의 착취는 대단히 심했다. 영주들은 거의 아무것도 내놓지 않은 채 농민의 자본과 말들을 이용해서 토지를 경작했으니 말이다. 땅은 농민들에게 세를 놓든가 영주의 토지 관리인의 지시에 따라 농민들과 그들의 가축의 강제 노동을 통해 경작되었다.

영주에 대한 연대 책임과 농노제는 16세기와 17세기 이후에야 존재했다. 그 같은 연대 책임과 농노제로부터 토지를 다시 분배하는 관습이 발달했다. 이 관습은 우크라이나와, 특히 16세기와 17세기에 모스크바 대공국의 지배를 받지 않았던 러시아 서쪽 지역에는 나타나지 않았다. 거기선 토지가 개별 거주자들에게 영원히 할당되었다.

네덜란드 동인도 회사가 소유의 측면에서 추구했던 경제제도는 이와 똑같은 연대 책임 원칙에 바탕을 두었다. 네덜란드 동인도 회사는 마을, 즉 공동체가 내놓아야 할 쌀과 담배에 대해 공동으로 책임을 지도록 했다. 이 연대 책임은 공동체가 최종적으로 개인이 세금을 납부하는 것을 돕기 위해 마을에 남도록 강요하는 결과를 낳았다. 19세기에 연대 책임을 포기함에 따라, 강제적인 회원제를 지키던 공동체도 쇠퇴하기에 이르렀다.

이 경제제도는 두 가지 방법으로 벼를 재배했다. 상대적으로 생산성이 떨어지는 건전(乾田: tegal)이 있었고, 수전(水田: sawah)이 있었다. 수전의 경우에 들판은 둑으로 둘러싸여 있었으며, 벼를 재배할 목적으로 가둔 물의 흐름을 관리하기 위해 구획으로 나뉘어졌다. 수전을 확립한 사람은 그것에 대해 세습적인 재산권을 누렸다. 건전은 스코틀랜드 마을 공동체의 바깥 지역의 야생 목장 경제와 비슷한 축산에 이용되었다. 땅을 개간하는 일에는 마을이 공동으로 나섰고, 땅을 경작하고 추수하는 일은 개인이 별도로 했다. 개간한 땅은 3년 내지 4년 동안 곡식을 거둔 뒤에 풀이 자라도록 했으며, 그 사이에 마을은 이동해서 새로운 땅을 개간했다. 옛날의 조건들은 오직 네덜란드 동인도 회사의 냉혹하고 착취적인 제도만이 재분배 제도를 초래할 수 있었다는 점을 분명히 보여주고 있다.

동인도회사가 도입한 이 제도는 1830년대에 '강제 경작' 제도에 자리를 양보했다. 이 제도 아래에서, 개인은 자신의 땅 중 5분의 1을 국가를 위해 경작해야 했으며, 국가와의 연결 속에서 재배할 농작물도 미리 정해졌다. 이 제도는 다시 19세기가 흐르면서 사라졌으며, 그 대신에 보다 합리적인 유형의 농경이 생겨났다.

중국의 고전 작가들의 보고에 따르면, 이와 비슷한 제도가 한때 중국에서 성행했다. 경작지는 각각 9개의 장방형으로 나뉘었으며, 외곽의 장방형들은 개별 가족들에게 할당하고, 맨 안쪽의 장방형은 황제의 몫으로 돌렸다. 가족은 토지를 오직 경작을 위해서만 받았으며, 가장이 죽으면 재분할이 행해졌다. 이 제도는 오직 과도기적인 중요성만 지녔으며, 홍수로 인해 벼 재배가 가능한 큰 강 유역에서만 행해졌다. 이 경우에도 농업 공동체의 조직은 재정적 고려의 영향을 강하게 받았으며, 원시적인 조건에서 생겨난 것이 아니었다.

중국 원래의 경제적 조직은 지금도 중국 마을에서 흔한 씨족 경제에서 발견되고 있다. 중국 마을에 가면, 씨족은 조상을 모시는 자그마한 사당과 학교를 두고 있으며 경작과 경제생활을 공동으로 영위한다.

공산주의식 농업 제도로 추정되는 마지막 예는 인도의 농업 제도이다. 거기선 두 가지 형태의 마을 조직이 확인된다. 두 가지 형태에 똑같이 공통적인 것은 공용 목초지와, 독일의 제도에서 임금 노동자들과 농장 노동자들이 살았던 경작지에 해당하는 밭 지역이다는 점이다. 여기에 장인(匠人)과 신전의 성직자들(이들은 사제 계급과 반대로 오직 종속적인 역할만을 맡는다), 이발사, 세탁하는 사람을 비롯한, 마을에 속하는 모든 종류의 노동자들이 정착한다. 그들은 "데미우르고스(Demiurgos)[12]"적인 토대 위에서 일한다. 말하자면, 그들은 자신의 일에 대해 세부적으로 대가를 받는 것이 아니라 토지나 추수에서 일정 몫을 얻는 대가로 공동체 전체에 봉사하는 것이다.

인도의 마을들은 토지 소유에 대해 다양한 입장을 보인다. '료트바리'(ryotvari)라는 제도를 택하는 마을의 경우에 토지 소유도 개별적이고 세금 부담도 마찬가지로 개별적이다. 마을의 맨 꼭대기에 지방 행정관이 있다. 농민들은 왕(라자)에게 속하는 공동의 마르크에 전혀 아무런 몫을 갖지 않는다. 땅을 개간하길 원하는 사람은 그 특권에 대해 대가를 지불해야 한다.

또 다른 유형은 "합의체", 즉 특권을 누리는 다수의 귀족들로 구성된 공동체의 지배를 받는 마을이다. 이 합의체는 개인적인 우두머리가 없으며, 모두가 완전한 자유 보유권자이거나 하이드맨들로 구성된 마을 귀족 사회나 마찬가지다. 이 농장주들은 토지도 하사하며, 공동의 마르크는 그들에게 속한다. 따라서 그들은 실제 경작자와 왕 사이에 선다.

---

12 플라톤의 '대화'에 나오는 세계의 창조자이다. 그리스 신화에서는 데미우르고스를 최고의 신으로 여긴다. 무에서 유를 창조했다고 주장하는 기독교 창조론과 달리, 창조주가 존재하는 질료를 이용해 세상과 인간을 창조하고, 영혼만 데미우르고스에 의해 창조된 것으로 여겨진다. 여기서는 특정 개인이 아니라 사회 전체를 위해 일하는 전문가니 장인을 암시하는 것 같디.

이 범주도 두 가지 종류의 마을로 구분될 수 있다. 하나는 '파티다리'(pattidari) 마을이며, 여기선 토지가 명확히 분배되어 이용된다. 토지를 차지했던 사람이 죽으면, 그 사람의 몫은 직계 후손들에게로 넘어가며 상속될 때 재분배된다. 다른 한 가지 종류는 '바야카라'(bhayachara) 마을이다. 여기선 토지는 개별 소유자들의 노동력 또는 계급에 따라 분배된다. 마지막으로, 한 사람의 개인이 징세권 보유자와 영주로서 완전히 통제하는 마을들이 있다. 이것들은 '자민다리'(zamindari) 마을이며, '파티다리' 마을도 봉건적인 소유지의 분할로 인해 발달했다.

인도의 조건의 특별한 점은 다수의 지대(地代) 징수자들이 세금 징수 도급과 재도급을 통해 주권자와 농민 사이에 끼어든다는 점이다. 이런 식으로 4명 내지 5명의 지대 징수자들이 개입하는 것은 예사였을 것이다.

지대 징수자들과 농장주들로 이뤄진 이 집단 안에서 명목상의 공산주의가 발달했다. 몇 명의 농민들이 공산주의식 농경을 하는 곳에서, 농민들은 토지가 아니라 추수를 나누고, 지대는 추수의 몫을 챙긴 소유자들이 나누어 부담한다. 따라서 농업 공산주의의 이런 예도 그 기원을 더듬고 들어가면 재정적 고려에 닿는다.

독일에서, 칼 람프레히트(Karl Lamprecht)가 모젤의 "게회퍼샤프텐"(Gehöferschaften)이라 불린 소작지들의 진정한 성격을 밝혀내기 전까지, 학자들은 그 소작지에서 원시적인 농업 공산주의의 잔재를 발견할 것이라고 기대했다. 현재 이 소작지들은 주로 삼림 지대로 이뤄져 있지만, 예전에는 목초지와, 공동 들판의 방식에 따라 주기적으로 추첨에 의해서 분할한 경작지를 포함했다.

이 같은 배열은 원시적이지 않으며, 영주의 정책에서 비롯되었다. 원래 게회퍼샤프텐은 영주의 농장 또는 소유지였으며, 이 농장은 마르크 협동체의 구성원들인 소농들의 노동으로 경작되었다. 그러나 영주들이 기사(騎士)가 되어 더 이상 농장을 직접 관리할 수 없는 입장이 되었을 때, 그들은 농민들의 이기심을 이용하는 것이 더 유리하다는 사실을 깨닫고는 농민들에게 고정 지대를 받는 조건으로 땅을 넘겼다. 여기서 다시 우리는 연대 의무의 원칙을 만난다. 마르크 조직은 이해관계를 명확히 분배하는 일을 맡거나 정기적으로 추첨을 통해 땅을 다시 분배했다.

이 예들 전부가 에밀 드 라블레이의 가설, 즉 농업이 시작되던 단계에 농업 공산주의가 단순히 토지의 공동 소유가 아니라 공산주의식 농경이라는 의미에서 존재했다는 주장을 뒷받침하는 것은 아니다. 이 두 가지, 말하자면 토지의 공동 소유와 공산주의식 농경은 신중하게 구분되어야 한다. 이것은 농업 공산주의의 예가 아니다. 왜냐하면 사실 경작이 원래 공동적이지 않았기 때문이다.

여기서 학자들의 견해가 첨예하게 대립한다. 사회주의자 저자들은 재산을 은총(恩寵)으로부터 죄(罪)로의 추락으로 보는 반면에, 자유주의자들은 소유권의 흔적을 찾아 최대한 먼 조상으로까지 거슬러 올라간다. 실제로 보면, 원시인의 경제생활에 대해 일반적으로 명확하게 말할 수 있는 것은 아무것도 없다. 유럽인의 영향이 미치지 않은 곳에 사는 인구들의 관계들에서 답을 찾는다면, 두루 일치하는 것은 전혀 보이지 않고 극명하게 대립하는 현상들만 보일 것이다.

원시적인 농경 사회를 보면 소위 괭이 문화가 지배적이다. 쟁기도 사용되지 않고 짐을 운반하는 가축도 이용되지 않는다. 경작 도구는 끝이 뾰족한 막대기이다. 이것으로 남자가 땅 위를 다니며 구멍을 파면, 여자가 거기에 씨앗을 뿌린다.

그러나 이 방법은 꽤 다른 형태의 조직과 연결될 수 있다. 브라질 오지에 사는 과토 족 사이에 개인적인 경제가 발견되며, 거기선 이전에 다른 조직이 존재했다고 단정할 근거가 전혀 발견되지 않는다. 모든 가구가 자급자족하며, 그들 사이엔 노동의 전문적인 구분도 없다. 가구 구성원들 사이에 제한적인 전문화가 있으며, 부족들 사이에 교환 관계가 제한적으로 이뤄지고 있다.

이와 정반대의 모습을 보이는 것이 북미의 이로쿼이 족이 일을 하기 위해 모이는 현장인, 집처럼 생긴 거대한 거주지이다. 여기서 여자들은 우두머리 여자의 지도 아래 함께 모여 작업을 하며, 이 여자 지도자는 여자들에게 일을 할당하고 산물을 가족들 사이에 분배하는 일을 담당한다. 남자는 전사이자 사냥꾼이며, 이 외에 땅을 개간하고 집을 짓고 가축을 치는 힘든 일을 맡는다.

북미의 이로쿼이 부족 사이에 가축을 몰고 다니는 일은 원래 아주 고상한 일로 여겨졌다. 이유는 짐승을 길들이는 일 자체가 힘과 기술을 요구하기 때문이다. 훗날, 가축을 키우는 일에 수반되었던 존경은 전통적이고 의례적이게 되었다. 지구 위의 모든 지역에서, 특히 흑인 부족들 사이에서 이와 비슷한 조건이 발견된다. 흑인 부족들 사이엔 어딜 가나 들판의 일은 여자들의 몫이다.

2장

재산 제도와
사회 집단들

(A) 수용의 형태들

수용(收用)의 형태도 농경의 형태만큼이나 다양하다. 모든 곳에서 소유권은 원래 하우스 공동체에 있지만, 하우스 공동체는 남슬라브 족의 '자드루가' 같은 개별적인 가족이거나 이로쿼이 족의 기다란 집의 예처럼 훨씬 더 큰 연합일 수 있다. 수용은 두 가지 서로 다른 바탕 위에서 수행될 수 있다. 노동의 물리적 수단, 특히 땅은 도구로 다뤄지든가 아니면 "창(愴)의 땅"(spear land)으로 다뤄진다. 전자의 경우에 땅은 자주 여자와 그녀의 혈족의 소유가 되며, 후자에 속하는 땅은 정복된 영토이고 남자의 보호를 받아야 하며, 따라서 이 땅은 부계의 씨족이나 남자들의 집단에 속한다. 어느 경우든, 원초적인 수용과 분업의 형태가 순수하게 경제적인 고려만으로는 결정되지 않는다. 거기엔 군사적, 종교적, 주술적 동기도 작용한다.

과거에 개인은 자신이 속한 다수의 조직들에 적응해야 했다. 그 조직들의 유형은 다음과 같다.

(1) **가족**: 가족의 구조는 다양하지만 가족은 언제나 소비 집단이었다. 물리적인 생산 수단, 특히 이동 가능한 물건은 하우스 집단에 속했을 것이다. 이런 경우에 수용은 집단 안에서 추가로 더 세분되었을 것이다. 예를 들어, 무기와 남자용 장비들은 특별한 유형의 상속을 통해서 남자에게 속하고, 장식과 여자용 장비들은 여자에게 속했을 것이다.

(2) **씨족**: 씨족은 다양한 수준의 소유권을 가질 수 있다. 씨족은 땅을 소유할 수 있다. 어쨌든, 씨족의 구성원들은 원래 넓게 확장되었던 재산권의 한 잔재로서 하우스 공동체의 소유에 대해 어떤 요구를 할 권리를 갖는다. 예를 들면, 하우스 공동체가 재산을 팔 때 씨족의 동의를 받도록 하거나, 씨족에게 우선 구매권을 주도록 정할 수 있다. 더 나아가, 씨족은 개인의 안전에 대해 책임을 진다. 따라서 복수(復讐)의 의무도 씨족에게 속하고, 복수의 법을 강제할 의무도 씨족에 속한다. 씨족은 또 현상금을 나눠 가질 권리를 누리며, 씨족에 속하는 여자들에 대해 공동 소유권을, 따라서 남자들이 신부를 사며 내는 돈에 대해서도 몫을 요구할 수 있다. 씨족의 구성은 남자 중심일 수도 있고 여자 중심일 수도 있다. 만약 재산권을

비롯한 권리들이 남자 씨족에 속한다면, 그 씨족을 우리는 부계 승계라고 부르고, 그런 권리들이 여자 씨족에 속한다면, 그 씨족을 우리는 모계 승계라고 부른다.

(3) **주술 집단들**: 가장 중요한 집단이 토템 씨족이다. 애니미즘과 영적 실체들에 대한 믿음이 아주 강할 때, 이런 씨족이 생겨났다.

(4) **마을과 마르크 연합**: 특별히 경제적인 연합이라는 점에 중요성이 있다.

(5) **정치 집단**: 이 조직은 마을이 차지한 영토를 보호하고, 따라서 토지의 확정과 관련해서 엄청난 권력을 행사한다. 게다가, 이 조직은 개인에게 군사적 활동과 궁정 활동을 요구하고, 대신에 그에 상응하는 권리를 부여한다. 이 조직은 또 봉건적인 노역과 세금을 강제한다.

개인은 다양한 조건에서 다음과 같은 것들도 고려해야 한다.

(6) **토지에 대한 영주의 권리**: 자신이 경작하는 땅이 자신의 소유가 아닐 때엔 그 땅의 지배자를 고려해야 한다.

(7) **개인적 지배**: 개인이 자유인이 아니고 다른 사람에게 예속된 상태일 때 자신의 지배자를 고려해야 한다.

게르만 민족의 모든 농민은 과거에 땅과 사람을 지배하는 영주와도 관계를 맺었고, 정치적 주권자와도 관계를 맺었는데, 1명 이상인 이 정치적 주권자는 농민에게 노역을 요구할 권리를 누렸다. 이런 다양한 인물들이 서로 다른 사람이냐 아니면 같은 사람이냐에 따라서, 농업의 발달이 다른 형태를 취했다. 이 인물들이 다른 경우에, 다양한 영주들 사이의 경쟁이 농민의 자유에 유리하게 작용한 반면에, 이 인물들이 동일인인 경우에, 농민이 예속되는 경향이 두 드러졌다.

(B) 하우스 공동체와 씨족

오늘날 하우스 공동체 또는 가족 가구는 보통 소가족, 즉 부모와 자식들의 공동체이다. 이 소가족은 영원한 것으로 여겨지는 합법 적인 결혼에 바탕을 두고 있다. 이 소가족의 경제생활은 소비의 측 면에서 단일적이지만, 생산적인 조직과는 적어도 명목상으로는 구 분된다.

가구 안에서 모든 재산권은 한 사람의 개인으로서 그 집의 가장 에게 있지만, 아내와 자식들의 특별한 소유물과 관련해서는 다양 한 방식으로 제한이 가해진다. 혈연관계는 아버지 쪽과 어머니 쪽 으로 똑같이 형성되며, 혈연관계의 의미는 실질적으로 상속 문제 에만 국한된다.

옛날의 의미에서 말하는 그런 씨족의 개념은 더 이상 존재하지 않는다. 오직 그 개념의 흔적만 방계 상속 권리에서 확인될 뿐이다. 여기서도 그 관계들의 시대와 역사와 관련해서 논란의 여지가 남 아 있다.

사회주의적인 이론은 결혼 제도에 다양한 진화의 단계가 있었다는 가설에서 나온다. 이 견해에 따르면, 원래의 조건은 무리 안에서 자발적으로 일어난 난교(동족 결혼)였으며, 이 같은 조건은 사유 재산의 완전한 부재와 일치한다는 것이다. 이 가설의 증거는 원래의 조건들의 잔재들로 여겨지는 것들에서 발견된다. 먼저, 원시적인 민족들 사이에서 벌어지는, 주신제(酒神祭)의 성격이 강한 종교적 관행이 있다. 육류와 알코올, 마취성 물질이 동원되는 주신제 같은 행사가 열리는데, 이때 성적 관계에 관한 제약이 사라진다. 또 결혼 전에 성관계의 자유가 있다. 다양한 민족들 사이에서 확인되듯이, 남자들뿐만 아니라 여자들도 그런 자유를 누렸다.

또 고대 동양에 '히에로둘리'(hieroduli)[13]의 성적 방탕도 있다. 이 여자들은 아무 남자에게나 무차별적으로 몸을 주었다. 마지막으로, 고대 이스라엘 사람들과 다양한 곳에서 발견되는 레비레이트(Levirate) 결혼[14]도 그 증거로 제시된다. 이 결혼 제도의 경우에 죽은 남자의 씨족의 형제가 그 과부와 결혼해 상속자를 낳게 된다. 이 관습은 원시적인 동족 결혼의 잔재로 여겨진다. 동족 결혼이 점점 좁아지다가 마침내 어떤 구체적인 개인에 대해 주장하기에 이르렀다는 해석이다.

이 사회주의적인 이론에 따르면, 두 번째 진화 단계는 집단 결혼이다. 명확한 집단들(씨족 또는 부족)이 다른 집단을 상대로 하나의 결혼 단위를 형성하는데, 이때 한쪽 집단의 남자는 누구든 그 다

---

13 신전에 소속된 매춘부.
14 죽은 남편의 형제가 그 과부와 결혼하는 관습.

른 집단에 속한 여자들의 남편으로 여겨진다. 이 같은 주장은 인디언 부족들 사이에 아버지와 어머니 외에 다른 친척 관계를 표현하는 단어들이 전혀 없다는 사실에 따른 추론에 근거하고 있다. 어느 나이에 이르면 이 단어들이 무차별적으로 적용되는 것이다. 추가적인 증거는 남태평양의 섬들에서 확인되는 결혼 집단들의 예에서 끌어내고 있다. 거기선 다수의 남자들이 어느 한 여자에 대해 동시에, 또는 차례로 성적 권리를 갖거나, 거꾸로 다수의 여자들이 어느 한 남자에 대해 동시에, 또는 차례로 성적 권리를 갖는다.

사회주의적인 이론은 "어머니의 권리"를 근본적인 과도적 단계로 본다. 그 이론에 따르면, 성행위와 출생 사이에 인과적 연결이 알려지지 않았을 때, 하우스 공동체는 가족들로 구성되지 않고 어머니 집단으로 구성되었다. 오직 모계의 친척 관계만이 의례적 또는 법적 지위를 누렸다. 이 단계는 널리 퍼져 있는 '외삼촌측 위임'이라는 제도로부터 추론한 것이다. 이 제도에 따르면, 여자의 보호자는 그녀의 어머니의 남자 형제가 되고, 그녀의 자식들은 그로부터 상속을 받는다.

모계제도 발달의 한 단계로 여겨졌다. 다양한 공동체에서 확인되는 이 제도에 따르면, 족장의 영예는 전적으로 여자에게 주어지며, 그 여자는 경제적인 문제에서, 특히 가족 공동체의 경제 문제에서 지도자였다.

납치에 의한 결혼이 제도로 정착하면서, 앞에 말한 조건에서 부권으로의 이동이 일어나게 된 것으로 추정되었다. 어느 단계를 넘어서자, 난교의 의례적인 토대가 비난의 대상이 되었으며, 족외 결혼이 하나의 일반적인 원칙으로서 동족 결혼을 대체했다. 말하자면, 성적 관계가 다른 집단의 사람에게로 한정되게 되었다.

이 제도는 대체로 다른 집단으로부터 여자를 강제로 납치하는 행위를 수반했다. 이 관행에서 매매혼이 발달했음이 분명하다. 이 같은 발달 과정을 뒷받침하는 증거는 오래 전에 계약 결혼으로 넘어간 문명화된 사람들 사이에서도 결혼식이 여전히 강제적인 납치를 상징하고 있다는 사실에서 발견되고 있다.

마지막으로, 가부장적인 법과 적법한 일부일처로 넘어간 것은 사회주의적인 사고에서 사유 재산의 기원과 합법적인 상속자들을 확보하려는 노력과 연결되고 있다. 바로 여기서 중대한 죄로 추락하는 일이 벌어진다. 이때부터 일부일처 결혼과 매춘이 서로 함께 나아가게 되는 것이다.

모권(母權) 이론과 거기에 근거한 사회주의적인 원리에 대한 논의는 이쯤에서 그만하도록 하자. 세부적으로 들어가면 지지하기가 어려움에도 불구하고, 사회주의적인 원리는 대체로 보면 그 문제의 해결에 값진 기여를 했다. 여기서 다시, 학문에는 독창적인 오류가 맹목적인 정확성보다 훨씬 더 유익하다는 옛날의 진리가 설득력 있게 들린다. 그 이론에 대한 비판으로 가장 먼저 매춘의 진화를 고려해 보자. 이 맥락에서는 어떠한 도덕적 평가도 수반되지 않는다는 점에 대해서는 말할 필요도 없다.

우리는 매춘을 현금 소득을 확보하기 위해 대가를 받고, 규칙적인 직업으로서 성적 관계에 복종하는 것으로 이해하고 있다. 이런 의미에서 보면, 매춘은 일부일처제와 사유 재산의 산물이 아니며 아득히 먼 옛날에 시작되었다. 매춘이 발견되지 않는 역사적 시기와 진화의 단계는 절대로 없다. 매춘은 이슬람 문화에는 드물며, 몇몇 원시 민족들 사이에 존재하지 않지만, 매춘 제도 자체와 동성 매춘과 이성 매춘에 대한 처벌은 사회주의 이론가들이 사유 재산이 없는 곳으로 거론한 바로 그 민족들 사이에서도 발견되고 있다.

언제 어디서나 매춘이라는 직업은 하나의 사회적 계급으로서 분리되어 있었으며 일반적으로 비천한 지위가 주어졌다. 신전 매춘은 예외이다. 직업적인 매춘과 다양한 형태의 결혼 사이에, 중간적인 형태의, 영원하거나 일시적인 온갖 성적 관계들이 자리 잡을 수 있다. 이 성적 관계들은 도덕적으로나 법적으로 반드시 비난을 받지는 않는다. 오늘날엔 결혼 관계 밖에서 성적 쾌락을 제공하는 계약은 무효이지만, 프톨레마이오스(Ptolemaios) 왕조의 왕들이 지배하던 이집트에서는 생계 수단이나 재산권, 다른 배려려에 대한 대가로 여자가 성적 쾌락을 제공한다는 내용의 계약을 맺을 자유를 누렸다.

그러나 매춘은 무법적인 성적 종속의 형태로도 나타날 뿐만 아니라, 의례적인 매춘의 형태로도 나타난다. 후자의 예를 들면, 인도와 고대 동양의 '히에로둘리'가 있다. 이들은 신전에서 종교적인 봉사의 일환으로 성적 주신제 같은 것을 벌여야 하는 여자 노예들이었다. 신전 매춘부들은 또 돈을 받고 대중에게도 몸을 판 것으로 확인된다. 신전 매춘부 제도는 성직자와 관계 있는 일로, 그러니까 성적인 성격을 띤 애니미즘적인 주술로 거슬러 올라가며, 이 주술은 무아경의 상황이 점진적으로 흥분을 높여간다는 점을 고려한다면 성적 난교로도 빠질 수 있다.

생식력을 자극하는 주술의 한 형태로서, 성교는 농민들 사이에 흔히 행해진다. 땅의 생산성을 높이려는 목적으로 심지어 땅 위에서 성적 탐닉이 벌어지기도 했다. 인도에서 이런 성스러운 행사에 참여하는 행위에서부터, 자유로운 고급 창녀로서 인도의 문화 생활에 중요한 역할을 수행하는 무용수들의 소명(召命)이 생겨났다. 인도의 무용수들은 그런 일을 맡았던 고대 그리스의 여자들과 아주 비슷하다. 그러나 그들은 호의적인 삶의 조건에도 불구하고 버림받은 계급으로 여겨졌으며, 인도의 무용수에 관한 드라마들이 보여주듯이, 그들은 기적 같은 것을 통해서, 대단히 비천한 조건에서 살고 있는 기혼 여자들의 계급으로 올라가는 것을 최고의 행운으로 여겼다.

'히에로둘리' 외에, 바빌론과 예루살렘에서 고유의 신전 매춘부들이 발견된다. 이들의 주요 고객은 여행 중인 상인들이었다. 이들은 매춘이 성사(聖事)와 주신제의 성격을 상실한 뒤에도 신전의 물질적 이해관계 덕분에 그 직업을 고수했다.

공식적으로 합법화된 매춘과 그 매춘의 원인으로 작용했던 주신제 같은 난잡한 행사에 반대하는 운동이 위대한 구원의 종교들의 예언자들과 성직자들, 이를테면 차라투스트라와 브라만 계급, 구약성경의 예언자들에 의해 전개되었다. 그들은 부분적으로 도덕적 및 합리적 근거에서 싸움을 계속했다. 그것은 인간의 내면생활을 더욱 심화시키길 원하면서 에로티시즘에 굴복하는 것을 종교적 동기가 승리하지 못하도록 가로막는 최대의 장애물로 본 사람들의 투쟁이었다.

이외에, 숭배들 사이의 경쟁도 일정 역할을 했다. 고대 이스라엘의 신은 바알[15]처럼 지하의 신이 아니라 언덕의 신이었으며, 이 투쟁에서 경찰 권력이 성직자 편에 섰다. 이유는 국가가 주신제 같은 현상과 연결된 감정적 흥분으로 인해 낮은 계층에서 혁명적인 운동이 발흥하는 것을 두려워했기 때문이다. 그럼에도 불구하고, 매춘은 국가의 의심을 샀던 주신제 파티가 중단된 뒤에도 그것 자체로 살아남았지만 이제는 불법화되고 부정한 행위가 되었다. 교회의 교리에도 불구하고, 중세에, 매춘은 공식 인정을 받아 하나의 길드로 조직되었다. 일본에서도 찻집의 소녀들을 이따금 매춘부로 활용하는 관행이 지금까지 계속되었다. 이런 관행은 이 소녀들이 사회적 지위를 잃도록 만들지도 않았을 뿐만 아니라 오히려 그들이 결혼에서 특별히 선호되도록 만들었다.

매춘의 지위에 역전이 일어나는 현상은 15세기 말에 시작되었다. 프랑스의 샤를 8세가 나폴리를 상대로 원정에 나선 동안에 성병이 심각한 수준으로 급격히 증가하던 때였다. 그때부터 매춘을 엄격히 격리시키는 조치가 취해졌다. 그때까지는 매춘이 슬럼가에

15 고대 중동 지역의 풍요의 신.

서 명맥을 이어가는 것을 허용했다.

프로테스탄티즘, 특히 칼뱅주의의 금욕적인 성향의 분출이 매춘에 불리하게 작용했다. 이어서 가톨릭교회의 종규도 정도는 약하고 신중했지만 매춘에 마찬가지로 불리하게 작용했다. 그 결과, 여기서도 주신제 같은 난교 관행에 반대했던 '탈무드'의 저자들과 마호메트가 끌어낸 결과와 비슷한 현상이 나타났다.

혼외의 성관계를 분석할 때엔 매춘과 여자의 성적 자유를 구분해야 한다. 남자의 성적 자유는 언제나 당연한 것으로 여겨지다가 먼저 3개의 위대한 일신교로부터 비난의 소리를 들었다. 유대교로부터는 사실 '탈무드'가 나오기 전까지는 비난을 듣지 않았다.

여자도 원래 동등하게 성적 자유를 누렸다는 점은, 마호메트 시대에 아랍인들 사이에 이미 영구적인 결혼이 이미 인정을 받고 있었음에도 불구하고, 부양에 대한 대가로 행해지는 일시적 결혼이나 계약 결혼이 나란히 존재했다는 사실에서 확인된다. 계약 결혼은 이집트를 비롯한 다른 지역에서도 발견된다. 상류층 가족의 소녀들은 특히 속박이나 다름없는 가부장적인 결혼 생활에 복종하기를 거부하는 경향이 있었으며 부모의 집에 남아서 자기 편한 대로 남자들과 계약을 맺으면서 성적 자유를 고집하는 경향을 보였다.

개인적인 성적 자유를 보여주는 이런 예들 외에, 여자가 이익을 얻을 목적으로 씨족에 의해 착취당하거나 식량을 얻기 위해 고용되었을 가능성에 대해서도 함께 생각해 봐야 한다. 소위 성 접대, 즉 소중한 손님에게 아내와 딸을 의무적으로 제공하는 관행도 기억해야 한다. 마지막으로, 내연 관계도 있었다. 내연 관계는 자식들에게 완전한 합법성을 부여하지 않는다는 점에서 결혼과 뚜렷이 구분된다. 첩의 신분은 언제나 사회적 계급이 다른 것이 특징이며, 동일한 계급 간의 결혼이 확립된 뒤에 서로 다른 계급 간의 동거가 생겨났다.

고대 로마 제국 시대에 첩은 법적으로 완전한 인정을 받았다. 특히 결혼이 금지되었던 군인에게 첩이 인정되었다. 또 사회적 계급 때문에 결혼의 기회가 제한적이었던 원로원 의원들에게도 첩이 인정되었다. 내연의 첩은 중세에도 계속 유지되었으며 1515년 제5차 라테라노 공의회에서 처음으로 전면 금지되었다. 그러나 첩은 종교 개혁 교회들로부터는 처음부터 비난을 들었으며, 그때 이후로 첩은 서양에서 합법적 제도로서는 더 이상 존재하지 않게 되었다.

모권(母權)에 관한 사회주의 이론을 더 깊이 조사하고 들어가면, 이 이론이 단언하고 있는 성생활의 단계들 중에서 일반적인 진화의 과정에 존재하는 단계로 확인되는 것은 하나도 없다는 것이 드러난다. 성생활의 단계가 나타나는 곳을 보면, 그것은 언제나 꽤 특별한 환경에서만 나타난다. 난교가 존재하는 곳을 보면, 난교는 주신제 같은 성격의 특별한 현상이거나 성생활에 관한 엄격한 규칙에 따른 퇴폐적인 산물이다.

모권 이론 쪽에서, 애니미즘적인 종교의 역사가 처음에 생식 행위와 출생의 연결이 이해되지 않았다는 사실을 보여준다는 점을 인정해야 한다. 따라서 아버지와 아이들 사이의 혈연이 인정받을 수 없었다. 이는 오늘날 사생아들이 모권 아래에서 사는 것과 똑같다. 그러나 아이들이 아버지가 없는 상태에서 어머니하고만 사는, 순수하게 모계적인 조직은 절대로 일반적이지 않으며, 꽤 특별한 조건에서만 일어난다.

같은 집 안에서 이뤄지는 동족 결혼, 즉 오누이의 결혼은 프톨레마이오스 왕조처럼 왕족의 혈통의 순수성을 유지하기 위해서 나온 귀족주의적인 제도로서 발견된다.

소녀를 씨족 밖의 사람과 결혼시키기 전에 씨족의 구성원들에게 먼저 제시하는 씨족 우선주의는 부(富)의 분화로 설명되며, 그것은 재산의 손실을 막으려는 조치이다. 레비레이트혼(婚)도 원시적인 조건과 부합하지 않으며, 그런 결혼은 군사적, 종교적 이유로 부계의 소멸을 피해야 한다는 사실 때문에 생겨났다. 전사가 없는 가족을 죽어 사라지도록 그냥 가만 내버려둘 수는 없는 노릇이니까.

사회적 계층이 나타난 뒤로, 딸들을 특정 정치적 또는 경제적 집단의 구성원하고만 결혼시켜야 한다는 인식이 깊어지면서 계급 결혼이 생겨났다. 이 결혼 제도는 그리스 민주주의에 의해서 넓은 범위에 걸쳐 실행되었다. 목적은 재산을 도시의 시민들 안에서 지키고 시민권의 증가를 제한함으로써 시민 계급이 정치적 기회를 독점하도록 하는 것이었다.

동족 결혼은 또 승혼(昇婚)[16]의 형태를 취하기도 한다. 인도의 카

---

16 신분의 측면에서 자기보다 상위의 신분과 결혼하는 것을 말한다.

스트 제도처럼 신분 제도가 대단히 세분화되어 있는 경우에 그런 결혼이 일어난다. 높은 계급의 남자는 자신의 의지대로 자기보다 낮은 계층의 여자와 성관계를 갖거나 결혼을 할 수 있지만, 여자에 겐 그런 것이 금지된다. 그 결과, 낮은 계층의 여자는 돈에 팔릴 수 있게 되는 반면에, 높은 계층의 소녀의 경우에는 남자를 확보하기 위해 돈을 제시할 수 있다. 약속은 어린 시절에 이뤄지며, 남자는 다수의 여자와 결혼해서 이 집 저 집을 떠돌며 여자들의 부모의 부양을 받을 수 있다. 인도에서 영국 정부는 명목상의 남편이 여자들을 부양하도록 강제함으로써 이 같은 관행에 종지부를 찍었다. 동족 결혼이 발견되는 곳마다, 그것은 진보의 단계가 아니라 퇴보의 현상으로 여겨져야 한다.

가족 밖의 사람과 하는 결혼은 언제 어디서나 거의 예외 없이 성행했다. 족외 결혼은 가족 안에 있는 남자들의 질투를 사전에 막으려는 노력에서 생겨났다. 또 그 제도는 함께 성장한 사람들 사이에 성적 충동이 강하게 발달하지 않을 수 있다는 인식에서 비롯되었다. 씨족 밖의 사람과 하는 결혼은 일반적으로 토테미즘의 관습에 속하는 애니미즘 사상과 연결되어 있다. 그러나 씨족 밖의 사람과 하는 결혼은 아메리카와 동인도 제도(諸島) 같은 개별 지역에서는 발견되지만 전 세계적으로 퍼져 있다는 점은 입증되지 않는다. 납치에 의한 결혼은 언제나 당하는 여자의 친족에겐 불법적인 것으로 여겨지면서 피의 보복이나 현상금의 강제 징수를 정당화하지만 그와 동시에 용감한 모험으로 평가받기도 한다.

가부장제의 법에 따른 합법적인 결혼의 두드러진 특징은 사회적 집단의 관점에서 보면 한 남자의 특정한 아내가 낳은 아이들만이 완전한 법적 지위를 누린다는 점이다. 이 사회적 집단도 여러 종류가 있다. 첫째, 하우스 공동체가 있다. 여기선 결혼을 통해 얻은 아이들에게만 상속권이 인정된다. 두 번째 부인과 내연 관계에서 태어난 자식들에겐 그런 권리가 주어지지 않는다. 둘째, 씨족이 있다. 결혼을 통해 얻은 아이들만이 유혈 보복과 현상금, 상속 등의 제도에서 몫을 갖는다. 셋째, 군사적 집단이 있다. 여기서도 결혼을 통해 태어난 아이들만이 무기를 지니거나, 전리품이나 정복지에 대해 몫을 요구하거나, 일반적인 토지 분배에서 일정 몫을 요구할 권리를 갖는다. 넷째, 계급 집단이 있다. 결혼 관계에서 태어난 아이들만이 그 계급의 완전한 구성원이 된다. 다섯째, 종교적 집단이 있다. 합법적인 후손만이 조상을 모시는 의식을 치를 자격을 갖는 것으로 여겨지며, 신들은 오직 그들의 손을 통해서만 제물을 받을 것이다.

가부장제의 법에 따른 합법적인 결혼 외에 다른 가능한 방식으로는 다음과 같은 것들이 있다.

1) 순수한 모계제가 있다. 집단의 합법적인 우두머리로 인정을 받는 아버지가 없으며, 혈연관계는 아이들과 어머니나 어머니의 일족 사이에만 인정된다. 순수한 모계 집단은 특히 남자들의 결사들과의 연결 속에서 발견된다.

2) 순수한 부계 집단들이 있다. 같은 아버지의 자식들은 모두 똑

같은 지위를 누린다. 두 번째 부인과 내연녀, 여자 노예와의 사이에 낳은 아이는 물론이고, 양자도 똑같은 지위를 누린다. 아이들과 여자들은 똑같이 가장의 무제한적인 권위에 복종한다. 이 같은 조건에서, 가부장적인 법에 따른 합법적인 결혼이 발달해 나왔다.

3) 양쪽 부모를 모두 포함하는 하우스 공동체임에도 불구하고 모계 승계가 이뤄진다. 이런 경우에 아이들은 아버지의 씨족이 아니라 어머니의 씨족에 속한다. 이런 조건은 토테미즘과의 연결 속에서 발견되며, 남자들의 하우스라는 조직의 잔재이다.

(C) 경제적, 비경제적 요인들에 따른 가족의 진화

이 문제를 다루기 위해서는 먼저 원시적인 경제생활 전반에 대한 조사가 선행되어야 한다. 현재 과학적 논의에서 제시되고 있는 이론, 즉 수렵 경제와 목축 경제, 농업 경제 등 3단계로 뚜렷이 구분된다는 주장은 지지를 얻을 수 없다. 순수하게 사냥만 하는 민족이나 순수하게 목축만 하며 떠도는 민족이 있다 하더라도, 그들은 원시적이지 않으며, 그들끼리의 교환이나 농경 부족들과의 교환에 대한 의존으로부터 자유롭지 못하다.

반대로, 원시적인 조건은 괭이 문화 수준의 유목 농업의 하나이며, 일반적으로 사냥과 연결되어 있다. 괭이 문화는 가축, 특히 짐을 나르는 짐승이 동원되지 않는 경작이다. 쟁기는 우리 현대인이 말하는 의미의 농업으로 넘어간다는 것을 의미한다.

짐승을 길들이는 것은 오랜 세월이 필요한 과정이었다. 가장 먼저, 아마 힘든 노동을 대신할 동물을 길들이기 시작했을 것이다. 젖을 제공하는 동물은 그 다음 차례였을 것이다. 오늘날에도 동양에 동물의 젖을 짜는 것이 알려져 있지 않은 곳이 있으니 말이다.

고기를 위해 동물을 이용하는 것은 그 다음이었을 것이다. 간혹 일어나는 일로서의 도살은 확실히 이보다 역사가 더 오래 되었을 것이다. 도살이 의식(儀式)에서 고기 잔치를 벌일 목적으로 행해졌기 때문이다.

마지막으로, 우리는 동물을 군사적 목적을 위해 길들이는 것을 발견한다. B.C. 16세기부터 말이 평원에서 사람들이 타는 데 이용되었고, 다른 모든 지역에서도 말은 짐수레를 끄는 동물로 이용되었다. 그리고 중국과 인도에서부터 아일랜드에 이르기까지, 모든 민족에게 공통적인, 말과 전차를 이용한 전쟁의 시대가 열렸다.

괭이 문화는 소규모의 가족에 의해 개별적으로, 아니면 여러 가구가 모여, 많은 경우에 수백 명에 달하는 사람들의 집단 노동을 통해 수행될 수 있었다. 후자와 같은 방식의 경작은 꽤 발달한 기술의 산물이다. 사냥은 원래 공동으로 행해졌음에 틀림없다. 물론, 사냥 행위의 사회화는 환경의 산물이었다.

가축을 키우는 것은 개별적으로 행해졌으며, 또 그렇게 할 수 밖에 없었을 것이다. 가축을 키우는 일에 사회적 집단이 관여했다 하더라도, 많은 가축이 넓은 지역에 흩어져 있었기 때문에, 그 집단이 매우 컸을 수는 없다. 마지막으로, 조방(粗放) 농업[17]은 온갖 방법으로 할 수 있었지만, 땅을 개간하는 일만은 공동체의 행위가 요구되었다.

이런 다양한 경작 방식에 두루 나타나고 있는 것이 남녀 사이의 분업이다. 원래, 땅을 경작하고 추수하는 것은 주로 여자의 몫이었다. 괭이 대신에 쟁기로 하는 중노동이 필요한 때에만, 남자가 참여했다. 베를 짜는 일이 주를 이루는 집안일은 여자만 했으며, 남자의 일은 사냥을 하고, 가축을 돌보고, 목재와 금속을 다루고, 무엇보다도 전쟁을 벌이는 것이었다. 가축 중에서 몸집이 작은 동물을 다루는 일도 여자의 몫이었다. 여자는 지속적인 노동을 하는 존재였고 남자는 필요한 때에만 노동을 하는 존재였다. 노동이 점점 더 어려워지고 강도가 강해짐에 따라 매우 점진적으로 남자도 지속적으로 노동을 하게 되었다.

이런 조건들이 서로 맞물려 작용하면서, 두 가지 유형의 공유화가 생겨났다. 한쪽엔 집안일과 들일의 공유화가 있었고, 다른 한쪽엔 사냥과 전투의 공유화가 있었다. 첫 번째 유형의 공유화는 여자를 중심으로 일어났으며, 여자는 이를 바탕으로 종종 사회적으로 지배적인 지위를 차지했다. 여자가 완전히 지배하는 것도 드물지 않았다. 여자들의 하우스는 원래 작업 시설이었던 반면에, 사냥과 전투의 사회화는 남자들의 결사를 낳았다.

그러나 가족의 우두머리가 남자든 아니면 인디언들처럼 여자든,

17 경작하는 면적에 비해 노동과 자본을 적게 들이는 경작 방식을 말한다.

집 안에는 언제나 전통적인 속박이 있었으며 그에 상응하는 아버지의 위치가 있었다. 이와 대조적으로, 사냥과 전투의 사회화는 그 목적으로 선택된 지도자의 강점이나 카리스마에 근거한 리더십에 따라 수행되었다. 지도자의 혈연 관계가 아니라 그의 호전성이나 다른 개인적 자질이 결정적인 요인이며, 그는 자유롭게 선택된 지도자로서 역시 자유롭게 선택한 추종자들을 거느린다.

여자들의 경제 활동이 수행되는 하우스 공동체와 비슷한 것으로 남자들의 하우스가 발견된다. 인생에서 정해진 시기에, 말하자면 25세부터 30세 사이에 남자들은 가족과 떨어져서 클럽 하우스 같은 곳에서 함께 산다. 일종의 중심부 역할을 하는 이곳을 중심으로 남자들은 사냥과 전쟁, 주술 행위를 하고, 무기를 만들고, 여러 가지 철제 도구를 만든다.

젊은이들은 자주 체포를 통해서 아내들을 얻으며, 체포 행위는 단체로 행해졌다. 그래서 결혼이 일처다부의 성격을 띤다. 혹은 젊은이들은 아내들을 돈을 주고 산다.

여자들은 남자들의 하우스에 들어가는 것이 금지된다. 이는 남자들의 하우스의 비밀스런 성격을 지키기 위해서다. 남자들의 하우스는 남태평양 섬 주민들의 '둑-둑'(duc-duc)처럼 공포를 불러일으키는 주변 분위기에 의해 신성하게 지켜진다. '외삼촌측 위임'은 대체로 남자들의 하우스라는 제도와 관계있으며, 언제나 그런 것은 아니지만 종종 모계의 친척 관계와 연결되는 한편, 족외 결혼이 대체로 널리 행해진다.

일반적으로 남자들의 집단은 나이를 기준으로 나뉜다. 일정한 나이가 지나면 남자들은 남자들의 하우스에서 물러나서 마을과 아내의 곁으로 돌아간다. 대체로 남자들의 하우스는 어린 소년들을 일정 기간 훈련시키는 일도 맡는다. 소년들은 일정한 나이가 되면 가족을 벗어나서 주술적인 과정(보통 할례가 포함된다)을 거치고, 사내다운 사람이 되는 의식을 치르고, 남자들의 하우스에서 자신의 삶을 받아들인다.

그곳은 일종의 막사 같은 곳으로 군사적인 시설이다. 그곳에 모였던 젊은이들이 해산할 때, 다른 형태의 발달이 이뤄졌으니 말이다. 예를 들면, 주술적인 연합도 있고, 이탈리아의 카모라(Camorra)[18]의 형태와 비슷한 정치적 비밀 결사도 있다. 스파르타의 '안트레이오스'(ανδρειος)[19]와 그리스의 '프라트리아'(φατρια)[20], 로마의 쿠리아(curia)[21]가 그런 조직의 예들이다.

이 원시적인 군사 조직은 모든 곳에 두루 존재하지는 않았으며, 그런 조직이 생겨난 곳에서도 그 조직은 탈(脫)군사화 과정이나 일대일 결투에 유리한 군사적 기술의 발달 때문에 빨리 사라졌다. 일대일 결투를 위해서는 전사를 위한 특별한 훈련 과정과 화기가 필요했다. 전차와 기마 전투가 특별히 일대일 결투 쪽으로 변화가 일

---

18 이탈리아의 4대 마피아 중 하나로 16세기에 조직되었다.

19 그리스어로 '용감하다'는 뜻.

20 씨족 집단이란 뜻.

21 주민들을 정치적으로 나누는 단위.

어나도록 했다.

그 결과, 남자들은 가족 곁으로 돌아가 아내와 함께 살았고, 군사적 보호는 남자들의 하우스의 공산주의를 통해서가 아니라 개별 전사에게 토지에 대해 특별한 권리를 부여하는 계약을 통해 확보되었다. 남자들은 땅에서 나오는 소득을 바탕으로 스스로 전쟁을 치를 준비를 할 수 있었다. 이 시기에 혈연이 특별한 의미를 지니게 되는 한편, 혈연에 애니미즘, 즉 정령에 대한 믿음이라는 원시적인 신학이 수반되었다. 세계의 거의 모든 지역에서 애니미즘은 어떤 형태로든 나타났다.

남자들의 하우스라는 제도가 훗날엔 애니미즘과 무관하게 되지만, 애니미즘적인 바탕을 갖고 있는 토테미즘의 기원은 분명히 그 제도에서 찾을 수 있을 것 같다. 토템은 동물이나 돌, 인공물 등 정령이 깃든 것으로 보이는 어떤 대상이든 될 수 있으며, 토템 집단의 구성원들은 이 정령과 애니미즘적으로 친족 관계에 놓인다. 토템이 동물이라면, 그 동물을 죽이면 안 된다. 이유는 그 동물이 공동체와 피를 나누고 있기 때문이다. 이 금지로부터 음식을 금지하는 다양한 관습이 생겨났다.

어떤 토템에 속하는 사람들은 하나의 문화 단위와 평화 집단을 형성하며, 이 집단의 구성원들은 서로 싸우면 안 된다. 그들은 족외 결혼을 지키며, 토템의 구성원들 사이의 결혼은 근친상간으로 여겨지고 가혹한 처벌로 다스려진다. 따라서 어느 한 토템은 다른 토템들에게 하나의 결혼 집단이 된다. 이런 점에서 본다면, 토템 집단은 종종 가족과 정치 집단을 반으로 나누는 의례적인 개념이다. 비록 아버지가 개별적으로 아내와 자식들과 함께 가정을 이루고 살고 있었을지라도, 모계 승계가 일반적으로 원칙이었으며, 아이들은 어머니의 씨족에 속하며 형식적으로 보면 아버지에게는 이방인이나 마찬가지이다. 이것이 소위 모계제의 실질적 바탕이며, 이 모계제는 토테미즘과 함께 남자들의 하우스가 있던 시대로부터 내려오는 잔재이다. 토테미즘이 없는 곳에서는 부계제, 즉 아버지가 부계 상속과 함께 지배하는 제도가 발견된다.

부계제 쪽으로 점점 기우는 경향과 그 전의 모계 제도 사이의 갈등은 확립된 토지 보유에 따라 결정이 났을 것이다. 땅은 경제 원칙들에 따라 할당되거나, 말하자면 여자의 작업장으로 여겨지거나, 아니면 군사적 원칙들에 따라 할당되었다. 후자의 경우에 땅은 정복의 결실로 여겨지고 군사적 보호의 대상으로 여겨졌다.

만약 땅을 경작하는 주요 부담이 여자에게 떨어진다면, 그 땅은 아이들의 보호자인 모계 쪽 삼촌에게 상속되었다. 반대로, 땅이 이름 자체가 군사 조직에서 비롯된 "창(槍)의 땅"으로 여겨진다면, 아이들은 아버지에게 속하는 것으로 여겨졌으며, 따라서 여자들은 토지에 대한 권리에서 배제되었다.

군사 집단은 토지 할당을 부계 씨족의 한 기능으로 유지함으로써 집단의 구성원들이 군역(軍役)의 경제적 토대를 지킬 수 있도록 하려고 노력했다. 이 같은 노력에서 여자 상속인에 관한 법뿐만 아니라 레비레이트혼(婚)이 나왔다. 그리하여 가장 가까운 혈족이 어느 가계(家系)의 마지막 여자 후손과 결혼할 권리와 의무를 동시에 갖기에 이르렀다. 이 제도는 특히 그리스에서 확인된다.

또 다른 가능성은 개인의 재산 관계가 부계 조직이나 모계 조직을 결정했을 수 있다는 점이다. 경제적으로 동등한 사람들 사이에 역사가 깊은 결혼 형식은 틀림없이 신부를 서로 주고받는 것이었다. 특히 가구들 사이에 젊은이들이 자신의 여동생을 서로 교환했다. 경제적 지위가 서로 다른 경우에, 여자는 노동력으로 여겨지고 가치를 지니는 대상으로서, 말하자면 일하는 동물과 같은 존재로서 돈으로 구입되었다. 아내를 돈으로 살 수 없는 남자들은 아내를 위해 봉사하거나 영원히 아내의 집에서 살았다.

부계의 법을 따르는, 구매를 통한 결혼과 모계의 법을 따르는 봉사를 통한 결혼은 심지어 같은 가족 안에서도 서로 나란히 존재할 수 있다. 따라서 어느 형식도 보편적인 제도가 아니다. 여자는 자신의 하우스 공동체에서나 아니면 자신을 돈을 주고 산 남자의 하우스 공동체에서나 똑같이 언제나 남자의 권위 아래에 살았다.

구매를 통한 결혼도 봉사를 통한 결혼과 마찬가지로 일처다부제가 될 수도 있고 일부다처제가 될 수도 있다. 부유한 사람들은 아내를 자기 마음대로 살 수 있지만, 재산이 없는 사람들, 특히 가난한 형제들은 공동의 아내를 구입하기 위해 종종 부담을 나눠 졌다.

이런 관계들의 뒤에 "집단 결혼"이 자리 잡고 있다. 집단 결혼은 아마 토템 집단들 사이나 하우스 공동체들 사이의 장벽 같은, 주술적 의미를 지니는 결혼 장벽들 때문에 생겨났을 것이다. 남자가 자매들 모두를 한 사람씩 또는 한꺼번에 아내로 맞이하거나, 아니면 다수의 여자들을 다른 하우스 공동체로부터 데려와야 했을 것이다. 후자의 경우에 이 여자들은 그들과 그런 식으로 "결혼하는" 집단의 재산이 된다. 집단 결혼은 오직 드물게만 일어나며, 결혼의 진화에 일반적으로 나타나는 단계는 분명히 아니다.

구매로 맞은 아내는 대체로 남자의 절대적 가부장적 권위에 종속된다. 이 최고 권력은 원시인들 사이에서 확인되는 하나의 사실이다. 그것은 원시적인 민족들의 한 특징으로 원칙적으로 언제나 존재했다.

(D) 씨족의 진화

이제 씨족의 진화에 대해 설명할 차례다. 게일어 단어인 'clan'(씨족)은 "혈족"을 의미하며, 이에 해당하는 독일어 단어 'Sippe'처럼, 라틴어 단어 'proles'와 동일하다. 씨족에도 종류가 다양하다. 그 종류부터 보도록 하자.

1) 구성원들이 상호 주술적으로 혈족 관계를 맺고 있다는 뜻에서 말하는 씨족이 있다. 이들에겐 금지된 음식이 있고 서로에게 해야 하는 특별한 의례적인 행위가 있다. 이들은 토템 씨족이다.

2) 군사적 씨족(프라트리아)은 원래 남자들의 하우스를 차지했던 연합이다. 군사적 씨족이 후손들에게 행사하는 통제력은 광범

위한 중요성을 지닌다. 남자들의 하우스에서 수련 과정을 거치지 않거나, 엄격한 훈련을 받지 않거나, 그 훈련과 관련된 힘의 테스트를 통과하지 않은 개인이나 숭배 의식에 받아들여지지 않은 개인은 원시적인 사람들의 언어로 "여자"라 불렸으며, 남자들의 정치적 특권을 누리지 못했고, 정치적 특권에 수반되는 경제적 특권도 누리지 못했다. 군사적 씨족은 남자들의 하우스가 사라진 뒤에도 오랫동안 초기의 중요성을 그대로 간직했다. 예를 들면, 아테네에서 개인이 시민권을 획득하기 위해서 반드시 거쳐야 하는 것이 이 군사적 씨족이다.

3) 일정한 범위의 혈연 집단으로서의 씨족이 있다. 여기서는 부계 씨족이 가장 중요하고 현재의 논의는 오직 이 씨족만을 대상으로 하고 있다. 이 씨족의 기능은 여러 가지다.

첫째, 외부인들을 상대로 한 피의 보복이라는 의무를 수행한다. 둘째, 집단 안에서 부담금을 나눠 낸다. 셋째, "창의 땅"을 할당하는 단위가 된다. 중국과 고대 이스라엘, 옛 게르만 민족의 법에서, 부계(父系) 일가는 땅이 씨족 밖에 팔리기 전에 먼저 어떤 요구 사항을 충족시킬 것을 요구할 권리를 누렸다. 이 맥락에서 보면, 부계 씨족은 하나의 선택된 집단이다. 육체적으로나 경제적으로 스스로 전투를 위한 준비를 갖출 수 있는 남자만 씨족의 한 사람으로 인정을 받기 때문이다. 전쟁 준비를 스스로 할 수 없는 사람은 영주나 보호자에게 자신을 의탁해야 했으며, 그 사람은 당연히 영주나 보호자의 권력에 종속되어야 했다. 따라서 부계 씨족은 실질적으로 재산 소유자의 특권이 된다.

씨족은 조직될 수도 있고 조직되지 않을 수도 있다. 원래의 조건은 다소 그 중간인 것 같다. 씨족은 언제나 나이 많은 원로를 두고 있었다. 역사 시대로 내려오면서 더 이상 그렇지 않았지만 말이다. 원칙적으로 그 원로는 '동등한 사람들 중 일인자'(primus inter pares)에 지나지 않았다. 그는 씨족 구성원들 사이에 분쟁이 일어나면 중재자 역할을 했고, 씨족 구성원들 사이에 땅을 분배했다. 이 과정은 자의적이지 않고 전통을 따랐다. 그렇게 보는 이유는 씨족 구성원들이 똑같이 동등한 권리를 갖거나 아니면 적어도 엄격히 규정된 불평등을 따랐기 때문이다. 씨족 어른의 유형은 아랍인들의 족장과 비슷한데, 아랍 족장은 사람들을 오직 충고의 말과 훌륭한 본보기로 통제한다. 타키투스가 전하는 게르만 민족의 지도자들이 명령보다는 본보기로 지배했던 것과 비슷하다.

씨족은 매우 다양한 종류의 운명을 맞았다. 서양에서는 씨족이 완전히 사라졌지만, 동양에서는 씨족이 완전히 유지되고 있다. 고대에 '필라이'($\varphi\nu\lambda\alpha\iota$)[22]와 '겐테스'(gentes)[23]는 중요한 역할을 했다. 고대의 모든 도시는 원래 씨족으로 구성되었으며 개인들로 이뤄지지 않았다. 개인은 도시에 씨족이나 군사적 조직(프라트리아), 부담을 분담하는 조직(필룸(phylum))의 한 구성원으로서만 소속되었다.

22 씨족이나 부족을 뜻하는 고대 그리스어 단어.
23 고대 로마 때 같은 조상을 둔 가족을 의미했다.

인도에서도 씨족의 구성원이 되는 것은 상류 계층들, 특히 무사 계급의 의무이다. 반면에 낮은 계층과 뒷날 새로이 확립된 계층의 구성원들은 '데박'(devak), 즉 토템 집단에 속한다. 인도에서 씨족의 중요성은 토지 제도가 씨족의 족장을 통해서 하사된다는 사실에 근거한다. 따라서 우리는 여기서도 토지 분배의 원칙으로서 어떤 세습적 특성, 즉 카리스마를 발견하고 있다. 어떤 사람이 고귀한 것은 그 사람이 토지를 소유하고 있어서가 아니라, 그 사람이 고귀한 씨족에 속하는 까닭에 땅에 대한 몫을 상속받을 권리를 누리기 때문이다.

한편, 서양의 봉건제도에서 토지는 씨족이나 혈족과 관계없는 봉건 영주에 의해 분배되며, 봉신(封臣)의 충성은 개인적인 속박이다. 중국에서 오늘날 경제제도는 여전히 반(半)공산주의적이며 씨족에 바탕을 두고 있다. 씨족은 별도로 독립된 마을 안에 학교와 창고를 소유하고 있으며, 들판을 지속적으로 경작하고, 상속 문제에 영향력을 행사하며, 구성원들의 비행(非行)에 책임을 진다. 개인의 경제적 생존은 전적으로 씨족의 구성원이라는 사실에 의존하며, 개인의 신용은 보통 씨족의 신용이다.

씨족의 해체는 두 가지 힘이 작용한 결과 일어났다. 하나는 예언의 종교적인 힘이다. 예언가는 씨족의 구성원과 상관없이 자신의 공동체를 구성하려고 노력한다. 예수 그리스도의 말씀이 있다. "내가 세상에 온 것은 평화를 주기 위해서가 아니라 칼을 주기 위해서였노라. 내가 온 것은 아들이 그 아버지와, 딸이 그 어머니와 불화를 일으키도록 하려 함이니."('마태복음' 10장 34-35절) 또 이런 말씀도 있다. "내게 오는 자가 자기 부모와 아내, 자식들, 형제자매를 미워하지 않는다면, 그는 내 제자가 될 수 없을 것이니."('누가복음' 14장 26절) 이런 말들은 모든 예언자들이 하나의 제도로서의 씨족을 대하는 태도를 표현하고 있다.

중세에 교회는 상속에서 씨족의 권리를 폐지하려고 노력했다. 그렇게 하는 경우에, 교회로 넘기라는 유언을 남기고 죽은 사람들의 토지를 교회가 차지할 수 있었을 것이다.

그러나 이런 식으로 노력한 조직이 교회만이 아니었다. 유대인들 사이에도 어떤 힘들이 이와 아주 비슷하게 작용했다. 유대인들 사이에 씨족은 바빌론으로 잡혀갈 때까지 영향력을 행사했다. 바빌론으로 잡혀간 뒤에 유대인 평민들은 예전에 상류층 가족들에게만 주어졌던 씨족 족보에 이름을 올렸던 것이 사실이다. 그러나 이런 식으로 씨족을 구분하던 관행은 훗날 사라졌다. 이유는 아마 원래 군사적인 성격을 띠었던 씨족이 무장해제된 유대인의 조건에서 뿌리를 내리지 못했고, 따라서 거기엔 혈통이나 개인적 연대에 바탕을 둔 신앙 고백 집단의 구성원으로만 남게 되었기 때문일 것이다.

씨족의 해체를 낳은 두 번째 힘은 정치적 관료주의이다. 고대에, 우리는 이집트 신(新)왕국에서 정치적 관료주의가 최대한으로 발달한 모습을 발견한다. 거기엔 씨족 조직의 흔적이 전혀 남아 있지 않다. 이유는 국가가 씨족을 묵인하지 않았기 때문이다. 따라서 고대 이집트엔 남자와 여자 사이에 평등이 존재하고 계약에 따른 성적 계약의 자유가 있고, 아이들은 대체로 어머니의 이름을 받았다. 왕권은 씨족을 두려워하며 관료주의의 발달을 촉진시켰다. 그 과정의 결과는 중국의 결과와 완전히 대조를 이룬다. 중국에서는 국가가 씨족의 힘을 파괴할 만큼 충분히 강하지 않았다.

(E) 하우스 공동체의 진화

원시적인 하우스 공동체는 반드시 순수한 공산주의는 아니다. 거기도 소유권이 꽤 발달되어 있다. 심지어 아이들에 대한 소유권도 있고, 더 나아가 특별히 철제 도구와 옷감에 대한 소유권도 있다. 또 여자가 여자로부터 상속받을 권리와 남자가 남자로부터 상속받을 권리도 있다. 다시 여기서 우리는 절대적인 아버지의 권리가 정상적인 조건이라는 것을 확인한다. 혹은 아버지의 권리는 토템 집단이나 모계 씨족 같은 다른 조직에 의해서 약화될 수 있다. 한 가지 점에서, 즉 소비에 있어서 하우스 공동체는 거의 언제나 순수한 공산주의이다. 그래도 소유의 측면에서는 공산주의가 아니다. 하나의 토대로서 하우스 공동체에서 다양한 발달의 과정이 나오고, 그 과정이 다양한 결과로 이어진다.

소규모 가족은 확장된 가구(家口)로 발달할 수 있고, 이 가구는 자유로운 공동체의 형태로 나타날 수도 있고, 토지를 소유한 남작이나 군주의 오이코스(oikos)[24]로서, 장원의 가구 같은 형태로 나타날 수도 있다. 전자의 형태는 일반적으로 노동의 집중화가 경제적 근거로 발달한 곳에서 두드러지는 반면에, 장원으로 발달한 것은 정치적 조건의 결과였다.

하우스 공동체로부터 남슬라브 족 사이에 '자드루가'가 발달하고, 알프스 인종 사이에 생활 공동체가 발달했다. 두 경우 모두 가구의 장은 대체로 선출되었으며 일반적으로 해직의 대상이 되었다. 중요한 조건은 생산에서 순수한 공산주의이다. 그 집단에서 탈퇴하는 사람은 집단의 공동 소유에서 나오는 몫에 대한 권리를 모두 상실한다. 간혹 시실리아와 동양 같은 다른 곳에서도 이와 다른 발달의 경로가 일어났다. 공동체가 공산주의식으로 조직되지 않고 몫을 바탕으로 조직되었던 것이다. 그래서 그곳에선 개인이 언제나 분할을 요구하고, 가는 곳마다 자신의 몫을 갖고 갈 수 있었다.

봉건 영주의 발달의 전형적인 형태는 가부장제이다. 그런 형태의 뚜렷한 특징은 재산권을 한 개인에게, 가구의 장에게 전적으로 부여한다는 점이다. 이 가구의 장에게는 어느 누구도 회계를 요구할 권리를 누리지 못하며, 더 나아가 독재적인 그 자리는 가장에 의해 평생 지켜지고 상속된다.

이 같은 압제는 아내와 자식들, 노예들, 가축, 도구로, 그러니까 로마법이 정한 '가구와 동산'으로 확장되는데, 로마법은 이런 유형

---

24 고대 그리스 대부분의 도시 국가에서 사회의 기본 단위를 일컫는다. 말하자면, 집이나 가족을 의미한다.

을 완벽한 형태로 보여주고 있다. 이 소유권은 절대적이며, 아내와의 연결 속에서 남편의 권리에 대해 말하고 자식들과의 연결 속에서 아버지의 권리에 대해 말하는 것은 원칙에서 벗어나는 일이다. 아버지의 권력은 의례적인 제한만 약간 있을 뿐 아내를 처벌하거나 팔고, 자식들을 팔거나 다른 사람에게 빌려줘서 노동을 하게 할 수 있을 만큼 강력했다.

바빌로니아와 로마와 고대 게르만 민족의 법에 따르면, 아버지는 자기 자식 외에 다른 아이들을 입양해서 자식들과 똑같은 신분을 부여할 수 있다. 여자 노예와 아내 사이, 아내와 첩 사이, 아버지의 인정을 받은 자식들과 노예들 사이에 전혀 아무런 구분이 없었다. 아버지가 인정한 자식들은 자유인이라 불리는데, 이유는 그들과 노예들 사이의 딱 한 가지 구분 때문이다. 그들에겐 어느 때엔가 가족의 우두머리가 될 기회가 있다는 점이다.

요약하면, 그 같은 제도는 순수한 부계 제도다. 그 제도는 목축 경제가 지배적인 사회에서, 또 개인으로서 싸우는 기사(騎士)가 군사 계층을 형성하고 있는 사회에서, 또 조상 숭배 사상이 팽배한 곳에서 발견된다. 그러나 조상 숭배를 죽은 자들을 숭배하는 것과 혼동하지 말아야 한다. 이집트의 예처럼, 죽은 자들을 숭배하는 것은 조상 숭배가 없는 곳에서도 존재할 수 있기 때문이다. 조상 숭배는 죽은 자들에 대한 숭배와 씨족 구성원들의 통합을 수반한다. 예를 들면, 중국과 로마에서 침범 불가능한 부권의 지위는 바로 이런 통합에 의존했다.

가부장적인 하우스 공동체는 변하지 않은 원래의 형태로는 더 이상 존재하지 않는다. 가부장적인 하우스 공동체의 붕괴는 같은 계급끼리 결혼하는 제도가 도입된 결과였다. 이 결혼 제도에 따라서 상류층 씨족은 딸을 동등한 계급의 남자와 결혼시키면서 딸에게 여자 노예의 지위보다 더 높은 지위를 부여해줄 것을 요구했다. 게다가, 이런 일도 당연히 상류층에서 먼저 일어났는데, 아내가 노동력으로서의 의미를 잃게 되자마자, 남편은 노동력으로서 아내를 사는 일을 중단했다. 그렇게 되자 딸을 출가시키길 원하는 씨족은 딸에게 그 계급의 수준을 유지하는 데 충분한 지참금을 줘야 했다.

계급 원칙이 작용하면서, 공정한 일부일처 결혼과 가부장적인 부권(父權)의 구분을 낳았다. 지참금을 수반하는 결혼이 정상적인 결혼이 되었으며, 아내의 씨족은 그녀가 첫 번째 아내가 되어야 하고 오직 그녀의 아이들만 상속자가 될 수 있다고 규정하기에 이르렀다. 사회주의 이론이 강조하는 바와 달리, 합법적인 상속인으로서 재산을 물려받는 것에 대한 남자의 관심이 결혼의 발달을 불렀다는 말은 사실이 아니다.

상속인을 확보하려는 남자의 욕망은 여러 길로 이룰 수 있었다. 결정적으로 중요했던 것은 남자의 재산을 자신의 자식들에게 확실히 넘겨주는 데 대한 여자의 관심이었다. 그러나 이 같은 전개는 일부일처 결혼을 필연적으로 수반하지 않았다. 대체로, 부분적으로 일부다처제가 지속되었으며, 첫 부인 외에 둘째 부인도 있었다. 그런 경우에 둘째 부인의 아이들은 제한적인 상속권을 갖거나 전혀 갖지 않았다.

　우리가 알고 있는 범위 안에서 보면, 배타적인 형태의 결혼으로서 일부일처제는 로마에서 처음 생겨났으며, 그 제도는 로마의 조상 숭배의 형식을 통해 의례적으로 규정되었다. 일부일처제가 알려져 있었지만 매우 유연하게 적용되었던 그리스인들과 대조적으로, 로마인들은 일부일처제를 엄격히 유지했다. 훗날에는 기독교 계율들의 종교적 힘이 로마인들의 그런 노력을 도왔으며, 유대인들도 기독교의 예를 따르면서 일부일처제를 확립했지만, 그렇게 된 것은 카롤링거 시대에 이르러서였다. 합법적인 결혼은 첩과 정식 아내를 구분하게 했지만, 여자 쪽의 씨족은 딸의 이익을 보호하기 위해 그보다 더 멀리 나아갔다. 로마에서 그런 노력은 먼저 소위 자유 결혼을 확립함으로써 여자가 남자로부터 경제적으로나 개인적으로 완전히 해방되도록 만들었다. 자유 결혼은 남자나 여자 어느 쪽이든 자신의 뜻에 따라 결혼 생활에 종지부를 찍을 수 있도록 했으며, 여자에게 자신의 재산을 완전히 관리할 권한을 주었다. 그럼에도 결혼이 깨어지는 경우에 여자는 자식들에 대한 권리를 모두 잃었다. 유스티니아누스(Justinianus) 황제도 이 제도를 폐지하지 못했다. 지참금이 따랐던 결혼에서 합법적인 결혼으로 진화해간 과정은 오랜 기간에 걸쳐서 많은 법률 체계들에서 발견되는, 지참금이 수반되는 결혼과 지참금이 수반되지 않는 결혼의 구분에서 확인된다. 그 예들은 이집트인들과 중세의 유대인들이다.

3장

봉건 영주의
소유권의 기원

작은 가족은 공산주의적인 어떤 가구가 발달하는 출발점이 될 수도 있지만, 또한 대규모 장원 같은 가구로 발달할 수도 있다. 경제적 관계들이라는 관점에서 보면, 농업 소유권의 발달을, 따라서 장원과 봉건주의의 발달을 낳는 매개가 된 것은 주로 후자였다.

이 같은 발달의 바탕에 작용하고 있는 부(富)의 차이는 다양한 원천에서 나왔다. 한 가지 원천은 씨족의 장이든 군사적 집단의 장이든 바로 그 족장이라는 지위이다. 씨족 구성원들 사이에 땅의 분배는 족장의 손에 달려 있었다. 이런 전통적인 권리는 종종 영주의 권력 같은 것으로 발전했으며, 그 권력은 확립되기만 하면 대체로 세습되었다.

씨족이 그런 세습적인 명예에 대해 품는 존경은 족장에게 선물을 전하는 행위나, 경작이나 집 짓는 일을 돕는 것으로 표현된다. 씨족의 이런 도움은 처음에는 그야말로 봉사 차원에서 시작되었으나 곧 의무로 변했다. 전쟁을 수행한 지도자는 씨족 내부의 차이를 통해서나 씨족 밖에서 정복을 통해서 땅에 대한 소유권을 얻을 수 있다. 이 지도자는 가는 곳마다 전리품 분배와 정복한 땅의 분배에서 우선권을 주장했다. 그의 추종자들도 토지의 할당에서 특별한 대접을 요구했다. 이 영주의 땅은, 예를 들면 고대 게르만 민족의 경제제도에서처럼, 일반 경작지의 분배에 따른 부담을 지지 않았으며 반대로 소작농들의 도움으로 경작되었다.

전문적인 군사 계급이 등장함에 따라, 씨족 내부에 분화가 일어났으며, 이 군사 계급은 군사 기술의 발달과 군사 장비의 질적 향상으로 인해 생겨나게 되었다. 경제적으로 의존하는 위치에 있던 남자들에겐 군사 훈련도 가능하지 않았고 군사 장비를 갖추는 것도 가능하지 않았다. 그 결과, 자신의 소유물 덕분에 스스로를 무장하면서 병역을 치를 수 있는 계급과 그렇게 할 능력이 없어서 자유민의 지위를 온전히 지키지 못하는 계급이 뚜렷이 나뉘게 되었다. 농업 기술의 발달도 군사적 발달과 똑같은 방향으로 작용했다. 그 결과, 평범한 농민은 경제적 역할에 더욱 심하게 얽매이게 되었다.

전투 기술이 뛰어나고 스스로 무장할 수 있었던 상류층이 군사적 활동을 통해 전리품을 축적할 수 있었다는 사실 때문에 분화가 추가로 더 일어났다. 그 사이에 스스로를 무장할 능력이 없어 군사적 활동을 하지 못했던 남자들은 다양한 부역과 세금에 더욱 심하게 시달리게 되었다. 이런 것들은 직접적인 힘들에 의해 강요되었거나 병역 면제에 따른 결과였다.

내적 분화의 또 다른 원인은 적대적인 민족의 정복이었다. 원래, 정복당한 적은 학살되었으며 일부 경우에는 식인 행위까지 행해지는 야만적인 주신제 같은 것이 치러졌다. 오직 부차적으로만, 포로들의 노동력을 활용하고 그들을 짐을 지는 노예 계급으로 바꿔놓는 관행이 생겨났다. 그리하여 영주 계급이 생겨나게 되었으며, 인간들을 소유하게 된 이 계급은 땅을 개간해 경작할 수 있는 위치에 설 수 있었다. 이것은 평범한 자유민에겐 절대로 불가능한 일이었다. 노예, 즉 예속된 사람은 모두 영주에게 종속된 상태에서, 스파르타의 노예들처럼 집단적으로 착취당하면서 땅을 경작하는 데 이용되었다. 아니면 예속된 사람들은 개별 영주에게 할당되어 영주의 개인적인 토지를 경작하는 데 활용되었다. 후자의 예가 발달하면서 정복 귀족이 생겨났다.

정복과 내적 분화 외에, 무방비 상태인 남자가 자발적으로 군사 지도자의 지배에 복종하고 나섰다는 사실도 인정되어야 한다. 무방비 상태의 남자는 보호가 필요했기 때문에 로마에서는 영주를 '후원자'(patronus)로 인정했다. 또는 메로빙거 왕조의 프랑크족들은 영주를 '원로'(senior)로 인정했다. 그리하여 무방비 상태의 남자는 법정에서 자신의 뜻을 밝힐 권리를 확보하고, 프랑크 제국에서처럼 결투재판에 투사로 나설 자격을 얻고 씨족 사람들의 무죄 입증 대신에 영주의 증언을 요구할 권리를 얻게 되었다. 그런 것에 대한 대가로, 그 남자는 봉사를 하거나 돈을 지급했지만, 이런 봉사와 지급의 의미는 의존적인 자를 경제적으로 착취하는 것이 아니었다. 그는 자유민에게 요구되는 봉사만을, 특히 군사적 봉사를 요구받을 수 있었다. 예를 들면, 로마 공화정 말기에, 다양한 원로원 가문들이 이런 식으로 예속 평민들에게 카이사르에게 맞서라고 외쳤다.

영주 소유권의 기원의 네 번째 유형은 봉건적인 조건에서 토지를 분배하는 방법이었다. 인간과 가축을 많이 소유한 족장은 평범한 농민들과 달리 꽤 큰 규모로 땅을 개간할 수 있는 위치에 있었다. 개간한 땅은 그곳을 경작 가능한 농토로 만든 사람이 그 땅을 경작할 수 있는 한에는 원칙적으로 그 사람의 소유였다. 따라서 엄청난 인간 노동력에 대한 지배력은 영주 계급이 땅을 확보하는 일에 직, 간접적으로 대단히 유리하게 작용했다. 우월한 경제적 지위를 그런 식으로 활용한 예로는 귀족들이 로마의 '공유지'에 점유권을 행사한 것을 들 수 있다.

영주의 토지는 조각으로 나뉜 뒤에 보통 빌려주는 방식으로 이용되었다. 임대는 외국인들, 예를 들면 당시에 왕이나 족장의 보호를 받고 있던 장인들이나 가난한 사람들에게 허용되었다. 가난한 사람들에게 임대하는 관행에 대해 말하자면, 우리는 특히 유목민들 사이에 가축을 임대하는 것도 발견한다. 그 외에는 일반적으로 남작(男爵)의 땅에 사람들이 정착하고, 대신에 정착민들은 지대를 내고 봉사를 할 의무를 진다. 이것이 소위 소작제이며, 동양 전역과 이탈리아, 갈리아, 그리고 게르만 민족 사이에서도 발견된다. 기본적으로 융자인 '화폐 봉(封)'(money fief)과 '곡물 봉(封)'(grain fief)은 종종 농노들과 토지를 축적하는 수단이 된다. 이주 노동자들과 노예와 함께, 빚을 갚기 위해 노동하는 사람도 고대의 경제생활에서 특별히 중요한 역할을 맡는다.

씨족 관계에서 비롯된 의존 형식과 영주의 권력에서 비롯된 의존 형식이 종종 결합되었다. 가진 땅이 없는 상태에서 영주의 보호를 받고 있는 남자들이나 외국인들에게, 씨족의 자격은 더 이상 문제가 되지 않았으며, 씨족 구성원들과 마르크 구성원들, 부족 구성원들 사이의 구별이 없어지고 모두가 봉토에 의존하는 자라는 범주로 함께 묶였다.

영주의 권력이 커지도록 만든 또 다른 원천이 주술 전문가이다. 많은 예를 보면, 족장은 군사적 지도자를 맡은 사람이 아니라 기우사(祈雨師) 출신이었다. 주술사는 어떤 대상에게 저주를 내릴 수 있었으며, 그러면 그 대상은 "터부"에 의해 온갖 방해로부터 보호를 받게 되었다. 주술 귀족은 이런 식으로 성직자의 특성을 얻게 되었으며, 군주가 성직자와 결탁한 곳에서, 주술 귀족은 개인적 소유를 확보하는 데 터부를 이용했다. 남태평양 제도(諸島)에 이런 관행이 특히 흔하다.

영주의 재산을 증대시킨 여섯 번째 원천은 무역이다. 다른 공동체들과의 무역에 관한 규정을 정할 권리는 원래 전적으로 족장의 수중에 있었으며, 처음에 족장은 무역을 부족의 이익을 위해 이용하게 되어 있었다. 그런데 족장은 무역에 대해 세금을 징수함으로써 무역을 자신을 위한 소득의 원천으로 만들어 버렸다. 이 세금은 애초에 족장이 외국 상인들에게 보호를 제공하는 데 대한 대가로 받는 것일 뿐이었다. 족장이 외국 상인들에게 시장에 접근하는 것을 허용하고 시장의 거래를 보호했기 때문이다. 훗날에는 종종 족장이 직접 무역을 하기까지 했다. 그러면서 족장은 무역에서 공동체, 즉 마을이나 부족이나 씨족의 구성원들을 배제시킴으로써 독점을 확립했다. 그리하여 족장은 자신의 부족민들을 빚을 갚기 위해 노동하는 사람으로 전락시키고 땅을 축적하는 수단인 융자를 제공할 재원을 확보하게 되었다.

무역은 그런 족장들에 의해서 두 가지 방법으로 수행되었을 것이다. 무역에 대한 규제와 그에 따른 무역의 독점이 족장 개인의 수중에 있거나, 족장들의 집단이 단결하여 무역 정착촌 같은 것을 형성했을 것이다. 후자는 무역업자들이 귀족의 지위를 누리게 될 그런 도시를 낳았다. 말하자면, 무역에 따른 수익으로 재산을 축적하는 특권층이 형성되었다는 뜻이다. 그 첫 번째 예가 카메룬 해안에서 확인되는, 흑인 부족들 사이의 통치권이다. 고대 이집트에서, 무역의 독점은 전형적으로 한 개인의 수중에 있었으며, 파라오들의 최고 권력은 대부분 무역 독점에 따른 것이었다. 우리는 키레나이카[25]의 왕들 사이에서, 그리고 그 뒤에 부분적으로 중세 봉건주의에서 그와 비슷한 조건을 발견한다.

25 현재 리비아의 동부 지역을 말한다.

족장 무역의 두 번째 형태인 도시 귀족의 발달은 고대와 중세 초기에 전형적이다. 제노바와 베네치아에서는 함께 정착했던 귀족 가문들만이 유일하게 완전한 권리를 누리는 시민들이었다. 그들은 직접 무역에 관여하지 않고 상인들에게 다양한 형태의 신용을 제공했다. 그 결과, 다른 인구 집단들, 특히 농민들이 도시의 귀족에게 빚을 지는 현상이 나타났다. 이런 식으로, 고대에 군사적인 군주들의 토지 소유권과 함께 귀족의 토지 소유권이 등장했다. 따라서 고대의 국가들은 무역에 이해관계가 걸린 대토지 귀족이 사는 도시들을 연안에 두고 있는 것이 특징으로 꼽힌다. 고대의 문화는 그리스 시대까지 해안의 특성을 지녔다. 그 시기의 도시는 어떤 것도 내륙으로 하루 걸을 수 있는 거리를 벗어나지 않았다. 반대로, 시골엔 소작인들을 거느린 남작들의 본거지가 있었다.

영주의 재산은 또 국가의 과세 조직과 관료주의에 그 재정적 뿌리를 내리고 있을 수도 있으며, 거기엔 두 가지 가능성이 있다. 행정 관리들을 그들이 다루는 자원들로부터 분리시킨 가운데, 군주가 중앙 집중적인 방식으로 개인적 사업을 벌였을 수도 있다. 이런 경우에 정치적 권력은 군주 외의 다른 사람에게는 전혀 돌아가지 않았다. 아니면 봉신들과 세금 징수 도급자들과 관리들을 아우르는, 행정을 위한 어떤 계급 조직이 활동하면서 군주의 사업에 보조적인 역할을 했을 수도 있다. 후자의 경우에 군주는 부하들에게 토지를 하사했고 이 부하들은 관리 비용 전부를 자신의 주머니에서 지급했다.

이 제도들 중에서 어느 것이 지배적이었는가에 따라, 그 나라의 정치적, 사회적 구조가 완전히 달라졌을 것이다. 어떤 형태가 승리할 것인지는 대개 경제적 고려 사항들에 좌우된다. 동양과 서양은 이 점에서 대조를 보인다. 동양의 경제, 말하자면 중국과 소아시아와 이집트의 경제에는 관개 농업이 지배적이었던 반면에, 정착이 개간의 결과였던 서양에서는 삼림 지대가 그 유형을 결정한다.

동양의 관개 문화는 동물들을 이용하지 않는 상태에서 원시적인 괭이 문화에서 직접적으로 발달했다. 관개 문화와 더불어, 동양에서는 메소포타미아의 티그리스 강과 유프라테스 강, 이집트의 나일 강 등 큰 강으로부터 끌어들인 물로 농사를 짓는 밭 문화도 발달했다. 관개와 그것의 관리는 체계적이고 조직적인 농경을 전제로 하며, 그 같은 방식에서부터 근동의 대규모 왕실 사업이 발달했다. 테베의 신(新)왕국이 이 같은 특징을 아주 잘 보여준다.

아시리아와 바빌로니아 왕들의 군사 원정은 기본적으로 용수로를 건설하여 사막을 경작지로 바꾸는 데 필요한 인력을 확보하려는 목적에서 이뤄진 인간 사냥이었다. 그 왕들은 남자들의 하우스에서 그 기원을 찾을 수 있는 종자들의 무리를 거느리고 군사 원정에 나섰다.

왕은 수자원을 관리할 권한을 가졌지만, 그 권한을 행사하기 위해선 조직적인 관료 사회가 필요했다. 따라서 경제적 토대를 갖게 된 이집트와 메소포타미아의 농업 및 관개 관료 사회는 세계에서 가장 오래된 공무원 조직이다. 그곳의 관료 사회는 존재했던 내내 왕의 개인적 경제 활동을 돕는 조직으로 남았다. 개별 관리들은 노예이거나 왕에 의존하는 사람, 심지어 군인이기도 했으며, 그들은 종종 도망가는 것을 막기 위해 낙인이 찍혔다. 왕의 세금 관리는 현물 지급이 원칙이었으며, 이집트에서 세금으로 거둔 현물은 창고에 보관되었다. 그것으로 왕은 자신의 관리들과 노동자들을 부양했다. 그런 식으로 제공된 식량이 가장 오래된 형태의 공무원 임금이었다.

그런 제도의 결과, 대체로 전체 주민이 군주에게 예속되는 관계에 놓이게 되었다. 이런 관계는 왕에게 의지하며 사는 사람들이 의무적으로 행하는 봉사와, 마을에 부과된 부담을 마을 전체가 공동으로 지는 행태와, 마지막으로 프톨레마이오스 왕조 때 '이디아'[26]라는 이름으로 불린 원칙에 잘 표현되고 있다. '이디아' 원칙 하에서, 개별 농민은 땅에도 얽매였을 뿐만 아니라 마찬가지로 마을에도 얽매였으며, 농민은 자신의 '이디아'를 증명하지 못할 때엔 사실상 추방당한 자나 마찬가지였다. 그 제도는 이집트와 메소포타미아뿐만 아니라 일본에서도 성행했다. 일본에서는 7세기부터 10세기까지 '구분전'(口分田) 제도가 발견된다. 후자와 마찬가지로 전자의 경우에도, 농민의 지위는 내내 러시아 미르의 구성원들의 지위와 같았다.

백성의 의무적인 봉사로부터, 군주에게로 집중되는 화폐 경제가 점진적으로 생겨났다. 이 발달도 다양한 경로를 밟을 수 있다. 한

---

26 '동일하다'는 뜻을 가진 고대 그리스어 단어.

경로는 생산과 교역이 군주에 의해 행해지는 개인 경제를 거치는 것이었다. 또는 이집트와 바빌로니아의 예에서 보듯이, 군주가 자신이 쓸 것만 아니라 시장에 내놓을 것까지 생산하기 위해 정치적으로 자신에게 종속된 노동력을 이용했다. 시장을 위한 생산과 무역은 큰 가구(家口)의 보조적인 일로 실행되었을 것이다. 그런 경우에 그 가구와 산업 시설 사이에 전혀 구분이 없었다. 이것은 요한 칼 로트베르투스(Johann Karl Rodbertus)가 "오이코스 경제"라고 이름을 붙인 그런 유형의 경제 조직이다.

이 오이코스 경제는 초기 단계였을 것이며, 거기서 다시 다양한 갈래의 발달이 이뤄졌을 것이다. 여기서 발달해 나온 결과물 중 하나가 이집트의 곡물 창고 제도이다. 파라오는 영토 여기저기에 곡물 창고를 갖고 있었으며, 농민은 의무적으로 지급해야 하는 현물뿐만 아니라 생산물 전체를 이 창고로 넘겼다. 이 물건들에 대해 왕은 영수증을 발행할 수 있었으며, 농민은 이 영수증을 화폐로 사용할 수 있었다.

또 다른 가능성은 왕실의 과세를 현금으로 책정하는 제도의 발달이었다. 그러나 이 제도는 국가 안에 일반적인 시장과 생산의 발달이 상당히 이뤄졌을 뿐만 아니라 화폐 사용이 사적인 경제 관계에 상당히 깊이 파고들었다는 것을 전제한다. 프톨레마이오스 왕조 시대의 이집트에는 이 모든 조건들이 갖춰져 있었다. 당시 행정 기법의 발달 상태를 고려할 경우에, 이 제도는 예산을 짜는 과정에 어려움을 겪었을 것이다. 따라서 통치자는 대체로 다음에 말하는 3가지 방법 중 하나를 택함으로써 계산에 따른 위험을 다른 사람들에게 넘겼다. 세금 징수를 투기꾼이나 관리들에게 위탁하거나, 그 일을 군인들에게 직접적으로 위임하고 군인이 징수한 액수 중 일부를 월급으로 챙기게 하거나, 세금 징수 임무를 지주들에게 넘겼던 것이다. 세금 징수 임무를 개인들의 손에 넘긴 것은 신뢰할 만한 행정 조직이 부재했던 결과였으며, 그런 조직의 부재는 다시 공적인 사람들에 대한 도덕적 불신으로 거슬러 올라간다.

세금 징수를 투기꾼들에게 위임하는 관행은 인도에서 가장 널리 행해졌다. 그런 투기꾼들은 '자민다르'(zamindar)라 불렸는데, 그들은 지주로 변하는 경향을 보였다. 병사들을 모집하는 일도 '자기르다르'(jagirdar)라 불린 계약자에게 넘어갔으며, 이 '자기르다르'는 성분을 무시하고 할당된 숫자의 병사를 공급해야 한다. '자기르다르'도 마찬가지로 대지주가 되려고 노력했다. 그런 토지 소유자들은 아래로나 위로 전혀 의지하지 않고 독립적으로 사는 봉건시대의 영주와 비슷하며, 마찬가지로 신병을 제공해야 했던 알브레히트 폰 발렌슈타인(Albrecht von Wallenstein)[27]과 비슷한 위치에 있었다.

통치자는 과세를 관리들에게 넘기면서 협상을 통해 세수 목표액을 정했다. 따라서 정한 금액을 초과하는 액수는 직원들에게 돈을 지급해야 하는 관리들의 몫이었다. 고대 동양의 지방 총독 제도뿐

27 유럽에서 가톨릭교회를 지지하는 국가들과 프로테스탄트를 지지하는 국가들 사이에 벌어진 종교 전쟁(1618-1648)인 30년 전쟁에서 합스부르크 군을 지휘했던 오스트리아 장군(1583-1634).

만 아니라 초기에 중국에서 행해진 관료 행정 제도가 그런 식이었다. 중국의 인구 통계는 현대적인 과세 정책으로 전환함과 동시에 인구가 갑자기 증가했다는 사실을 보여주고 있다. 이것은 그때까지 중국의 관리들이 인구를 고의로 낮게 책정했다는 뜻이다.

군주에게 집중되는 화폐 경제의 항목에 포함시킬 수 있는 세 번째 가능성은 과세를 군인들에게 위임하는 것이다. 이것은 국가 파산의 한 수단이며, 군주가 군인들에게 돈을 지급할 수 없게 될 때 그런 조치가 취해졌다. 터키에서 군인들이 지배하던 10세기 이후에 이 방법이 행해졌다는 사실은 칼리프의 지위에 일어난 변화를 설명해준다. 군인들은 군사 귀족으로 변했다. 왜냐하면 중앙 정부가 더 이상 과세권을 행사하지 못하고 그 기능을 군에 넘김으로써 그 일에서 스스로 발을 뺐기 때문이다.

원래 돈과 신병을 확보하는 정치적인 기능이었던 것을 사적인 계약자나 관리, 군인에게 넘긴 이 3가지 형태의 사유화 조치가 동양 봉건주의의 토대가 되었다. 동양의 봉건주의는 국가가 공무원을 통해서 과세를 관리하지 못하는 기술적인 무능력 때문에 나타나게 된, 화폐 경제의 해체 위에 발달했다. 그 결과 나타난 것이 종속적이고 합리화된 농업 공산주의였다. 농민 공동체가 징세권 보유자나 관리, 군에게 공동 책임을 지고, 공동으로 경작하고, 토지에 얽매이는 현상이 나타난 것이다.

서양의 제도와 대조적인 모습은 동양에서는 세금의 강제 징수가 지배적인 그런 직영지 경제가 전혀 생겨나지 않았다는 사실에서 분명히 드러난다. 또 다른 추가적인 특징은 동양에서는 농민의 현물 지급을 현금 지급으로 바꾸는 데 조금의 어려움이라도 나타나기만 하면 쉽게 교환 경제로 붕괴했다는 점이다. 그런 일이 벌어지는 경우에 동양의 정치 제도는 고도로 발달한 문화 상태로부터 원시적인 교환 경제 상태로 아주 쉽게 추락했다.

왕실의 수입을 확보하는 네 번째이자 마지막 방법으로서, 왕이 자신의 역할을 족장이나 지주들에게 위임하는 것이 발견된다. 따라서 군주는 행정 조직의 문제를 피할 수 있다. 왕은 세금을 거두는 일을, 경우에 따라서 신병을 모집하는 일을 사적인 성격을 띤 기존의 대리인들에게 넘긴다. 이것이 고대 로마 제국 시대에 문명이 해안 지역에서 내륙 쪽으로 확장될 때 로마에서 일어난 일이다. 그때 로마 제국이라는 나라는 주로 해안 도시들의 연맹이던 상태에서 영토를 가진 제국으로 변하고 있었다.

내륙은 화폐를 사용하지 않는 장원 경제만 알고 있었다. 그런데 이젠 내륙에도 세금을 징수하고 신병을 모집하는 기능이 강요되었다. 따라서 대지주들은 유스티니아누스 황제의 시대까지 지배적인 계층이 되었다. 대지주들이 지배했던 종속적인 주민들이 대지주들로 하여금 세금을 낼 수 있도록 했지만, 제국의 행정 제도는 제국 자체의 성장에 걸맞게 확장되지 않았다.

행정 기법의 측면에서 보면, 이 같은 상황은 영토가 자치 도시와 나란히 나타난다는 사실을 분명히 보여주고 있다. 그 영토의 맨 꼭대기에 땅을 가진 남작들이 자리 잡고 있으며, 그들은 국가에 세금과 신병을 책임진다. 이 같은 조건으로부터 서양에서 소작농이 발달했으며, 동양에서 소작농은 '이디아' 만큼 역사가 깊다. 로마 황제 디오클레티아누스(Diocletianus: A.D. 244-311) 통치 하에서, 통치자가 역할을 사적인 대리자들에게 위임하는 이 근본적인 원칙은 대체로 제국 전역으로 확장되었다. 이제 모든 사람은 영토의 과세 단위에 포함되었으며, 개인에겐 이 단위를 벗어나는 것이 허용되지 않았다. 각 지역의 우두머리는 일반적으로 영주이다. 이는 경제적, 정치적 삶의 중심이 연안 지역에서 내륙으로 이동하면서 나타난 현상이다.

이런 발달의 특별한 한 예는 식민지 소유권의 등장이다. 원래 식민지를 획득하는 일에 대한 관심은 성격상 순전히 재정적이었다. 식민지 자본주의였던 것이다. 재정적 착취라는 목적은 정복자가 종속적인 원주민들에게 화폐로 세금을 내도록 하거나 산물, 특히 식량과 향신료를 양도하게 함으로써 성취되었다.

국가는 보통 식민지를 착취할 권리를 상업 회사에, 예를 들면 영국과 네덜란드의 동인도 회사 같은 곳에 넘겼다. 원주민 족장들은 정복자에게 공동 책임을 지는 중개자 역할을 했기 때문에 영토를 가진 영주 같은 존재로 변하고, 원래 자유로웠던 농민은 족장의 농노가 되어 땅에 의존하는 존재로 변했다.

또 다른 형태의 식민지 소유권의 발달은 영주가 토지를 개인에게 할당하는 것이다. 이런 유형이 바로 스페인이 지배한 남미에서 행해진 엔코미엔다(encomienda)이다. 엔코미엔다는 남미 인디오들에게 강제 노역이나 세금을 강요할 권리가 딸린 일종의 봉건적인 하사였다. 엔코미엔다는 그런 형태로 19세기 초까지 지속되었다.

화폐 경제와의 관계 속에서 재정적인 이유로 정치적 특권들을 사유화했던 동양의 제도와 두드러진 대조를 보이는 것은 서양 봉건 제도의 상품 경제(product economy)[28]와 봉토 하사를 통해 봉건 소유권이 발달했던 일본의 상품 경제이다. 봉건제도의 일반적인 목적은 봉신(封臣)의 역할을 할 수 있는 사람들에게 토지와 영주의 권리를 하사함으로써 기병(騎兵) 부대를 유지하는 것이다. 봉건제도는 소유권이 세습 영지로 하사되느냐 베네피키움(beneficium)[29]으로 주어지느냐에 따라 두 가지 형태로 나뉜다.

베네피키움 형식의 하사라면, 터키의 봉건제도의 조직이 전형적인 예이다. 거기엔 개인에게 영원히 소유권을 인정한다는 내용은 전혀 없었으며, 베네피키움은 전쟁에서 하는 역할에 대한 보수로서 일생 동안만 주어졌다. 하사는 땅의 소출에 따라 평가되었으며, 가문의 등급, 또 수혜자의 군역에 비례했다. 그 토지는 상속이 아니었기 때문에, 하사를 받은 사람의 아들은 자신이 군역에서 특별한 공로를 세웠을 때에만 그것을 물려받을 수 있었다. 오스만 제국의 중앙 정부는 일종의 최고 봉건 기관으로서 프랑크 족 제후(諸侯)의 가령(家令)처럼 그 문제와 관련해 온갖 세부 사항을 결정했다.

---

28 교환 수단으로 화폐를 사용하지 않고 실제 물건의 교환으로 이루어지는 경제.

29 고대 로마 시대에 국가를 위한 봉사에 대한 보답으로 평생 동안 사용하도록 토지를 선물하는 것을 말한다.

이 제도는 원래 일본에서 널리 유행했던 제도와 비슷하다. 10세기 후에 일본은 구분전 제도를 베네피키움 원칙에 근거한 제도로 바꾸었다. 황제의 봉신이자 최고사령관인 쇼군(장군)은 자신의 정부(幕府)의 도움으로 벼 소출량에 따라 토지를 평가해서 자신의 봉신 다이묘(大名)들에게 베네피키움으로 하사했으며, 다이묘들은 다시 그것을 자신들을 보좌하는 무사들인 사무라이에게 하사했다. 훗날 이 봉토는 상속 가능한 것으로 변했다. 그러나 원래 쇼군에 의존하던 현상은 쇼군이 다이묘들을 통제하고, 다시 다이묘들이 자신들의 봉신의 활동을 감독하는 형식으로 계속 이어졌다.

러시아의 봉건제도는 유럽의 제도와 더 가깝다. 러시아에서 봉토는 차르에 대한 의무적 봉사와 세금상의 의무를 고려해 주어졌다. 봉토를 받은 사람들은 군사 장교와 민간 관리를 맡아야 했으며, 어느 것을 먼저 맡을 것인지에 관한 구체적인 사항은 예카테리나(Catherine) 2세에 의해 결정되었다. 표트르(Pyotr) 1세 치하에서 세무 행정의 바탕이 토지에서 머릿수로 바뀌면서, 지주는 자신의 소유지 안에 있는 사람들의 숫자에 비례해서 세금을 내야 했으며, 사람들의 숫자는 정기적인 조사를 통해 결정되었다. 이 제도가 농업 조직에 끼친 영향에 대해선 이미 대략적으로 언급한 바 있다.

일본과 함께, 대단히 순수한 봉건주의가 발달한 지역은 중세의 서양이다. 로마 제국 후기의 조건은 특히 이미 반쯤 봉건적인 성격을 띠고 있던 토지 보유의 측면에서 예비적인 단계의 역할을 했다. 게르만 족장들의 토지 권리가 로마 제국의 상황 속으로 녹아들었다. 토지 보유의 범위와 중요성이 토지의 개간과 정복을 통해서, 최종적으로 대규모의 "위탁"을 통해 특별히 증대되었다. 자신이 재산을 갖지 못했다는 사실을 깨달았거나 더 이상 군역을 위해 스스로 준비할 수 있는 입장이 아니라는 사실을 깨달은 농민들은 군사 기술의 발달 때문에 경제력이 더 큰 사람에게 종속되는 수밖에 달리 방법이 없었다. 또 다른 추가적인 영향은 토지가 교회로 대규모로 이관되었다는 사실이다. 그러나 결정적인 조건은 아랍인들의 침공과, 그에 따라 프랑크 족 기병 부대가 이슬람 군대에 맞서도록 할 필요성이 대두되었다는 점이다. 프랑크 왕국의 카를 마르텔(Karl Martel) 왕은 점령지 중에서 교회에 준 성직록을 갖고 엄청난 규모의 봉신 기사 군대를 조직할 목적으로 교회의 재산을 철저히 세속화하는 작업에 착수했다. 봉신 기사 부대의 구성원들은 중무장 기병으로서 스스로 무장을 갖춰야 했다. 최종적으로, 토지 외에 정치적 관직과 특권을 하사하는 것이 관습으로 자리 잡았다.

4장

장원

영주의 소유권, 특히 서양 장원의 소유권의 내적 발달은 가장 먼저 정치적, 사회적 계급 관계들의 영향을 강하게 받았다. 영주의 권력은 3가지 요소로 구성되었다. 첫째, 토지의 소유(영토 권력)가 있었고, 둘째로 인간들의 소유(노예제도)가 있었고, 셋째로 강탈 또는 하사를 통한 정치적 권리들의 활용이 있었다. 이 중에서 정치적 권리는 특별히 사법적 권한에, 그러니까 서양에서 영주의 소유권의 발달과 관련해서 가장 중요한 요소가 된 그 권한에 적용된다.

어디서나 영주들은 자신들 위에 있는 정치권력에 맞서 '임무니타스'(immunitas)[30]를 확보하려고 노력했다. 그들은 군주의 관리들이 자신들의 영토에 나타나는 것을 금지하거나, 그것을 허락하는

---

30 세금이나 공공 서비스로부터 자유로울 권리를 말한다.

경우에는 군주의 관리들이 영주를 직접 찾아서 정치권력을 대신해서 봉토 부담금을 징수하거나 군사적 소집 명령을 전하도록 했다. '임무니타스'의 이런 부정적인 측면은 긍정적인 어떤 측면과 연결된다. 적어도, 국가의 관리들로부터 빼앗은 권리들 중 일부를 직접적으로 행사하는 것이 '임무니타스'를 가진 자의 특권이 되었다. 이런 형태로 '임무니타스'는 프랑크 제국에만 존재한 것이 아니라 그보다 앞서 바빌로니아와 고대 이집트와 고대 로마 제국에도 존재했다.

결정적으로 중요한 것은 사법권이 누구에게 있는가 하는 문제이다. 토지와 인간들을 소유한 자는 어디서나 이 특권을 놓고 경쟁을 벌였다. 이슬람의 칼리프가 통치하는 영토 안에서는 토지와 인간들을 소유한 자가 그 특권을 누리지 못했다. 일반 정부의 사법권이 훼손되지 않고 유지되었던 것이다.

이와 대조적으로, 서양의 토지 소유자들은 대체로 사법권을 확보하는 데 성공했다. 서양에서 영주는 원래 자신의 노예들에 대해 무제한적인 사법권을 행사했던 반면에, 자유민들은 오직 일반 법원의 사법권만 따르면 되었다. 영주의 참여를 피하기 어려웠던 것은 일찍부터 사실이었음에도 불구하고, 자유가 없는 사람들에겐 공식적인 법원의 형사 소송 절차가 최종적이었다. 자유민과 자유가 없는 사람의 구분은 세월이 지나면서 흐려졌으며, 따라서 영주가 노예들에게 행사하던 권력은 다소 약해졌고 영주가 자유민들에게 행사하던 권력은 다소 강해졌다.

10세기부터 13세기까지, 공공 법원들이 노예들에게 영향을 끼치는 소송의 결정에 점점 더 많이 개입했으며, 노예들이 걸린 형사 사건은 종종 공공 법원에서 다뤄졌다. 특히 8세기부터 12세기까지, 노예들의 지위가 꾸준히 향상되었다. 대규모 정복 운동이 중단되면서, 노예무역이 쇠퇴했으며 노예 시장에 노예를 공급하는 일이 어려워졌다. 그런데 숲 개간에 따라 노예에 대한 수요는 급증했다. 그러자 영주는 노예를 확보하기 위해 점진적으로 노예들의 생활 조건을 향상시켜야 했다. 영주는 고대 로마의 '포세소르'(possessor)[31]와 달리 농민이 아니고 주로 전사였으며, 따라서 자신에게 의지하고 있는 비자유민들을 감독할 입장이 거의 아니었다. 그 덕분에 비자유민들의 상황이 향상될 수 있었다. 한편, 영주가 자유민들에게 행사하던 권력은 군사적 기술의 변화로 인해 강화되었으며, 그 결과 원래 가구에 국한되었던 영주의 권력이 영지 전체로 확장되었다.

자유롭거나 자유롭지 않은 토지 보유의 조건과 자유롭거나 자유롭지 않은 사람 사이에 어떤 상관관계가 있다. 이 맥락에서, 우리는 '프레카리움'(precarium)[32]과 '베네피키움'을 고려해야 한다. 프레카리움은 서류에 근거한 임차이며, 모든 계층의 자유민은 그런 관계를 맺을 수 있다. 원래 프레카리움은 마음대로 종료할 수 있는 계약이었다가 곧 5년마다 갱신할 수 있는 계약으로 발달했지만, 사실

31 '점유자'라는 뜻.
32 '소작제'라는 뜻.

은 종신이고 대체로 상속되었다. 베네피키움은 원래 온갖 형태의 봉사에 대한 대가로 하사하는 것이거나 일부 조건에서 돈을 받고 주는 것이었다. 훗날 베네피키움은 봉건적인 활동에 집중하는 자유 봉신들의 베네피키움과 영주의 사유지에서 활동하는 자유민의 베네피키움으로 분화되었다.

이런 형태의 임차 외에, 세 번째 형태의 임차, 즉 토지 개발 임차가 있었다. 이 방법에 따르면, 영주는 고정적인 세금을 받고 개간할 땅을 하사하고 그 땅에 대해 수혜자에게 세습적 소유를 인정했다. 이것은 소위 '퀴에투스 렛디투스'(Quietus Redditus: 면역 지대(免役 地代))[33]였으며, 이 지대는 훗날 도시까지 확대되었다.

마을 공동체 밖에 위치한 토지와 연결되어 있는 이 3가지 형태의 반대편에, 땅이 딸린 장원의 사유지가 있으며 이 사유지는 철저히 마을 공동체에 의존했다. 이 사유지가 어떤 것이었는지에 대해서는 샤를마뉴(Charlemagne) 대제의 '법령집'(Capitulare de villis)이 그림을 그리듯 명료하게 보여주고 있다.

장원 안에는 가장 먼저 영주의 땅, 즉 직영지가 있었다. 이 직영지는 영주의 관리들이 직접 관리하는 '테라 살리카'(terra salica)[34]와 자유 농민의 마을들에 있는 영주의 소유인 '테라 인도미니카타'(terra indominicata)를 포함한다. 둘째, 농민들의 보유지, 즉 하이드

33　토지를 소유한 사람에게 지는 여러 가지 서비스 대신에 내는 토지세 또는 지대를 말한다. '면역(免役) 지대'로 번역할 수 있다.

34　살리 프랑크 족이 만든 토지 소유 형태를 말한다.

땅이 있다. 농민들은 무제한적인 부역이 따르는 '만시 세르빌레' (mansi serviles)와 제한적 부역이 따르는 '만시 잉게누일레'(mansi ingenuiles)로 나뉜다. 후자에 속하는 농민은 1년 내내, 혹은 경작과 추수와 관련해서 육체적 노동이나 공동 작업을 제공해야 한다. 농민들이 토지 사용료로 내놓은 현물과 영지의 산물(왕실 소유지에서 난 산물은 '피스쿠스'(fiscus)라고 불렸다)은 창고에 쌓아놓았다가 군대의 필요나 영주의 가구를 위해 쓰였으며, 여분은 팔았다.

자유로운 사람과 자유롭지 못한 사람 사이의 관계에 결정적인 변화를 야기한 것은 영지의 경계선 안에서 영주와 판사가 사법권을 갖는다는 원칙(영주 재판권)이 확립되었다는 점이다. 처음에 이 원칙에 장애가 되었던 것은 소유지가 곳곳에 산재해 있다는 사실이었다. 예를 들면, 풀다의 수도원은 여기저기에 몇 천 개의 농장을 갖고 있었다.

사법권과 재산권을 가진 자들은 중세 초기부터 줄곧 자신들의 소유지를 통합시키려고 노력했다. 이 같은 노력은 부분적으로 "실질적 종속"이라는 방법을 통해 성취되었다. 그것은 영주가 땅을 받을 사람이 영주의 권력에 개인적으로 종속되지 않는 경우에 땅을 하사하기를 거부하는 방식이었다.

한편, 영주의 농장과 사법권 안에 자유로운 사람과 자유롭지 않은 사람이 함께 모임에 따라, 장원법이 발달했다. 장원법은 13세기에 최고로 발달했다. 원래 영주는 자신의 가구(家口) 중에서 자유의 몸이 아닌 구성원들에 대해서만 사법권을 행사했으며 그 외의 사람들에 대해서는 오직 왕의 허가에 근거하여 '임무니타스' 영역 안에서만 권력을 행사할 수 있었던 한편으로, 영주는 자신의 소유지 안에서 똑같은 서비스를 할 의무를 지는 다양한 계층의 사람들을 다뤄야 했다. 이런 상황에서, 자유민들은 영주가 자신에게 종속된 사람들과 힘을 합해 장원재판소를 설치하도록 강요할 수 있었다. 이 재판소에서는 영주에 종속된 사람들이 치안 판사의 역할을 맡았다. 그리하여 영주는 자신에게 종속된 사람들의 의무를 자의적으로 통제할 수 있는 권한을 잃었으며, 이것이 전통으로 자리 잡게 되었다(독일 혁명 당시에 군인 위원회가 군인들을 대신해 장교에 맞서려 노력했던 것과 비슷하다). 한편, 10세기부터 12세기 사이에 토지를 하사받는 사람은 그야말로 토지 하사라는 '사실 그 자체에 의해서' 토지 소유자의 사법적 권한에 종속된다는 원칙이 발달했다.

이 같은 발달의 결과, 한편에선 자유에 변화가 일어났고 다른 한편에선 종속적인 인구의 예속에 변화가 일어났다. 자유로운 신분에 일어난 변화는 자유민들이 경제적인 이유 때문에 스스로를 무장하지 못한 탓에 영주의 사법적 권리를 받아들이게 된 결과였다. 반면에 자유가 없는 신분에 일어난 변화는 독일에서 숲 개간과 동부 지역의 개척으로 인해 농민에 대한 수요가 크게 증가한 데 따른 것이었다.

이 두 가지 상황은 자유가 없던 사람들이 영주들의 권력에서 벗어날 수 있도록 했으며, 동시에 영주들이 종속된 사람들에게 보다 좋은 삶의 조건을 제시하는 경쟁을 벌이도록 만들었다. 게다가 노예무역이 중단됨에 따라 노예의 공급도 중단되었다. 이렇게 되자 예속적 관계로 끌어들일 수 있는 사람들에 대한 처우가 개선되지 않을 수 없었다.

영주들이 처한 정치적 상황도 종속적인 계급들의 지위를 높이는 방향으로 작용했다. 영주는 농민이 아니라 직업 군인이었으며, 따라서 농업을 효과적으로 다룰 수 있는 입장이 아니었다. 영주는 변동 폭이 심한 소득을 바탕으로 자신의 일을 제대로 처리할 수 없었으며, 종속된 사람들에게 일정한 토지 사용료를 받는 전통적인 방식을 선호하면서 그들과 계약을 맺는 쪽으로 기울었다.

따라서 중세의 소작농은 내부적으로 매우 분화되어 있었으며, 소작농들은 영주들의 권력과 장원법을 거치면서 서로 단결하게 되었다. 종속적인 계층들과 나란히, 자유 농민들이 영주의 사유지의 공동체 밖에 있었다. 이 자유 농민들은 자유 보유권이 있는 땅에 살면서 면역 지대만 냈으며, 따라서 기본적으로 개별적인 토지 소유자였다. 그런 사람들에게 영주는 사법적 권한을 전혀 갖지 못했다.

이 자유 보유권자들이 완전히 사라진 적은 결코 없었지만, 그들이 상당한 규모로 발견된 곳은 겨우 몇 곳에 불과했다. 그런 곳 중 하나가 노르웨이이며, 노르웨이에선 봉건주의가 전혀 발달하지 않았다. 그곳의 자유 보유권자들은 그들에게 의존하던, 땅이 없고 자유가 없던 계층과 달리 "자유 사유지" 농민이라 불렸다.

자유 보유권자들이 꽤 발견된 또 다른 곳은 북해의 늪지대인 프리슬란트와 디트마르쉔이며, 알프스와 티롤, 스위스, 영국의 일부 지역들에서도 자유 보유권자들이 발견되었다. 마지막으로, 러시아의 여러 지역에 개인 소유자였던 "무장 농민"이 있다. 이들은 개인 소유자였다. 훗날 이 농민 계급에, 사회적으로 소농의 지위를 갖는 평민 군인 계급으로서 코사크가 더해졌다.

봉건주의가 발달한 결과, 땅을 가진 귀족이 세금을 징수하기 시작했을 때, 귀족은 비무장 농민에게 과세할 책임을 졌으면서도 정작 자신들은 세금으로부터 면제를 받는 현상이 나타났다. 프랑스 봉건법은 영토의 군사력을 증대시키기 위해 '영주가 없는 토지는 없다'(nulle terre sans seigneur)는 원칙을 세웠다. 이것은 원래 군사력을 확보한다는 차원에서 베네피키움의 숫자를 늘릴 의도로 나온 것이었다. 독일 왕이 모든 토지 하사와 관련해서 봉건적 군신관계를 강요한 것도 똑같은 원칙에서 나온 것이었다. 납세 의무와 관련한 이런 분화가 군주들이 소작지를 지속적으로 관리하는 정책의 바탕이 되었다. 군주들은 하이드 땅을 농민으로부터 떼어놓는 데 동의할 수 없었다. 이유는 그렇게 할 경우에 과세 대상이 될 토지가 줄어들 것이기 때문이다. 따라서 영토를 가진 군주들은 소작농을 보호하면서 귀족이 농민의 소유지를 몰수하는 것을 금지하는 제도를 채택했다.

봉건주의의 발달로 인해 몇 가지 경제적 결과가 따랐다.

1) 영주의 대가구와 농민의 소가구가 서로 나란히 존재했다. 농민들이 내는 봉납은 원래 영주가 필요로 하는 것을 충족시키는 데

에만 쓰였으며, 쉽게 전통으로 굳어졌다. 농민들은 자신들이 먹고 살며 봉납을 내는 데 필요한 그 이상으로 땅을 비옥하게 가꾸는 일에는 전혀 관심이 없었으며, 영주도 시장을 위해서 생산하지 않는 이상 봉납을 인상하는 데 별로 관심이 없었다. 영주의 생활 방식은 농민의 생활 방식과 거의 다르지 않았다. 따라서 칼 마르크스(Karl Marx)가 관찰했듯이, "영주의 위벽(胃壁)이 농민을 착취하는 한계였다". 농민 계층이 분담한, 전통적으로 고정되었던 봉납은 장원의 법과 이익 공동체에 의해 보호를 받았다.

2) 국가가 세금 때문에 소작농을 유지하는 데 관심이 있었기 때문에, 특히 프랑스에서 법학자들이 그 문제에 개입하고 나섰다. 로마법은 일반적으로 짐작하는 것과 달리 옛날의 게르만 민족의 농민법의 해체에 기여하지 않았으며, 반대로 귀족에 불리하고 소작농에게 유리한 방향으로 적용되었다.

3) 소작농이 토지에 얽매이게 되었다. 영주에 대한 개인적인 충성 의무가 이어지는 한, 또는 납세 의무 때문에 영주가 소작농의 세금에 대해 책임을 지게 되어 있는 한, 그런 현상이 나타났다. 부분적으로 귀족이 불법적으로 그런 관행을 확립한 측면도 있다. 그래서 농민은 자신의 땅을 몰수당하는 것만으로 공동체에서 빠져나오지 못했으며, 자신의 자리를 대신할 사람까지 구해 놓은 뒤에야 공동체에서 벗어나는 것이 가능했다.

4) 토지에 대한 농민의 권리가 아주 다양해졌다. 자유를 누리지 못하는 소작인들이 죽는 경우에, 영주는 그 땅을 되찾을 권리를 누

렸다. 영주가 그 땅을 줄 소작농을 찾지 못해 권리를 포기하더라도, 영주는 적어도 특별 봉납을 물리거나 헤리엇(heriot)[35]을 챙겼다.

자유로운 소작농들은 언제든 종료 가능한 임차 계약을 맺은 사람이거나 영원한 권리가 수반되는 등본(謄本) 보유농이었다. 두 경우모두 법적 지위가 명쾌했지만, 국가가 종종 소작권의 종료를 금지하기 위해 개입했다. 원래 자유민으로서 어느 한 영주에게 자신을위탁했던 종속적인 사람들 사이에, 그 사람들이 영주에게 얽매이고, 또 거꾸로 영주가 그들에게 얽매이는 현상이 나타났다. 영주는농노를 쉽게 쫓아낼 수 없었으며, 그렇게 하는 경우에, 일찍이 '작센슈피겔'(Sachsenspiegel)[36]의 시대 때부터 농노에게 약간의 자본을 현금으로 지급해야 했다.

5) 영주들은 정기적으로 공동 마르크를 자신들의 것으로 수용했으며 종종 공동의 목초지도 수용했다. 원래, 족장은 마르크 조직의수장이었다. 영주의 감독권으로부터, 중세를 거치는 동안에 마을의마르크와 공동 목초지에 대한 봉건적 소유권이 생겨났다.

독일에서 16세기에 일어난 농민 전쟁들은 주로 이 같은 착취에반대하는 투쟁이었으며, 과도한 지급액과 봉납에 반대한 투쟁이아니었다. 농민들은 자유로이 활용할 수 있는 목초지와 삼림지대를 요구했다. 땅이 지나치게 귀해진 탓에 그런 목초지와 삼림지대

35　소작농이 죽은 뒤에 그가 소유했던 것들 중에서 가장 좋은 것을 차지할 수 있었던 영주의 권리를 말한다.

36　1220년-1235년 사이에 마련된, 신성 로마 제국에서 가장 중요한 법률서.

가 하사될 수 없었으며, 그런 요구가 받아들여졌더라면 아마 시실리아처럼 치명적인 삼림 파괴가 일어났을 것이다.

6) 영주는 수많은 "농역(農役)에 대한 권리" 또는 "영주의 시설을 사용할 의무"(바날리테(banalité)[37])를 자신에게 유리한 방향으로 확립했다. 예를 들면, 농민이 영주의 방앗간에서 곡식을 빻고, 영주의 빵가게를 이용하고, 영주의 오븐을 이용하는 것을 의무로 정했다. 처음에 이런 독점은 강제성이 없이 생겨났다. 이유는 영주만이 방앗간을 비롯한 시설들을 설치할 수 있었기 때문이다. 그러던 것이 훗날에는 강제적으로 영주의 시설들을 이용하도록 했다. 이런 권리 외에, 영주는 사냥과 재화의 운송과 관련해서, "농역에 대한 권리"를 자주 행사했다. 그런 것들은 족장에게 지던 의무에서 비롯되었으며, 훗날에는 사법권을 쥔 대군주에게 넘어가서 경제적 목적에 이용되었다.

영주들이 종속된 소작농을 착취하는 방식은 두 가지 예외를 제외하곤 그들의 강제 노동을 이용하는 것이 아니라 그들을 지대 지급자로 만드는 쪽이었다. 두 가지 예외는 장원 안에서 일어난 자본주의 경제의 발달을 다루는 장(6장)에서 설명될 것이다.

고정적인 지대를 받는 방식으로 착취하게 된 근거는 먼저 영주들의 전통주의이다. 영주들은 진취적인 정신이 아주 부족했기 때문에 농민들을 노동력으로 적절히 이용할 수 있는 사업을 대규모로

---

37 프랑스에서 18세기까지 봉건제도 하에서 농민이 봉건 영주의 시설들을 의무적으로 사용하도록 한 조치를 말한다.

벌이지 못했다. 게다가, 기병이 군대의 핵심을 이루는 한, 영주들은 봉신으로서 자신들의 의무에 얽매여야 했고 농업을 돌볼 시간을 내지 못했던 한편, 농민은 전쟁에 동원될 수 없었다. 더욱이 영주는 자신만의 유동 자본을 전혀 갖고 있지 않았으며, 따라서 실제 활동에 따르는 위험을 농민에게 전가하는 쪽을 선호했다. 마지막으로, 유럽에는 영주를 구속했던 장원법의 제한이 있었던 반면에, 아시아에는 로마법에 비교할 만한 것이 전혀 없었기 때문에 영주들이 시장을 위한 생산으로 넘어가면서 충분한 보호를 받을 수 없었다. 아시아에서는 영주가 농사를 짓는 직속지의 발달이 전혀 일어나지 않았다.

영주는 지대를 다양한 방식으로 확보했다. 1) 봉납이 있었다. 자유 농민은 봉납을 현물로 지급했으며, 예속된 농민은 노동으로 지급했다. 2) 소작농이 바뀔 때 받는 사례금이 있었다. 이것은 영주가 소유권의 매각을 허용하는 조건으로 강제로 받은 돈이었다. 3) 상속과 결혼과 연결된 사례금이 있었다. 땅을 상속자에게 물려주는 조건으로, 또는 농민의 딸이 영주의 사법권 밖에 있는 사람과 결혼하는 특권에 대해 받았던 사례금이었다. 4) 삼림지대와 목초지와 관련 있는 사례금이 있었다. 5) 도로와 다리를 건설하는 부담뿐만 아니라 운송 비용을 농민에게 부과함으로써 간접적으로 얻는 지대가 있었다. 이런 모든 사례금과 지급액을 거둬들이는 일은 원래 "사유지 감독" 시스템을 통해 수행되었다. 이 제도는 프랑스뿐만 아니라 독일 남부와 서부의 장원 관리 유형을 대표하며, 모든 곳에서 땅을 착취하는 가장 오래된 형태의 봉건 조직으로 통한다. 이 제도는 소유지들이 흩어져 있다는 점을 전제로 하고 있다. 영주는 널리 흩어져 있는 자신의 소유지 각각에 대해 '빌리쿠스'(villicus: 토지 감독관)를 정하며, 이 관리인의 의무는 영주에 종속된 그의 이웃들로부터 지급액을 거둬들이고 그들이 의무를 성실히 수행하도록 하는 것이다.

5장

자본주의가 등장하기 전에 농민들이 서양 국가에서 차지했던 지위

(A) 프랑스

원래 노예들(농노)과 반(半)자유민이 나란히 존재하고 있었다. 노예들은 육체적 자유가 전혀 없는 농노였을 것이며, 그들은 무제한적으로 노역을 해야 했다. 그들에 대해 영주는 삶과 죽음을 제외하곤 절대적 권력을 행사했다. 아니면 노예들은 제한적인 노역을 하면서 탈퇴할 권리를 갖되 땅을 상속하지 못하는 그런 농노였을 수 있다. 이 경우에 영주는 소작인이 죽거나 영지를 떠나는 경우에 그 땅을 다시 처분할 수 있는 권리를 누렸다. 반(半)자유 농민, 즉 빌런(villein)은 자신의 땅을 넘겨줄 권리를 가졌으며 정해진 부역을 하거나 돈을 지불해야 했다. 이것이 그 농민이 원래 자유로운 신분이었다는 점을 보여주는 흔적이다.

이 관계들은 두 가지 상황 때문에 엄청난 변화를 겪게 되었다. 먼저, 종속적인 인구의 숫자가 12세기와 13세기에 이미 집단적으로 해방되면서 엄청나게 줄어들었다. 이런 현상은 화폐 경제의 도입과 맞물려 일어났다. 그것은 영주의 이기적인 관심과도 맞아떨어졌다. 왜냐하면 자유 농민들에게 봉납의 부담을 더 많이 지울 수 있었을 것이기 때문이다.

또 다른 원인은 농민 조합의 등장이었다. 마을 공동체는 법인으로 조직되었으며, 공동체는 관리에 완전 자치를 누리는 데 대한 대가로 영주에게 지불하는 지대에 대해 공동 책임을 졌다. 노동 조합의 자치는 왕의 보호도 받았다. 영주와 농민들은 똑같이 그런 식의 타협으로부터 이점을 누렸다. 영주는 한 사람의 채무자만 다루면 된다는 측면에서 이점을 누렸고, 농민들은 자신들의 권력이 엄청나게 증대되었다는 측면에서 이점을 누렸다. 일시적이나마, 농민 조합들은 삼부회에 소집되기도 했다.

귀족들은 그 변화가 자신들을 편하게 만든다는 사실을 깨달았다. 그들은 편한 생활이 깊어질수록 더욱더 궁정 귀족으로 변해갔다. 이것은 당시 프러시아의 융커(Junker)[38]들과 대조적인 모습을 보인다. 프랑스 귀족은 이제 토지로부터 멀리 떨어진 상태에서 거기서 나오는 지대로 살아가는 그런 계층이 되었으며, 더 이상 일을 하는 조직을 대표하지 않게 되었다. 그 결과, 프랑스 귀족은 혁명이 일어

38 독일의 지주 계층.

나자마자 하루아침에 프랑스의 경제 조직으로부터 제거되었다.

(B) 이탈리아

이탈리아에서 원래의 농업 조직은 도회지 사람들이 토지를 구입해 축적하거나 정치적 혼란 속에서 점유자들이 토지를 몰수하는 과정을 통해 아주 일찍부터 변하게 되었다. 이탈리아 도시들은 일찍이 개인적인 예속을 폐지하고, 농민들의 노역과 지급을 제한하고, 각자의 몫에 따라 경작하는 방식을 도입했다. 이 방식은 원래 자본주의적인 계획에서 나온 것이 아니라 소유주의 필요를 충족시키기 위해 나온 것이었다.

각자의 몫을 경작하는 소작인들은 귀족들의 식탁을 위해 산물을 제공해야 했으며, 소작인들은 저마다 다른 종류의 산물을 공급할 의무를 졌다. 유동 자본은 땅을 소유한 도회지 사람들이 정기적으로 제공했으며, 이 도회지 사람들은 자신들의 부를 자본주의식 농업에 이용하길 원하지 않았다. 각자의 몫을 소작하던 이 제도는 이탈리아와 남부 프랑스를 유럽의 다른 나라들과 뚜렷이 구분되도록 만들었다.

(C) 독일

독일 북서부와 남서부, 그리고 이곳과 가까운 프랑스 북부 지역은 특히 앞 장 마지막 부분에서 언급한, 소유지들이 산재한 가운데 관리인 조직이 두드러진 특징으로 꼽힌다. 이 조직을 시발점으로 해서, 농업 조직이 남서부와 북서부에서 서로 매우 다른 형태로 발달했다.

독일 남서부 지역에서 소유지 감독관 제도는 해체되었다. 영주가 토지와 개인의 충성과 관련해 누렸던 권리와 사법권은 지대를 받을 단 하나의 권리로 변한 한편, 상속권 이전과 관계있는, 극소수의 강제적 노역과 봉납만이 잔재처럼 남았다. 따라서 라인 강 지역, 즉 독일 남서부의 농민은 사실 자기 자신의 주인이 되었으며, 자신의 소유지를 팔거나 상속자에게 물려줄 수 있었다.

이런 일이 일어난 주된 이유는 장원법이 여기서 최고의 힘을 행사했을 뿐만 아니라 소유지들이 넓은 지역에 산재해 있었기 때문이다. 그래서 한 마을에 몇 명의 토지 소유자들이 사는 경우도 종종 있었다. 토지 소유와 사법권, 군신 관계 속의 영주의 지위가 서로 다른 사람의 수중에 있었으며, 농민은 이들이 서로 대립하도록 할 수 있었다. 토지 소유자들이 독일 서부와 남서부에서 확보할 수 있었던 최고의 소득은 공동 마르크의 큰 몫을 차지하고, 이보다 훨씬 작지만 공동의 목초지를 차지하는 것이었다.

독일 북서부에서 소유지 감독관 제도는 지주들에 의해 해체되었다. 지주들은 자신들의 산물을 시장에 내다팔 가능성이 보이자마자 자신의 땅에서 소득을 높이는 일에 관심을 보이면서 시장을 위한 생산에 적합한 소작지를 확보하려고 노력했다. 결과적으로, '작센슈피겔'의 시대에, 그리고 그보다 더 이른 시기에 농노들의 집단적 해방이 있었다. 그리하여 풀려난 토지는 "마이어"(Meier)라고 불린 자유로운 소작인들에게 일정 기간 동안 빌려주게 되었다. 자유 소작인의 재산은 국가의 강력한 압박 덕분에 상속 가능하게 되었다.

당시에 국가는 지대의 터무니없는 인상으로부터 소작인들을 보호했다. 만약 토지 소유자가 소작인을 내쫓길 원한다면, 국가는 그 소유자가 다른 농민을 한 사람 고용하도록 강제했다. 그래야만 세금 수입이 줄지 않을 것이었다. 큰 소유지에 대한 영주들의 관심은 단일 상속법으로 이어졌다. 영주가 한 사람의 상속인이 소유지를 물려받는 제도를 강요했던 것이다.

대체로 지대는 현물로 지급되었던 반면에, 현금 지급이 강제적인 봉건적 노역을 대체했다. 베스트팔렌의 일부 지역에서 농노제가 계속되었지만, 어디까지나 영주가 소작인이 죽을 때 그 상속의 일부를 차지할 수 있는 선에서 그쳤다. 남동 지역, 그러니까 바이에른과 오버팔츠와 뷰르템베르크 남쪽 지역에서 농민의 재산권은 종종 불안전했다. 상속 가능한 토지 보유권과 상속 불가능한 토지 보유권 사이에, 그리고 보호를 받는 임차 계약과 무제한적인 임차 사이에 구분이 생겼다. 무제한적인 임차는 종신에 한하고, 임차인이 죽을 때 영주는 지급액을 인상하거나 토지 보유권을 다른 사람에게 넘길 수 있었다.

영주 자신은 언제나 강제적인 상속의 법을 주장했다. 임차인이 내는 돈은 10분의 1세와 소작인이 교체하는 경우에 내는 수수료로 이뤄져 있었다. 금액은 소유권의 상속이 가능한지 여부에 따라 달라졌다. 노역은 아주 적절했다. 개인적 속박이 18세기까지 하나의 원칙이었지만, 그 속박은 개인적인 대군주에게 지급하는, 매우 작고 다양한 의무적인 지급 그 이상의 의미는 전혀 아니었다. 그리고 이 대군주는 종종 토지의 영주와 다른 사람이었다.

독일 동부는 16세기까지 소작농의 가장 이상적인 법적 지위를 보여주었다. 경작자들은 보통 '면역 지대' 조건으로 토지를 보유했으며, 노역을 전혀 지지 않았으며, 개인적으로 자유로웠다. 상대적으로 큰 덩어리의 땅은 귀족들의 소유였으며, 이 귀족들은 처음부터 큰 하이드들을 물려받았다. 한 마을에 종종 그런 귀족이 서너 명 이상 있었다. 사법권과 토지 소유는 상당 부분 동일했다. 이런 특성 때문에 훗날 소작인들에게 노역을 강요하는 것이 쉬웠으며, 귀족들이 직접 관리하던 소유지를 대규모 농장으로 전환하는 것도 쉬웠다.

(D) 영국

잉글랜드엔 장원의 영주에게 얽매인 농노와 장원에 얽매인 농노가 있었다. 후자가 둘 중에서 법적으로 지위가 약간 더 높았다. 그들은 땅에 엄격히 예속되어 있었지만, 그들도 민중 재판소의 구성원들이었다. 장원법이 매우 강해졌으며, 그 결과, 영주들이 농민들을 압박하거나 의무적인 지급액을 증가시키는 것이 어려워졌다. 토지에 대한 권리와 사법적 권리가 일치했으며, 노르만 족의 침공 때 봉신들에게 통합된 지역이 주어졌다. 그러나 토지 소유자들 위에 강력한 국가가 자리 잡고 있었다. 영국 왕들은 왕립 재판소를 갖추고서 법관들이 봉건 영주들로부터 소작농을 보호하는 위치에 서도록 훈련시켰다.

6장

장원의 자본주의적 발달

장원의 시스템은 강력한 군사적 압박을 받는 상태에서 경제적 이익을 추구하기 위해 생겨났다. 이 시스템은 원래 상류층의 생활을 부양하기 위해서 부속 토지와 종속적인 노동력을 이용하는 방향으로 발달했다. 그런 가운데 장원의 시스템은 자본주의 쪽으로 발달하는 경향을 강하게 보였다. 이 경향은 두 가지 형태, 즉 플랜테이션 경제와 사유지 경제로 모습을 드러냈다.

(A) 플랜테이션

플랜테이션은 강제 노동을 이용해서 특별히 시장에 내놓을 농작물을 생산하는 시설이다. 정복의 결과로 지배자 계층이 하게 된 농업 경영이 집약 농업과 결합하는 곳마다, 플랜테이션 경제가 보편적으로 생겨났다. 플랜테이션 경제는 특히 식민지들의 두드러진 특징이었다. 현대 들어서 플랜테이션의 산물은 사탕수수와 담배, 커피, 목화였으며, 고대에 그 산물은 포도주와 기름이었다.

플랜테이션의 발달 경로는 대체로 예비적인 준(準)플랜테이션 제도를 거친다. 준(準)플랜테이션 경제에서, 시장만 통제되고 한 사람에게 집중되는 반면에, 생산은 강제적인 노동으로서 예속적인 계층에게로 넘어간다. 이 계층은 공동체에 대해 공동으로 의무를 지고, 땅에 종속되어 있으며, 준(準)플랜테이션의 소유자에게 돈을 지급하는데, 이 소유자는 대개 식민지를 건설하는 법인이다. 이 같은 조건은 19세기 초에 혁명이 일어날 때까지 남미에 널리 퍼져 있었으며, 북미 뉴잉글랜드의 각 주들에서도 모국과의 분리가 일어날 때까지 그런 조건이 지배적이었다.

진정한 플랜테이션은 전 세계에 걸쳐 드문드문 발견된다. 플랜테이션 시스템이 진정한 발달을 이룬 예가 두 번 있었다. 첫 번째 예는 고대 카르타고와 로마의 플랜테이션이고, 두 번째 예는 19세기 미국의 남부 주들에서 행해진 흑인 플랜테이션이다.

고유의 플랜테이션은 훈련된 노예 노동으로 움직인다. 장원 경제와 달리, 플랜테이션 경제에서는 대규모 사유지와 농민들의 작은 소작지들이 나란히 존재하지 않으며, 예속된 인구는 막사에 함께 모여 산다.

플랜테이션 경영의 주된 어려움은 노동력을 확보하는 일이다. 노동자들은 가족을 전혀 두지 않으며, 아이를 낳지 않는다. 그러므로 그런 플랜테이션의 영속성은 전쟁을 통해서든 아니면 아프리카 같은 거대한 노예사냥 영토를 정기적으로 공격하든 노예를 확보하는 일에 달려 있었다.

고대의 플랜테이션은 카르타고에서 발달했으며, 그곳의 플랜테이션은 카토(Marcus Porcius Cato)와 바로(Marcus Terentius Varro)와 콜루멜라(Lucius Junius Moderatus Columella)가 쓴 라틴어 문헌뿐만 아니라 마고(Mago)에 의해서도 과학적으로 묘사되었다. 플랜테이션의 전제 조건은 노예를 시장에서 언제든 확보할 수 있어야 한다는 것이다. 로마의 플랜테이션에서 나온 산물은 기름과 포도주였다. 그 플랜테이션에서 자유로운 신분의 소규모 소작인 콜로누스(colonus)와 노예인 세르우스(servus)가 나란히 발견된다. 콜로누스는 영주가 제공하는 가축과 도구로 땅에 곡물을 경작했으며, 따라서 현대적 의미로 말하는 소작농이기보다는 노동력을 이뤘다고 할 수 있다. 노예들은 가족도 없고 재산도 없었으며, 막사에서 함께 지냈다. 이 막사는 기숙사와 격리 병원, 그리고 도망가지 못하게 억류하는 감방을 결합시킨 것이었다.

플랜테이션의 작업은 군대식으로 엄격하게 통제되는 가운데 이뤄졌다. 노예들은 아침 조회 시간에 호명에 대답한 다음에 밀집 대형을 이뤄 작업장으로 향했으며, 돌아올 때에도 마찬가지였다. 노예들은 창고에서 작업복을 받고 일이 끝나면 다시 돌려줘야 했다.

유일한 예외는 '빌리쿠스', 즉 감독관이었다. 이 감독관은 개인 재산을 소유할 수 있으며 '콘투베르날리스'(contubernalis)였다. 다시 말하면, 여자 노예와 결혼하는 것이 허용되고 영주의 목초지에서 일정 수의 가축을 키울 권리를 누리는 사람이란 뜻이다.

가장 어려운 문제는 노동 인구를 유지하는 문제였다. 노예들의 난교를 통한 자연적 증가가 불충분했기 때문에, 여자 노예들에게 세 번 출산하면 자유의 몸으로 풀어줄 것이라고 약속하면서 출산을 장려하려는 노력이 있었다. 그러나 이 방법은 전혀 소용이 없는 것으로 드러났다. 왜냐하면 자유의 몸으로 풀려난 여자들을 기다리고 있었던 삶은 매춘밖에 없었기 때문이다.

도시에 주거지를 둔 영주의 어려움은 노예들에 대한 수요가 꾸준히 늘어나고 있었기 때문에 더욱 깊어만 갔다. 제국 시대가 시작된 이후로 큰 전쟁들이 종식됨에 따라 노예 시장의 영속적인 공급이 가능하지 않게 되었기 때문에, 노예 막사는 사라질 운명에 처했다. 노예 시장의 수축은 광산업의 실패가 현대 산업에 미칠 수 있는 것과 똑같은 효과를 낳았다.

로마의 플랜테이션은 또 다른 이유로도, 말하자면 노예의 막사들이 해안 가까운 곳에, 그러니까 매매가 손쉽게 이뤄질 수 있는 곳에 있어야 했는데도 고대 문화의 중심이 해안에서 내륙으로 옮겨갔다는 사실 때문에도 성격에 변화를 겪었다. 이런 식으로 고대 문화의 중심이 전통적인 장원 경제가 지배하던 내륙으로 옮겨가고, 또 제국에 의해 평화가 도래함에 따라, 플랜테이션은 다른 시스템으로 바뀔 필요가 있었다. 따라서 제국이 쇠퇴하던 시기에 노예들이 농업에 종사하는 경우에 가족을 꾸리고 '노예 보유지'(mansus serviles)에 배치되었다는 사실이 확인된다. 한편, 이주 농업자들은 노역의 대상이었으며 단순히 지대를 지급하는 신분은 더 이상 아니었다. 말하자면, 두 계층, 즉 노예들과 이주 노동자들이 하나로 통합되고 있었던 것이다. 소유자 계급이 제국의 경제적, 정치적 정책을 지배하고 있다. 화폐 경제와 도시 생활이 쇠퇴하고, 상황은 교환 경제의 단계로 다가서고 있다.

비슷한 어려움은 미 합중국의 남부 주들에서도 나타났다. 거기선 목화를 이용하는 분야에서 위대한 발명이 이뤄지면서 플랜테이션 제도가 생겨났다. 18세기 마지막 30년 사이에, 잉글랜드에서 목화로 실을 뽑는 방적기(1768-69)와 베틀(1785)이 발명되고, 미국에서 목화에서 씨를 분리하는 조면기(1793)가 발명되었다. 특히 조면기는 목화를 처음으로 효율적으로 이용할 수 있는 길을 열었다. 이를 바탕으로 목화의 대량 거래가 가능해졌으며, 목화는 리넨 제품과 모직물을 대체하게 되었다. 그러나 목화를 기계적으로 활용한 것이 유럽과 미국에 완전히 정반대의 결과를 낳았다. 목화는 유럽에서 자유로운 노동력의 조직화를 촉진시키고 영국 랭커셔에서 처음으로 공장들이 발달하도록 했지만, 미국에서 그 결과는 노예 제도였다.

16세기와 17세기에, 대량 생산에 인디언들을 이용하려는 시도가 있었지만, 인디언들은 곧 쓸모가 없는 것으로 드러났으며, 그래서 흑인 노예들의 수입에 의존하지 않을 수 없었다. 그러나 흑인 노예들은 가족이 없는 상태라서 아이를 낳지 않았다. 뉴잉글랜드 지역의 주들이 하나씩 점진적으로 노예무역을 금지함에 따라, 단 한 세대 뒤에, 그러니까 18세기 말에 노예 부족 사태가 발생했다. 꽤 비싼 여객선의 운임을 플랜테이션 노동으로 지불하려 했던 가난한 이주자들을 활용하는 것도 충분하지 않은 것으로 확인되었다.

그 다음 수단은 흑인들이 아이들을 낳아 기르게 하는 것이었다. 이 방법이 남부의 많은 주들에서 너무나 체계적으로 행해졌기 때문에, 흑인들을 '번식시키는' 주들과 흑인들을 '소비하는' 주들이 뚜렷이 구분되었다. 동시에 흑인 노동력을 동원할 땅을 위한 투쟁이 벌어졌다. 플랜테이션은 싼 땅을 필요로 했고, 또 새로운 땅을 끊임없이 경작 가능한 땅으로 바꿀 가능성이 언제나 있어야 했다.

노동력이 비싸면, 땅값이 싸야 했다. 그리고 흑인을 이용하는 것은 착취적이었다. 왜냐하면 흑인들에게 현대적인 장비를 맡길 수 없었고, 따라서 흑인들은 대단히 원시적인 도구만을 이용했기 때문이다. 그리하여 자유로운 노동력을 가진 주들과 노예 노동력을 가진 주들 사이에 투쟁이 시작되었다. 이 대목에서 기이한 현상이 한 가지 나타났다. 부차적인 생산 요소인 "노예"만이 지대를 생산한 반면에, 토지는 전혀 아무것도 산출하지 못했던 것이다.

정치적으로 보면, 이 상황은 북쪽의 자본주의 계급과 남쪽의 플랜테이션 귀족 사이의 투쟁을 의미했다. 자본주의 계급 편에 자유 농민들이 섰고, 농장주들의 편에 남부의 노예를 소유하지 않은 백인들, 소위 "가난한 백인 쓰레기들"이 섰다. 후자는 계급적 위신과 경제적 경쟁을 근거로 흑인의 해방을 두려워했다.

노예제는 무자비하게 착취하면서 대단히 엄격한 규율을 바탕으로 노예를 다룰 때에만 이익을 낼 수 있다. 그 외에 추가적으로 요구되는 것은 노예들을 부양하는 비용이 싸야 하고 조방농업의 기회가 있어야 한다. 이 조방농업도 토지의 무제한적인 공급을 요구한다. 노예들이 비싸지고 독신을 더 이상 유지할 수 없게 되었을 때, 고대의 플랜테이션 제도도 붕괴했고, 그것으로 노예제도도 붕괴했다.

기독교는 노예 해방 문제에서 일반적으로 알려져 있는 그런 영향력을 행사하지 않았다. 가족을 보호하고 노예들 사이에 결혼을 도입하기 시작한 것은 오히려 금욕적인 황제들이었다. 북미에서, 퀘이커 교도들이 노예제도 폐지에 특별히 앞장섰다. 그러나 미국 의회가 1808년부터 노예 수입을 금지하기로 한 때(1787년)부터, 그리고 활용 가능한 토지가 부족해지기 시작할 때부터, 노예제도의 운명은 이미 결정되었다.

노예 경제가 소작 제도로 바뀌는 것은, 남부 주들이 연방에서 탈퇴함에 따라 일어나게 된 남북 전쟁을 거치지 않아도 가능했을 것이다. 흑인들에게 특권적인 지위까지 부여했던 북부의 승자들이 그 문제를 잘못 처리한 탓에, 북군이 철수한 뒤에 흑인들이 참정권에서 완전히 배제되고, 백인과 흑인 사이에 뚜렷한 계급 구분이 생기고 말았다. 흑인들은 빚에 묶인 소작인들이다. 철도가 백인 토지 소유자들에게 의존하고 있기 때문에, 흑인들은 상업적 기회로부터 배제당하고 흑인의 이동의 자유는 오직 이론적으로만 존재했다. 따라서 노예 해방은 "토지"라는 요소가 다 소진되기만 하면 점진적으로 저절로 확립되었을 것이 틀림없는 그런 조건을 무질서하게 초래했다.

(B) 사유지 경제

여기서 사유지(estate)라고 부르는 것은 대규모의 자본주의적 시설을 뜻한다. 그러니까 시장을 위해 생산이 이뤄지는 곳이란 말이다. 전적으로 가축을 기르는 곳일 수도 있고, 전적으로 경작만 하는 곳일 수도 있고, 아니면 두 가지를 결합한 곳일 수도 있다.

만약 주요 관심이 대규모의 가축 사육이라면, 그 시설은 로마의 캄파냐에서처럼 자본 없이 작동할 수 있다. 로마의 평원에선 그 유명한 '라티푼디움'(latifundium)[39]이 지배적이었으며, 대토지 소유의 시작은 틀림없이 신정주의 국가에서 남작 사이에 벌어진 불화로까지 거슬러 올라갈 것이다. 로마의 위대한 귀족 가문들은 캄파냐의 지주들이었으며, 이 가문들을 보완하던 사람들은 주로 수많은 가축을 이용해 로마에 우유를 보급하던 차지인(借地人)이다. 한편, 경작자들은 소유권을 빼앗기고 거기서 배제되었다.

[39] 고대 로마 시대에 개인이 소유했던 넓은 땅을 의미한다.

자본을 거의 들이지 않는 대규모 목축은 남미의 대초원 팜파스와 스코틀랜드에서도 널리 행해지고 있다. 스코틀랜드에서도 마찬가지로 경작자들은 소유권을 빼앗겼다. 잉글랜드가 1746년에 컬로든 전투에서 스코틀랜드의 독립을 짓밟은 뒤에, 잉글랜드의 정책은 옛날의 씨족 족장들을 "지주"로, 씨족의 구성원들을 족장의 소작인으로 보았다. 그 결과, 지주들은 18세기와 19세기를 거치는 동안에 소유자의 특권을 당연한 것으로 누렸으며, 소작인들을 몰아내고 땅을 사냥터나 양을 기르는 목초지로 바꿨다.

잉글랜드에서 집약적인 자본주의적 목축 경제가 발달했다. 이것은 잉글랜드의 양모 산업이 성장하고 영국 왕들이 양모 산업을 촉진시킨 결과였다. 14세기 이후에, 영국 왕들은 세금 징수를 늘릴 가능성에 끌려 처음에 원모(原毛) 수출업자들에게, 이어서 가정 소비를 위해 제조하는 모직 제조업자들에게 혜택을 부여했다. 그리하여 공동 목초지가 스스로를 그 목초지의 소유자로 생각했던 지주들에 의해서 목양장으로 바뀌는 현상이 나타나기 시작했다. 이것이 바로 "인클로저" 운동이다.

지주들은 경작자들의 땅을 대규모로 구입하거나 그들과 어떤 계약을 맺었다. 이를 바탕으로 지주들은 대규모 농장주가 되어 목축 경제를 시작했다. 이 과정은 15세기부터 17세기까지 진행되었으며, 18세기 들어서는 그런 전개에 반대하는 운동이 사회 문제에 관심이 많은 저자들뿐만 아니라 일반 사람들 사이에 일어났다. 그 결과가 대규모 차지인(借地人)이라는 자본주의적인 계급의 기원이다. 이 차지인들은 땅을 빌려서 최소한의 노동력으로 대부분 모직 산업을 위해 양을 기르는 일을 했다.

또 다른 형태의 사유지 경제 하에서, 관심은 곡물의 생산에 맞춰졌다. 한 예가 바로 로버트 필(Robert Peel: 1788-1850) 총리 때 곡물법[40]이 폐지되기 전까지 150년 동안의 잉글랜드이다. 그 시기까지 소농들이 대규모로 교체되면서 차지인들이 보호 관세와 수출 장려금 제도 하에서 보다 효율적으로 경작할 길을 열어주었다. 따라서 양을 기르는 농가와 곡물을 기르는 농가가 서로 나란히 존재하거나 결합하게 되었다. 이 같은 조건은 청교도들과 영국 노동 계급이 소동을 일으킨 결과 곡물에 대한 보호 관세가 폐지될 때까지 계속 이어졌다. 이후로, 곡물 재배는 더 이상 이익을 낼 수 없게 되었으며, 곡물 재배에 고용되었던 노동력은 거기서 풀려났다. 잉글랜드의 저지(低地) 지방은 인구가 크게 줄어들었지만, 아일랜드에서는 소규모의 소작농이 당시의 지주의 거대한 사유지에서 계속되었다.

잉글랜드와 완전히 반대되는 예는 러시아다. 16세기에 러시아에 정말로 노예가 있었지만, 소작농의 절대 다수는 수확의 반을 지주에게 주는 자유로운 차지인(借地人)으로 이뤄져 있었다. 지주는 어느 해든 연말에 임차 계약을 중단시킬 권리를 가졌지만 실제로 그런 권리를 행사하는 예는 드물었다. 그러나 지주들이 변동 폭이 큰 현물 지급보다 고정적인 현금 지대를 선호했기 때문에, 러시아의

40 곡물의 수출입을 규제한 법률.

소작제는 고정적인 현금 지대를 바탕으로 했다. 동시에 지주들은 강제 부역을 확대하려고 노력했다. 부역은 처음에 노예들만 해당되었으나 뒤에는 자유로운 소작농들도 해야 했다. 이쪽 방향으로는 일반적으로 가장 경제적으로 경작되었던 수도원 소유지가 주도하고 나섰다. 화폐 경제의 성장은 농민들을 빚 구덩이에 처박는 결과를 낳았다. 단 한 차례만 경작이 실패해도 농민은 빚더미에 앉게 되었으며, 농민에겐 이동의 자유가 사라졌다.

16세기 말부터, 차르들은 자신의 권력과 제국의 전체 행정 조직의 힘을 귀족을 위하는 일에 쏟았다. 그러나 귀족은 존재 자체가 위협을 받고 있었다. 왜냐하면 대지주들이 경작자들에게 보다 유리한 조건에 토지를 빌려줄 수 있었기 때문이다. 그 결과, 낮은 계층의 귀족은 소작농 부족 사태에 직면했다. 차르의 정책은 낮은 계층의 귀족을 높은 계층의 귀족으로부터 보호하려 노력했다. 1597년에 보리스 고두노프(Boris Godunov) 차르가 내린 칙령은 이 목표를 뒷받침하려는 것이었다. 이 칙령으로 인해, 임차 계약은 종료 불가능하게 되었고, 농민들은 사실상 땅에 부속되었다. 농민들은 또 납세자 명부에도 등록되었으며, 이것은 다시 영주들 쪽에서 소작농을 보호하는 정책을 내놓게 만들었다.

표트르 대제의 통치 하에서 인두세 제도에 변화가 생김에 따라, 자유로운 소작농과 농노 사이의 구분이 사라지게 되었다. 둘 다 땅에 예속되었으며, 지주는 자유로운 소작농과 농노에 대해 무제한적인 권력을 행사할 수 있었다.

당시의 러시아 농민은 고대 로마의 노예보다 조금도 더 많은 권리를 누리지 않았다. 1713년에, 태형(笞刑)의 권리가 노골적으로 영주에게 주어졌다. 사유지의 감독관은 칙령에 따라 젊은이들에게 결혼을 주선했으며, 토지 사용료는 지주 마음대로 정해졌다. 신병을 모집하는 것도 마찬가지였다. 지주들은 다루기 힘든 농민을 시베리아로 추방할 권리를 가졌으며, 언제라도 농민의 소유지를 거둬들일 수 있었다.

그럼에도 농민들 중 많은 수는 자신의 소유물을 숨기고 큰 부를 일구는 데 성공했다. 농민이 정의를 추구할 수 있는 법원은 전혀 없었다. 농민은 러시아 중부에서는 영주에게 지대(地代)의 원천으로서, 수출이 가능했던 러시아 서부에서는 노동력의 원천으로서 착취를 당했다. 이런 상태가 러시아 소작농들이 19세기로 들어설 때 처했던 조건이었다.

독일에서는 토지 임차가 계속되었던 서부와, 사유지 경제가 지배적이었던 동부와 오스트리아 사이에 뚜렷한 구분이 있었다. 원래 농민들의 상태는 두 지역에서 거의 같았으며, 동부가 다소 유리했다. 동부에는 원래 개인적 예속이 전혀 없었으며, 독일에서 가장 훌륭한 토지법이 있었다. 농민들은 옛날의 왕실 하이드가 바탕이 된 대규모 하이드들에 정착했으며, 농민에 대한 추방은 프러시아의 프리드리히 빌헬름(Frederick William) 1세와 마리아 테레지아(Maria Theresia) 시대부터 국가에 의해 금지되었다. 이유는 농민이 납세자이자 병사였기 때문이다. 하노버와 베스트팔렌에서도 마찬가지로 추방이 금지되었으나 라인 지역과 독일 남서부에서는 추방이 허용되었다.

그럼에도 불구하고, 농민을 추방하는 일은 대부분 동부에서 일어났으며 서부와 남부에서는 일어나지 않았다. 이유는 다양했다. 농민을 대량으로 죽인 30년 전쟁 뒤에, 농민 보유지들이 서부에서 다시 할당된 반면에, 동부에서는 사유지로 통합되었다. 서부와 남부에서는 공동 소유지가 지배적이었으나, 동부에서는 귀족의 거대 농장들이 지배적이었다. 그러나 귀족이 대규모 토지를 소유하는 것이 원칙이었던 서부와 남부에서도 대규모 사유지는 발달하지 않았다. 이유는 거기선 토지 소유와 영주의 지위와 사법적 권리가 분리되어 있어서 농민이 이 세 가지가 서로 대립하도록 할 수 있었기 때문이다. 반면에 동부에서는 이 3가지가 분리 불가능한 봉토로서 동일했다. 이 같은 상황이 소작인을 쉽게 내쫓을 수 있게 하거나 소작인이 부역을 쉽게 받아들이도록 만들었다. 원래는 지주가 아니라 행정 장관만이 그런 권리를 갖고 있었는데도 말이다.

마지막으로, 동부에는 교회 땅이 서부보다 적었으며, 교회는 전통적으로 농민에게 세속의 지주보다 더 많은 배려를 보였다. 동부에서 큰 소유지들이 교회의 수중에 있었던 곳에서도, 큰 소유지들이 수도원의 수중에 있었던 오스트리아에서처럼, 성직자들이 평범한 소유자들보다 훨씬 더 경제적으로 관리했지만 수출 농업으로 넘어가는 문제에는 그다지 관심을 보이지 않았다.

따라서 동부와 서부 사이에 이런 대조적인 모습을 보이게 된 데는 시장 관계들이 결정적인 역할을 했다. 대규모 사유지는 현지의 시장이 곡물 생산량을 소화시킬 수 없어서 생산물을 외국으로 수출했던 곳에서 생겨났다. 그러나 함부르크의 상인이 마르크에 소속된 개별 농민들이나 실레시아의 개별 농민들과 협상할 수 있는 위치에 있지 않았기 때문에, 사유지 농업 경영으로 넘어가는 것이 불가피했다.

반대로, 남부와 서부의 농민은 가까운 곳에 도시를 두고 있었으며, 거기서 자신의 산물을 팔 수 있었다. 따라서 지주는 농민을 지대의 원천으로 이용할 수 있었다. 한편, 동부에서 농민은 오직 노동력으로만 취급되었다. 지도에서 도시들의 숫자가 줄어들수록, 사유지의 빈도는 더 늘어난다.

마지막으로, 남부와 서부에서 옛날의 경작자들이 잔존하도록 만든 또 다른 힘은 장원법이었으며, 이 장원법과 꽤 강한 전통주의가 서로 결합했다. 독일의 서부와 남부에서 일어난 농민 전쟁도 그런 식의 전개에 한몫했다고 볼 수 있다. 농민 전쟁은 농민의 패배로 끝났지만, 그것은 실패한 총파업 같은 역할을 했으며 지주들의 벽에 적힌 선동적인 글귀와 같은 영향력을 행사했다. 그러나 잉글랜드는 14세기에 농민 전쟁을 겪었음에도 불구하고 소작농으로부터 땅을 몰수하는 일이 일어났다. 만약에 폴란드와 동부 독일에서 농민 소요 사태가 전혀 일어나지 않았다면, 그 같은 사실은 농민의 소요도 다른 모든 혁명과 마찬가지로 억압당하는 계급, 그러니까 농민 계급의 처지가 더없이 열악한 곳에서는 일어나지 못하고 혁명가들이 어느 정도의 자의식을 얻을 수 있는 곳에서 일어난다는 것을 의미할 뿐이다.

농민과 지주의 관계를 전문적인 용어로 표현한다면, 동부는 노예 상태가 아니라 세습적 종속이었다. 농민은 사유지의 종속물 같은 존재였으며, 사유지와 함께 팔렸다. 독일에서 엘베 강 동쪽에 군주의 땅(매우 넓었으며, 메클렌부르크에서는 전체 토지의 반 정도에 달했다)에서 농사를 짓던 소작농 외에, 개인 지주의 땅을 경작하던 소작농이 있었다. 소유권도 아주 다양했다. 독일 농민은 원래 토지를 면역 지대로 보유한 가운데 매우 유리한 관계 속에서 살았다.

이와 대조적으로, 슬라브 족의 권리들은 매우 불안했다. 그래서 슬라브 족이 다수인 지역에 사는 독일인의 조건이 더 열악하게 되는 결과가 나타났다. 따라서 18세기에 동부에서 소작인 집단이 농노제의 법 아래에서 사는 일이 벌어졌다. 농민은 사유지의 종속물이 되었다. 농민은 언제나 땅에 예속되어 있었고 또 영주의 동의가 없거나 자신을 대신한 사람을 구하지 못하는 경우에는 사유지를 떠날 수 없었으면서도 안전한 상속권을 전혀 갖지 못했으며, 종신 권리도 언제나 누렸던 것은 아니었다. 농민은 잉글랜드 봉건법의 봉사 의무와 비슷한 강제 노역을 부담해야 했다. 말하자면, 농민은 의무적인 봉사를 해야 했을 뿐만 아니라 그의 아이들도 하인으로 영주의 집으로 들어가야 했다. 영주 자신이 영지의 차지인(借地人)에 지나지 않는 경우에도 농민은 똑같은 의무를 졌다. 영주는 어떤 농노에게든 아무 소작지나 떠맡도록 강제할 수 있었다.

최종적으로, 영주들은 자신들이 농민들의 부역 부담을 늘리고 농민들을 마음대로 쫓아낼 수 있는 권리를 갖고 있다고 단정했다. 그러나 여기서 영주들은 군주의 권력과 예리하게 충돌을 빚었다. 동부 독일의 통치자들은 소작농을 보호하기 시작했다. 그들은 특히 오스트리아와 프러시아에서 기존의 농민 계급이 파괴되는 것을 두려워했다. 농민들을 사랑해서가 아니라, 세금과 병력의 원천인 농민 계급을 유지하기 위해서였다. 강력한 국가가 존재할 때에만 농민을 보호하는 제도를 취할 수 있었던 것은 사실이다. 따라서 메클렌부르크에서, 스웨덴의 히터-포메라니아에서, 그리고 홀슈타인주에서, 통합된 넓은 사유지 경제가 발달할 수 있었다.

1890년경에 엘베 강 동쪽 시골의 사유지는 계절에 많이 좌우되었다. 들일은 1년 동안 계절에 따라 고르지 않았으며, 겨울이 되면 농장 노동자들은 보조적인 일자리를 찾았다. 훗날 이 보조적인 일자리가 사라진 것이 노동 문제를 일으킨 중요한 원인이 되었다. 사유지는 규칙적인 농장 노동을 위해 1년 내내 남녀 하인들을 두었다. 그 외에 "인스트-포크"(inst-folk)라고 불린 두 번째 범주의 노동자들이 있었다. 이 노동자들은 자기 집에 사는 결혼한 사람들이었지만, 실레시아에서는 막사에 모여 살았다. 이 노동자들은 연 단위로 계약을 맺었으며, 계약은 어느 쪽에서나 해지할 수 있었다. 그들의 임금은 정해진 양의 산물과 약간의 현금을 받든가, 아니면 추수나 방앗간 운영에 따른 수익을 포함한 결과물의 다양한 몫을 받았다.

탈곡은 겨울 내내 수작업으로 행해졌으며, 그에 대한 대가로 "인스트맨"(instman)에게 곡식 다발 중 6분의 1 또는 10분의 1이 주어졌다. 인스트맨들은 이 일을 독점했으며, 사유지 소유자는 그 일을 다른 사람들에게 넘기지 못했다. 게다가, 삼포식 농업이 계속되는 한, 그들은 경지 각각에 길쭉한 땅을 하나씩 가졌으며, 이 땅은 지주들이 그들을 위해 경작했다. 그들은 또 감자를 심을 밭도 가졌다. 그들은 현금 임금을 거의 또는 전혀 받지 않았지만, 시장에 팔 목적으로 돼지를 길렀으며 자신의 몫으로 받은 농작물 중 남는 것을 시장에 내다팔았다. 따라서 그들은 돼지와 곡물의 가격이 높은지에 대해 관심이 많았으며, 그 같은 사실 때문에 그들은 영주와 경제적 이해관계를 공유했다. 반면에 돈으로 임금을 받은 농업 노동 프롤레타리아는 돼지와 곡물의 가격이 싸기를 원했다. 가축과 무거운 농기구는 영주가 제공했지만, 인스트맨은 도리깨와 낫을 제공해야 했다.

영주는 추수 때에 노동자들이 추가로 필요했기 때문에 "땅과 산에서 추수하는 사람들"(Landsberg harvesters)라 불린 떠돌이 일꾼들을 고용하거나 도시 사람들을 고용했다. 더욱이, 인스트맨은 임금이 깎이는 것을 보지 않으려면 여름에 일손을 하나 더 보태야 했고 추수 때도 아마 그래야 했을 것이다. 이런 추가적인 일손은 그의 아내나 아이들이 맡았다. 그래서 인스트맨의 가족은 대체로 영주와 일종의 노동 동반자의 관계를 맺고 있었다. 산업적인 의미에서 말하는 계약의 자유는 이주 노동자들과, 종속적인 농민들 중에서 인스트맨만 누렸다. 이들의 조건은 "규정"을 따르지 않는 것으로 확인되었다.

그러나 세습 농노제의 시대 이후로 이주 노동자들과 인스트맨에게 근본적인 어떤 변화가 일어났다. 이유는 그 시기에 사유지 주인이 자기 자본 없이 농민들의 손과 공동 작업의 도움으로 일을 꾸려 나갔고, 따라서 그때엔 노동자와 도구의 분리가 전혀 일어나지 않았기 때문이다.

(C) 장원제도의 해체

비스와 강과 네만 강의 선박으로 곡물을 세계 시장에 팔았던 폴란드와 백러시아에서, 사유지 경제가 비슷하게 조직되었다. 러시아 내륙에서는 영주들이 토지를 농민들에게 세를 주는 쪽을 더 선호했으며, 따라서 그곳의 농민들은 자신의 노동력에 대한 통제권을 유지했다.

지주와 농민이 복잡하게 상호 의존하게 되고, 지주가 지대의 원천으로나 노동력으로서 농민을 착취하고, 마지막으로, 지대와 노동력을 통해서 농민을 땅에 예속시킨 것이 결국엔 농업의 장원 조직의 붕괴를 낳은 원인으로 작용했다. 이 같은 변화는 농민과 농업 노동자의 개인적 해방을 의미했다. 농민과 농업 노동자가 이동의 자유를 누리게 되었다는 뜻이다.

그 같은 변화는 또 토지가 농민들의 공동 조직과 분리됨과 동시에 영주의 권리와도 분리된다는 것을 의미했다. 또 그에 따른 당연한 결과로, 농민의 권리가 존재했던 곳에서, 말하자면 통치자들이 소작농을 보호하는 정책을 추구했던 곳에서, 장원의 토지가 농민들의 권리라는 귀찮은 짐으로부터 자유로울 수 있었다.

농민의 해방은 다양한 방식으로 일어날 수 있었다. 첫째, 잉글랜드와 메클렌부르크, 서(西)포메라니아, 실레시아의 일부 지역들에서처럼, 농민들로부터 토지를 몰수하는 형태로 일어났다. 농민들은 자유로워졌지만 땅이 없어졌다. 둘째, 영주의 토지를 몰수하는 형태로 일어났다. 그래서 영주는 땅을 잃은 반면에, 농민은 자유로워지면서 토지를 소유하게 되었다. 프랑스와 남서부 독일, 그리고 일반적으로 영주들이 토지를 농민들에게 빌려주는 방식으로 이용했던 거의 모든 지역에서, 또 러시아가 간섭한 결과 폴란드에서도 그런 현상이 일어났다. 마지막으로, 두 가지 방법이 결합하는 식으로, 말하자면 농민이 토지의 일부를 가진 상태에서 자유로워짐으로써 장원 조직이 붕괴되는 예도 있었다. 쉽게 교체될 수 없는 사유지 형태의 조직이 존재했던 곳에서 일들은 그런 식으로 전개되었다. 한 예로, 프러시아 국가는 땅을 가진 지주들에게 기대지 않을 수 없었다. 이유는 국가 자체가 너무나 빈곤했기 때문에 지주들을 유급 관리로 대체할 수 없었기 때문이다.

장원 농업 제도의 붕괴는 또 지주들의 세습적인 사법권의 폐지도 가능하게 만들었다. 또 다양한 영주의 시설을 사용할 의무를, 그리고 최종적으로, 의무적인 봉건적 군신관계나 소위 양도 불가능한 소유권으로 토지에 가해졌던 온갖 정치적, 종교적 제한을 폐지하는 것도 가능해졌다.

이런 장애물들의 제거도 다양한 형식으로 일어났다. 1) 바이에른에서처럼 교회 토지에 관한 부동산 양도법이 있다. 2) 신탁 유증(信託遺贈)의 폐지 또는 제한이 있다. 잉글랜드에서 특히 두드러졌다. 3) 마지막으로, 영주 사유지의 재정적 우선권을 폐지하는 조치가 있다. 예를 들면, 과세로부터의 자유가 있다. 또 프러시아에서 1860년대의 세법에 의해 성취된 바와 같이, 정치적 특권의 폐지도 있다. 이런 형태는 다양할 수 있었다. 결과는 수용당하는 쪽이 지주와 농민 중 어느 쪽이냐에 따라서, 또 농민이 수용당하는 경우에 땅을 갖게 되느냐 갖지 못하게 되느냐에 따라서 달라졌다.

장원제도의 붕괴를 낳은 힘은 처음에 장원 안에서 비롯되었으며, 성격상 주로 경제적이었다. 가장 직접적인 원인은 시장 활동의 활성화였다. 영주와 농민이 똑같이 시장에 관심을 두고 있었으며, 농산물을 사고파는 시장은 화폐 경제와 더불어 꾸준히 성장했다. 그러나 이런 사실들이 장원제도의 해체를 야기하지 못했으며, 혹시 그것들이 장원제도의 해체를 초래했다면 그 해체는 농민들로부터 토지를 빼앗아 대규모 농업 기업을 확립하려는 영주의 이해관계 때문에 일어났다.

대체로, 다른 이해관계들이 밖에서 개입하며 끼어드는 것이 필요했다. 그런 한 이해관계가 도시에 새로 확립된 중산층의 상업적 이해관계였다. 이 중산층은 장원의 약화 또는 해체를 요구했다. 이유는 장원이 중산층 자신들의 시장 기회를 제한했기 때문이다. 한쪽에 도시와 도시의 경제 정책이 있고, 다른 쪽에 장원과 장원의 경제 정책이 있었는데, 이 둘은 서로 대립적이었다. 그렇다고 한쪽이 교환 경제를 대표했고, 다른 한쪽이 순수하게 화폐 경제를 대표했다는 뜻은 아니다. 왜냐하면 장원들이 시장을 위해 많은 것을 생산했기 때문이다. 장원들이 시장의 기회를 누리지 못했더라면 지주들이 농민들로부터 많은 돈을 거둬들이는 것이 불가능했을 것이기 때문이다.

소작인들의 강제 부역과 지급이라는 단순한 사실을 통해서, 장원제도는 농촌 인구의 구매력에 제한을 가하고 있었다. 왜냐하면 장원제도가 농민들이 시장을 위한 생산에 전체 노동력을 쏟지 못하도록, 또 그렇게 함으로써 구매력을 키우지 못하도록 막고 있었기 때문이다. 따라서 도시의 중산층의 이해관계는 지주들의 이해관계와 정반대였다.

게다가, 발달 중이던 자본주의는 자유로운 노동 시장의 창조에 관심을 두고 있었으며, 그런 노동 시장의 창조에 장애물로 작용한 것이 바로 농민들을 땅에 예속시켰던 장원제도였다. 최초의 자본주의 산업들은 길드들을 우회하기 위해서 농촌 노동력을 활용하는 쪽으로 눈을 돌렸다. 토지를 구입하려는 욕구가 새로운 자본가들로 하여금 장원제도에 반대하는 입장을 더욱 강하게 취하도록 만들었다.

자본가 계급은 사회적인 특권을 누리면서 땅까지 소유한 계층으로 올라가기 위해서 새로 얻은 부를 땅에 투자하길 원했다. 자본가 계급이 이런 욕구를 채우려면, 토지를 봉건적인 속박으로부터 해방시킬 필요가 있었다. 마지막으로, 국가의 재정적 이해관계도 농촌 지역의 납세 능력을 증대시키기 위해서 장원의 해체를 유도하는 쪽으로 작동하기 시작했다.

이것들은 장원 경제의 해체와 연결된 다양한 가능성들이다. 세부적으로 보면, 장원 경제의 해체는 대단히 복잡했다. 중국에서, 봉건제도는 기원 전 3세기에 폐지되었으며, 토지의 사유재산제가 확립되었다. 진나라 최초의 황제인 시황제는 권력의 토대를 봉건적 군대와 정반대인 세습 군대에 두었으며, 이 군대의 유지를 종속적인 계층들의 세금에 의존했다. 훗날 유생(儒生)의 선구자격인 중국의 인본주의자들은 군주의 편에 서서 유럽의 그런 집단과 마찬가지로 정책을 합리화하는 역할을 맡았다.

그 후로, 중국의 재정 정책은 수없이 변해왔다. 그 정책은 언제나 양쪽 극단 사이를 오갔다. 한쪽에 세금을 무겁게 물리는 국가가 있고, 다른 한쪽에 "관리" 국가가 있다. 말하자면, 군대와 관리들의 비용을 국민의 세금으로 충당하면서 국민을 과세의 원천으로 취급하는 국가와, 국민들을 예속적인 노동의 원천으로 이용하면서 나라가 필요로 하는 것을 정해진 계층이 현물로 내도록 해 충당하는 국가 사이를 중국의 재정 정책이 오갔다는 뜻이다. 후자의 정책은 디오클레티아누스 시대의 로마 제국이 추구했던 정책이며, 당시에 그 목적을 위해 강제적으로 공동체가 조직되었다. 한 제도는 국민을 형식적으로 자유롭게 만들었고, 다른 한 제도는 국민을 국가 노예로 만들었다. 국가 노예가 중국에서 활용된 방법은 유럽에서 영주들이 예속된 인구를 지대가 아닌 노동력으로 이용하던 때의 방법과 똑같았다. 그때 유럽에서 사유 재산이 사라졌으며, 토지와 관련 있는 의무들과 토지에 대한 예속이 토지의 정기적 재분배와 함께 생겨났다.

중국에서 이런 식으로 전개된 결과 18세기 이후에 나타나게 된 최종적 결과는 과세 원칙을 위해서 '관리" 원칙을 포기하는 것이었다. 국가에 세금을 내는 것이 원칙으로 자리 잡게 되었던 것이다. 세금과 함께, 공공 노역의 사소한 잔재들도 남았다.

중국에서 세금은 관료들의 수중으로 흘러갔으며, 관료들이 궁정에 내는 금액은 엄격하게 정해져 있었다. 반면에 관료들은 소작농의 세금을 최대한으로 높였다. 그러나 소작농에게 세금을 높이는 일은 대단히 어려웠다. 왜냐하면 씨족들의 힘이 워낙 강했기 때문에 모든 관리는 중국 소작농의 동의를 받아야 했다. 그 결과 나타나게 된 것이 농민들의 대규모 해방이었다. 지금도 중국엔 약간의 소작농들이 있지만, 그 소작농들은 개인적으로 자유의 몸이며 적정한 수준의 지대만 내고 있다.

인도에서는 장원제도가 지금도 계속되고 있다. 장원제도는 처음에 국고에서 세금을 징수하던 관행에서 부차적으로 생겨났다. 영국 측이 마련한 법은 예전에 전혀 아무런 권리를 누리지 못했던 인도의 소작농을 보호하고 있다. 그 방법은 윌리엄 글래드스턴 (William Gladstone)의 법이 아일랜드 소작농들이 농지를 보유하게 하고, 지주들이 토지에 대한 기존의 지급액을 자의적으로 올리지 못하도록 한 것과 똑같다. 그러나 영국의 조치는 인도 안에서 기존의 확립된 질서를 바꿔놓지 못했다.

근동에서도 봉건적인 보유 제도가 존재하지만, 옛날의 봉건적인 군대가 사라졌기 때문에 그 형식은 많이 바뀌었다. 페르시아(이란)를 비롯한 여러 국가들에서는 근본적인 변화는 단지 서류상으로만 일어나고 있다. 터키에서는 '와크프'(waqf)[41]라는 제도가 지금까지 토지 소유 관계의 현대화를 가로막았다.

일본에서 중세 시대는 1861년까지, 그러니까 귀족 통치의 붕괴와 더불어 봉건적인 토지 소유도 소유권의 해체를 통해 붕괴될 때까지 이어졌다. 봉건제도의 기둥이었던 사무라이는 빈곤해져서 산업 쪽으로 눈을 돌리게 되었다. 이 계급으로부터 일본 자본가들이 발달해 나왔다.

고대의 지중해 지역에서, 봉건적인 토지 소유는 로마와 아테네 같은 위대한 도시들의 직접적인 권력 아래에 있던 지역에서만 대체되었다. 채무자인 도시인들과 채무자인 시골 농민들 사이에 갈등이 심화됨에 따라, 도시의 중산층은 땅을 소유한 귀족과 대립적인 위치에 서게 되었다. 이 같은 상황은 군역을 위해 농민 집단을 확보해야 하는 필요성과 맞물려 작용하면서 그리스에서 장갑 보병

41 이슬람 법 속의 자선을 말한다.

(裝甲步兵)에게 땅을 주려는 노력이 전개되게 되었다. 이것이 소위 참주의 입법이 의미하는 바이다. 예를 들면, 솔론(Solon)의 법들이 있다.

기사 가문들은 강제적으로 농민 조직에 들어가야 했다. 중세의 이탈리아 민주주의에서 귀족이 길드에 소속되어야 했던 것처럼, B.C. 500년경에 클레이스테네스(Cleisthenes)의 법은 민주주의를, 모든 아테네 주민들이 시민의 특권을 누리기 위해 "데모스", 즉 마을에 소속되어야 하는 조건으로 이해했다. 그 법은 여기 저기 흩어진 땅이 많았던 당시의 토지제도에 치명타를 안겼을 뿐만 아니라, 그때까지 마을의 위나 마을 밖에 서 있던 귀족의 권력에도 치명타를 안겼다. 그 후로, 기사들은 투표할 권리와 관직을 맡을 권리를 농민과 똑같은 수준밖에 누리지 못하게 되었다. 동시에, 공동 소유 제도는 모든 곳에서 폐기되었다.

로마 내에서 벌어진 계급 투쟁도 농업 조직에 그와 비슷한 효과를 낳았다. 로마에서 경지 분할은 200에이커 이상의 형태로 되어 있었다. 각각의 소유는 잔디 두렁으로 구분되었으며, 이 두렁을 쟁기로 가는 일은 없어야 했다. '리미테스'라는 공공 도로들이 있었으며, 이 도로를 없애는 것도 마찬가지로 접근성을 지키기 위해 금지되었다. 토지를 남에게 넘기는 것은 아주 쉬웠다.

이 같은 농지법 체계는 '12 표법'(十二表法)[42] 시대에 이미 알려져 있었음에 틀림없으며, 또 단번에 실시되었음에 틀림없다. 그것

---

42 '12동판법'이라고 불리기도 한다. 고대 로마법의 기초를 이룬 성문법을 말한다.

은 도시의 중산층에게 유리한 법이다. 이 법은 귀족의 토지 소유권을, 도시 안에서 위험한 건물을 짓는 데 쓰이는 땅을 다루던 방식에 따라 다루면서 토지와 동산의 구분을 체계적으로 제거했다. 그러나 도시에 속하는 지역 밖에서는 고대의 토지 제도가 그대로 유지되었다. 동쪽에서 알렉산드로스(Alexandros) 대왕까지, 그리고 서쪽에서 아우구스투스(Augustus)까지, 고대의 문명은 성격상 강가에 위치해 있었으며, 재산 보유 제도는 내륙에서 변하지 않은 채 남아 있었다. 재산 보유 제도는 훗날 거기서부터 다시 밖으로 퍼져나갔으며, 최종적으로 전체 로마 제국을 점령하면서 중세 전반기까지 지배적인 제도로 남았다.

이탈리아 도시들의 상인 공화국들은 피렌체의 지도력 아래에서 처음으로 소작농을 해방시키는 길로 들어섰다. 분명히, 이 상인 공화국들은 농민들로부터 정치권을 박탈했다. 이런 조치는 도시의 지배자들과 도시 의회들, 장인들과 상인 길드들에게 유리하게 작용했다. 그러다가 최종적으로 귀족 계급이 도시 인구에 맞서기 위해 농민들에게 지지를 부탁하기에 이르렀다. 어쨌든, 도시들은 지배적인 가문들의 손아귀에서 벗어나기 위해서 토지들을 사들이고 소작농을 해방시켰다.

잉글랜드에서는 농민들을 해방시키는 조치가 법적으로 전혀 취해지지 않았다. 중세의 제도가 형식적으로 여전히 행해지고 있는 셈이다. 단지 찰스(Charles) 2세 통치 하에서, 농노제가 폐지되고, 봉건 영주가 소유했던 토지는 그냥 "무조건 토지 상속권"에 의해 사유 재산이 되었을 뿐이다. 유일하게 명백한 예외는 원래 부자유한 농민들의 소유였던 "등본(謄本) 보유지"였다. 이 농민들은 형식적인 허가를 전혀 갖지 않은 점유자였지만, 그들의 이름이 장원의 명부에 기록되어 있었다.

영국에서는 시장이 발달하고 있었다는 단순한 사실 한 가지가 내부에서 장원제도를 파괴했다. 농민들은 그 상황에 적절한 원칙에 따라 소유자들에게 유리한 방향으로 땅을 빼앗겼다. 그래서 농민은 자유의 몸이 되었지만 땅이 없는 처지가 되었다.

프랑스에서는 사건들의 전개가 이와 정반대 방향으로 이뤄졌다. 여기선 혁명이 1789년 8월 4일 밤에 일격에 봉건제도에 종지부를 찍었다. 그러나 당시에 취해진 조치는 여전히 해석이 필요하다. 그 조치는 국민공회의 입법을 통해 나온 것이었으며, 국민공회는 농민들의 보유지로 인해 영주들에게 유리하게 작용하는 모든 부담은 봉건적인 성격을 갖는다고, 또 그런 부담은 보상 없이 폐지된다고 선언했다. 그 외에, 국가는 망명자들과 교회들의 거대한 사유지들을 몰수해 그것을 시민들과 농민들에게 주었다.

그러나 봉건적인 부담들을 폐지하기 오래 전에 소작지의 상속과 분배의 평등이라는 문제가 제기되었기 때문에, 최종적인 결과는 프랑스가 영국과 정반대로 작거나 중간 크기의 농장들이 많은 나라가 되도록 했다. 그 과정은 지주들의 토지를 몰수하고 그 토지에 대한 농민의 소유권을 창조해내는 과정이었다. 프랑스에서 그런 과정이 가능했던 것은 프랑스의 지주가 궁정을 드나드는 귀족이고 농민이 아니었기 때문이다. 프랑스의 지주는 군인이나 공무원의 삶을 주로 추구했다. 따라서 생산 조직은 전혀 파괴되지 않고 임차 관계만 파괴될 수 있었다.

이와 성격이 비슷하지만 덜 혁명적이고 점진적으로 행해졌던 것은 독일 남부와 서부의 전개 과정이었다. 바덴에서 농민들의 해방은 중농주의자들의 영향을 강하게 받은 카를 프리드리히(Karl Friedrich) 후작에 의해 일찍이 1783년부터 시작되었다. 결정적인 사실은 해방 전쟁들이 벌어진 뒤에 독일 국가들이 성문 헌법 제도를 채택했으며, 따라서 노예의 신분 같은 명칭이 쓰일 수 있는 관계가 입헌 국가와 양립할 수 없게 되었다는 점이다. 따라서 개인적인 예속의 성격을 지닌 무제한적인 노역이나 세금, 봉사는 어디서나 폐지되었다.

바이에른에서 그 같은 조치는 폰 몬트겔라스 백작(Count von Montgelas)에 의해 취해졌으며, 1818년 헌법으로 뒷받침되었다. 따라서 농민들은 이동의 자유를 얻고 최종적으로 유익한 재산권을 얻었다. 1820년대와 1830년대를 거치면서 이런 일이 독일 남부와 서부의 거의 모든 지역에서 일어났다. 아이러니하게도, 바이에른에서만 1848년까지 그런 일이 실질적으로 성취되지 않았다. 1848년에 마지막까지 경작자들의 부담으로 남았던 잔재가 화폐로 지급하는 의무로 전환되면서 제거되었으며, 이 문제를 다루는 과정에 국가 신용 기관들이 도움을 주었다. 구체적으로 보면, 바이에른에서 개인적인 부담은 아무런 보상 없이 폐지되었으며, 다른 부담은 화폐 지급으로 전환되고 구매에 의해 소멸되도록 했다. 동시에 모든 봉건적 관계는 무조건 해체되었다. 따라서 독일 남부와 서부에서, 지주는 토지를 몰수당하고 그 토지는 농민에게 주어졌다. 그 변화는 보다 법적인 과정을 거쳐 서서히 일어난 것만 다를 뿐, 프랑스에서 일어난 변화와 똑같았다.

이와 꽤 다른 변화가 일어난 곳은 동쪽, 말하자면 오스트리아, 프러시아의 동쪽 주들, 러시아, 폴란드 등이었다. 이런 지역에서 만약에 프랑스에서 일어난 것과 같은 격한 변화가 일어났다면, 당시에 작동하고 있던 농업 조직이 파괴되었을 것이고, 그 결과 혼란만 따랐을 것이다. 덴마크에서 벌어진 것처럼, 장원들을 농민의 보유지로 해체시키는 것은 가능했을 것이지만, 단순히 봉건적인 부담을 폐지한다고 선언하는 것은 가능하지 않았을 것이다. 동쪽의 지주들은 농사용 도구도 갖고 있지 않았고 사역 동물도 소유하고 있지도 않았다. 농촌 노동력은 전혀 없고 사람과 동물에 의지하는 소농들만 있었으며, 지주는 이들의 노동으로 자신의 땅을 경작했다. 말하자면, 그런 시스템은 땅을 경작하는 데 필요한 하나의 조직이었으며, 그래서 그것을 즉석에서 폐지하는 것은 불가능한 일이었다. 또 농촌 지역을 관리할 공무원 계급이 전혀 없었다는 사실도 어려움을 더했다. 농촌 지역에 대한 관리는 명예를 바탕으로 공적 기능을 수행하던, 사유지를 소유한 귀족에게 의지했다. 따라서 프랑스에서 조직된, 법률가들로 구성된 공식적인 자문단 같은 약식적인 조치가 여기선 배제되었다. 영국에선 그런 조치들이 귀족적인 치안 판사들에게 유리하게 작용했다.

만약 소작농을 보호하고 유지하는 것이 농업 제도의 고유한 목적으로 여겨진다면, 오스트리아에서 일어난 봉건제도의 해체가 가장 이상적이었다고 할 수 있다. 어쨌든, 오스트리아의 방법은 프러시아의 방법보다 훌륭했다. 이유는 오스트리아의 통치자들, 특히 카를(Karl) 6세와 마리아 테레지아가 자신이 하고 있는 일들에 대해 프리드리히(Frederich) 2세보다 더 잘 알고 있었기 때문이다. 프리드리히 2세에 대해선 그의 아버지조차도 아들에 대해 임차 계약 하나 제대로 처리하지 못하고 소작인을 협박하는 것조차 하지 못한다고 평가했으니 말이다.

오스트리아에서는, 자유로운 농민이 지배적이었던 티롤을 제외하고, 세습적인 노예의 신분과 땅을 가진 귀족이 나란히 존재했다. 농민을 노동력으로 이용하는 사유지 제도는 포메라니아와 모라비아, 실레시아, 니더외스터라이히[43], 갈리시아에서 아주 흔했으며, 그 외의 다른 곳에서는 소작 제도가 지배적이었다. 헝가리에는 땅을 빌려주거나 예속적 노동을 착취하는 제도가 뒤섞여 있었다. 개인적 예속이 가장 심하게 행해졌던 곳은 갈리시아와 헝가리였다. 여기선 토지 대장에 따라 부과금이 결정되는 "루스티칼리스트"(rusticalist)와, 영주 직속지에 거주하면서 부과금의 적용을 받지 않았던 "도미니칼리스트"(dominicalist)로 구분되었다. 루스티칼리스트들이 부분적으로 더 나은 지위를 누렸다. 그들도 다시 도미니칼리스트처럼 강제적

43 오스트리아 북동부의 주.

의무에 대해 보상을 지급한 사람과 그렇지 않은 사람으로 나눠졌다. 그런 보상을 하지 않은 농민들의 보유지는 취소의 대상이 되었던 반면에, 그런 보상을 끝낸 농민들은 세습 권리를 누렸다.

17세기 하반기가 지난 뒤에, 자본주의적인 경향들이 이 조직 속으로 침투하기 시작했다. 레오폴트(Leopold) 1세 치하에서, 국가가 처음에 순수하게 재정적 차원에서, 그러니까 토지 대장에 등록하는 것을 의무로 정하는 법을 통해 개입했다. 그 정책은 국가가 정확히 어떤 땅에서 세금을 거둘 수 있는지를 판단하기 위한 것이었다. 이 조치가 아무런 효과가 없는 것으로 확인되자, 당국은 "노동 면허"(labor patents)(1680-1738) 제도를 실시했다. 목적은 노동자들을 법으로 보호하는 것이었으며, 모든 농민에게 요구할 수 있는 노동의 최대 양이 정해졌다.

그러나 농민들의 추방을 불가능하게 하는 조치는 아직 취해지지 않았다. 대신에 마리아 테레지아는 토지 소유자가 자신이 교체하는 농민의 세금을 책임지도록 함으로써 농민을 내쫓을 동기를 약화시킬 목적으로 과세 "조정" 제도를 채택했다.

그러나 이 조치도 마찬가지로 효과가 없는 것으로 드러났다. 그러자 마리아 테레지아는 지주가 농민을 쫓아내는 문제에 직접적으로 개입했다. 그런데 이번에도 결정적인 성취가 이뤄지지 않았다. 마지막으로, 그녀는 1771년에 토지의 완전 등록제를 선포했다. 토지 소유자들은 등기부(일종의 '둠즈데이 북'(Domesday Book)[44]

44　영국의 윌리엄 1세가 1086년에 만들게 한 토지 대장을 말한다.

에 등록해야 했으며, 이 등기부에 각 농민의 보유지가 의무 사항과 함께 명확히 동록되었다. 동시에, 농민들에겐 그 의무들에 대해 한 꺼번에 지불할 권리가 주어졌고, 따라서 세습 소유권을 얻을 권리 가 주어졌다.

이 방법은 헝가리에서 당장 붕괴한 반면에, 오스트리아에서는 두 드러진 성공을 거두었다. 이 방법은 기존의 농민들의 숫자를 유지 하고, 그들을 농업 자본주의의 발달로부터 보호하기 위한 시도였 다. 그것은 기존의 농업 조직의 와해를 부르지 않았다. 농민들도 보 호를 받았지만, 귀족들도 그 지위를 그대로 유지할 수 있었다.

요제프(Joseph) 2세의 통치 하에서, 법안이 처음으로 혁명적인 성격을 띠었다. 요제프 2세는 개인적 예속을 해체시키고, 자신의 판단에 이 해체가 의미하는 것, 즉 이동의 자유와 직업의 자유로운 선택, 결혼의 자유, 의무적인 가내 봉사로부터의 해방 등을 허용하 는 것으로 그 작업을 시작했다. 그는 농민들에게 원칙적으로 보유 지에 대해 재산권을 인정했으며, 1789년의 세금 및 등록법은 진정 으로 새로운 길을 열었다. 봉건적 보유지에 대해 부역이나 현물로 지급하던 이전의 제도는 종식되었으며, 부역과 납부금은 국가에 대한 고정적인 현금 지급으로 전환되었다.

그러나 단 한 걸음에 과세 국가로 넘어가려던 이 시도는 좌절되 었다. 농민들은 자신의 산물로 현금 지급을 부담할 만큼 충분히 소 득을 올릴 수 있는 입장이 아니었으며 토지 소유자들의 경제 프로 그램은 너무나 심하게 방해를 받았다. 따라서 거대한 폭풍이 일어났다. 그래서 황제는 죽음이 임박한 상황에서 자신의 개혁 중 큰 부분을 취소하지 않을 수 없었다.

농민의 모든 부담이 보상을 하거나 보상을 하지 않은 상태에서 제거된 것은 1848년 혁명의 결과였다. 보상이 요구되는 한, 오스트리아 정부는 봉사들의 가치를 매우 낮게 정하고, 봉사를 소멸시키는 수단으로 신용 기관을 설립했다. 이 법은 마리아 테레지아와 요제프 2세가 편 노력의 절정에 해당한다.

프러시아에서는 왕실 소유지를 경작하는 농민들과 개인 소유 토지를 경작하는 농민들 사이에 뚜렷한 구분이 있었다. 전자에 대해선 프리드리히 대왕 본인이 철저한 보호 조치를 마련할 수 있었다. 가장 먼저, 그는 의무적인 부역을 폐지했다. 이어서 그는 1777년에 농민들의 보유지를 세습으로 만들었다. 1779년에 프리드리히 빌헬름 3세는 의무적인 부역의 폐지를 원칙적으로 선언했다. 왕실 소유지로부터 임차 혜택을 받은 모든 사람들이 그런 노동을 명확히 포기하도록 한 것이다. 따라서 왕실 소유지에서 현대적인 농업 제도가 점진적으로 구축되었다. 게다가, 농민들에겐 비교적 적절한 금액에 전체 소유권을 구입할 수 있는 권리가 주어졌다.

국가의 공무원도 이런 조치들에 동의했다. 이유는 소유권 이관에 따른 돈이 국고에 수입을 안겨줄 뿐만 아니라, 왕실 소유지의 농민이 소유권을 완전히 갖게 됨에 따라 국가에 대해 불평을 늘어놓는 일이 줄어들 것이고, 따라서 관리하는 일 자체가 크게 줄어들 것이기 때문이다.

개인 소유지의 소작농들과 관련해서 그런 식의 해결책을 찾는 것은 훨씬 더 어려운 일이었다. 프리드리히 대왕은 예속 상태를 없애길 원했으나, 강력한 반대에 봉착했다. 프러시아에는 예속은 전혀 없고 오직 세습적인 종속 관계만 있다는 식의 주장이 제기되었던 것이다. 왕은 귀족의 뜻에 반하는 조치를 취할 수 있는 입장이 아니었으며, 그의 공무원들은 귀족으로 구성되어 있었다. 예나와 틸시트의 대참사[45]가 먼저 어떤 변화를 야기했다. 1807년에 세습적인 개인적 종속이 폐지되었다. 문제는 소작농이 자유 보유권이 없는 상태에서 보유하고 있는 토지를 어떻게 처리하는가 하는 것이었다. 프러시아의 공식적인 의견은 둘로 갈렸다.

중요한 것은 주어진 땅에서 최대의 산물을 끌어내는 것을 목표로 삼을 것인가, 아니면 농민 인구를 최대한으로 유지하는 것을 강조할 것인가 하는 문제였다. 전자를 추구한다면, 영국의 농업제도가 하나의 모델이 될 수 있었다. 당시에 영국의 농업제도는 최고도의 집약적 농법을 대표했다. 그러나 이 제도는 그 땅의 인구를 희생시킬 것을 요구했다. 이 과정은 프러시아의 리버럴한 정치인 하인리히 테오도어 폰 스콘(Heinrich Theodor von Schön)과 그의 측근들이 선호하는 것이었다. 이와 다른 과정은 영국의 예와 집약적인 농법을 포기한다는 것을 의미했다. 오랜 협상 끝에 1816년에 "규제 칙령"이 선포되었다. 이것은 행정 정책과 소작농 보호 사이의 타협

---

45 1806년 프랑스 군대와 프러시아 군 사이에 벌어진 나폴레옹 전쟁을 말한다. 프러시아 군이 대패하고 틸시트에서 종전 협상을 맺었으며 그 결과 프러시아의 영토가 크게 줄어들었다.

을 의미했다.

첫째, 사역 동물을 소유한 농민들은 "규제"의 대상이 되었지만, 소규모 경작자들은 사실상 규제에서 배제되었다. 이유는 소규모 경작자들이 자신의 노동력 없이는 농사일을 처리할 수 없다고 선언했기 때문이다. 사역 동물을 가진 농민들도 단지 차지한 토지가 세금 명부에 등록된 경우에만, 그리고 그들이 그 토지를 1763년 이후로 차지한 경우에만 포함되었다. 이 해를 경계선으로 선택한 것은 최소한의 농민 보유지가 그 조치에 포함된다는 것을 의미했다. 규제는 신청하는 대로 효력을 발휘했다.

농민은 자신의 소작지를 재산으로 받고 더 이상 노역이나 돈을 지급할 필요가 없었지만, 동시에 농민은 사유지에 대한 권리를 상실했다. 말하자면, 농민은 비상사태가 발생하는 경우에 지주로부터 도움을 청하거나, 건물을 수리할 때 지원을 받거나, 공동의 목초지와 삼림지를 이용하거나, 세금 납부를 위해 사유지로부터 선불을 받을 권리를 포기해야 했다는 뜻이다. 이런 식의 규제는 사유지 소유자에게 대단히 유리하게 작용했다. 사유지 소유자는 도구와 사역 동물을 직접 조달해야 했지만 소작인의 노동력을 확보하는 한편, 소작농의 목초지 권리들로부터 자유로워지면서 자신의 소유지들을 통합시킬 수 있었다. 이유는 농민을 내쫓는 것을 금지한 조치도 동시에 중단되었기 때문이다.

순전히 노동만 하면서 규제의 대상이 되지 않는 농민은 이제 즉결로 추방될 수 있었다. 실레시아에서, 특별히 강했던 귀족들은 자신들에게 유익한 예외 조항을 추가로 확보한 반면에, 폴란드인 지주들이 영향을 받은 곳인 포센에서는 전체 농민 계급이 규제의 대상이 되었다.

프러시아에서는 그 법이 1848년까지 최종 마무리되지 않았다. 1850년에, 소작농을 짓누르고 있던 모든 부담의 해체가 선언되었다. 일용 노동자를 제외한 모든 농민은 이제 그 규제의 적용을 받았으며, 농민 소작지에 내려진 의무는 그 기원을 불문하고 모두 대체의 대상이 되었다. 세습 지대와 다른 지급들도 거기에 포함되었다. 그 사이에, 소규모 농민들의 소작지들이 오래 전에 사유지 소유자들에게 몰수당한 것은 사실이다.

프러시아에서 일이 이런 식으로 진행된 결과, 소작농의 숫자도 감소하고 농민 소작지의 넓이도 줄어들게 되었다. 1850년 이후로, 노동 인구를 점진적으로 프롤레타리아화하는 과정이 전개되었다. 결정적인 원인은 토지 가치의 증대였다. "instmen"에게 토지를 하사하던 예전의 관습은 더 이상 수익성을 맞출 수 없었다. instmen이 탈곡과 곡식 빻기의 결과물에서 챙겼던 몫도 화폐 지급으로 바뀌었다.

특별히 중요했던 것은 사탕무 경작의 도입이었다. 이것이 농업에 대단히 계절적인 성격을 부여하면서 이주 노동을 필요로 하게 만들었다. 이주 노동은 "작센주의 떠돌이"(Sachsen-gänger)라 불리는 사람들이 제공했다. 이들은 처음에는 동쪽의 폴란드 지방에서 왔고, 뒤에는 러시아가 지배하던 폴란드와 갈리시아에서 왔다.

이 사람들에게는 거주지를 지어주거나 토지를 할당할 필요가 없었다. 그들은 막사에 함께 모여 지냈으며, 독일 노동자가 거부했을 삶의 조건에도 만족했다. 따라서 유목민 같은 떠돌이 노동력이 원래 토지에 예속되었던 소작농을 점진적으로 대체했으며, 그들은 훗날 사유지의 주인들과 경제적 이해 공동체를 형성하면서 땅에 예속되었던 노동력을 대체했다.

러시아에서는 심지어 알렉산드르 1세(Aleksandr Pavlovich)조차도 농민들의 해방에 대해 말했으나 해방을 위한 노력은 니콜라이(Nikolai) 1세만큼이나 하지 않았다. 크림 전쟁에서 러시아의 패배는 당연히 많은 것이 꿈틀거리도록 만들었다. 알렉산드르 2세는 혁명을 두려워했으며, 그 때문에 그는 많은 자문을 거친 끝에 1861년에 농민들을 해방시키는 중대한 선언을 발표했다.

러시아에서 토지를 분배하는 문제는 다음과 같은 방식으로 해결되었다. 제국의 각 성은 각 개인이 보유할 수 있는 토지의 하한선과 상한선을 정했다. 크기는 3헥타르에서 7헥타르까지 다양했다. 그러나 지주는 농민들에게 최소한의 몫의 4분의 1을 무조건 떼어줌으로써 그 규제를 피할 수 있었다. 이런 식으로, 지주는 전적으로 자신의 사유지에서 일할 기회에 의존하는 농촌 프롤레타리아 가족을 사실상 획득했다. 그렇게 하지 않는 경우에 농민은 오직 보상을 대가로 지급하고 자신의 몫의 땅을 받을 수 있었다. 농민이 받는 토지의 몫은 작았음에도 그에 대한 보상은 몫에 비해 컸다. 그럼에도 입법자들은 토지의 품질이 더 나아지고 거기서 나오는 생산량도 더 많아질 것이라고 주장했다. 더욱이, 일정 기간의 과도기에 농민들의 의무적인 부역은 강제적으로 유지되었으며, 농민이 여러 가지 의무를 대체하는 것도 지주의 동의를 받도록 했다. 그 결과, 이 제도는 소작농들을 무더기로 지주의 빚쟁이로 전락시키고 말았다.

부역 등에서 해방되는 대신에 지급해야 하는 돈은 비교적 높은 액수로 정해졌다. 48년 동안 연 6%를 지급하는 수준이었다. 1905년부터 1907년까지 혁명이 일어났을 때에도 그 지급은 여전히 이행되고 있었다. 왕실의 소유지와 왕실 토지의 농민들에게는 보다 유리한 조건이 허락되었는데, 이 농민들은 해방되면서 땅에 대한 완전한 소유권을 가질 수 있었다.

러시아의 농민들이 한 쪽 방향으로만 해방되었던 것은 사실이다. 그들은 지주들로부터는 해방되었지만, 생활 공동체의 공동 의무로부터는 해방되지 않았다. 이런 관점에서 본다면, 러시아 농민들의 개인적 예속은 계속되었다고 할 수 있다. 농민은 이동의 자유를 누리지 못했다. 왜냐하면 미르가 그 마을에서 자란 사람이라면 누구든 불러들일 수 있었기 때문이다. 이 권리는 훼손되지 않은 채 계속 유지되었다. 이유는 러시아 정부가 소위 농업 공산주의에서 보수적인 어떤 힘을, 자유주의의 진보에 맞서 차르주의를 지지할 세력을 발견했기 때문이다.

러시아 정부는 서쪽 지역들, 특히 나폴레옹 법전이 농노제를 폐지한 폴란드에서는 정치적 고려 때문에 이와 다른 방향으로 나아갔다. 그런데 그곳 폴란드에서는 농노제의 폐지로 인해 농민이 땅에서 배제되고 토지가 영주에게로 돌아가게 되었다. 농민들의 대규모 추방을 낳은 이 조치는 1846년에 폐지되었다. 이어 1864년에 러시아인들은 폴란드 농민의 해방을 단행했다. 이것은 1863년의 혁명을 지지했던 폴란드 귀족에게 타격을 가하고 폴란드 농민이 러시아 정책에 동조하도록 하기 위한 조치였다. 그 결과, 농민과 땅의 관계가 농민 자신의 선언을 바탕으로 결정되었다. 따라서 농민의 해방은 폴란드 귀족으로부터의 철저한 몰수라는 형태로 이뤄졌다. 특별히 이 같은 사실은 농민들이 삼림지대와 목초지에 대해 누렸던 광범위한 특권을 설명해준다.

봉건적인 토지 제도의 해체는 결과적으로 오늘날의 농업 체계를 낳았다. 부분적으로, 농민은 영국에서처럼 토지로부터 자유로워지고 토지는 농민으로부터 자유로워졌다. 또 부분적으로, 농민은 프랑스에서처럼 지주들로부터 자유로워졌다. 부분적으로 현재의 제도는 유럽의 나머지에서처럼 혼합형이며, 동쪽은 영국의 조건 쪽으로 더 많이 기울고 있다.

최종적 조정의 형태는 상속법의 영향을 강하게 받았다. 바로 그 점에서 영국과 프랑스 사이에 대조적인 측면이 가장 두드러지게 나타났다. 잉글랜드에서 토지의 경우에 봉건적인 장자 상속이 보편적이었다. 농민이든 영주든 장남만이 모든 땅을 상속받는다. 프랑스에서는 토지의 동등한 분할이 원칙이었다. 심지어 구(舊)체제에서도 그 원칙이 지켜졌다. 민법은 그것을 의무로 정했다.

독일 안에서 가장 극단적인 대조가 확인된다. 개인 상속이 지켜지는 곳에서, 상속은 영국적인 의미에서 말하는 장자 상속이 아니고 제1 상속인을 낳는다. 이 사람은 토지를 받는 대신에 다른 상속인들을 부양할 의무를 진다. 이 법은 순전히 기술적인 어려움 때문에 일부 경우에 행해지고 있다. 예를 들면, 대사유지나 슈바르츠발트[46] 안의 거대한 농장 같은, 물리적으로 분배가 불가능한 경우에 그 법이 적용된다. 아니면 봉건 영주의 시기로부터 내려오고 있는 역사적인 근거로도 그 법이 적용된다. 장원 영주는 토지가 노역을 뒷받침할 수 있는 능력에, 따라서 농장들을 분할되지 않은 상태로 지키는 일에 관심이 많았다. 러시아에서, 우리는 1907년의 스톨리핀의 개혁이 이뤄질 때까지 농업 공산주의를 발견한다. 러시아 농민은 땅을 부모가 아니라 마을 공동체로부터 받았다.

현대의 법은 봉건적 연결을 완전히 폐기했다. 일부 지역에서 봉건적 연결은 신탁 제도로 대체되었다. 이런 방법은 비잔틴 제국에서 12세기부터 시작한 특이한 재단의 형태로 처음 등장했다. 토지를 황제들로부터 보호하기 위해 교회로 넘겼다. 그리하여 토지는 신성한 성격을 띠게 되었다. 그러나 교회가 땅을 사용할 수 있는 목적은 엄격히 정해져 있었다. 예를 들면, 다수의 수도사들을 유지하고 부양하는 데 쓰인다는 식이었다. 지대를 뺀 나머지, 그러니까 전체의 10분의 9는 그 재단을 창설한 가족에게 영원히 축적되었다.

한 예로, 이슬람 세계에 '와크프'라는 재단이 생겨나게 되었다.

---

46 독일 남서부 바덴뷔르템베르크 주의 산악 지역을 말한다. 숲이 울창하여 '검은 숲'이라고도 불린다.

이 재단은 겉으로는 수도승들을 돕거나 다른 경건한 목적을 추구하지만, 실제로 보면 술탄들이 토지에 대해 세금을 징수하지 못하도록 막는 한편으로 그 땅을 소유했던 가족에게 지대를 보장해주는 목적으로 만들어졌다. 신탁유증(信託遺贈)인 이 장치는 아랍인들에 의해 스페인에 소개되었으며 이어 영국과 독일로 넘어갔다. 영국에서 이 아이디어는 저항을 불러일으켰지만, 변호사들은 "상속권자 지정 부동산 상속"이라는 제도에서 대안을 발견했다.

"상속권자 지정 부동산 상속"의 본질은 이렇다. 토지 소유권을 어느 세대에서 다음 세대로 넘길 때, 서로 합의를 통해서 토지 소유권의 불가분성과 양도 불가능성을 확보한다. 이런 식으로, 잉글랜드 토지의 아주 큰 부분이 소수의 가문에게로 집중되었다.

한편, 프로이센에서는 얼마 전에 토지의 16분의 1이 신탁으로 묶였다. 그 결과, 잉글랜드와 스코틀랜드, 아일랜드, 실레시아의 일부 지역들(1918년 이전까지), 옛 오스트리아-헝가리 왕조 지역, 그리고 정도가 약하지만 독일의 일부 지역에서 라티푼디움 같은 소유가 널리 퍼지게 되었다.

농업 제도가 발달하면서 봉건 조직이 대체된 방식은 농촌 지역 조건의 발전뿐만 아니라 전반적으로 정치적 관계에도 엄청난 영향을 끼쳤다. 특별히 그 방식은 한 나라가 지주 귀족주의를 갖게 될 것인지 여부와, 그 귀족주의가 취할 형태에 큰 영향을 끼쳤다. 한 사람의 귀족은 사회학적 의미에서 보면 경제적 지위 덕분에 정치 활동을 자유롭게 하며 살 수 있는 사람이다. 또 귀족은 고정된 소득이 보장된 사람이다. 자신과 가족을 위해서 생계를 벌어야 하는 까닭에 반드시 직장을 갖게 되어 있는 계층들, 말하자면 기업가들과 노동자들은 그런 조건을 절대로 충족시키지 못한다. 특히 농업 국가에서, 귀족은 철저히 지대로 살아간다. 유럽에서 그런 귀족주의를 정말로 갖추고 있는 유일한 나라가 바로 영국이다. 그런 귀족주의를 어느 정도 갖추었던 나라는 예전의 오스트리아였다.

반대로 프랑스에서는 지주 계층으로부터 땅을 몰수한 것이 정치 생활의 도시화를 낳았다. 왜냐하면 땅을 가진 귀족은 더 이상 없었을 뿐만 아니라 도시의 부호들만이 정치를 직업으로 삼을 만큼 경제적으로 충분히 자유로울 수 있었기 때문이다. 독일의 경제적 발달은 주로 농민들을 대상으로 한 몰수가 가장 심하게 이뤄졌던 곳인 프러시아의 동부 지방들에서, 아주 얇은 지주 계층만이 자유롭게 정치 활동을 할 수 있도록 만들었다. 프러시아 융커들의 대부분은 영국의 지주들과 같은 그런 귀족 계층을 전혀 형성하지 못했다. 프러시아의 융커들은 오히려 과거로부터 내려오는 봉건적인 어떤 인장(印章)을 가진 농촌의 중산층이었으며, 그 구성원들의 직업은 주로 일상의 경제적 경쟁에 가담하는 농업 기업가였다.

1870년대 이후로 곡물 가격이 떨어지는데도 삶의 요구가 더욱 늘어남에 따라, 프러시아 융커들의 운명이 불길해졌다. 왜냐하면 400에이커 내지 500에이커를 소유하고 있는 평균적인 기사의 소유지로는 영주의 귀족주의적 존재를 더 이상 뒷받침할 수 없게 되었기 때문이다. 이 같은 사실은 이 계층이 지금까지 관심을 둬왔고 또 지금도 관심을 두고 있는 이해관계와, 그들이 정치 생활에서 차지하고 있는 지위 사이의 극명한 대조를 설명해준다.

장원들이 해체되고, 초기 농업 공산주의의 잔재들이 통합과 분리 등을 통해 해체됨에 따라, 토지의 사유 재산이 완전히 확립되었다. 그 사이에, 몇 세기가 흐르는 동안에, 사회의 조직은 앞에서 설명한 방향으로 변했으며, 가족 공동체는 갈수록 좁아지다가 급기야 지금은 아버지와 그의 아내와 자식들이 재산 관계에서 하나의 단위로 작동하기에 이르렀다. 예전에는 이런 작은 공동체는 단순히 육체적인 이유로 불가능했다. 가족은 동시에 내부적으로 엄청난 변화를 겪었으며, 그 변화는 두 가지 길로 일어났다. 가족의 기능이 소비의 영역에만 국한되게 되었고, 가족의 관리는 회계를 바탕으로 하게 되었다. 원래의 완전한 공산주의 대신에 상속법이 발달하게 되었고, 상속법의 발달은 남자와 여자의 재산을 구분하도록 만들었고 회계도 별도로 하도록 만들었다. 이런 이중적인 변화는 산업과 무역의 발달과 밀접한 관련이 있었다.

2부

자본주의적 발달이
시작되기 전까지의 산업과 광업

7장

산업의 경제적 조직의 주요한 형태들

우리는 산업을 원료를 변형시키는 것으로 이해한다. 따라서 채굴 작업과 광업은 그 개념에서 배제된다. 그러나 광업은 곧 이어질 산업과의 연결 속에서 다뤄질 것이다. 그러면 "산업"이라는 항목도 농업이나 교역, 운송 활동으로 여겨질 수 없는 경제적 활동까지 두루 아우르게 될 것이다.

경제적인 관점에서 보면, 산업은 원료의 변형을 꾀한다는 점에서 보편적으로 하우스 공동체가 필요로 하는 것들을 공급하는 일의 형태로 발달했다. 이 맥락에서 보면, 산업은 하나의 보조적인 일이다. 생산이 가구가 필요로 하는 그 이상으로 수행될 때에야, 산업이 관심을 끌기 시작한다. 이 일은 외부의 가구를 위해서, 특히 영주의 가구를 위해서 영주에게 종속된 사람들에 의해서 수행될 것이다.

여기서 한 가구의 필요가 다른 (농민) 가구들의 산물에 의해 충족되고 있다.

보조적인 산업적 노동은 인도의 예처럼 마을을 위해서 수행될 수도 있다. 인도에서 손으로 노동하는 사람들은 자신에게 할당된 땅에서 나오는 산물로 살아가지 못하는 소규모 농민들이다. 그들은 마을에 예속되어 있고, 산업적 서비스를 필요로 하는 사람 누구에게나 의존하고 있다. 그들은 기본적으로 마을의 농노들이며, 산물에서 자기 몫을 챙기거나 돈으로 수고비를 받는다. 이것을 우리는 "데미우르고스의 노동"이라고 부른다.

어느 가구의 필요가 아닌 다른 곳의 필요를 위해 원료를 변형시키는 두 번째 유형은 판매를 위한 생산, 즉 수공예다. 수공예를 우리는 직업의 분화나 기술적 전문성을 통해서 숙련된 노동을 전문화된 형태로 최대한 수행하는 것으로 이해하고 있다. 노동의 주체는 자유로운 노동자든 자유롭지 않은 노동자든 상관없으며, 또 그 노동이 영주를 위한 것이든 아니면 공동체를 위한 것이든, 노동자 자신을 위한 것이든 상관없다.

노동자의 필요를 충족시키기 위한 산업적인 작업은 원래 폐쇄적인 하우스 공동체 안에서 나타나는 것이 확인될 것이다. 일반적으로, 가장 오래된 형태의 전문화는 남녀 사이의 엄격한 분업이다. 들판을 경작하는 일은 여자에게만 해당된다. 여자가 최초의 농업 전문가인 셈이다. 여자에겐, 허풍스럽게 과장을 즐기는 타키투스가 게르만 민족과 관련해서 설명하고 있는 것과 같은 그런 높은 위치는 결코 주어지지 않는다. 고대 잉글랜드에서 남의 아내를 유혹하는 것은 단순히 돈으로 배상해야 하는 재산상의 피해로 여겨졌다. 여자는 들판의 노예였다.

여자에게 경작과 관련 있는 모든 일과 땅에서 자라는 식물을 이용하는 모든 활동이 주어졌다. 그것만이 아니다. 조리를 하는 그릇을 만드는 일과, 마지막으로, 돗자리를 짜고 실을 잣고 베를 짜는 등 직물과 관련 있는 일도 여자의 몫이었다.

베를 짜는 일에 관한 한, 정말로 두드러진 예외들이 있다. 이집트에서 헤로도토스(Herodotus)는 남자들(노예 신분)이 베틀에 앉아 일하는 모습에 강한 인상을 받았다. 이런 예는 일반적으로 베틀 자체가 매우 무거워서 조작하기 힘든 경우나 남자들이 군사 활동에서 해방된 곳에서 확인되었다.

한편, 남자의 몫은 전쟁과 사냥과 연결되는 모든 것과 가축을 키우는 일이었다. 또 금속 작업이나 가죽을 손질하는 일, 고기를 다듬는 일도 남자의 몫이었다. 이 중에서 고기를 다듬는 일은 의식(儀式)과 관련 있는 작업으로 여겨졌다. 원래 고기는 놀고 마시는 잔치에서만 먹었다. 이런 잔치는 대체로 남자들에게만 허용되었으며, 여자들은 남은 것을 받아먹을 수 있었다.

공동적인 형태의 산업적 작업은 이따금 행해지는 일에서, 특히 집을 짓는 일에서 발견된다. 집을 짓는 경우에 일이 너무나 힘들기 때문에 한 가구나 한 사람만으로는 절대로 해내지 못한다. 따라서 그런 일은 상호 협력의 바탕 위에서 초청 작업으로 마을에 의해 수행되었다. 그런 경우에 폴란드에서 지금도 행해지고 있는 것처럼 음주로 힘을 돋우곤 했다.

아주 일찍부터 있었던 또 다른 예는 족장을 위한 작업이며, 선박 건조도 마찬가지이다. 배를 만드는 작업은 그 목적을 위해 자발적으로 모인 집단이 맡았으며, 이 집단은 약탈 행위에 나섰을 수도 있다. 마지막으로, 다수의 자유인들이 금속을 생산하기 위해 공동 작업을 벌였을 수 있다. 철의 제조는 비교적 늦게 일어난 일이긴 하지만 말이다. 원래 집들은 금속 못 없이 지어졌으며, 고산 지대의 집은 눈의 무게에도 불구하고 지붕을 평평하게 만들었다. 이유는 비스듬한 지붕을 만드는 데 필요한 못이 전혀 없었기 때문이다.

초대 작업의 확대에서 볼 수 있듯이, 최초의 전문화는 절대로 숙련된 일을 암시하지 않는다. 숙련된 일은 원시적인 땅에서 주술적 개념과 연결된다. 이유는 개인이 오직 마법적인 과정을 통해서만 성취할 수 있는 일들이 있다는 믿음부터 먼저 생겨나야 하기 때문이다. 이것은 의학적인 직업에 특별히 더 맞는 말이다. "주술사"가 가장 오래된 직업이니까. 일반적으로, 숙련도가 높은 직업은 모두 원래 마술의 영향을 받는 것으로 여겨졌다. 특히 대장장이들은 어딜 가나 초자연적인 자질을 갖춘 인물로 받아들여졌다. 왜냐하면 그들의 일부 기술이 신비스러워 보이고, 그들 자신이 그 기술을 신비화했기 때문이다.

족장이나 지주의 대가구 안에서 숙련된 직업이 발달했으며, 족장과 지주는 자신에게 딸린 사람들을 특별한 방향으로 훈련시킬 수 있는 위치에 있었을 뿐만 아니라 숙련된 노동을 필요로 했던 사람들이기도 했다. 숙련된 직업은 또 거래의 가능성을 염두에 둔 상태에서 발달했을 수도 있다. 이 맥락에서 결정적인 질문은 이것이다. 산업이 시장에 접근하고 있었는가? 다양한 생산자들의 손을 거쳐 나온 최종적인 산물을 누가 팔았는가? 이 질문들은 길드들 사이의 갈등과 길드들의 해체에도 결정적으로 중요하다.

전문적인 기술을 가진 장인은 소규모 기업가로서 자신의 산물을 팔면서, 시장과 비축을 위해 자유롭게 생산할 수 있다. 이런 극단적인 예를 우리는 "가치 노동"(price work)이라고 부른다. 이 작업은 원재료와 도구에 대한 통제력을 전제로 한다. 한 가지 가능성은 원료와 일부 상황에서 도구를 어떤 단체가 제공했을 수 있다는 것이다. 일례로, 중세의 길드는 회원들의 평등을 확보하기 위해서 하나의 집단으로서 철과 목재 같은 원재료를 구입해서 분배했다.

반대편으로 극단적인 예는 장인이 임금 노동자로서 다른 사람을 위해 일했을 가능성이다. 장인이 원재료와 도구를 소유하지 않은 상태에서 노동의 산물을 시장에 내놓지 않고 자신의 노동을 시장에 내놓는 경우에, 그런 일이 벌어진다. 두 가지 극단 사이에, 주문을 받아서 작업하는 장인이 자리하고 있다. 그런 장인은 원재료와 도구의 소유자로서 두 가지 방향으로 일할 수 있다.

한 가지 예는 이 장인이 소비자에게 자신의 제품을 팔 수 있다. 이때 소비자는 그에게 주문하는 상인일 수 있다. 이런 예를 우리는 고객을 위한 자유로운 생산이라고 부른다. 다른 한 가지 예는 이 장인이 자신의 노동력을 독점적으로 소유하고 있는 기업가를 위해 생산하는 것이다. 이런 관계는 종종 장인이 기업가에게 빚을 지게 된 결과 나타나거나, 중세의 수출 산업의 경우처럼 물리적으로 시장에 접근할 수 없는 상황에서 나타난다. 이것은 "가내 공업"이라 불리거나, 보다 전문적으로 선대제(先貸制: putting-out system)라 불린다. 이런 경우에 장인은 다른 사람의 책임 하에 일하는 가치 노동자이다.

두 번째 가능성은 원재료와 도구 중 어느 하나나 둘 다를 일을 주문하는 사람, 즉 소비자가 제공할 수도 있다는 점이다. 여기서 우리는 고객을 위한 임금 노동에 대해 말할 수 있다. 결정적인 예는 일을 주문하는 사람이 이익을 추구하는 기업인인 경우이다. 이것은 가내 공업, 즉 선대제의 예이다. 여기선 한편에 상인 기업가가 있고, 다른 한편에 임금 노동자가 있다. 상인 기업가는 언제나 그런 것은 아니지만 대체로 원자재를 구입하고 어떤 상황에선 도구까지 제공하며, 이 기업가로부터 주문을 받아 집에서 일하는 임금 노동자는 필요한 조직을 갖추지 못한 탓에 자신이 만든 산물을 시장에 내다팔지 못한다.

노동자와 작업장의 관계에 대해 말하자면, 다음과 같은 특징이 두드러진다.

1) 작업이 노동자의 주거지에서 행해진다. 이런 경우에 장인은 자신의 산물의 가격을 독립적으로 정하는 가치 노동자일 수도 있고, 아니면 임금을 벌기 위해 고객의 주문을 받아 집에서 일하는 노

동자일 수도 있다. 후자의 경우에 장인은 소비자들의 주문에 따라 제품을 생산한다. 마지막으로, 장인이 어떤 기업인을 위해서 자기 집에서 일할 수도 있다.

2) 일 자체가 노동자의 주거지 밖에서 일어날 수 있다. 이 경우에 그 일은 노동자가 돌아다니며 하는 작업이 될 것이다. 소비자의 집에서 행해진다는 뜻이다. 지금도 재봉사들의 경우에 이런 식의 작업이 흔하다. 그런 일은 원래 "떠돌이" 노동자들에 의해 행해졌다.

한편, 노동자에게 주문이 들어오지만, 일의 성격상 노동자의 집에서 행할 수 없는 것이 있다. 집의 벽이나 천장을 바르는 일이 그런 예이다. 마지막으로, 작업 장소가 "에르가스테리온" (ergasterion), 즉 작업 공방이 될 수 있으며, 따라서 노동자의 주거지와 분리될 수 있다. 작업장이 반드시 공장인 것은 아니다. 작업장은 작업이 일어나는 곳과 판매되는 곳이 결합된 시장 공방일 수도 있다. 혹은 작업장은 다수의 노동자들이 공동으로 빌린 것일 수도 있다. 마지막으로 작업장은 노예들을 작업시키는 영주의 소유일 수도 있다. 이런 경우에 영주는 산물을 자신이 직접 팔거나 노예들에게 정해진 금액을 내는 조건으로 산물을 팔 수 있도록 허용한다. 에르가스테리온의 성격은 현대적인 공방 기업(shop enterprise)에서 가장 분명하게 드러난다. 이곳에 가면 노동자들에게 임금을 지급하는 기업가가 작업 조건들에 대해 상세하게 제시한다.

고정 투자를 활용하는 방법도 다양할 수 있다. 고정 투자에 포함되는 것은 작업장과, 도구라는 항목으로 분류되지 않는 작업 수단이다. 고정 투자가 전혀 필요하지 않은 경우도 있다. 그런 경우라면 우리는 중세의 길드 경제에서처럼 순수하게 기술적인 작업으로 다뤄야 한다. 길드 경제의 특징은 고정 자본이 없다는 점이다. 그러다 보니 고정 자본이 등장하자마자 길드 경제는 붕괴의 위기를 맞게 되었다. 만약 고정 투자가 있다면, 그것은 단체, 그러니까 마을이나 도시나 근로자들의 조직이 제공하고 유지할 것이다. 이런 예가 흔하며, 특히 중세에 자주 접하게 된다. 길드 자체가 자본을 제공하는 역할을 맡았으니까.

게다가, 우리는 노동자들이 돈을 내고 사용할 수 있었던 영주의 시설도 발견한다. 예를 들면, 수도원도 옷감의 올을 촘촘하게 만드는 기계를 설치해 놓고 자유로운 신분의 노동자들이 이용할 수 있도록 했다. 영주의 시설은 자유로운 신분의 노동자들도 이용할 수 있었을 뿐만 아니라 주인의 지배하에 있던 노동자들도 이용할 수 있었다. 후자에 해당하는 노동자들은 거기서 만든 산물을 직접 팔수 있었다. 이런 것을 우리는 "오이코스" 공예 작업이라고 부른다.

파라오들이 처음 시작한 이런 작업은 군주들과 지주들, 중세의 수도원들의 시설에서 아주 다양한 형태로 발견되고 있다. 그러나 오이코스 공예 작업에서는 가족과 사업 사이에 전혀 분리가 이뤄지지 않으며, 사업은 단지 기업가의 보조적인 관심으로 여겨진다.

이 모든 것이 기업가의 자본주의적 시설 안에서 변화하고 있다. 여기서 작업은 기업가가 제공하는 수단을 이용해서 수행되며, 훈련이 요구된다. 기업가의 작업장은 고정 자본으로 여겨지며, 작업장은 기업가의 회계에서 중요한 항목으로 꼽힌다. 그런 자본이 한 사람의 개인의 손에 있다는 것이 길드 제도의 붕괴를 부른 중요한 사실이다.

8장

산업과 광업의
발달 단계들

발달의 출발점은 작거나 큰 가구(家口)의 필요를 충당하기 위해 생산하는 가내 노동이다. 여기서 시작해서, 그 발달은 부족의 산업으로 이어진다. 부족 산업은 부족이 어떤 원료나 산물을 독점적으로 소유하게 된 결과 생겨났을 것이다. 부족 산업은 원래 유익한 보조적인 수입원으로 수행되었지만 훗날 정규적인 직업으로 점점 자리를 잡게 되었다. 그것은 이 단계의 발달에서 하우스 공동체의 구성원이 공동체의 도구와 원료를 갖고 작업한 결과 얻게 된 산물을 시장에 내다팔았다는 것을 의미한다. 그리하여 자급자족적이던 가구 경제에, 말하자면 시장을 내다보는 창이 열리게 되었다.

원자재의 독점은 어떤 재료들, 예를 들어 돌이나 금속 또는 섬유, 소금, 진흙 같은 것이 부족의 영토 안에서 발견된다는 사실 때문에 생기게 되었을 것이다. 그런 재료들을 독점적으로 이용하게 된 결과, 떠돌이 행상이 등장하게 되었다. 브라질의 많은 부족들과 러시아의 "쿠스타르"(kustar)[47]의 예에서 보듯, 그런 장사는 그 산업을 수행하던 사람들에 의해 행해졌을 것이다. 브라질 부족과 러시아의 쿠스타르는 연중 어느 때엔 농민으로서 산물을 생산하고 그 외의 시간에 산물을 팔러 다닌다.

예술가적 기교가 두드러지는 양모 제품에서 자주 확인되듯이, 여기서도 독점되고 있었던 것이 기술의 숙련도일 수 있다. 장사의 비결이나 특별한 기술을 가진 노동자는 그것을 좀처럼 다른 사람들에게 전하지 않았을 것이기 때문이다. 이런 예는 특별한 형태의 가치 노동을 수반하는데, 이 작업에서 기술은 토지의 소유를 통해 독점되고 세습되는 어떤 카리스마에 의해서 부족 또는 씨족에게 속하게 된다. 민족 집단들 사이에 생산의 전문화가 일어난다. 이 전문화는 아프리카에서처럼 지리적으로 이웃한 지역들 사이에 산물을 교환하는 것으로 한정되거나, 아니면 더욱 넓은 범위 안에서 전개될 수 있다.

전문화에 따른 한 가지 가능성은 인도에서처럼 카스트 제도의 확립으로 이어질 수 있다는 점이다. 개별 부족 집단들을 영주의 지도 아래에 결합시킴에 따라, 원래 횡적으로 나란히 활동하던 부족 산업들이 인도에서 계급 조직을 이루면서 수직적으로 배열되었으며, 지금 같은 주인 밑에 있는 사람들 사이에서 민족적 분업이 발견된

---

47 현금을 벌기 위해 통나무 산업에 종사했던 가내 근로자 또는 농민을 일컫는다.

다. 원래 서로 이질적인 존재로서 부족들 사이에 맺어졌던 관계는 카스트 제도에 그대로 표현되고 있으며, 이 카스트 제도 하에서 계급이 서로 다른 사람들은 식사도 함께 하지 않고 결혼도 하지 않았으며 오직 서로로부터 전문화된 일만을 받는다.

카스트 제도는 인도의 사회 조직 전체에 엄청난 영향을 미쳤다. 왜냐하면 카스트 제도 자체가 의식(儀式) 및 종교 제도에 깊이 각인되어 있기 때문이다. 카스트 제도는 모든 일을 신분에 따라 분류했으며, 따라서 자본에 근거한 산업을 도입하거나 발명을 이용하는 것을 불가능하게 만들었다. 새로운 향상이 일어나는 기술이 무엇이든, 새로운 기술로 인해 생기는 일은 기존의 오래된 모든 신분들 아래에 새로운 신분을 하나 더 만든다는 것을 의미할 것이다. 공산당 선언이 무산 계급에 대해 말하면서 프롤레타리아는 잃을 것은 사슬뿐이고 세상을 얻는 일만 남았다는 식으로 말할 때, 그 표현은 인도인에게도 그대로 적용되었을 것이다. 단, 인도인은 이 세상에서 자신의 카스트에 따르는 온갖 의무를 세부적인 것까지 다 충실히 수행함으로써 저승에서 사슬로부터 풀려날 수 있다는 점만 달랐다.

인도의 모든 카스트는 그 카스트만의 생산 과정을 전통적으로 정해 놓았다. 이 전통적인 생산 과정을 포기하는 사람은 카스트를 잃고 추방되어 천민이 될 뿐만 아니라 미래 세계의 가능성, 말하자면 보다 높은 계급으로 환생할 수 있는 가능성까지 상실했다. 따라서 인도의 카스트 제도는 인간 세계에 가능한 사회 질서 중에서 가장 보수적인 것이 되었다. 영국의 영향 아래에서, 인도의 카스트 제도는 점진적으로 붕괴되었으며, 인도에서도 자본주의가 서서히 전진하고 있다.

민족 집단들 사이에 교환이 이뤄지는 단계에서 일어날 수 있는 두 번째 가능성은 시장이 특화하는 방향으로 진화하는 것이다. 직업들의 지역적 구분은 사회 전체를 바탕으로 이뤄진다. 일 자체가 더 이상 부족 사이에서만 일어나지 않지만 아직 시장과 연결되지는 않았다. 마을이나 지주가 기술이 뛰어난 노동자들을 획득해서 그들이 마을이나 사유지(오이코스)를 위해 일하도록 강제하는 단계이다. 예를 들면, 인도의 마을 산업이 그런 단계로 분류될 수 있으며, 독일에서는 14세기까지도 토지를 소유한 영주는 마을 장인들의 집단을 공급하는 의무를 지는 것으로 여겨졌다. 여기서 우리는 자급자족적인 생산을 위한 지역적 전문화를 발견하며, 작업장들에 대한 세습적 소유권은 대체로 이 지역적 전문화와 관련 있다.

일종의 지역적 전문화는 최종적으로 시장을 위한 전문화로 이어진다. 지역적 전문화의 앞 단계는 마을과 장원 산업의 전문화이다. 마을에서는 한쪽에선 농민들이 발견되고, 다른 한쪽에선 공예 기술자들을 정착시켜 영주가 필요로 하는 것을 생산하게 하는 지주들이 발견된다. 지주는 공예 기술자들의 작업에 대한 대가로 산물 중 일정 몫을 주거나 그 외의 다른 방법으로 임금을 주었다. 교환이 전혀 일어나지 않았다는 점에서, 그것은 시장을 위한 전문화와 대조를 이룬다. 더욱이, 장인들이 외국인이라는 점을 고려한다면, 그것은 민족 집단들 사이의 전문화의 흔적을 여전히 보이고 있다. 그러나 장인들 중에, 보유한 땅이 부족해서 스스로 살아갈 능력을 잃은 탓에 신분을 상실하게 된 농민들이 다소 포함되어 있었다.

영주가 공예 노동자들을 이용한 형태는 다른 경로를 밟는다. 말하자면, 군주들이나 땅의 영주들이 개인적 또는 정치적 목적을 위해서 대(大)가구 또는 사유지 유형의 전문화를 이룬다. 여기서도 마찬가지로 전문화가 교환 없이 이뤄진다. 영주에게 특별한 봉사를 제공할 의무는 개별 장인들 또는 전체 장인 계급에게 부과된다.

고대에 이런 계약이 광범위했다. 일반적으로 노예로 채워졌던 출납관 같은, 대(大)가구의 관리들을 말하는 '오피키아'(officia) 외에 '아르티피키아'(artificia)(전문가)가 나타났다. 아르티피키아는 주로 노예들로 구성되었으며, 시골 농장에서 큰 사유지들이 필요로 하는 것을 생산했던 일부 범주의 숙련 노동자들을 포함했다. 대장장이와 철골 조립공, 건축 장인, 수레 목수, 직공(織工), 제분 기술자, 빵 굽는 사람, 조리사 등이 그런 노동자들이었다. 직공은 특히 여자들의 하우스에서 일한 여자들을 말한다. 이런 노동자들은 도시에서 많은 수의 노예를 거느렸던 상급 귀족의 가구에서도 발견된다. 아우구스투스의 아내인 리비아(Livia) 황후의 명단이 잘 알려져 있다. 그 명단은 황후의 의상을 포함한 다양한 개인적 요구 사항을 들어줄 전문적인 노동자들을 포함하고 있다. 이와 비슷한 상황은 인도와 중국의 왕실에서도 발견되고 중세에 세속 영주의 장원과 수도원의 장원에서도 발견된다.

영주의 개인적 필요를 충족시키는 공예 노동자들 외에, 영주의 정치적 필요에 이바지하는 사람들도 있었다. 그런 일이 대규모로 행해진 예가 이집트에서 힉소스(Hyksos) 왕조가 추방된 뒤에 신(新)제국의 파라오들이 실시한 행정이다. 이집트에서 우리는 종속적인 계층들로부터 받은 현물을 보관하는 창고 시스템을 발견하고, 그것과 함께 왕의 가족과 정치적 필요를 충족시키기 위해서 수공예의 전문화가 이뤄지고 있는 것을 확인한다. 관리들에 대한 월급은 할당금을 접수하는 창고의 재화로 지급되었으며, 재화에 대한 청구권이 오늘날 정부가 발행하는 지폐처럼 상거래에 유통되었다. 산물들은 부분적으로 농민들의 노동에서 거둬졌고 또 부분적으로 전문화된 사유지 산업으로부터 거둬졌다.

근동의 대규모 사유지에서도 호화로운 공예들이 발달하고 촉진되었다. 이집트와 메소포타미아의 왕들은 예속된 신분으로 자신들의 공방에서 훈련을 받은 노동자들이 고대 동양의 경이라는 칭송을 듣는 그런 예술을 창조하도록 이끌었으며, 따라서 그 왕들은 사유지(오이코스)에 문화의 역사에서 성취할 어떤 임무를 부여했다.

이런 조건에서 고객과 시장을 위한 생산으로 넘어가는 과정이 효과적으로 이뤄지기 위해서, 생산물을 구매할 능력을 갖춘 소비자들의 집단이 필요했다. 말하자면, 어느 정도의 교환 경제가 발달해야 했다는 뜻이다. 여기서 우리는 소작농이 생겨나는 과정에서 발견한 것과 비슷한 상황을 보고 있다. 군주나 영주, 노예 소유자는 노동자들의 기술을 노동력으로 이용하면서 시장을 위해 생산을 직접적으로 할 것인지, 아니면 노동자들을 지대(地代)의 원천으로 이용할 것인지를 놓고 선택해야 했다. 전자를 택하는 경우에, 영주는 자유 보유권이 없는 인구의 노동을 이용하는 기업가가 되었다. 그런 시스템은 고대에도 발견되고 중세에도 발견되며, 영주는 시장에 물건을 파는 일을 담당하는 사람을 고용한다. 이 사람은 '네고티아토르'(negotiator), 즉 딜러이며, 대리인으로서 군주 또는 다른 종류의 가구에 소속되어 있다.

영주가 자신에게 딸린 사람들을 그런 식으로 노동력으로 이용하는 방식도 다양할 수 있다. 영주는 그 사람들을 자유가 없는 가정 노동자로 고용할 수 있다. 그러면 그 노동자들은 자신의 주거지에서 일을 하면서 일정 양의 물건을 영주에게 넘겨줘야 한다. 이때 물건을 만드는 원료는 노동자들의 것일 수도 있고 영주가 제공하는 것일 수도 있다.

고대에 이런 관계가 널리 퍼져 있었다. 직물과 도기들은 주로 여자들의 하우스에서 제작되어 이런 식으로 시장으로 나갔다. 중세에, 실레시아와 포메라니아의 리넨 산업은 이런 식으로 생겨났다. 영주는 상인이자 자본가이며, 공예 노동자들의 고용주이다. 또는 영주는 작업장(공방) 산업으로 넘어갈 수 있었을 것이다.

고대에 우리는 대지주들의 보조적인 산업들 중에서 테라코타 작품과 모래 채취장과 채석장을 발견한다. 또 여자 노예들이 실을 잣고 베를 짰던 대규모 여자들의 하우스를 발견한다. 카롤링거 왕조 때도 여자들의 하우스가 있었다. 공방 산업은 중세의 수도원 경제에서 베네딕토 수도회와 카르투시오 수도회 등의 양조(釀造)와 축융기(縮絨機)[48] 등의 분야에서 특별히 많이 발달했다.

영주들의 땅에서 행해지던 보조적인 산업들 외에, 예속된 사람들의 노동을 이용하는 도시의 산업들도 있다. 농촌 산업의 경우에 영주가 노예 신분인 대리자를 통해서 산물을 처리했던 반면에, 도시에서는 상인이 자신의 자본을 바탕으로 자유롭지 않은 노동자들을 고용하는 시설을 설립하는 것이 일반적이었다.

이런 관계는 고대에 흔했다. 예를 들어, 전해오는 이야기에 따르면, 데모스테네스(Demosthenes)는 자기 아버지로부터 두 곳의 작업 공방을, 말하자면 무기를 제작하는 대장간 한 곳과, 당시에 필수품이 아니고 사치품이었던 침대틀을 제작하는 공방 한 곳을 물려받았다고 한다. 대장간과 침대틀의 결합은 그의 아버지가 칼 손잡이와 침대틀의 상감 세공에 쓰이는 아이보리를 수입한 상인이었다는 사실로 설명된다. 데모스테네스의 아버지는 채무자들이 빚을 상환하지 못하게 되자 노예들이 딸린 채무자의 공방들을 몰수하게 되었다. 리시아스(Lysias)도 백 명의 노예를 둔 "공장"에 대해 언급한다. 두 가지 예에서, 우리는 소규모였던 상류층을 위한 생산과 전쟁 목적의 생산을 확인하고 있다. 그러나 어느 경우에도 현대적 의미의 "공장"은 아니며, 작업 공방일 뿐이다.

작업 공방이 자유롭지 못한 사람들을 노동력으로 이용하는가 자유로운 사람들을 노동력으로 이용하는가 하는 문제는 케이스에 따

---

48 특히 양모에서 기름이나 불순물을 제거하는 데 쓰는 기계를 말한다.

라 결정된다. 만약 작업 공방이 노예 노동을 이용해서 시장을 위해 생산하고 있는 대규모 조직이라면, 그것은 노동 축적의 예이지 전문화와 조정의 예는 아니다. 많은 사람이 함께 모여 작업했으며, 그 사람들은 각자 별도로 제품을 만들어냈다.

그 노동자들 위에 현장 감독이 있었다. 이 현장 감독의 유일한 관심은 산물들의 통일성에 있었다. 그런 관계에서, 현대적인 공장의 의미에서 말하는 대규모 생산 같은 것은 꿈도 꿀 수 없었다. 왜냐하면 작업 공방이 고정 자본을 전혀 갖고 있지 않았으며 일부 경우를 제외하곤 영주의 소유가 아니었기 때문이다.

더욱이, 노예 보유라는 특별한 특성이 그런 시설이 현대적인 공장으로 발달하는 것을 불가능하게 만들었다. 인적 자본은 시장이 실패하는 바로 그 순간에 낭비를 더 많이 하며, 그런 경우에 인적 자본을 유지하는 것은 기계에 들인 고정 자본의 유지와 매우 다른 문제가 된다.

노예들은 상황 변화에 특별히 민감하고 위험에 노출되어 있었다. 노예의 죽음은 곧 손실을 의미했다. 그것은 존재의 위험들이 자유로운 노동자들에게로 옮겨간 지금의 상황과는 완전히 다른 상황이다. 노예들은 달아날 수도 있었다. 전쟁이 벌어지는 때에 탈주가 특히 더 심해졌다. 군사적 불행이 닥칠 때면 노예들의 탈주가 더욱 잦아졌다.

아테네가 펠로폰네소스 전쟁에서 붕괴했을 때, 산업에 동원되었던 노예 자본 전체를 상실하는 사태가 벌어졌다. 더욱이, 노예들의 가격은 고대의 정상적인 조건이었던 전쟁의 결과에 따라 엄청난 변동 폭을 보였다. 고대 그리스의 도시 국가는 지속적으로 전쟁을 수행했다. 지속적인 평화를 체결하는 것은 하나의 범죄로 여겨졌다. 오늘날 통상 조약을 체결하듯이, 평화는 일시적 휴식을 위해 맺는 것일 뿐이었다.

로마에서도 전쟁은 일상적으로 일어나는 일이었다. 전쟁이 벌어지는 때에만 노예들의 값이 쌌으며, 평화의 시대엔 노예의 값이 아주 비쌌다. 영주는 종종 비싼 값에 구입하는 이 인적 자본을 다루면서 노예를 막사에 살게 할 것인지 아니면 노예와 함께 그의 가족까지 부양할 것인지를 선택해야 했다. 후자의 방법을 택하는 경우에 여자들을 위한 다양한 일들이 발견되어야 한다. 따라서 영주는 자신의 시설을 전문화하지 못하고 거기서 몇 가지 분야의 일을 수행해야 했다. 만약 영주가 전문화한다면, 노예 한 사람의 죽음이 재앙적인 결과를 낳을 수도 있다.

전문화를 막는 또 다른 요인은 노예 쪽에서 일에 대해 관심을 전혀 보이지 않는다는 점이다. 꽤 야만적인 훈련 방법을 동원해야만, 오늘날 계약 제도 아래에서 자유노동자들이 제공하는 일의 양을 노예들로부터 끌어낼 수 있다. 그러므로 노예를 두었던 대규모 시설들은 드문 예외였다. 역사 전체를 통해서, 그런 시설들은 생산 분야의 독점이 절대적으로 이뤄지는 곳에서만 꽤 크게 나타날 수 있는 것 같다. 러시아의 예는 노예 노동자들을 이용하는 공장들은 전적으로 그런 독점의 유지에 의존한다는 점을 보여주고 있다. 독점이 깨어지는 순간, 그 공장들은 자유로운 노동과의 경쟁 앞에서 붕괴했다.

고대의 조직이 종종 다소 다른 측면을 보이는 것은 사실이다. 영주가 기업가처럼 보이지 않고, 노예들의 노동력을 지대의 원천으로 이용해 수입을 챙기는 사람처럼 보인다. 영주는 노예가 공예를 배우도록 했다. 그런 다음에 만약에 영주가 노예를 제삼자에게 빌려주지 않는다면, 그 영주는 노예가 독립적으로 시장을 위해 생산하는 것을 허용하거나, 그가 외부 일에 고용되도록 하거나, 마지막으로 그가 자유롭게 자신의 사업을 하도록 하면서 그에게 세금을 부과했다. 여기서 우리는 경제적으로 자유롭지만 개인적으로 자유롭지 못한 장인들을 보고 있다. 이런 경우에, 노예 자신이 어느 정도의 자본을 소유했거나 영주가 그에게 장사나 소규모 공예 작업을 수행할 자본을 빌려주었을 것이다.

가이우스 플리니우스(Gaius Plinius)에 따르면, 이런 식으로 일깨워진 노예의 이기심은 영주가 노예에게 유언으로 자유를 허용하게 하는 결과를 낳았다. 이런 식으로, 거대한 집단의 노예들이 활용되었다. 이와 비슷한 조건은 중세에도 발견되고 러시아에서도 발견된다. 그리고 온 곳에서, 우리가 지금 특이한 관계가 아니라 꽤 정상적인 관계에 대해 관심을 두고 있다는 점을 보여주는 증거로서, 세금을 뜻하는 전문적인 이름들이 발견되고 있다. 'αποφορά'[49],

---

49 수확, 이익 등을 뜻하는 그리스어 단어.

'Leibzinz', 'obrok'[50] 등이 그런 예이다.

노예들을 이런 식으로 활용하는 가운데, 영주가 자신의 책임으로 활동하는지 여부는 노예들이 자신의 산물이나 노동력을 팔 수 있었던 일반적인 시장과 두드러지게 다른 현지 시장의 존재 여부에 좌우되었다. 만약에 고대의 노동 조직과 중세의 노동 조직이 똑같은 출발점에서 시작해서 초기 단계에 서로 비슷한 길을 걷다가 뒤에 꽤 다른 경로를 밟게 되었다면, 그 이유는 두 문명 속에서 시장이 지녔던 완전히 다른 성격에서 발견된다. 고대에 노예들은 영주의 권력 안에 남아 있었지만, 중세에 노예들은 자유의 몸이 되었다. 그래서 중세엔 고대에 없었던 자유로운 장인 계급이 넓게 형성되어 있었다. 그 이유로 몇 가지가 꼽힌다.

1) 서양의 소비 물품이 세계의 다른 모든 나라들과 뚜렷이 달랐다. 일본인이나 그리스인 가정이 필요로 했던 것이 어떤 것이었는지를 분명히 이해해야 한다. 일본인들은 나무와 종이로 지은 집에 살고 있다. 다다미와 나무로 만든 주전자 받침대가 침대 역할을 하고, 거기에다가 식기와 도기를 더하면 기본적인 가정생활이 가능해진다.

알키비아데스(Alcibiades)로 짐작되는, 유죄 선고를 받은 어느 그리스인의 재판에서 나온 경매인의 목록이 지금까지 내려오고 있다. 그 목록을 보면 그 가정이 갖춘 용구들이 믿기 어려울 정도로 제한적이었으며 예술 작품들이 중요한 역할을 맡고 있다는 사실이

50 무역에 종사하는 러시아 농민이 낸 세금을 일컫는다.

확인된다.

이와 반대로, 중세 귀족 가정의 비품은 훨씬 더 많고 물질적이다. 이 같은 차이는 주로 기후 차이에 따른 것이다. 고대만 아니라 지금까지도 난방이 필수가 아닌 이탈리아에서 침대는 사치품으로 여겨졌지만, 북부 유럽에서는 스토브와 침대가 필수품이었다. 이탈리아에서는 잠을 자려 할 때면, 그냥 외피 같은 것을 뒤집어쓰고 마루에 눕기만 하면 된다. 지금까지 내려오는 가장 오래된 길드 문서는 쾰른의 침대 이불감을 짜는 사람들의 문서이다. 그렇다고 그리스인들이 벌거벗고 지냈다는 식으로 말하지는 못한다. 몸의 일부는 가렸지만, 그들에게 필요한 옷은 중부 유럽의 사람들과는 비교도 안 될 정도로 간단했다. 마지막으로, 또 다시 기후 때문인데, 독일인들의 식욕이 남부 지역 사람들의 식욕보다 훨씬 더 컸다. 단테(Dante Alighieri)는 어느 글에서 독일에 대해 "대식가들이 사는 땅"이라고 말했다.

이런 필요들을 충족시키는 것이 가능해지자마자, 독일인들 사이에 필연적으로 고대의 생산보다 훨씬 더 광범위한 산업적 생산이 발달하게 되었다. 이는 효용 체감의 원칙과 일치한다. 이 발달은 10세기부터 12세기 사이에 일어났다.

2) 고대와 비교할 때 시장의 범위라는 측면에서 크게 차이가 났다. 10세기부터 12세기까지 북부 유럽에서, 구매력을 가진 구매자들과 산업 생산물 사이의 거리가 고대에 비하면 훨씬 더 가까워졌다. 고대 문명은 해안을 중심으로 번창했다. 바다에서 하루 여행 거

리를 벗어난 곳에는 이름 있는 도시가 전혀 없었다. 이 좁은 해안 띠 지역의 뒤에 자리 잡은 내륙 지역도 틀림없이 시장 지역에 포함되었지만, 내륙 지역은 상품 경제 단계에 있었기 때문에 구매력을 거의 갖지 못했다. 게다가, 고대 문화는 노예제도에 의존했다. 이 문명이 해안으로부터 뒤쪽으로 물러나면서 내륙의 성격을 띠기 시작했기 때문에, 노예들의 공급이 중단되었다. 따라서 영토를 가진 영주들은 자신들이 가진 노동력으로 필요한 것들을 공급함으로써 시장으로부터 독립하려고 노력했다.

요한 칼 로트베르투스가 고대 세계 전체의 특징으로 여겼던 '오이코스'의 이런 자립은 실제로 보면 고대 후기의 한 현상이며, 카롤링거 왕조 시기에 최고로 발달한 모습을 보였다. 그 자립의 첫 번째 효과는 시장의 위축이었으며, 뒤에는 재정적인 조치들이 시장을 위축시키는 쪽으로 작용했다. 전체 과정은 상품 경제 쪽으로 빠른 속도로 퇴행한다는 것을 의미했다.

한편, 중세에 시장은 10세기에 소작농의 구매력 증대를 통해서 범위를 넓혀가기 시작했다. 소작농들의 종속 상태는 덜 가혹해졌으며, 경작의 집약화가 진행되고 있었기 때문에 영주들의 지배력도 약해지고 있었다. 한편, 군사적 의무에 얽매여 있던 영주는 이런 식의 전개에서 이익을 챙기지 못했으며 전체 지대의 증가분이 농민에게 돌아가도록 내버려두지 않을 수 없었다. 이 같은 사실이 수공예에서 처음으로 엄청난 발전이 일어나도록 했다. 수공예의 발전은 시장(市場) 면허와 도시들의 건설이 이뤄지던 시기에 시작되었으며, 도시 건설은 12세기와 13세기에 동쪽으로도 확장되었다.

경제적 관점에서 본다면, 도시들은 군주들의 투기적인 모험이었다. 군주들은 과세 가능한 사람들을 획득하길 원했고, 따라서 물건을 사고 팔 사람들이 정착할 장소로 시장과 도시를 건설했다. 이 같은 투기가 언제나 행복한 결과를 낳았던 것은 아니었다. 반유대주의 감정이 커지면서 유대인들을 동쪽으로 몰아냈고, 이 같은 이동을 이용하기 위해 폴란드 귀족들이 도시를 건설하려 노력했지만, 그들의 그런 투기는 대부분 실패로 끝났다.

3) 세 번째 이유는 노동 조직으로서 노예제도의 무익성이다. 노예제도가 이익을 낼 수 있는 때는 오직 노예를 부양하는 비용이 쌀 때뿐이다. 북부는 그렇지 못했다. 따라서 북부에선 노예들을 지대 지급자로 이용하는 것을 더 선호하는 경향이 나타났다.

4) 북부에 노예 관계들의 불안정성이라는 중요한 사실이 있다. 북쪽 땅 어딜 가나 탈주 노예들이 발견되었다. 범죄 사실을 전하는 매체도 전혀 없었으며, 영주들은 노예 때문에 서로 반목하는 처지가 되었다. 그래서 도망치는 노예도 다른 영주나 다른 도시에서 피난처를 발견할 수 있었기 때문에 그리 큰 위험을 감수하지 않아도 되었다.

5) 도시들의 간섭이 있다. 황제는 특별히 도시에 특권을 내렸으며, 그 결과 "도시의 공기는 사람을 자유롭게 만든다."는 원칙이 생겨나게 되었다. 황제는 출신 지역이나 출신 계급을 불문하고 누구든 도시에 정착하면 그 도시에 속한다는 내용의 칙령을 내렸다. 도

시의 시민권 일부는 그런 식으로 획득되었다. 도시의 시민은 그렇게 획득한 사람들과 귀족, 상인, 그리고 군주에 의존했던 숙련 장인들로 이뤄졌다.

이런 식의 발달은 황제의 권력의 점진적인 약화와 그에 따른 도시들의 자기 중심주의 때문에 더욱 가속화되었다. 이제 도시들은 권력을 소유했으며, 영토를 가진 영주들의 면전에서도 비웃을 수 있는 위치에 섰다. 그러나 "도시의 공기는 사람을 자유롭게 만든다."는 원칙에 저항이 없었던 것은 아니었다. 한쪽으로, 황제들은 군주들에게 도시들이 새로운 특권을 장악하는 데 반대하겠다고 약속하지 않을 수 없었으며, 다른 한쪽으로는 황제들의 가난이 그들로 하여금 특권을 허용하도록 지속적으로 강요하고 있었다. 그것은 권력 다툼이었는데, 그 경쟁에서 최종적으로 도시들에 이해관계가 걸려 있었던 군주들의 정치적 권력이, 자신들에게 딸린 사람들을 계속 보유하는 데 이해관계가 걸려 있었던 영주들의 경제적 권력보다 더 강했던 것으로 확인되었다.

이런 특권을 바탕으로 정착했던 장인들은 출신 성분이 아주 다양하고 법적 지위도 서로 달랐다. 장인들은 오직 예외적으로만 의무로부터 자유로운 토지를 소유하는 완전한 시민이 될 수 있었다. 그들 중 일부는 봉건적인 인두세의 대상이 되고 도시 밖이나 안에 있는 영주에게 돈을 지불해야 하는 사람들이었다. 세 번째 범주는 일종의 후견을 받는 "노동자"였다. 이들은 개인적으로 자유의 몸이지만 법정에서는 자신을 대신할 자유 시민을 내세워야 했다. 그들은 자신이 의지하고 있는 자유 시민에게 보호를 받는 대가로 특별한 봉사를 할 의무를 졌다.

이 밖에, 도시 안에 장원들이 있었을 것이다. 이 장원들은 자체적으로 장인들을 두고 있었고, 특별한 공예 규정들을 두고 있었다. 그러나 이 대목에서 도시들의 장인 제도가 영주들의 수공예 관련 규정에서 발달해 나왔다는 식의 믿음을 품지 않도록 조심해야 한다. 일반적으로 장인들은 서로 다른 영주들에게 소속된 외에 도시의 영주에게도 의무를 졌다. 따라서 도시만이 공예 관련 규정을 만들 수 있었으며, 그래서 도시의 영주가 도시에 허락했던 법적 권리를 정작 자신에게 종속된 사람들에게는 주지 않는 일이 벌어졌다. 이유는 그들이 도시 자체에 있던 자유로운 장인 계층의 신분을 취득하는 것을 도시의 영주가 원하지 않았기 때문이다.

자유로운 신분의 장인들은 고정 자본이 없었다. 그들은 도구를 소유하고 있었지만 자본을 바탕으로 작업하지는 않았다. 그들은 거의 언제나 자신의 산물이 아닌 자신의 노동력을 시장에 팔았던 임금 노동자였다. 그러나 그들은 원래 주문을 받고 고객을 위해 제품을 만들었다. 그들이 임금 노동자로 남느냐 아니면 실적 임금 노동자로 남느냐 하는 문제는 시장의 조건에 따라 결정되었다.

일이 부유한 계층을 위해 행해질 때엔 임금 노동이 원칙이고, 일이 대중을 위해 행해질 때엔 실적 노동이 원칙이다. 대중은 이미 만들어 놓은 물건들을 하나씩 구입한다. 따라서 대중의 구매력의 성장이 실적 노동이 등장하는 바탕이었고 뒷날에는 자본주의가 등장하는 바탕이 되었다. 그러나 둘 사이의 구분이 칼로 베듯 분명할 수는 없다. 임금 노동자와 실적 임금 노동자는 나란히 존재하지만, 대체로 임금 노동자들이 중세 초기와 고대, 그리고 독일에서처럼 인도와 중국에서 지배적이었다. 임금 근로자들은 원래 떠돌이 노동자들(고용주의 집에서 일하는 노동자들)이거나 자기 집에서 일하는 노동자들일 것이다.

이런 식으로 갈리는 것은 재료의 가치 때문이다. 금과 은, 비단과 값비싼 천을 재료로 쓰는 일인 경우에 장인들에게 집에서 일하도록 하지 않고 작업장으로 나오도록 했다. 절도나 불순물을 섞는 행위를 방지하기 위해서였다. 이 때문에 상류 사회 계층이 소비하는 분야에서 순회하는 노동이 특별히 흔했다.

반대로, 옮기는 데 비용이 많이 들거나 무거운 도구를 이용하는 사람들은 반드시 가정 근로자들이었다. 빵을 굽는 사람이나 베를 짜는 사람, 포도를 압착하는 사람이나 제분업자가 그런 예이다. 이들 직업에서는 고정 자본의 시작이 이미 확인되었다. 임금 노동 분야와 실적 노동 분야 사이에 운이나 전통에 따라 유형이 결정되는 중간적인 예들이 있다. 그러나 일반적으로 보면 임금 노동을 나타내는 용어들이 우세하다. *ἐκδότης, μισθός, merces*. 이 표현들은 모두 물가가 아니라 임금과 관련 있는 것들이다. 디오클레티아누스의 칙령의 조항들도 물가보다는 임금 쪽을 가리키고 있다.

9장

공예 길드들

길드는 일의 유형에 따라 전문화된, 공예 노동자들의 조직이다. 길드는 두 가지 종류의 일, 즉 작업에 대한 내적 규제와 외부인들에 반대하는 독점을 통해 작동한다. 만약 어느 지역에서 같은 공예 작업을 하는 모든 사람들이 길드에 가입한다면, 그 길드는 목적을 성취할 수 있다.

자유가 없는 조직이라는 의미로 말하는 길드는 고대 후기, 그리고 이집트와 인도, 중국에서 발견되었다. 그런 길드들은 군주나 공동체의 정치적 필요를 충족시키는 기능이 다양한 산업적 집단들에게 강요되었다는 사실과, 또 그 목적을 위해 생산이 직종에 따라 조직화되었다는 사실 때문에 생겨났다.

인도의 카스트들도 그런 길드에서 생겨난 것으로 여겨졌으나, 실제로 보면 그 카스트들은 민족 집단들 사이의 관계에서 생겨났다. 기존에 존재하고 있던 카스트들은 이미 국가에 의해 이용되고 있었는데, 국가는 필요한 것을 각 산업에 현물로 내놓도록 요구함으로써 운영에 필요한 재정을 조달했다.

고대 초기에 강제적인 길드가 특히 군사적 용도에 중요한 산물들과 관련해서 발견된다. 로마 공화정의 군대 안에, '공병(工兵) 백인대'가 기사 백인대와 나란히 존재했다. 후기의 로마 국가는 도시의 인구가 좋은 조건에서 살도록 하기 위해서 곡물을 들여올 필요가 있었다. 이 목적을 위해서 로마 정부는 '나비쿨라리이'(navicularii)[51]라는 조직을 설립해서 이 조직에 선박 건조의 임무를 안겼다. 재정적 고려가 그런 조직을 탄생시켰으며, 로마 제국의 마지막 몇 세기 동안에는 거의 모든 경제 활동이 그런 식으로 "강제적으로" 조직되었다.

길드들은 의례를 위한 단체로도 확인된다. 인도의 카스트들이 모두 길드인 것은 아니지만, 아주 많은 것들이 의례와 관련 있는 길드들이다. 카스트들이 존재했던 곳에, 그 카스트들 밖의 길드는 전혀 없었으며, 카스트 외의 길드는 필요하지도 않았다. 이유는 노동이 그 유형에 따라서 특정한 계급에 할당되는 것이 카스트 제도의 특징이기 때문이다.

세 번째 형태의 길드는 자유로운 연합이다. 이런 길드는 중세의 특징이다. 이런 형태의 길드의 시작은 고대 후기에 발견될 것이다.

51 개인적으로 선박을 소유한 사람들을 일컫는다.

적어도 로마화된 헬레니즘 후기는 길드의 특징을 갖춘 조직들을 결성하는 경향을 보였다. 기독교 시대가 시작할 때, 떠돌이 장인들이 처음 등장했다. 이들이 없었더라면, 기독교의 전파는 절대로 가능하지 않았을지도 모른다. 기독교는 처음에 뜨내기 장인들의 종교였으며, 사도 바오로도 마찬가지로 뜨내기 장인이었으며, "일하지 않는 자는 먹지도 말라."는 바오로의 가르침은 그들의 윤리관을 표현하고 있다.

그러나 고대는 자유로운 길드들을 향한 첫 번째 충동만을 목격했을 뿐이었다. 일반적으로 고대의 공예 작업은 우리가 아는 한도 안에서 보면, 어떤 오이코스, 즉 사유지에 소속되지 않았을 때엔 세습적인 카리스마에 근거한 씨족 산업의 성격을 띠었다. 길드라는 아이디어는 길드 민주주의와 정반대라고 할 수 있는 고대의 민주주의에는 전혀 나타나지 않았다. 그 시대엔 에레크테이온 신전의 기둥들을 놓고 아테네 시민들과 자유로운 몸의 외국인 근로자들, 노예들이 나란히 작업을 했다. 당시에 길드가 없었던 이유는 부분적으로 정치적이었지만 주로 경제적이었다. 노예들과 자유로운 사람들은 동일한 종교적 의식에 참여할 수 없었다. 게다가, 사유지 조직이 존재하는 곳에는 길드가 없다. 이유는 길드가 거의 필요하지 않기 때문이다.

또 중국처럼 씨족 경제가 우세한 곳에서는 길드가 그다지 의미를 지니지 않는다. 중국에서 도시의 개별 장인들은 어떤 마을에 소속되었다. 베이징을 비롯한 도시에는 시민권이 전혀 없으며, 따라서 어떤 길드도 도시 조직의 일부를 이루지 못했다. 이와 대조적으로, 이슬람에는 길드들이 있다. 드물긴 하지만, 부하라(Bukhara)[52]에서 처럼 길드 혁명도 일어났다.

중세 서양 길드의 정신은 길드의 정책은 생계 정책이라는 진술에 아주 단순하게 표현되어 있다. 그것은 삶의 기회가 축소됨에 따라 경쟁이 한층 더 치열해졌음에도 불구하고 길드 회원들이 중산계급의 실질적 번영을 지키도록 하겠다는 뜻이다. 길드의 회원들은 전통적인 삶의 기준을 유지하며 그 속에서 안전하게 살 수 있어야 했다. 여기서 말하는 전통적인 삶의 기준이라는 개념은 오늘날로 치면 생활 임금과 비슷하다. 길드가 이 목적을 성취하기 위해 채택한 수단이 흥미롭다.

내부 정책을 보면, 길드는 상상 가능한 온갖 수단을 동원해서 조합원들에게 기회의 평등을 보장하려고 노력했다. 이것은 들판을 길쭉한 조각으로 나눌 때 소작민들이 추구했던 목적이기도 했다. 이 평등을 실현하기 위해, 자본주의적인 힘이 발달하는 것을 막아야 했다. 특히 개별 고용주의 자본이 불평등하게 성장하는 것을, 따라서 고용주들 사이에 차이가 생기는 것을 막아야 했다. 한 고용주가 다른 고용주보다 앞서 나가는 일은 없어야 했기 때문이다.

이 목적을 성취하기 위해서, 작업 과정에 대한 규제가 이뤄졌다. 어떤 고용주도 전통적인 방식이 아닌 다른 방식으로 감히 일을 처

---

52 현재 우즈베키스탄의 도시로, 이것엔 6세기부터 돌궐 제국이 건국되어 튀르크인들과 유목민 소그드인들이 함께 살았다.

리하지 못했다. 길드는 산물의 품질을 관리했다. 길드는 도제와 노동자들의 숫자를 통제하고 규제했다. 길드는 원료의 공급을 최대한 공동으로 관리했다. 그래서 당시에 실적 임금 노동이 널리 행해지게 되었다. 그 외에, 길드나 도시는 원료를 구입해서 개별 고용주에게 처분했다. 실적 임금 노동으로의 전환이 일어나고 장인이 소자본가로서 자신의 원료를 직접 구입할 수단을 충분히 소유하게 되자마자, 길드는 회원들에게 각자의 부(富)의 규모를 증명할 것을 요구했다.

이 관행은 14세기 이후 지속적으로 이어졌다. 재산이 없는 사람들은 임금 노동자로 다른 사람들에게 고용될 수 있었다. 활동 영역이 제한을 받게 되자마자, 길드는 배타적이게 되었고 숙달된 장인들의 숫자는 고정되었다. 비록 이 같은 결과가 일부 지역에서만 나타났을지라도 말이다.

마지막으로, 개별 장인들 사이의 관계도 규제되었다. 길드는 원재료를 개별 공방에서 최대한 오랜 과정을 거치게 해야 한다는 입장을, 또 개별 장인이 물건을 자신의 손으로 최대한 오래 다듬을 수 있어야 한다는 입장을 고수했다. 따라서 분업이 공정의 기술적 전문성이 아니라 최종 산물을 기준으로 행해지게 되었다. 예를 들어 의류 산업의 경우에 아마포에서 시작해서 최종 마무리된 의류에 이르기까지 생산 공정이 실을 뽑고, 베를 짜고, 염색을 하고, 마무리 손질을 하는 등의 개별 과정으로 수평적으로 분리될 수 없었다. 길드는 최대한 최종적 산물을 기준으로 전문화를 이뤄야 한다고 주장했다. 한 노동자는 양말을 만들고, 다른 노동자는 조끼를 만드는 식이었다.

따라서 우리는 중세의 명단에서 200개의 길드를 발견한다. 우리 현대인의 사고방식에 따라 기술을 바탕으로 했다면, 아마 2,000개 내지 3,000개의 길드가 필요했을 것이다. 그런 식의 분업을 옹호하면서 길드들은 나름대로 꽤 고심했다. 공정을 수평으로 나누는 경우에 시장과 가장 가까운 노동자가 다른 노동자들을 지배하는 위치에 서고, 따라서 다른 노동자들이 임금 노동자의 지위로 추락하는 일이 벌어지지 않도록 하기 위해서였다.

여기까지 길드는 생계 정책을 따르고 있다. 그러나 길드는 또한 회원들에게 기회의 평등을 보장하고 그것을 지켜주려고 노력했다. 이 목적을 위해서 자유 경쟁이 제한되어야 했다. 따라서 길드들은 다양한 규제를 시행했다.

1) 산업의 기술에 대한 규제가 있었다. 길드들은 근로자들의 숫자를, 특히 회원이 고용할 수 있는 도제들의 숫자를 정했다. 구체적으로 보면, 도제 제도가 값싼 노동력의 고용을 야기할 위험이 있는 곳에서, 도제의 숫자는 장인 한 사람당 한두 명으로 제한되었다.

2) 원재료의 형태에 대한 규제도 있었다. 특히 종 제작 분야처럼, 금속을 혼합하는 산업에서 결과물의 품질을 지키고 불공정한 경쟁을 배제하기 위해 꽤 엄격한 통제가 시행되었다.

3) 산업의 기술과 생산 과정, 따라서 맥아를 준비하고 가죽을 다듬고 옷을 마감하고 염색하는 방법에 대한 규제도 있었다.

4) 길드들은 동원하는 도구의 형태도 통제했다. 개별 길드는 보통 어떤 도구에 대해 독점권을 행사했다. 특정 길드만 이용할 수 있는 도구가 있었던 것이다. 도구의 유형은 전통적으로 규정되어 있었다.

5) 품질에 대한 규제도 있었다. 제품은 시장에 나가기 전에 품질 검사를 받아야 했다.

길드들은 또 산업의 경제적 관계도 규제했다.

1) 길드들은 자본의 액수에 상한선을 정했다. 길드 안에서 종업원을 고용하는 기업가가 생겨나지 않도록 하기 위해서였다. 말하자면, 어느 장인이 다른 장인들을 압도하면서 장인들이 장인을 위해 일하는 일이 벌어지지 않도록 한다는 목적이었다. 이 목적을 달성하기 위해, 길드 밖에서 외국인들과 결합하는 것이 금지되었다. 그래도 이 조항이 집행되는 경우는 드물었다.

2) 길드에 가입한 장인들은 다른 장인들을 위해 일하는 것이 금지된다. 장인들이 직인(職人)[53]의 처지로 전락하는 것을 막기 위한 조치였다. 마찬가지로, 장인은 상인들을 위해 일하는 것도 금지되었다. 그런 식의 일이 즉시 선대제(先貸制)를 낳게 되기 때문이다. 최종 산물은 임금을 위해 일한 길드 장인이 고객을 위해 행한 임금 노동으로서 인도되지 않을 수 없었다. 이유는 가치 노동자들에겐, 산물을 가치 노동으로 자유롭게 내다파는 것이 어디까지나 이상(理想)이었기 때문이다.

53 중세의 길드에서 장인 밑에서 생산과 도제의 훈련을 맡은 기술자를 말한다.

3) 길드들은 구매 기회를 통제했다. 길드들은 매점(買占)을 금지했다. 말하자면, 길드 회원은 원료를 다른 동료들보다 시간적으로 먼저 확보할 수 없다는 뜻이다. 길드 회원들은 동동하게 몫을 챙기는 것을 권리로 받아들였다. 만약 원료가 부족한 사태가 발생하면, 길드 회원은 다른 회원들에게 자신들이 구입한 금액으로 원료를 공급해 달라고 요구할 수 있었을 것이다.

4) 길드들은 또 다른 회원들보다 앞서서 개별적으로 제품을 파는데 반대했다. 이 목적을 성취하기 위해, 길드들은 종종 강압적인 마케팅에 의지하면서 가격 인하 등 고객을 유인하는 조치를 금지함으로써 규제를 강화했다. 따라서 가격 경쟁의 길이 차단되었다.

5) 길드들은 외부자들의 생산물의 판매를 금지시켰다. 만약 어떤 회원이 이 규칙을 어기면, 그 사람은 상인으로 강등되어 길드로부터 추방되었다.

6) 길드들은 정가표를 통해서 마케팅을 규제했다. 목적은 전통적인 삶의 수준을 보장하기 위한 것이었다.

외적으로, 길드의 정책은 완전히 독점적이었다.

1) 길드들은 공예에 영향을 미치는 문제와 관련해서 산업에 대한 단속을 직접적으로 하겠다는 목표를 성취하기 위해 노력했으며 그 목표를 성취했다. 그런 경우에 길드들은 산업 법원 같은 것을 유지했던 셈이다. 그렇게 하지 않았더라면, 길드들은 기술과 절차를 통제하지 못했거나 회원들 간에 기회의 평등을 유지하지 못했을 것이다.

2) 길드들은 적어도 형식적으로라도 회원들이 길드에 가입하는 것을 의무로 만든다는 목표를 향해 노력했고 대체로 그 목표를 성취했다. 그럼에도 불구하고, 실제로는 이 노력이 외면당하는 예가 종종 있었다.

3) 많은 경우에 길드들은 길드 구역을 확립하는 데 성공했다. 길드들은 어딜 가나 이런 구역을 확보하기 위해 노력했으나, 완전히 성공한 예는 독일뿐이다. 잉글랜드에서는 전혀 성공을 거두지 못했으며, 프랑스와 이탈리아에서는 부분적으로 성공하는 데 그쳤다. 길드 구역은 어떤 영역의 독점을 의미한다. 길드가 완전한 권력을 행사하는 이 구역 안에서는 그 길드에 속하는 산업 외엔 어떤 산업도 행해질 수 없었다. 이 조치는 꽤 억압당하는 상태에 있던 이주 노동자들과 농촌 산업에 불리하게 작용했다. 길드들이 도시에서 권력을 확보하자마자 가장 먼저 떠올린 생각은 농촌의 경쟁을 억눌러야 한다는 것이었다.

4) 어느 한 길드의 산물을 다른 길드의 손으로 넘기는 경우에, 길드들은 가격을 정했다. 내부적으로는 가격이 최저 가격이었지만, 아웃사이더들에겐 독점 가격이 적용되었다.

5) 길드의 규제들이 효과적으로 실행될 수 있어야 했으며, 분업은 공정을 수평적으로 나누는 것이 아니라 최대한 직종별로 행해져야 했다. 말하자면, 이미 설명한 바와 같이, 근로자 한 사람이 처음부터 끝까지 최종 산물을 생산하고, 그 산물을 자신의 손 안에 갖고 있어야 한다는 것이다. 이런 온갖 조치들을 통해서 길드들은 길

드가 통제하는 산업 안에서 대형 시설이 발달하는 것을 막았다. 그들이 막을 수 없었던 것은 선대제(先貸制)의 발달이었다. 이 방법은 곧 장인들이 상인에게 의존하게 된다는 것을 암시한다.

길드 역사 후반의 산물로서 일부 추가적인 규제가 더해져야 한다. 이 규제들은 길드가 이미 활동 영역에 한계를 맞았다는 점을, 또 노동의 지역 간 구분과 시장 확장을 동반한 자본주의적 작동만이 새로운 산업적 기회를 창조할 수 있다는 점을 인정하고 있었다는 것을 보여준다.

먼저, 길드들은 장인의 자격을 취득하는 길을 점점 더 어렵게 만들었다. 이 같은 목표는 "걸작"이라는 제도를 통해 쉽게 이룰 수 있었다. 그런 식으로 전개된 결과 비교적 최근에 나타나게 된 현상은 15세기 이후로 걸작에 엄격히 경제적인 특성이 보태지게 되었다는 점이다. 가치의 관점에서 보면, 걸작의 제작은 종종 아무런 의미를 지니지 않았거나, 심지어 걸작에 터무니없는 조건까지 붙기도 했다. 그런 요건들은 단지 수단을 갖추지 않은 사람들을 배제하기 위해서, 보상도 해 주지 않으면서 의무적으로 노동하는 기간을 둔다는 것을 의미할 뿐이었다. 가치 노동자의 지위를 획득한 장인들은 장인의 자격 취득에 걸작을 요구하는 외에, 유망한 장인에게 최소한의 자본을 갖출 것을 요구함으로써 독점적인 지위를 지키려고 노력했다.

이 지점에서 도제들과 직인(職人)들의 조직이 등장했다. 이것은 특별히 유럽 대륙의 특징이었다. 첫째, 도제 기간이 고정되었다가 점점 확장되었다. 영국에서는 7년으로, 다른 곳에서는 5년으로, 독일에서는 3년으로 확장되었다. 도제는 배움의 과정을 다 끝내고 나면 직인이 되었다. 직인도 다시 일정 기간 보수 없이 일해야 했다. 독일에서 이 같은 조건은 직인이 몇 년 동안 떠돌아 다녀야 하는 제도를 낳았다. 직인은 장인으로서 어디서든 정착이 허용되기 전에 일정 기간 동안 여행해야 한다. 프랑스나 영국에는 알려지지 않은 제도다.

마지막으로, 길드는 종종 장인으로 받아들일 수 있는 최대 숫자를 정했다. 이 같은 조치는 언제나 독점적인 조직인 길드에게 유리하게 작용하도록 하기 위한 것은 아니었으며, 도시(도시의 영주 또는 시 의회)에 의해 확립되었다. 특히 장인들이 지나치게 많은 결과 도시가 군사용 산품이나 생계에 중요한 물품의 생산 능력이 불충분하다고 우려될 때 그런 조치가 취해졌다.

길드의 폐쇄성은 장인의 지위를 세습적으로 이용하려는 경향과 관계있었다. 길드의 회원으로 장인의 아들들을, 심지어 장인의 사위들을 선호한 것은 중세의 모든 나라에 공통적으로 나타난 현상이다. 그래도 그것이 보편적인 규칙이 된 적은 한 번도 없었다. 이런 식의 전개로 인해, 중세 공예 작업의 일부가 보였던 소규모 자본주의적인 성격이 종말을 고했으며, 이런 성격에 부응하여 직인 계급이 나타났다.

이런 식의 발달은 공예 작업이 가치 노동으로 수행된 곳에서도 일어났을 뿐만 아니라, 원료의 구입과 산업 활동을 수행하는 데 어

느 정도의 자본이 필요했던 곳에서도 일어났으며, 장인들의 숫자
에 제한을 두었던 곳에서 가장 두드러지게 일어났다.

10장

유럽 길드들의 기원

앞에서 본 바와 같이, 봉건 영주들과 군주들의 큰 가구 안에서, '아르티피키아'(전문가)와 '오피키아'(관리)는 경제적 및 정치적 필요를 충족시키면서 서로 나란히 존재했다. 그렇다면, 길드들은 소위 장원법 이론이 단언하듯이 사유지에 있었던 이런 조직들로부터 발달해 나온 것인가? 이 이론은 하나의 명백한 사실로서 장원은 자체의 필요를 충족시킬 노동자들을 포함하고 있었다는 가정에서 출발했다. 이 노동자들이 장원법 체계의 중요한 부분을 이뤘던 영주의 조직이었다는 것이다. 이 이론을 구체적으로 보도록 하자.

화폐 경제 시대는 시장 면허를 허용한 데서부터 시작한다. 땅을 가진 지주들은 자신의 땅에 시장을 여는 것이 자신들에게 유리하다는 사실을 발견했다. 상인들로부터 세금을 징수할 수 있었기 때문이다. 그리하여 장인들에게도 시장을 활용할 기회가 생겼다. 그 전까지 장인들은 영주의 필요에 따라 의무적으로 기여를 하고 있었을 뿐이었다.

그 다음 단계는 도시의 발달이었다. 도시는 황제가 군주나 영주에게 하사한 땅 위에 건설되었으며, 땅을 받은 군주나 영주는 장원법에 의해 자신에게 얽매인 장인들을 지대의 원천으로 고용하는 데 그 땅을 이용했다. 이런 까닭에, 장원법 이론은 군주나 영주가 군사적 성격을 띤 자신의 정치적 계획을 고려하거나 자기 가구의 목적을 위해서 장인들에게 길드 조직을 강요했다고 주장한다. 따라서 길드들은 원래 도시 영주의 공식적인 조직이라는 것이다.

이제 세 번째 단계, 즉 길드 연합의 시대가 시작한다. 이 장원법 조직 안에서 연결되어 있는 장인들이 서로 결합했으며, 그들은 시장을 위한 생산을 통해서 돈을 손에 쥐게 된 뒤에 경제적으로 독립하게 되었다. 그 다음에 시장을 확보하고 자율을 얻으려는 투쟁이 시작되었으며, 이 투쟁에서 길드들이 점진적으로 성공을 거두었으며, 화폐 경제가 도입된 결과, 영주가 마침내 토지의 소유권을 빼앗기게 되었다.

전반적으로, 이 이론은 지지를 받을 수 없다. 이 이론은 도시의 영주, 즉 사법권을 쥔 영주가 토지를 가진 영주와 기능적으로 달랐다는 사실을 충분히 고려하지 않았다. 또 도시의 창설은 도시에 대한 사법적 권리가 도시의 특권이 허용된 사람들에게로 어떻게든 넘어가게 되어 있다는 사실도 충분히 고려하지 않았다. 사법권을 가진 영주는 공적인 법관으로서의 자신의 권력을 통해서 자신의 사법권 안에 있는 사람들에게, 토지를 가진 영주가 자신에게 종속된 사람들에게 부과하는 것과 같은 부담을 부과할 수 있는 위치에 있다. 그런데 사법권을 가진 영주는 정말로 어떤 한계를 안고 있다. 그가 정착자들의 부담을 최대한 가볍게 함으로써 그들을 끌어들이려 노력해야 한다는 점에서 그렇다. 사법적 권력의 결과로, 우리는 그런 권력을 쥔 영주가 종종 자신에게 딸린 사람들에게 강제 부역을 요구하는 권리를 누리는 것을 발견한다. 그 부역은 앞에서 소작농에게 개인적 복종을 요구했던 영주를 논하면서 보았던 것과 다르지 않다. 따라서 영주가 상속에서 챙기는 몫과 상속 상납물은 반드시 개인적 예속을 암시하지 않는다. 도시의 영주들도 예속이나 토지 관련 부역으로부터 자유로운 사람들로부터 그런 사례를 받았다. 따라서 그런 부담을 진 장인들은 자신들의 발달의 기원을 찾아 사법권을 쥔 영주들의 개별적인 지위까지 반드시 거슬러 올라갈 필요가 없다.

이보다 훨씬 더 설득력이 떨어지는 것은 길드가 대체로 장원법에서 발달해 나왔다는 가설이다. 사실은 같은 도시 안에서 별도의 장원들도 발견되고, 훗날 길드로 발달한 어떤 배타적인 통일체도 보인다. 그럼에도 그 장원들 중 어느 한 장원의 관습법이 이런 통일체의 토대가 되었다고 단정하는 것은 있을 수 없는 일이다. 종종 영토를 가진 영주들은 '아르티피키아'(전문가)에 속한 자신들의 장인들이 길드에 합류하는 것을 막으려고까지 들었다.

길드가 등장하기 전에 있었던 단체들, 예를 들면, '프라테르니타테스'(fraternitates)[54] 같은 것이 길드로 발달했다는 것을 보여주는 것은 불가능하다. '프라테르니타테스'는 종교적인 결사였지만, 길드의 기원은 세속적이었다. 종교적인 단체가 훗날 세속적인 성격의 단체의 기원이 된 예들이 무수히 많은 것은 사실이지만, 길드들은 원래가 비종교적이었고 중세 후반부에 들어서야, 특히 그리스도의 '성체 성혈 대축일'(Corpus-Christi Day)[55] 행사가 등장한 이후에야 종교적 기능을 주장하게 되었다는 점을 역사적으로 보여줄 수 있다. 마지막으로, 장원법 이론은 대체로 영토를 가진 영주들을 과대하게 평가하고 있다. 이 영주들의 권력이 사법적 권리와 결합하지 않는 곳에서, 그 권력은 비교적 약했다.

영토에 대한 지배권이 산업 발달과 길드의 기원에 실질적으로 기여한 바는 장원법 이론이 짐작하는 분야가 아닌 다른 분야에 있다. 시장(市場) 면허와의 연결 속에서, 또 숙련된 장인들이 가구와 씨족으로부터 떨어져 지냈던 고대의 전통과의 연결 속에서, 영토 지배권은 숙련된 장인들이 가구와 씨족 집단 밖에서 형성되는 데 기여했다. 따라서 영토 지배권은 중국과 인도에서 일어난 것처럼 가족 산업과 씨족 산업, 부족 산업 쪽으로 발달하는 현상이 서양에 나타나지 않도록 막은 요소 중 하나였다.

---

54 형제애라는 뜻이다.

55 예수 그리스도의 몸(성체)과 피(성혈)로 이뤄진 성찬에서 그리스도가 진정으로 그 자리에 있는 것과 성변화를 기념하는 대축일이다. 13세기에 시작되었다.

그 같은 결과는 고대 문화가 해안으로부터 내륙으로 이동했다는 사실을 통해서 성취되었다. 내륙에 생긴 도시들은 지역적으로 전문화를 이루며 현지 시장을 위해 생산하는 장인 집단의 본거지가 되었으며, 이로써 민족 집단들 사이의 교환이 시장 거래로 대체되었다. 오이코스 경제는 숙련된 장인들을 발달시켰고, 이 장인들이 시장을 위해 생산하기 시작했다는 사실 때문에, 인두세의 대상이 되었던 노동자들이 도시로 물밀 듯 들어가서 시장을 위한 생산을 하나의 유형으로 발달시켰다. 길드들은 이 경향을 촉진시켰으며, 이 경향이 주류가 되도록 도왔다. 길드들이 승리를 거두지 못하거나 전혀 생겨나지 않은 곳에서는, 러시아에서처럼 하우스 산업과 부족 산업이 지속되었다.

서양에서 자유로운 신분의 장인이 먼저 생겼느냐 아니면 자유롭지 못한 신분의 장인이 먼저 생겼느냐 하는 질문은 일반적인 언어로 대답하기 어려운 질문이다. 기록에는 자유가 없는 장인이 자유가 있는 장인보다 앞서 언급되고 있는 것이 확실하다. 게다가, 처음에는 겨우 몇 가지 부류의 장인들만 존재했다. '살리카 법전'(Lex Salica)[56]에는 '파베르'(faber)만 등장한다. 이 사람은 대장장이이거나 나무를 다듬는 사람이거나 다른 종류의 예술가일 수 있다. 남부 유럽에서는 자유로운 신분의 장인들이 일찍이 6세기에, 북부에서는 8세기에 언급되었다. 카롤링거 시대부터는 자유로운 신분의 장인이 더 흔해진다.

56 프랑크족의 한 부족으로 여겨지는 살리카족의 법전.

그러나 반대로, 길드들은 처음에 도시에서 등장한다. 길드들의 기원을 정확히 설명하려면, 중세 도시의 인구가 여러 계층의 사람들로 뒤섞여 있었고 또 도시의 특권이 자유로운 신분의 계층만 누리는 것이 아니었다는 사실을 기억해야 한다. 도시 거주자들의 과반수가 자유롭지 못한 신분이었다. 한편, 도시 영주에게 의무적으로 한 봉사는 영토를 가진 영주나 개인적으로 종속되었던 영주에게 했던 것과 비슷함에도 불구하고 예속성을 증명하지 않는다. 어쨌든, 도시 장인들 중 상당한 비중이, 아마 과반을 넘는 정도가 자유롭지 않은 계층 출신인 것은 확실하다. 또 시장을 위해 제품을 생산한 장인들에게만 '메르카토르'(mercator)[57]의 신분이 허용된 것은 확실하다. 장인들의 집단이 처음에 후견 관계를 맺었던 것도 분명하고, 마지막으로 장인이 자유롭지 못한 신분으로 남아 있는 한에는, 물론 남작 법원의 동의가 요구되는 문제에 국한되긴 했지만, 그래도 영주의 사법적 권력에 종속해야 했던 것도 확실하다. 따라서 장인은 장원 안에서 토지를 보유하고 있는 한 봉건적인 토지 관련 부역을 해야 했다. 시장(市場)의 일들은 남작 법원에 해당되지 않고 시장(市長)의 사법권이나 도시 법원에 해당되었다. 장인은 다시 도시 법원에 종속되었는데, 그 이유는 그가 자유롭거나 자유롭지 못해서가 아니라 상인으로서 도시의 일 중 일정 몫을 부담해야 했기 때문이다.

이탈리아에서 길드들은 로마 시대 말기부터 지속적으로 존재했

57 상인이란 뜻.

던 것 같다. 이와 대조적으로, 북부, 그러니까 법들이 사법적인 영주의 허가에 의존하지 않던 북부에서는 길드를 조직하려는 생각이 전혀 없었던 것 같다. 이는 사법적 영주만이 길드 생활을 유지하는 데 필요한 강제성을 행사할 수 있었기 때문이다. 틀림없이, 다양한 종류의 사적인 단체들이 길드보다 앞서 존재했으며, 사실 우리는 기원의 문제에 대해서는 그 이상으로 더 알지 못한다.

원래, 도시의 영주들은 길드에 불리하게 작용하는 어떤 권리들을 누렸다. 특히, 도시의 영주들은 도시를 위해서 길드들로부터 세금으로 군사적, 경제적 성격의 어떤 봉사를 요구했다. 따라서 영주들은 길드의 대표를 지명해야 한다는 입장을 고수했으며, 영주들은 생존 정책과 경찰 및 군사적 고려를 근거로 길드들의 경제적인 문제에 종종 깊이 관여했다.

도시 영주들의 이런 모든 특권들은 훗날 혁명이나 구매를 통해 길드들에게로 넘어갔다. 대체로 길드들은 처음부터 투쟁을 벌였다. 길드들은 처음에 자신의 지도자들을 직접 선택하고 자신의 법들을 스스로 만들 권리를 요구했다. 그런 식으로 접근하지 않았더라면, 길드들은 자신들의 독점 정책을 실행할 수 있는 위치에 서지 못했을 것이다.

장인들이 길드에 의무적으로 가입하도록 하는 문제와 관련해서, 길드들은 대체로 별다른 어려움을 느끼지 않았다. 이유는 의무 가입이 도시의 영주 본인에게도 유리하게 작용했기 때문이다. 길드들은 또 자신들에게 부과된 부담, 즉 강제 노역, 도시 영주 또는 도시 의회에 대한 지급, 개인적인 면역 지대나 토지와 연결된 면역 지대, 일반세, 지대 등으로부터도 자유로워지려고 노력했다. 종종 그 투쟁은 길드가 부담을 일정한 화폐 지급으로 바꿔놓는 것으로 끝났으며, 길드는 이 의무를 집단으로 떠안았다.

일찍이 1099년에, 마인츠의 직공(織工)들이 봉건적 부담으로부터의 자유를 달라면서 투쟁을 벌였으며, 거기서 직공들에게 유리한 결론이 나왔다. 마지막으로, 길드들은 후견 제도에도 맞서 싸웠다. 특히 후원자가 법정에서 후견인의 역할을 맡는 것에 대해 반대했다. 길드들은 또 일반적으로 상류층 가족들과 정치적으로 평등한 지위를 요구했다.

길드가 이런 투쟁들에서 승리를 거둔 뒤, 길드들의 구체적인 생존 정책들이 길드의 독점을 확립하는 방향으로 시작되었다. 길드들의 그런 경향에 가장 먼저 반대한 것은 소비자들이었다. 소비자들은 오늘날뿐만 아니라 언제나 그랬던 것처럼 조직화되지 않았으나, 도시나 군주가 소비자들의 옹호자가 될 수 있었다. 도시와 군주는 길드의 독점에 강력히 저항했다. 도시는 소비자들에게 보다 나은 제품을 공급하기 위해서 종종 길드의 결정에 좌우되지 않는 자유로운 장인들을 지명할 권리를 가졌다. 더 나아가, 도시들은 자체적으로 도살장과 육류 시장, 제분소, 빵 굽는 기계 등을 설립함으로써 식품 산업에 대한 통제권을 확보했으며, 종종 장인들에게도 이런 시설들을 의무적으로 사용하도록 했다.

길드들이 초기에 고정 자본 없이 활동했기 때문에, 이 같은 규제는 그 만큼 더 쉽게 실행될 수 있었다. 더욱이, 도시는 가격을 책정하는 방법을 통해서 길드에 권력을 행사하려 들었다. 그러니까 길드들의 최저 임금과 가격에 맞서, 최고 임금 또는 최고 가격을 정했던 것이다.

게다가, 길드는 힘들게 맞서 싸워야 할 경쟁자들이 있었다. 이 범주에 드는 경쟁자로, 사유지의 공예 근로자들, 특히 시골과 도시의 수도원에 소속된 공예 근로자들이 있었다. 군사적 고려 때문에 행동에 제약을 받았던 세속적인 군주들과 반대로, 수도원들은 합리적인 경제적 절차 덕분에 대단히 다양한 산업적 시설들을 설립하고 상당한 부를 축적할 수 있는 위치에 있었다. 수도원들은 시장에도 물건을 공급했기 때문에 길드들과 치열하게 경쟁을 벌였다.

종교 개혁의 시대에, 중산 계급 시민들이 루터의 편에 서도록 만든 원인들 중 하나가 수도원의 산업적 활동의 경쟁력이었다. 게다가, 수도원의 경쟁은 농촌 지역의 장인들 모두에게, 말하자면 자유로운 신분이든 자유롭지 않은 신분이든, 또 정착한 노동자든 떠돌이 노동자든 불문하고 모두에게 불리하게 작용했다. 이 경쟁에서, 상인들은 보통 길드에 맞서고 있던 농촌 장인들의 편에 섰다. 그럼에도 불구하고, 결과는 하우스 산업과 씨족 산업이 광범위하게 파괴되는 것으로 나타났다.

길드들의 세 번째 투쟁은 아직 장인이 되지 않은 노동자들을 상대로 한 것이었다. 길드가 어떤 형식으로든 회원 수를 제한하거나 길드 자체를 폐쇄하거나 가입 자체를 어렵게 만들자마자, 그런 갈등이 불거졌다. 이 대목에서, 직인(職人)이 장인의 책임 하에서가 아니라 자신의 책임 하에서 일하는 것을 금지시킨 조항과 자신의 거주지에서 작업하는 것을 금지시킨 조항, 마지막으로 직인이 진짜 장인이 되기 전에 결혼을 하지 못하게 한 조항에 대한 언급이 있어야 한다. 두 번째 금지 조항은 직인들을 통제하기가 어렵다는 이유 때문이었으며, 세 번째 금지 조항은 실행될 수 없었으며 결혼한 직인 계급이 원칙이 되었다.

길드들은 상인들과, 특히 도시 시장의 요구를 충족시키며 어디든 가리지 않고 가장 싼 가격을 제시하는 곳에서 산물을 사들이는 소매상들과 싸웠다. 소매업은 먼 지역과의 교역에 비하면 거의 위험이 따르지 않았으며, 보다 안전하게 수익을 챙길 수 있었다. 재봉사가 대표적인 계층을 형성하고 있는 소매상들은 농촌 장인들에겐 친구 같은 존재였으나 도시 장인들에겐 적이었다. 소매상들과 길드들 사이의 갈등은 중세까지 아주 치열하게 전개되었다.

상인들을 상대로 한 투쟁과 나란히, 개별 길드들 안에서, 그리고 다양한 길드들 사이에 전쟁이 벌어졌다. 이 같은 갈등은 같은 길드 안에 자본을 소유한 노동자들과 자본을 소유하지 못한 노동자들이 있는 경우에 먼저 나타났다. 이 갈등은 무산자들이 부유한 회원들을 위해서 집에서 일하는 노동자가 될 기회를 제공했다. 같은 생산 공정 안에서 부유한 길드들과 자본을 거의 갖지 못한 다른 길드들 사이에도 이와 비슷한 상황이 전개되었다. 이 갈등은 독일과 플랑드르, 이탈리아에서 잔인한 길드 혁신으로 이어졌다. 반면에 프랑스에서는 길드의 폭발적 증가가 일어났고 영국에서는 혁명적인 폭력 행위 없이 자본주의적인 가내 공업 제도로 전환이 사실상 마무리되었다.

생산 공정이 산물을 바탕으로 나눠지지 않고 횡적으로 기능별로 나눠진 상황에서, 그런 갈등은 피하기 어렵다. 그런 갈등은 직공(織工)과 행상인, 염색업자, 재단사 등이 서로 나란히 존재했던 섬유 산업에 특별히 더 심했으며, 따라서 단일 생산 공정에 속하는 다양한 단계들 중에서 어느 단계가 시장을 통제할 것인가 하는 문제가 제기되었다. 시장을 통제하는 단계 외의 다른 단계들은 큰 이익을 챙길 기회를 포기하고, 그렇게 함으로써 시장을 지배하는 단계의 구성원들을 위해서 가내 노동자가 되었을 것이다.

행상인들이 종종 승자가 되었다. 행상인들은 섬유 산업의 다른 분야들로 하여금 자신들이 원료를 구입하고, 제품 생산을 위해 재료를 준비하고, 최종 산물을 파는 것을 허용하도록 했다. 다른 예들의 경우에는 직공(織工)들이, 런던에선 재단사들이 생산 공정의 이전 단계들을 자체적으로 노동자들을 고용해 처리했다. 그 결과, 영국에서 길드의 부유한 장인들이 공예 일과 더 이상 아무런 관계가 없게 되었다.

갈등은 종종 타협으로 끝났으며, 그러다가 훗날 다시 갈등이 전개되며 생산 단계들 중 어느 하나가 시장을 지배하게 되었다. 졸링겐에서 일어난 사건들의 경로가 전형적이다. 대장장이들과 칼의 광을 내는 사람들, 윤내는 사람들은 오랜 동안의 갈등 끝에 1487년에 협정을 맺었으며, 이 합의에 따라서 3가지 길드들은 각자 시장에 대한 자유로운 접근을 누리게 되었다. 그러나 최종적으로 윤내는 사람들의 길드가 통제권을 확보했다.

그런 갈등의 결과는 대부분 생산의 마지막 단계가 시장을 확보하는 것으로 끝났다. 왜냐하면 바로 그 지점에서 수요에 대한 지식을 얻기가 가장 쉬웠기 때문이다. 최종적인 산물이 특별히 호의적인 시장 상황을 누리는 경우에 대부분 그런 식으로 일이 전개되었다. 한 예로, 전시에 마구(馬具) 판매인들은 무두장이들을 쉽게 지배할 수 있는 기회를 누렸다. 또는 가장 많은 자본을 소유한 단계가 승리를 거둘 수 있었다. 말하자면, 가장 비싼 생산 장비를 이용하는 사람들이 나머지 다른 분야를 종속시킬 수 있었다는 뜻이다.

11장

길드의 해체와 가내 공업 제도의 발달

중세가 막을 내린 뒤에 벌어진 길드의 해체는 몇 가지 경로를 따라 일어났다.

1) 길드 안에서 일부 장인들이 상인이자 가내 노동자들을 거느린 자본가-고용주, 즉 "중매인"(仲買人)의 위치에 올라갔다. 상당한 액수의 자본을 가진 장인들은 원료를 구입해서 일을 동료 길드 회원들에게 넘겨 처리하게 한 다음에 최종 산물을 팔았다. 길드 조직은 이런 경향을 물리치려고 몸부림을 쳤지만, 그럼에도 불구하고 그것이 영국, 특히 런던에서 길드들이 발달해 가는 전형적인 과정이 되었다.

길드 민주주의들이 그런 식으로 길드의 틀에서 벗어나려는 사람들의 노력에 맞서 절망적으로 저항했음에도 불구하고, 길드들은

"동업자 조합", 즉 시장을 위해 생산하는 상인들만이 회원이 될 수 있는 그런 조합으로 변해갔다. 반면에, 임금 노동자들의 수준으로 전락해 버린 회원들과 타인들을 위해 자기 집에서 일하는 회원들은 길드에서 표결권을 잃었고, 따라서 길드를 통제할 권리를 잃게 되었다.

이 같은 혁명은 처음에 기술 발전을 가능하게 했지만, 길드 민주주의의 지배는 곧 길드의 침체를 의미했을 것이다. 독일에서는 이런 식의 발달 과정이 보이지 않는다. 거기서는 어느 장인이 고용주 또는 중매인이 되면 길드 자체를 바꿨다. 보다 상류층에 속하는 수입상과 수출상의 길드인, 상점 주인이나 상인-재단사들의 길드에 가입했던 것이다.

2) 어느 한 길드가 다른 길드에 피해를 입히며 생겨날 수 있었다. 많은 길드들 안에서 상업 활동을 하는 장인들이 확인되듯이, 일부 길드들은 완전히 상업 길드로 바뀌면서 다른 길드들의 회원을 노동자로 고용하기에 이르렀다. 이 같은 변화는 생산 과정이 공정별로 나눠진 곳에서 가능했다.

영국의 경우에 대표적인 예는 옷감까지 갖춘 재단사들이며, 다른 곳에서도 그런 예가 발견된다. 특히 14세기는 길드들 사이의 투쟁으로 점철되었다. 이때 두 개의 과정이 종종 동시에 일어났다. 개별 길드 안에서 일부 장인들이 상인의 위치에 오르고, 또 많은 길드들이 상인들의 조직이 되었던 것이다. 일이 이런 식으로 전개될 것이라는 점을 보여준 징후는 대체로 길드들의 통합인데, 이 같은 통합은 영국과 프랑스에서는 일어났지만 독일에서는 일어나지 않았다.

이런 현상과 반대되는 것은 길드들의 분열과 상인들의 통합이었으며, 15세기와 16세기에 특별히 흔했다. 행상인들과 직공(織工)들, 염색공들의 길드 안에서 상인들이 어떤 조직을 형성하고 전체 산업을 공동으로 규제했다. 다양한 성격의 생산 공정이 소규모 공방 산업 차원에서 통합되었다.

3) 원료가 매우 비싸고, 원료 수입이 꽤 많은 자본을 요구하는 곳에서, 길드들은 수입업자들에게 의존하게 되었다. 이탈리아에서, 예를 들면 페루자의 비단 업종에서 일이 그런 식으로 전개되었다. 북쪽 지역에서 호박(琥珀) 분야에도 그와 비슷한 일이 벌어졌다.

새로운 원료도 자극제가 될 수 있었다. 면화가 그런 식으로 작용했다. 면화가 일반적으로 선호되는 물품이 되자마자, 길드들마다 선대제가 일어나거나, 독일의 경우처럼 길드들 자체가 변화했다. 독일에서 푸거(Fugger)가가 그런 식의 발달에 두드러진 역할을 맡았다.

4) 길드들이 수출업자들에게 의존하게 되었을 수 있다. 오직 산업 초기 단계에서만, 가구 또는 부족이 산물을 직접 팔러 다닐 수 있었을 뿐이다. 한편, 어떤 산업이 전부 또는 대부분 수출에 바탕을 두게 되자마자, 중매인(仲買人)-기업가가 불가피했다. 따라서 개별 장인들은 수출의 요구 사항 앞에서 실망하지 않을 수 없었다. 그러나 상인은 필요한 자본뿐만 아니라 시장 활동에 필요한 지식까지 갖추고 있었으며 그 지식을 무역 비밀로 다뤘다.

섬유 산업은 가내 공업 제도의 주요 무대가 되었다. 섬유 산업의 시작은 중세 초기까지 거슬러 올라간다. 11세기 이후로 줄곧 모직물과 리넨 사이에 경쟁이 벌어졌고, 17세기와 18세기에는 모직물과 면직물 사이에 경쟁이 있었는데, 이 경쟁에서 리넨과 면직물이 승리를 거두었다. 샤를마뉴는 리넨밖에 입지 않았으나, 훗날 비(非)군사화 현상이 점점 강해지면서 모직물에 대한 수요가 증가하고 동시에 숲의 개간으로 인해 모피가 갈수록 귀해지고 모피 산업이 사라지게 되었다.

중세 시장의 주요 품목은 양모 제품이었다. 양모 제품은 프랑스와 영국, 이탈리아 등 어디서나 주도적인 역할을 했다. 양모는 언제나 농촌에서 부분적으로 다듬어졌지만 중세 도시의 위대함과 경제적 번영의 토대가 되었다. 양모 노동자들의 길드들이 피렌체의 혁명 운동의 선두에 서서 행진을 벌였다. 여기서 다시 우리는 선대제의 초기 잔재를 발견한다. 일찍이 13세기에, 독립적인 양모 중매인(仲買人)들이 파리에서 샹파뉴 박람회들의 시장에서 일했다. 일반적으로 그런 시스템은 플랑드르에서 가장 먼저 발견되며, 이어 영국에서 발견된다. 영국 덕분에 플랑드르의 양모 산업은 양모의 대량 생산을 이루게 되었다.

사실 양모는 원모(原毛)와 반제품, 완제품 형태로 영국 산업의 역사의 흐름을 결정했다. 일찍이 13세기와 14세기에 영국은 양모와 양모 반제품을 수출했다. 염색업자들의 독창성과 완성된 옷에 대한 관심 덕분에, 영국의 양모 산업은 마침내 완제품 수출이 주를 이루게 되었다. 이 같은 발달의 특이한 결과는 그것이 농촌의 직공(織工)들과 도시 상인들을 통해서 가내 공업의 출현을 불렀다는 점이다.

영국 길드들은 주로 무역 길드가 되었고, 중세 마지막 시기에 농촌의 장인들을 그 조직에 참여시켰다. 이 시기에 의류 제조업자들과 염색업자들은 도시에 정착하고, 직공들은 농촌에 정착했다. 도시의 무역 길드들 안에서 마침내 한편에 염색업자들과 의류 제조업자들이 서고, 다른 한편에 수출업자들이 선 가운데 둘 사이에 갈등이 터져 나왔다. 수출 자본과 상인-고용주의 자본이 분리되었으며, 두 가지 자본은 엘리자베스(Elizabeth) 통치 시기와 17세기에 양모 산업 안에서 이익을 둘러싸고 충돌을 격하게 일으켰다. 다른 한편에선 고용주 자본이 공예 길드들과도 싸워야 했다. 이 갈등이 산업 자본과 무역 자본의 첫 번째 싸움이었다. 영국의 모든 큰 산업들의 특징이 된 이런 상황은 영국 길드들이 생산에 영향을 미칠 수 있는 위치에서 완전히 배제되도록 만들었다.

이후로 사건들이 영국과 프랑스에서 전개된 경로는 독일의 경로와 달랐다. 이는 자본과 공예 길드들 사이의 관계에 차이가 있었기 때문이다. 영국에서, 그리고 특히 프랑스에서 가내 공업 제도로 옮겨간 것은 보편적인 현상이었다. 가내 공업 제도로 옮겨가는 데에 대한 저항은 위쪽의 개입을 부르지 않고 저절로 중단되었다. 그 결과, 14세기 후에 영국에서 소규모 장인 계층이 노동 계층을 대신했다. 독일에서는 이와 정반대의 일이 일어났다.

영국에서, 방금 설명한 발달은 길드 정신의 용해를 의미했다. 다양한 길드들의 합병과 융합이 발견되는 곳에서, 주도권은 길드의 제한에 영향을 받지 않는 무역 계층에서 나왔다. 그들은 길드들 안에서 서로 단합하면서 자본이 없는 장인들을 배제했다. 그리하여 길드들은 형식적으로 오랫동안 유지될 수 있었으며, 부유한 고위 인사들의 조직화에 불과했던, 런던 시의 참정권은 일종의 길드의 유물이다.

독일에서, 그 발달은 거꾸로 전개된다. 독일에선 길드들이 생존 정책의 영역이 좁아진 결과 더욱 폐쇄적인 집단이 되었으며, 정치적 고려도 그런 전개에 일정 역할을 했다. 영국에는 독일 경제의 역사 전체를 지배했던 도시들의 자기중심주의가 없었다. 독일 도시들은 어느 군주의 영토 국가 안에 포함된 뒤에도 가능한 한 독립적인 길드 정책을 추구했다.

이와 대조적으로, 영국과 프랑스에서는 도시들의 독립적인 경제 정책이 일찍 종지부를 찍었다. 이유는 도시들의 자치권이 차단되었기 때문이다. 그래도 영국의 도시들은 발전을 이룰 길이 열려 있다는 사실을 발견했다. 도시들이 의회에서 대표권을 가질 수 있었기 때문이다.

14세기와 15세기에는, 그 이후의 시대와 대조적으로, 의회 대표들의 압도적인 다수가 도시에서 나왔다. 영국이 프랑스와 백년 전쟁을 벌이는 동안에, 의회가 영국의 정책을 결정했으며, 의회에 모인 이해관계들은 합리적이고 통일된 산업 정책을 추구했다. 16세기에 동일 임금이 확립되었으며, 임금을 조정하는 문제는 치안 판사의 손에서 벗어나 중앙 당국으로 넘겨졌다. 그것이 길드에 가입하는 것을 용이하게 만들었다. 그것은 또 길드들을 지배하며 의회에 대표자들을 보냈던 자본주의적인 무역 계급이 상황을 장악하고 있다는 사실을 보여주는 표시였다.

한편, 독일에서는 영토를 가진 공국들로 통합된 도시들이 길드의 정책을 통제했다. 군주들이 평화와 질서를 위해 길드들을 규제한 것은 사실이지만, 대체로 그들의 규제 조치는 보수적이었으며 길드들의 옛날 정책에 맞게 행해졌다. 따라서 길드들은 16세기와 17세기의 결정적인 시기에도 계속 존재할 수 있었다. 이어서 길드들은 스스로 조직을 마감할 수 있었으며, 자본주의라는, 속박을 모르는 힘들의 물줄기는 프랑스를 흐를 때엔 다소 약했지만 영국과 네덜란드는 완전히 관통했다. 그때 독일은 뒤쪽에 그대로 남아 있었다. 중세가 마감하고 현대가 시작될 때, 독일은 자본주의 초기 운동에서 리더의 위치와는 거리가 멀었다. 몇 세기 전에, 봉건주의가 발달할 때에도 독일은 마찬가지로 주도적인 위치와 거리가 멀었다.

또 다른 특징적인 차이는 사회적 긴장의 차이이다. 독일에서 중세가 끝난 이후부터 줄곧 직인(職人)들 사이에 노동조합과 파업, 혁명이 확인된다. 영국과 프랑스에서는 그런 것들이 훨씬 드물었다. 이유는 영국과 프랑스의 경우에 집에서 일하는 소규모 장인들의 독립이 그들을 유혹했으며, 그들은 중매인(仲買人)을 위해서 흔쾌히 일할 수 있었다. 독일에선 이와 반대로 이런 독립이 가능하지 않았다. 이유는 거기엔 가내 공업이 전혀 없었기 때문이다. 또 길드들의 폐쇄가 장인과 직인 사이에 적대적 관계를 형성시켰다.

서양에서 자본주의 전 단계인 가내 공업은 공예 조직으로부터 일률적으로 발달하지 않았다. 그런 식의 전개는 독일에서는 아주 드물었고, 영국에서 훨씬 더 잦았다. 오히려 가내 공업은 공예 작업과 꽤 나란히 존재했다. 이는 농촌 공예 노동자들이 도시 공예 노동자들을 대체한 결과였으며 또 새로운 재료, 특히 면화의 소개로 인해 새로운 산업 분야들이 생겨난 결과였다. 동업 조합들은 선대제에 최대한 오랫동안 맞서 싸웠다. 그 시간적 길이는 독일이 잉글랜드와 프랑스보다 더 길었다.

전형적으로, 가내 공업 제도가 성장한 단계는 다음과 같다.

1) 중매인(仲買人)이 공예 노동자들과의 관계에서 실제로 구매를 독점했다. 이 독점 관계는 일반적으로 빚을 통해 형성되었다. 중매인은 상인으로서 시장에 관한 정보를 바탕으로 노동자에게 산물을 자신에게만 내놓도록 강요했다. 따라서 구매 독점은 판매 독점과 연결되고 또 중매인이 시장을 장악하는 것과도 연결되었다. 중매인만이 산물을 최종적으로 어디다 내놓아야 하는지를 알고 있었기 때문이다.

2) 중매인이 원료를 노동자들에게 제공했다. 이런 일이 자주 나타나긴 하지만, 중매인이 처음부터 구매를 독점했기 때문에 나타난 현상은 아니다. 이 단계는 유럽에서는 흔히 보이지만 그 외의 다른 곳에서는 거의 보이지 않는다.

3) 생산 공정을 통제하는 단계가 나온다. 중매인은 생산 공정에 관심이 많았다. 왜냐하면 생산물의 품질이 통일성을 유지하는 데 대해 책임을 져야 했기 때문이다. 따라서 원료를 노동자들에게 분배할 때엔 종종 반제품을 견본으로 함께 주었다. 19세기에 베스트팔렌의 리넨 직공(織工)들이 미리 정해진 숫자의 날실과 씨실로 베를 짰던 것처럼 말이다.

4) 중매인이 작업 도구를 공급하는 예도 드물지 않았으나 아주 흔하지는 않았다. 중매인이 작업 도구를 제공하는 관행은 16세기 이후에 영국에서 보편적으로 행해졌지만, 유럽 대륙에는 훨씬 늦게 전파되었다. 대체로 그런 관계는 섬유 산업에 국한되었다. 섬유 산업에서는 의류상들이 베틀을 대량으로 주문하는 예들이 있었다. 의류상들은 임대료를 받고 이 베틀을 직공(織工)들에게 넘겼다. 따라서 노동자는 생산 수단으로부터 완전히 차단되었으며, 동시에 기업가는 산물을 처분하는 것까지 독점하려 들었다.

5) 간혹 중매인이 생산 공정 중 몇 개의 단계를 결합시키는 조치를 취했다. 이런 노력도 매우 흔하지는 않았으며 대부분 섬유 산업에서 일어났다. 중매인은 원료를 구입해서 개별 노동자에게 나눠주었으며, 이 원료는 제품이 완성될 때까지 노동자의 수중에 있었다. 이 단계에 이르렀을 때, 공예 노동자는 다시 위로 주인을 둔 것이나 마찬가지의 처지가 되었다. 사유지에서 일하는 장인들과 다르지 않았던 것이다. 다른 점은 공예 노동자가 사유지에 소속된 장인들과 달리 화폐로 임금을 받고, 시장을 위해 생산하는 기업가가

귀족의 가구를 대신하고 있다는 것뿐이었다.

선대제가 그렇게 오랫동안 유지될 수 있었던 것은 고정 자본이 그다지 중요하지 않았기 때문이다. 베를 짜는 분야에서, 고정 자본은 베틀뿐이라고 해도 과언이 아니다. 실을 잣는 분야에서는 방적기가 발명되기 전까지 고정 자본은 직조 분야보다 중요성이 더 떨어졌다. 자본은 독립적인 노동자의 수중에 남아 있었으며, 자본을 이루는 부분들이 현대적 공장에서처럼 집중되지 않고 분산되어 있었으며, 따라서 특별한 중요성을 지니지 못했다. 가내 공업 제도가 전 세계에 걸쳐 널리 확산되었음에도, 이 마지막 단계, 즉 중매인이 생산 도구를 제공하고 다양한 생산 단계에서 생산 방향에 대해 세세하게 제시하는 단계까지 이른 예는 서양 세계의 밖에서는 아주 드물었다.

우리가 알고 있는 한, 그런 제도가 고대로부터 내려왔다는 점을 뒷받침하는 흔적은 발견되지 않지만, 중국과 인도에서는 그런 관행이 있었다. 그런 관행이 지배했던 곳에서는, 장인들이 형식적으로나마 존재했을 것이다. 직인(職人)과 도제들의 길드도 원래의 의미를 잃었을지라도 남아 있었을 것이다. 그런 길드는 가내 수공업자들의 길드, 그러니까 현대적인 노동 조직이 아니라 기껏해야 그런 것의 전조가 될 그런 길드가 되었거나, 길드 안에서 임금 노동자들과 장인들 사이의 구분이 있었을 것이다.

자유가 없는 노동력을 자본주의 식으로 통제하는 형식에서, 우리는 가내 공업이 장원 산업과 수도원 산업, 신전 산업으로 전 세계적으로 퍼져나가는 것을 발견한다. 하나의 자유로운 제도로서, 가내 공업은 농민들의 산업 노동과 연결되어 있으며, 경작자는 점진적으로 시장을 위해 생산하는 가내 노동자가 되었다. 러시아에서 특히 산업 발달은 이런 경로를 밟았다. "쿠스타르"는 원래 농촌 가정의 산물 중 여분만을 시장에 갖고 가서 팔거나 제삼자를 통해 팔았다. 여기서 우리는 부족 산업 쪽으로 향하지 않고 가내 공업 제도로 변해가는 농촌 산업을 보고 있다. 이와 꽤 같은 것이 동쪽 지역과 아시아에서 발견되고 있다. 동쪽 지역에서 가내 공업 제도가 그곳의 시장 시스템에 의해 많이 변한 것은 사실이다. 거기선 장인의 작업장은 장인의 주거지와 분리되어 있으며, 상인에 대한 의존도를 최대한 줄이기 위해서 일반적으로 중앙 집중식인 시장과 밀접히 연결되어 있다. 상인을 경계하려는 의도가 아주 강하기 때문에, 그곳의 제도는 중세 길드 제도의 강화를 의미한다.

농촌 공예 노동자들뿐만 아니라 도시의 공예 노동자들까지 고용자(중매인 또는 "선대제 사업자")에 의존하는 현상이 보인다. 중국이 그런 예를 특히 뚜렷이 보여주고 있다. 씨족이 구성원들의 산물들을 팔고 씨족 산업과의 연결이 가내 공업의 발달을 저지했음에도 불구하고, 그런 중국에서도 그런 현상이 나타났던 것이다. 인도에서는 카스트 제도가 상인이 장인들을 완전히 종식시키는 것을 막았다. 최근까지도 인도의 상인은 다른 지역에서 확인되는 정도로까지 생산 수단을 확보하지 못했다. 이유는 생산 수단이 카스트 안에서 세습되었기 때문이다. 그럼에도 불구하고, 인도에서도 가내 공업 제도가 원시적인 형태로 발달했다. 유럽과 비교할 때 이런 나라들에서 가내 공업 제도가 늦게 발달한 가장 중요한 원인은 자유롭지 않은 노동자들이 존재했다는 사실과 전통을 고수하려는 정신에서 발견된다.

12장

공방 생산, 공장과 그 선구자들

가구와 산업의 분리를 암시하는 공방 생산은 가사 노동과 대조적으로 세월이 흐르면서 아주 다양한 형태로 나타난다. 그 형태들은 다음과 같다.

1) 별도의 작은 공방들이 있었다. 이런 공방은 언제 어디서나 발견된다. 특히 다수의 작업장들이 서로 작업을 용이하게 하기 위해 함께 모여 있는 바자(bazaar) 시스템은 바로 가구와 산업의 분리에 따른 것이다.

2) 에르가스테리온(작업 공방)이 있었다. 이것도 보편적인 현상이며, 중세에 그것을 부른 이름은 '파브리카'(fabrica)였다. 이것은 매우 모호한 단어인데, 아마 일단의 노동자들이 빌려서 공방으로 사용한 지하 작업실을 뜻하거나 노동자들이 의무적으로 이용해야

했던 설비를 갖춘, 임금 노동을 위한 장원의 시설을 뜻했을 것이다.

3) 자유롭지 못한 노동자들이 이용하는 대규모 공방 산업이 있었다. 이것은 경제사에서 자주 나타났으며, 고대 이집트 후기에 특별히 발달했던 것 같다. 이 공방 산업은 틀림없이 파라오의 거대한 사유지에서 비롯되었으며, 이 사유지로부터 임금 노동을 이용하는 별도의 공방들이 발달한 것 같다. 헬레니즘 후기에 상(上)이집트에 있었던 일부 면화 작업장들이 그런 종류의 시설로는 아마 최초였을 것이지만, 비잔틴 제국과 이슬람의 자료들이 확인될 때까지는 그 주장을 최종적으로 단정하기 어렵다. 아마 인도와 중국에도 그런 공방들이 존재했을 것이며, 러시아에도 그런 공방이 전형적으로 나타나고 있다. 그러나 러시아에서는 공방들이 서유럽의 공장을 모방한 결과 나타나게 되었다.

칼 마르크스를 포함한 초기의 학자들 사이에, 공장과 제조소를 구분하는 것이 유행이었다. 제조소는 어떠한 기계적 동력도 이용하지 않고 훈련된 자유노동을 활용하는 공방 산업으로 묘사되었다. 이 같은 구분은 지나치게 세분화하는 것이며 별다른 가치를 지니지 않는다. 공장은 자유노동과 고정 자본을 가진 공방 산업이다. 고정 자본의 구성은 별로 중요하지 않다. 그것은 매우 비싼 동력일 수도 있고 물레방아일 수도 있다. 결정적인 사실은 기업가가 고정 자본을 갖고 활동한다는 점이며, 이 맥락에서 자본 회계가 반드시 필요하다.

따라서 이런 의미에서 보면 공장은 생산 공정을 자본주의적으로 조직하는 것을 의미한다. 말하자면, 작업장 안에서 전문적이고 통합된 작업이 이뤄지는 어떤 조직이 공장이라는 뜻이다. 당연히 고정 자본이 있어야 하고 자본주의적인 회계를 이용하게 되어 있다.

이런 의미에서 말하는 공장이 등장하고 존재하는 데 필요한 경제적 전제 조건은 대량 수요이고 또 안정적인 수요이다. 즉 시장이라는 조직이 필요하다는 뜻이다. 불규칙적인 시장은 기업가에게 치명적이다. 왜냐하면 위급한 사태에 따르는 위험이 고스란히 기업가의 부담이 되기 때문이다.

예를 들어 보자. 만약 베틀이 기업가의 소유라면, 상황이 좋지 않은 경우에 직공을 해고하기 전에 그 기계를 고려해야 한다. 기업가가 의지하는 시장은 충분히 크고 비교적 안정적이어야 한다. 따라서 상당한 정도의 금전적 구매력이 필요하며, 화폐 경제의 발달도 그에 상응하는 단계에 이르러야 함에 틀림없다. 그래야만 안정적인 수요가 어느 정도 가능할 테니까.

추가적으로 필요한 것은 상대적으로 값싼 기술적인 생산 공정이다. 이런 공정이 필요하다는 점은 고정 자본이 필요하다는 사실 자체에 내포되어 있다. 고정 자본 때문에 기업가는 상황이 열악할 때에도 시설을 계속 가동하는 수밖에 없다. 만약 기업가가 고용한 노동만을 이용한다면, 예를 들어 베틀을 놀려야 하는 상황에 처하는 경우에 그 위험은 노동자에게로 전가될 것이다. 안정적인 시장을 발견하기 위해서, 기업가는 가내 공업의 전통적 기술이나 선대제(先貸制)를 채택할 때보다 더 싸게 생산해야 한다.

마지막으로, 공장의 발달은 자유로운 노동자들이 충분히 공급된다는 특별한 사회적 전제에 크게 좌우된다. 노예 노동을 바탕으로 해서는 공장의 발달이 불가능하다. 현대적 공장을 유지하는 데 필요한 자유로운 노동력은 서양에서만 충분했으며, 그래서 거기서만 공장 제도가 발달할 수 있었다. 훗날 공장 자본주의의 전형적인 땅이 된 영국에서 이런 노동은 농민들을 토지에서 추방한 조치로 인해 생겨났다.

영국은 고립된 지리적 위치 덕분에 대규모 군대에 의존하지 않고 소규모의 전문적인 정예군과 긴급 군대에 의존할 수 있었다. 따라서 영국에는 농민 보호 정책이 없었으며, 영국은 지주들이 농민을 내쫓은 대표적인 땅이 되었다. 그런 식으로 시장으로 내던져진 노동력이 처음에는 소규모의 가내 장인 시스템의 발달을, 나중에는 산업 또는 공장 제도의 발달을 가능하게 했다. 일찍이 16세기부터 실업자들이 존재했기 때문에 영국은 빈민 구제 문제를 해결해야 했다.

따라서 영국에선 공방 산업이 말하자면 저절로 생겨난 반면에, 유럽 대륙에서는 공방 산업이 국가에 의해 인위적으로 육성되어야 했다. 이 같은 사실은 공방의 시작에 관한 영국의 정보가 유럽 대륙에 비해 빈약한 이유를 부분적으로 설명해준다.

15세기가 막을 내렸을 때, 독일에서 산업 기회의 독점이 일어난 결과 민생 정책 분야가 크게 쪼그라들었으며, 따라서 빈곤 문제가 급박해졌다. 그 결과, 가난한 사람들에게 일자리를 제공하는 구제 기관으로서 최초의 공장들이 생겨나게 되었다. 그러므로 공방 산업은 그 시대의 인구를 부양하려는 경제적 제도로서의 기능을 하기 위해 등장하게 되었다고 할 수 있다. 길드가 주민들에게 생활비를 벌 기회를 더 이상 제공할 수 없게 되었을 때, 공방 산업으로 전환할 가능성이 생겨난 것이다.

이제 서양에 나타난 공장 제도의 선구자 역할을 했던 것들을 보도록 하자. 공예 길드들의 산업은 고정 자본 없이 행해졌으며, 따라서 많은 초기 비용이 필요하지 않았다. 그러나 중세에도 투자가 필요했던 생산 분야가 있었다. 산업들은 길드가 공동으로 제공하거나 도시가 제공하거나 영주가 봉건적으로 제공하는 자본을 통해 조직되었다. 중세 이전에, 그리고 유럽 밖에서, 산업들은 사유지 경제를 보조하는 입장이었다. 길드들 안에 조직되었던 공예 작업장과 나란히 존재했던 작업장 유형의 시설들에는 다음과 같은 것들이 있었다.

1) 다양한 종류의 방앗간이 있었다. 제분소들은 원래 영주들, 그러니까 땅을 가진 영주들이나 사법권을 쥔 영주들이 지었으며, 이 말은 물방앗간에 특별히 더 해당된다. 이는 물에 대한 권리를 가진 영주에게 물을 통제할 권리가 주어졌기 때문이다. 방앗간들은 전형적인 '의무적 이용'의 대상이었다. 법적으로 강제적으로 이용해야 하는 대상이었다는 뜻이다.

이런 조치가 없었더라면 방앗간들은 존재하지 못했을 수도 있다. 방앗간의 과반은 영토를 통치하는 자들의 소유였으며, 브란덴부르크의 후작들은 1337년에 노이마르크에 최소한 56개의 방앗간을 소유하고 있었다. 방앗간은 소규모였지만, 그럼에도 그것을 건설하는 것은 개인 제분업자의 재정적 능력을 넘어섰다.

부분적으로 방앗간은 도시들에 의해 사들여졌다. 정기적으로 군주나 도시가 방앗간들을 빌려주었으며, 이 임차권은 종종 세습되었다. 방앗간의 운영은 언제나 소매 형식이었다. 이 모든 내용은 제재소와 착유기(搾油機), 축융기 등에도 그대로 적용된다.

영토를 가진 영주나 도시가 방앗간을 도시의 가문들에게 빌려줘 방앗간 귀족계급이 생겨나게 하는 경우도 종종 있었다. 13세기 말경에, 13개의 방앗간을 갖고 있었던 쾰른의 귀족 가문들은 이익을 정해진 방식으로 분배하는 단체를 조직했다. 방앗간들이 활용을 위해 빌려주었다는 점에서, 말하자면 임대료의 원천으로 이용되었다는 점에서, 그 조직은 합자회사와 뚜렷이 구분되었다.

2) 빵을 굽는 화덕들이 있었다. 이 맥락에서, 봉건 영주들과 수도원, 도시나 군주에게 속하는 화덕들만이 기술적 개량을 꾀하는 데 충분할 만큼의 수익을 낳을 수 있었다. 원래 화덕들은 소유자들의 가족이 필요로 하는 것을 충족시키기 위해서 만들어졌으나, 훗날 돈을 내고 그것을 사용하는 것이 가능했으며, 따라서 의무적인 사용이 다시 생겨났다.

3) 양조장이 있었다. 양조장의 절대 다수는 원래 봉건 영주들에 의해 지어졌으며, 특별히 사유지 자체의 필요를 충족시키게 되어 있었음에도 의무적 사용의 대상이 되었다. 훗날 군주들은 양조장

을 세습적인 시설로 만들었으며, 일반적으로 군주들은 그런 시설들의 운영을 면허의 대상으로 삼았다. 맥주 판매가 대량으로 이뤄지고, 정해진 지역 안에서 너무 많은 양조장이 난립함에 따라 세금 수입에 문제가 따를 수 있는 상황이 벌어지자마자, 그런 조치가 취해졌다.

도시에는 가족을 위해 알코올 음료를 준비하는 것과 별도로 시가 운영하는 양조장이 생겨났다. 이것은 처음부터 세습적인 산업을 염두에 둔 것이었다. 그리하여 시장을 위한 생산을 바탕으로 하는 양조장이 생겨났다. 양조장을 의무적으로 이용하게 하는 것은 귀족들의 중요한 권리였다. 홉이 첨가되고 보다 강한 양조에 의해 "진한 맥주"가 만들어지고 맥주 생산에 기술적인 발전이 일어남에 따라, 양조 권리가 전문화되었고 귀족에 따라서 다른 유형의 술을 제조하게 되었다. 따라서 양조 권리는 가장 완벽한 기술적 방법을 개발한 개별 귀족 가문에만 속하게 되었다.

한편, 자유로운 양조의 권리도 있었다. 이 권리를 누렸던 모든 시민은 기존의 양조장에서 마음대로 술을 만들 권리를 누렸다. 따라서 우리는 양조 산업에서도 사업이 고정 자본을 전혀 갖지 않은 상태에서 공통적인 토대에서 이뤄지는 것을 발견한다.

4) 제철소가 있었다. 이 제철소들은 대포가 발명된 뒤에 대단히 중요하게 되었다. 이탈리아는 이 분야에서 서양의 다른 나라들보다 앞서 나갔다. 우선, 제철소들은 자치 도시의 시설이었다. 왜냐하면 도시들이 대포를 가장 먼저 이용했기 때문이다. 우리가 아는 바

와 같이, 피렌체가 그 행렬의 선두에 섰다. 제철소들로부터 영토 군주들의 군대들은 대포 사용하는 것을 넘겨받았으며, 국영 제철소들이 생겨났다. 그러나 자치 정부의 제철소도, 국가의 제철소도 자본주의적인 시설은 아니었으며 고정 자본 없이 단지 소유자의 군사적, 정치적 필요를 위해 직접적으로 생산했다.

5) 해머 제작소가 있었다. 해머 제작소들은 철을 다듬는 공정의 합리화로 인해 생겨났다. 그러나 그런 시설들 중에서 가장 중요한 것은 광산과 제련, 소금 생산 분야에 적용되었다.

지금까지 고려한 모든 산업들은 공동체적인 기반 위에서 작동했으며, 자본주의식으로 작동하지 않았다. 자본주의의 첫 단계에 해당하는, 사적 경제의 성격을 지닌 시설들은 16세기에 이따금 발견되고, 아마 15세기에도 발견되지만 14세기에는 분명히 존재하지 않았다. 여기서 말하는 자본주의의 첫 단계는 작업장과 도구, 원료를 한 사람의 소유자가 가진 단계를 말한다. 그래서 현대적인 공장의 그림과 비교하면 대규모 기계와 동력만 빠진다.

먼저, 노동자들이 하나의 공간 안에 모일 수 있는 시설부터 생겨났다. 이 시설에서는 노동의 전문화가 전혀 일어나지 않았을 수도 있고 제한적으로 일어났을 수 있다. 작업 공방과 꽤 비슷한 산업들은 언제나 존재했다. 여기서 논하고 있는 산업들은 빈곤에 따른 강요가 절대로 없지 않았음에도 불구하고 그래도 "자유로운" 노동력을 갖고 작업을 한다는 점에서 작업 공방과 구분된다. 그런 시설에 얽매인 노동자들은 스스로 일거리와 도구를 발견하는 것이 절대적으로 불가능했기 때문에 다른 선택권을 전혀 누리지 못했으며, 훗날에는 빈민 구제 차원에서 사람들이 강제로 그런 시설에서 일하도록 하는 조치가 취해졌다.

16세기에 발표된 영국의 한 시(詩)가 그런 작업장의 조직을, 특히 섬유 산업의 조직을 묘사했다. 200대의 베틀이 작업실에 모여 있다. 그 기계들은 모두 그 시설을 소유하고 있는 기업가의 것이다. 이 기업가는 또한 원재료를 제공하며, 그것을 바탕으로 만들어지는 제품은 모두 그의 것이다. 직조공들은 임금을 받기 위해 일하고, 아이들도 노동자와 조수로 고용되었다. 이것이 공동 노동의 첫 출현이었다.

노동자들을 부양하기 위해서, 기업가는 조리사와 푸주한과 빵 굽는 사람 등을 직원으로 고용했다. 당시의 사람들은 그런 산업을 놓고 세상의 경이로 여겼으며, 국왕까지도 그곳을 방문했다. 그러나 1555년에 국왕은 길드들의 긴박한 요구를 받아들이고 그런 집중을 금지시켰다. 그런 금지령을 발표해야 했던 것이 그 시기의 경제적 상황의 특징이었다.

일찍이 18세기부터는 산업 정책과 재정적 조건만을 고려하더라도, 대규모 산업 시설을 억압할 가능성은 더 이상 논의의 대상이 되지 않았다. 그러나 그 시기에도 그럴 가능성은 여전히 있었다. 왜냐하면 외적으로 보면 앞에 묘사한 산업과 가내 공업 제도 사이의 구분은 베틀들이 소유자의 집에 모여 있다는 차이밖에 없었기 때문이다. 노동자들이 한 자리에 모여 작업을 벌인다는 사실은 기업인에게 상당한 이점을 의미했다. 숙련 노동이 처음 등장하면서, 생산물의 통일성과 산물의 품질에 대한 관리가 가능하게 되었다. 노동자에게는 외적 조건의 강요에 따라 일해야 한다는 단점이 있었는데, 이 단점은 지금도 공장 작업의 불쾌한 특징으로 남아 있다.

기업가는 작업에 대한 통제라는 이점을 누리는 한편으로 더욱 큰 위험에 직면해야 했다. 만약 기업가가 의류 상인으로서 베틀을 근로자들에게 나눠주고 작업을 하게 한다면, 베틀들이 자연 재해나 인간의 폭력에 의해 한꺼번에 파괴될 확률은 그것들을 한 공간에 모아 놓았을 때보다 훨씬 더 낮을 것이다. 더욱이, 사보타주나 노동 저항이 기업가를 상대로 쉽게 행해지지 않을 것이다.

요컨대, 그런 배열은 대체로 작은 산업적 단위들을 하나의 공방 안에 모아 놓은 것에 불과했다. 그렇기 때문에 잉글랜드에서 1543년에 베틀을 2대 이상 보유하는 것을 금지하는 법령을 만드는 일은 쉬웠다. 왜냐하면 전문화된 자유노동자의 조직들을 파괴하는 것이 아니라 기껏 작업 공방이 파괴되는 것에 지나지 않았기 때문이다.

기술적 전문화와 작업의 조직화, 인간 외의 노동력의 활용 등으로 인해 새로운 발전의 경향들이 처음 나타났다. 내적으로 전문화와 조정을 보여주었던 시설들은 16세기에 여전히 예외적이었으나, 17세기와 18세기에 그런 시설을 설립하려는 노력은 이미 전형적이었다. 인간 외의 노동력으로 가장 먼저 고려된 것은 동물의 힘이다.

캡스턴(capstan)[58]에 말의 힘을 이용한 것이 그런 예이다. 그 다음에 자연의 힘이 이용되었다. 물이 먼저였고, 공기가 나중이었다. 네덜란드 풍차들은 처음에 간척지의 물을 빼는 데 쓰였다. 작업장 내에서 노동 훈련이 기술적 전문화와 인간 외의 노동력의 적용 등이 동시에 이뤄지는 곳에서, 우리는 현대적인 공장을 확인하게 된다. 이런 발달이 이뤄지도록 한 원동력은 처음에 힘의 원천으로 물을 이용했던 광업에서 나왔다. 자본주의적인 발달 과정이 작동하도록 한 것은 광업이었다.

이미 본 바와 같이, 작업장 공업이 고정 자본의 투입을 통해서 노동의 전문화와 협동으로 넘어가는 데 필요했던 전제 조건은 다른 조건들과 함께 최소한의 안전한 시장이 존재해야 한다는 것이었다. 따라서 우리가 노동의 내전 분업이 이뤄지고 고정 자본을 갖춘 상태에서 정치적으로 필요한 것들을 충족시키는 그런 전문화된 산업을 가장 먼저 만나게 되는 사실이 설명되고 있다. 그런 전문화된 산업을 예고한 최초의 전조들은 중세 군주들의 화폐 주조 작업이었다.

화폐 주조 작업은 통제를 위해 폐쇄된 시설에서 이뤄져야 했다. "동거인"(hausgenossen)이라 불린 화폐 주조자들은 매우 단순한 도구로 작업을 했지만, 그 작업은 노동의 전문화가 고도로 이뤄진 작업장 공업의 하나였다. 따라서 우리는 여기서 훗날 공장들의 예

---

58 밧줄이나 케이블, 쇠사슬을 감으며 축을 중심으로 회전하게 되어 있는 기계로, 닻 등을 감는 데 쓰인다.

들을 발견한다. 기술적 및 조직적 범위가 증가함에 따라, 무기 제조 분야에서 그런 시설들이 많이 설치되었다. 군복 제조 분야도 거기에 포함된다. 그런 시설이 점진적으로 확립되자마자, 정치 지도자는 군대에 옷을 지급했다. 군복의 도입은 군용 의류의 대량 수요를 예고했으며, 거꾸로 공장 공업은 전쟁이 시장을 창조한 이후에나 이 목적을 위해 생겨날 수 있다. 똑같은 범주에, 전쟁 물자들을 생산하는 다른 산업들, 특히 화약 공장들이 포함된다.

안전한 시장을 형성하는 일에, 군대가 필요로 하는 것들과 함께 사치품의 수요도 한몫했다. 사치품에 대한 높은 수요가 십자군 운동 이후에 군주의 궁전에 인기가 높았던 고블랭직(織)[59]과 태피스트리를 만드는 공장들을 낳았다. 원래 아무 장식 없이 빈 상태로 두었던 벽과 바닥을 동양을 모방해 장식하면서 그런 사치품이 많이 필요했던 것이다. 또 금 세공인들이 만든 물건도 있었고 자기(瓷器) 제품도 있었다.

서양 군주들의 제작소들은 중국 황제들의 공방 작업을 본 딴 것이었다. 일반적으로 창유리와 거울, 비단, 벨벳과 화려한 의상이 있었다. 비교적 최근에 소개된 비누가 있었는데, 고대의 사람들은 그 목적으로 기름을 사용했다. 설탕도 있었다. 모두가 최고의 사회 계층만을 위한 것들이었다.

두 번째 등급의 그런 산업들은 부자들이 쓰게 되어 있던 제품의 모방을 통해서 사치의 민주화와 보다 큰 집단의 사치 욕구를 충족

59　여러 가지 색깔의 실로 무늬를 넣어 짠 장식용 벽걸이 천을 말한다.

시키는 데 기여했다. 고블랭직을 갖지 못하거나 예술 작품을 구입하지 못하는 사람들은 종이로 벽을 발랐으며, 따라서 벽지 공장들이 일찍 생겨났다. 이 범주엔 청분(靑粉)[60]과 세탁용 풀의 제조도 포함된다. 대중은 상류 계층의 사치품을 대체할 수 있는 물품을 구입했다. 마지막에 언급한 것을 제외하고, 이런 모든 산물들에 대해 말하자면, 시장은 처음에 매우 제한적이었다. 소비가 성(城)이나 성과 비슷한 시설을 소유한 귀족에게 국한되었으니 말이다. 따라서 이 산업들 중 그 어느 것도 독점과 정부 면허를 바탕으로 하지 않고는 생존할 수 없었다.

새로운 산업들의 법적 지위는 길드들과의 관계 속에서 매우 불안했다. 새로운 산업들은 길드의 정신과 정반대였으며, 따라서 길드들에게 의심의 대상이 되었다. 새로운 산업들은 국가에 의해 유지되거나 국가의 보조를 받지 않았기 때문에 적어도 정부로부터 명백한 특권과 이권을 확보하려고 노력했다. 국가는 다양한 이유들을 근거로 이 산업들에게 그런 것들을 허용했다. 귀족 가정이 필요로 하는 것을 공급하도록 하고, 더 이상 길드들에서 지원을 발견하지 못하는 인구의 생존에 필요한 물자를 공급하도록 하고, 마지막으로, 재정적 목적을 위해서 시골의 세금 지급 능력을 증대시키기 위해서였다.

한 예로, 프랑스에서 프랑수아(François) 1세는 생테티엔에 무기 공장을, 퐁텐블로에 태피스트리 작업장을 설립했다. 이런 것들

---

60 천이 누렇게 변색하는 것을 방지하는 세탁용 보조제를 말한다.

을 시작으로, 대중의 요구와 상류층의 사치품 수요를 충족시키는, 특권을 누리는 왕립 제조업체들이 생겨났다. 이런 식으로 시작된 프랑스의 산업 발달은 장 바티스트 콜베르(Jean-Baptiste Colbert)의 시대에 또 다른 형태를 취했다. 프랑스에서도 영국과 마찬가지로 길드들로부터의 면제가 허용됨에 따라 국가의 절차가 단순화되었다. 길드의 특권이 언제나 도시 전체로 확대된 것은 아니라는 점에서 보면, 그런 산업들은 길드의 영향에서 벗어날 수 있었다. 예를 들면, 파리 중에서 꽤 상당한 부분은 길드의 관할권 밖에 있었으며, 현대 공장들의 선구적인 예들은 반대에 봉착하지 않고 이런 "특권 지역"에 설립될 수 있었다.

영국에서 길드들은 순수하게 자치 시의 법인들이었으며, 따라서 길드의 법은 도시 밖에서는 전혀 아무런 효력을 발휘하지 못했다. 따라서 공장 산업은 도시가 아닌 곳곳에 있었던 작업장 공업과 가내 공업 제도 아래에서 그 절차에 맞춰 설립될 수 있었다. 그 결과, 1832년의 개혁 법안이 나올 때까지 새로운 산업은 의회에 대표자를 보낼 수 없었다.

일반적으로, 17세기 말에 이를 때까지 그런 공장에 관한 기록은 거의 전무하지만, 그때까지 그런 공장이 전혀 없는 것은 불가능한 일이다. 그렇게 보는 이유는 영국에서 제조는 국가의 지원 없이도 그럭저럭 잘 해낼 수 있었기 때문이다. 그때쯤 길드의 권력이 해체되었던 까닭에 길드가 그런 산업에 장애가 될 특권을 더 이상 누리지 못하게 되었으니 말이다. 더욱이, 만약에 독일의 조건과 비슷한 조건이 존재했고, 따라서 소규모 장인 시스템 하에서 생산이 이뤄질 가능성이 없었다면, 틀림없이, 작업장 생산 쪽으로 발전하는 현상이 더욱 빨리 전개되었을 것이다.

네덜란드에서도 마찬가지로 우리는 정부가 특권을 허용했다는 이야기를 거의 듣지 못하고 있다. 그럼에도 불구하고, 많은 공장들이 암스테르담과 하알렘과 위트레흐트에서 비교적 일찍이 위그노들[61]에 의해 거울과 비단, 벨벳을 제조하기 위해 설립되었다.

오스트리아에서 국가는 17세기에 길드들에 맞서 보호의 역할을 할 특권을 허용함으로써 공장들을 시골로 끌어들이려고 노력했다. 한편, 위대한 봉건 영주들이 공장들을 건립하는 예들이 보인다. 그런 공장들 중 첫 번째는 아마 보헤미아의 친첸도르프(Sinzendorff)가의 백작들이 세운 비단 제조 공장일 것이다.

독일에서 최초의 공장들은 시의 땅에 지어졌으며, 특히 취리히에서 16세기에 위그노 망명자들이 비단과 양단 산업을 일으킬 공장들을 세웠다. 이어 공장들은 독일의 도시들 사이에 급속도로 전파되었다. 1573년에 설탕 제조가 확인되고, 1592년에 아우크스부르크에서 무늬를 넣은 비단 공장이, 1593년에 뉘른베르크에서 비누 공장이, 1649년에 안나베르크에서 염색 공장이, 1676년에 작센에서 양질의 천 공장이, 1686년에 할레와 마그데부르크에서 의류 공장이, 1698년에 아우크스부르크에서 금사(金絲) 산업이 생겨났다.

---

61 프랑스의 프로테스탄트를 가리키는 말이다. 많은 위그노들이 국내의 박해를 피해 외국으로 이주했다.

마지막으로, 18세기 말에 자기(瓷器) 제조업이 널리 흩어져 있었는데, 이 산업은 부분적으로 군주들에 의해 운영되거나 군주들의 보조를 받았다.

요약하면, 공장은 수공 작업에서 발달해 나오거나 수공 작업에 피해를 입히며 생겨난 것이 아니었으며 처음부터 수공 작업과 나란히 시작되었다. 공장은 새로운 형태의 생산 또는 산물, 예를 들면, 면화와 자기(瓷器), 색깔 융단, 대체재, 즉 공예 길드들이 만들지 않은 산물을 이용했다. 이런 것을 갖고 공장들은 공예 길드들과 경쟁할 수 있었다. 공장들이 길드의 작업 영역을 깊이 잠식한 것은 정말로 빨라야 19세기에 해당하는 일이다. 18세기에, 특히 영국의 섬유 산업에서 공장들의 발달이 가내 공업 제도의 희생으로 이뤄졌던 것과 마찬가지이다. 그럼에도 불구하고, 길드들은 공장을 상대로 전투를 벌였으며, 공장에서 생겨나고 있던 작업장들을 특별히 원칙을 근거로 폐쇄시켰다. 길드들은 새로운 생산 방식에 위협을 느꼈던 것이다.

공장들은 공예 작업으로부터 발달하지 않았던 것과 마찬가지로 가내 공업 제도로부터 발달한 것도 아니었다. 공장들은 가내 공업 제도와 나란히 발달했다. 이유는 가내 공업 제도와 공장 사이에는 고정 자본의 크기가 결정적이기 때문이다. 고정 자본이 필요하지 않은 곳에서는 가내 공업 제도가 지금까지 줄곧 내려오고 있으며, 고정 자본이 필요한 곳에서는 공장이 생겨났다. 그렇다고 공장이 가내 공업 제도에서 비롯된 것은 아니다. 원래 봉건적이거나 공동체적이었던 시설이 기업인에게 넘어가서 개인적 주도권에 따라서 시장에 내놓을 재화의 생산에 이용되었을 것이다.

마지막으로, 현대적 공장이 처음부터 기계에 의해 창조된 것은 아니며, 현대적 공장과 기계 사이에 어떤 상관관계가 있다는 점이 관찰되어야 한다. 기계 산업은 원래 동물의 힘을 이용했다. 리처드 아크라이트(Richard Arkwright)가 1768년에 처음 만든 방적기도 말에 의해 돌아갔다. 그러나 작업장에서 일의 전문화와 노동 훈련이 기계의 도입을 가능하게 할 조건을 조성했을 뿐만 아니라 심지어 기계의 적용과 향상을 자극하기까지 했다. 새로운 엔진의 발명에 상금이 제시되었다. 엔진의 새로운 원리, 다시 말해, 불로 물을 끌어올린다는 새로운 원리는 광산업에서 생겨났으며, 이 원리는 증기를 원동력으로 이용한다. 경제적으로, 기계의 중요성은 체계적인 계산이 도입되었다는 점에 있었다.

현대적 공장의 도입이 부른 영향은 기업가와 노동자 둘 다에게 엄청나게 컸다. 기계류가 도입되기 전에도, 작업장 공업은 노동자를 노동자 본인의 거주지뿐만 아니라 소비자의 거주지와도 분리된 장소에 고용한다는 것을 의미했다. 어떤 형태로든 노동의 집중화는 언제나 있어 왔다. 고대에 자신의 정치적 필요 또는 대가구의 필요를 충족시킬 산물을 만들도록 한 것은 파라오나 영토를 가진 영주였다. 그러나 지금 작업장의 소유자는 노동자의 주인, 즉 시장을 위해 생산하고 있는 기업가이다.

노동자들을 작업장 안에 집중시키는 것은 현대 초기에 부분적으로 강제적으로 이뤄졌다. 가난한 사람들과 노숙자들과 범죄자들은 강압적으로 공장으로 들어갔으며, 뉴캐슬의 광산에서 노동자들은 18세기까지 '철 목줄'을 무겁게 목에 건 채 작업했다. 그러나 18세기에 어디서나 노동 계약이 강제 노동을 대체했다. 그것은 곧 자본의 저축을 의미했다. 왜냐하면 노예를 구입하는 데 필요한 자본의 필요성이 사라졌기 때문이다. 또 자본 위험이 노동자에게로 전가되었다. 예전 같으면, 노동자의 죽음은 곧 주인에게 자본의 상실을 의미했기 때문이다. 또 노동 계약은 노동 계급의 생식(生殖)에 대한 책임을 제거했다. 반면에 노예를 쓰던 산업은 노예들의 가족생활과 생식의 문제 때문에 파괴되었다.

노동 계약은 기술적 효용성만을 토대로 노동의 합리적 분업을 가능하게 했고, 선례들이 있었음에도, 계약의 자유가 노동이 작업장으로 집중하는 현상을 처음으로 일반적인 원칙으로 만들었다. 마지막으로, 노동 계약은 정확한 계산의 가능성을 열었으며, 이 계산은 다시 작업장과 자유로운 노동자의 결합을 통해서만 실행될 수 있었다.

이 모든 조건들이 작업장 공업의 발달에 호의적으로 작용했음에도 불구하고, 작업장 공업은 초기의 불안한 상태 그대로 남았다. 여러 곳에서 작업장 공업은 이탈리아에서처럼, 특히 스페인에서처럼 다시 사라졌다. 스페인의 작업장 공업을 디에고 벨라스케스(Diego Velasquez)의 그 유명한 그림이 우리에게 전하고 있는데, 훗날 그 공업은 없어졌다. 18세기 전반기까지, 작업장 공업은 일반적인 필요를 충족시키는 데 없어서는 안 되는 부분에 속하지 못했다. 한 가지는 언제나 확실하다. 기계의 시대 이전에, 자유노동을 활용하는 작업장 공업은 서양이 아닌 다른 지역에서는 현대 초기의 서양 세계에서만큼 발달하지 못했다는 점이다. 다른 곳에서 작업장 공업의 발달이 똑같은 경로를 밟지 않은 사실에 대한 이유들은 앞으로 설명될 것이다.

인도는 한때 매우 발달한 산업 기술을 소유했지만, 거기선 카스트 제도가 서양의 작업장 같은 것이 발달하는 것을 방해했다. 카스트들이 서로를 "불결한" 존재로 여겼으니까. 인도의 카스트 제도가 서로 다른 계급에 속하는 사람들이 같은 가게 안에서 일하는 것을 금지하지 않은 것은 사실이다. "작업장은 순결하다."는 격언도 있으니 말이다. 그러나 인도에서 작업장 제도가 공장으로 발달하지 못했다면, 분명히 카스트의 배타성에 부분적 책임이 있다.

인도의 작업장은 대단히 특이했을 것임에 분명하다. 19세기 들어서도 한참 지날 때까지, 황마(黃麻) 산업에 공장 조직을 도입하려는 시도가 큰 어려움에 봉착했다. 카스트 제도의 엄격성이 약해진 뒤에도, 사람들의 노동 훈련 부족이 걸림돌로 작용했다. 카스트마다 다른 의식(儀式)을 치르고, 휴식 시간도 달랐고, 휴일도 달리 요구했으니 말이다.

중국의 경우에 마을에서 씨족의 응집성은 특별히 강했다. 중국의 공방 산업은 공동체적인 성격이 강한 씨족 경제였다. 이 단계 너머로는 중국은 가내 공업 제도밖에 발달시키지 못했다. 중앙 집중적인 시설들은 오직 황제나 봉건 영주들에 의해서만 설치될 수 있었다. 그런 시설은 특히 자기(瓷器) 제품의 제조 분야에 두드러졌다. 이 분야는 예속된 노동자들의 노동을 빌려서 황제나 영주가 필요로 하는 것들을 충족시키고 시장에는 제한적인 양만 내놓았으며, 만드는 산물의 양은 대체로 고정되어 있었다.

고대에는 노예 자본의 정치적 불안정성이 특징으로 꼽힌다. 노예 작업 공방은 알려져 있었지만, 그것은 어렵고 위험한 사업이었다. 영주는 노예를 노동력으로 이용하기보다는 지대의 원천으로 이용하길 선호했다. 고대의 노예 재산을 조사하다 보면, 현대의 작업장이라면 어떤 것도 만들어내지 못하겠다 싶을 만큼, 매우 다양한 유형의 노예들이 너무나 복잡하게 섞여 있는 것이 확인된다.

그러나 이것은 이해하기 힘든 일이 절대로 아니다. 오늘날에도 사람은 자신의 부를 다양한 증권으로 분산시킨다. 마찬가지로, 고대에 인간들의 소유자는 위험을 분산시키기 위해 아주 다양한 종류의 수공예 노동자들을 구하지 않을 수 없었다. 그러나 최종적 결과는 노예들의 소유가 대규모 산업의 확립에 불리하게 작용했다는 것이다.

중세 초기에, 예속 노동이 부족하거나 특별히 귀하게 되었다. 새로운 공급이 시장에 있었지만 규모가 그리 크지 않았다. 게다가, 자본의 부족이 두드러졌으며, 화폐의 부(富)가 자본으로 전환될 수 없었다. 마지막으로, 농민들과 산업적 훈련을 받은 자유노동자들이 고대의 조건과 정반대의 조건 때문에 독립을 이룰 기회가 많았다.

말하자면, 자유노동자가 유럽 동부의 지속적인 식민화 덕분에 어떤 지위를 확보하고, 따라서 옛날의 주인으로부터 스스로를 보호할 기회를 누릴 수 있었다는 뜻이다. 따라서 중세 초기에 대규모 작업장 공업을 설립하는 것은 거의 가능하지 않았다. 거기에 추가적으로 영향을 끼친 것은 산업법, 특히 길드법 때문에 사회적 유대의 힘이 갈수록 커졌다는 사실이다.

그러나 이런 장애들이 존재하지 않았다 하더라도, 생산물을 소화시킬 만큼 충분히 넓은 시장이 형성되지 못했을 것이다. 대규모 시설이 원래 존재했던 곳에서조차도, 우리는 그 시설들이 카롤링거 왕조 시대의 농촌의 대규모 산업처럼 퇴행 상태에 있었다는 사실을 발견한다. 또 왕실의 국고와 수도원 안에서 산업 작업장 노동의 시작이 있었지만, 이것들도 쇠퇴한 상태였다. 모든 곳에서 공방 산업은 현대가 시작할 때보다 더 드물어졌으며, 현대가 시작할 시기에도 작업장 공업은 왕립 시설로서만, 또는 왕실의 특권을 바탕으로 해서만 완전히 발달할 수 있었다. 모든 예에서 특별한 작업장 기법이 부족했으며, 이 기법은 16세기와 17세기에 점진적으로 생기기 시작했으며 생산 공정의 기계화와 함께 처음으로 분명하게 나타났다. 그러나 이 기계화의 충동은 광업에서 왔다.

13장

현대 자본주의가
발달하기 전의 광업

처음에 광산은 땅 표면에서 하는 작업이었다. 아프리카 내륙의 이탄(泥炭)과 소철광(沼鐵鑛), 이집트의 사금(砂金)이 아마 원시시대의 가장 중요한 광물이었을 것이다. 지하 작업이 시작되자마자, 수갱(竪坑)과 가로 갱도를 파야 했다. 거기엔 노동이 꽤 많이 소요되었으며, 물품들도 필요했다. 이 작업은 꽤 큰 위험에 노출되었다. 왜냐하면 광맥이 어디쯤 있는지, 또 그것이 채광에 드는 비용을 뽑고도 남을 만큼 채산성이 좋을 것인지 아무도 장담하지 못했기 때문이다.

만약 수지 타산을 맞추지 못한다면, 광산은 폐허가 되고, 수갱은 다시 묻힐 위험에 처했다. 그런 까닭에 지하 채광은 공동으로 맡는 일이 되었다. 채광이 이런 식으로 진행된 곳에서, 광업에서 공동 경영자들에게 권리뿐만 아니라 의무도 생겼다. 이는 어느 한 개인이 그 시설에서 손을 뗄 때 그 집단 전체를 위험에 빠뜨릴 가능성이 있었기 때문이다. 작업 단위는 처음에 작았다. 중세 초기에 같은 수갱에서 작업한 사람들의 숫자는 2명에서 5명 사이였다.

광업과 관련해서 생긴 법적인 문제들 중에서 순서로 따져서 가장 앞서는 것은 정해진 어떤 장소에서 채광을 할 권리를 누가 갖는가 하는 문제였다. 이에 대한 대답은 다양할 수 있다. 첫째, 마르크 단체가 그 권리를 처리하는 것도 가능하다. 그럼에도 이를 뒷받침할 분명한 예들은 자료에서 발견되지 않고 있다. 다시, 부족이 운영하는 것과 현저히 다르게, 이런 예외적인 발견들에 대한 권리가 족장에게 속한다는 생각도 가능하다. 그러나 이것 역시 적어도 유럽에서는 불확실하다.

우리가 단순한 짐작 그 이상으로 말할 수 있는 시기에, 법적 상황은 두 가지로 전개되었을 가능성이 있다. 광석을 캘 수 있는 권리가 재산권으로 여겨짐에 따라 땅 표면의 소유자가 그 아래에 숨어 있는 것들의 소유자가 되든가(그래도 이것은 농민의 권리를 뜻하는 것이 아니라 그 땅에 소유권을 주장하는 영주의 권리를 말한다), 아니면 땅 밑에 숨어 있는 모든 보물은 "왕의 것"으로 여겨지든가 했을 것이다. 그래서 정치적 통치자, 즉 왕실에 충성하는 신하나 왕 본인이 그 권리를 처분하고, 그 외의 다른 어떤 사람도, 심지어 그 땅의 소유자도 정치적 권력자로부터 허가를 받지 않고는 채굴을 할 수 없었을 것이다.

정치적 통치자가 갖는 이 권리는 먼저 주조와 관련해서 소중한 금속을 소유하는 것이 유익하다는 사실에 근거했다. 지주나 영주가 광산의 발견자를 고려하는 경우에 다른 가능성들이 생겨났다. 오늘날 지배적인 원칙은 채광의 자유다. 누구든 특별한 형식적 요건을 충족시키는 경우에 광물을 조사할 권리를 누리며, 허가를 받은 상태에서 광맥을 발견한 사람은 지주의 동의가 없더라도 그 땅에 가해진 피해에 대한 배상만 하면 그것을 개발할 수 있다. 현대의 자유 채광 제도는 봉건 토지법보다는 왕의 권리를 근거로 더 쉽게 구축될 수 있다. 만약 토지 소유자가 그 권리를 소유한다면, 그는 나머지 모든 사람들에게 광물을 조사할 가능성을 전혀 부여하지 않게 될 것이다. 반면에 통치권을 가진 영주는 일정한 조건에서 광물 채굴에 노동력을 끌어들이는 것이 유익하다고 판단할 수 있다. 세부적으로 파고들면, 광산법과 광산업의 발달의 역사는 다음과 같은 경로를 밟았다.

서양 외의 지역에서, 예를 들어 인도와 이집트에서 초기에 행해졌던 광산에 관한 정보는 매우 빈약하다. 구체적으로, 초기의 파라오들이 시나이 산에서 행했던 채광에 관한 정보는 거의 없다.

고대 그리스 로마의 채광 조직은 잘 알려져 있다. 라우리온의 은광들은 아테네 국가의 소유였으며, 국가는 광산의 운영권을 빌려주고 거기서 나오는 수익을 시민들에게 분배했다. 살라미스 해전에서 승리를 거둔 아테네 함대는 시민들이 몇 년 동안 포기한 은을 바탕으로 구축되었다. 그 광산들이 어떤 식으로 작동했는지에 대해서 우리는 아는 바가 없다. 매우 부유했던 몇몇 개인들이 광산 노예들을 소유했다는 사실에서 어떤 암시를 끌어낼 수 있다. 펠로폰네소스 전쟁의 사령관이었던 니키아스(Nicias)는 수천 명의 노예를 소유했던 것으로 짐작되는데, 그는 이 노예들을 광산 임차인들에게 빌려주었다.

로마의 상황을 전하는 자료들은 모호하다. 한편에서 로마의 법전은 광산 노동과 관련해 유죄 판결 운운한다. 이를 근거로 할 때, 채광 작업에 유죄 선고를 받은 노예들이나 구입한 노예들을 이용한 것이 일반적인 관행이었던 것 같다. 다른 한편에선, 어떤 종류의 선택이 이뤄졌음에 틀림없다. 적어도, 광산에서 범죄를 저지른 노예들은 채찍질을 당하거나 채광 작업에서 추방되었다는 암시가 있다. 어떻든, 포르투갈에서 발견된 '위스파스켄세 금속법'(lex metalli Vipascensis)[62]은 하드리아누스(Hadrianus)의 시대 이후로 자유노동이 이미 광산에 고용되었다는 사실을 암시하고 있다. 채광은 황제의 특권이었지만, 황제가 채광한 광산이 존재했다고 추론할 만한 근거는 전혀 없다. 황제들은 속주에서 권리를 마음대로 행사했으며, 광산을 몰수하는 것은 황제들이 즐겨 행사하던 권리였다.

'위스파스켄세 금속법'이 암시하는 기술은 다른 고대 자료에서 얻을 수 있는 정보와 반대다. 예를 들어, 폴리니우스의 글에서 우리

---

62 1876년 포르투갈 남부 알후스트렐에서 발견된 문서. 알후스트렐은 로마 시대에 메탈룸 위스파스켄세로 알려져 있었다.

는 광산의 바닥에서 양동이를 사람들에게 전달하는 방식으로 지표로 물을 길어올리는 작업을 하는 노예들을 발견한다.

이와 반대로, 비파스카(Vipasca)[63]에서는 같은 목적으로 바깥쪽 수갱 옆에 가로 갱도들이 만들어졌다. 중세의 가로 갱도 건설은 전통적으로 고대까지 거슬러 올라가지만, 다른 측면에서는 '위스파스켄세 금속법'의 많은 것들이 훗날의 중세의 관계를 모방하고 있는 것처럼 보인다. 채광은 제국의 행정 장관의 통제를 받으며, 중세의 정치적 대군주의 광산 관리자가 이 행정 장관에 해당한다. 또 작업에 대한 의무도 있다. 개인은 땅 속으로 5개의 수갱을 뚫을 권리를 받는다. 중세에 수갱들의 최대 숫자가 5개였듯이 말이다.

우리는 그 사람이 다섯 개의 수갱을 모두 가동시키는 것이 의무였다고 단정해야 한다. 만약 그가 정해진 짧은 기간 안에(중세엔 기간이 더 짧았다) 자신의 권리를 실행하지 않는다면, 그 권리를 그로부터 빼앗게 되고, 그 특권은 그 작업을 수행할 수 있는 위치에 있는 사람 누구나 가졌을 것이다. 우리는 또한 초기에 어떤 강제적인 지급액이 있었다는 것을 알 수 있다. 만약 이 지급이 이뤄지지 않을 경우에 광산에 대한 권리는 다시 일반에게 공개되었다. 광산의 일부는 국고를 위해 따로 남겨 두었다. 이는 훗날 중세 초기에 취해진 것과 똑같은 조치였다. 또 국고에 광산에서 나온 산물 일부를 넘겨야 했다. 그 양은 처음에 반으로 정해졌지만, 중세에는 점점 작아져서 7분의 1 또는 그 이하로 줄어들었다.

63 포르투갈의 고대 로마 도시.

채굴 작업은 연합을 형성한 노동자들이 했으며, 어떤 참가자도 이 노동자들과 합의를 거쳐야 했다. 연합은 가로 갱도와 수갱을 뚫는 비용을 마련하기 위해 회원들에게 의무적으로 돈을 내도록 했다. 만약 이 돈을 감당하지 못하는 사태가 벌어지면, 채굴권은 다시 주인이 없는 상태가 되었다.

중세에 독일이 귀금속 광산에서 모든 나라들보다 앞섰지만, 주석은 영국에서 채굴되었다. 독일에서 먼저 왕실 광산들이 발견된다. 그래도 그 광산들이 왕실 광산이었던 것은 광산이 왕의 것이었기 때문이 아니라, 땅이 왕의 것이었기 때문이다. 그런 예가 10세기에 고슬라 근처에 있던 람멜베르크 산이다.

사금 채취도 왕실 소유 하천에서 행해졌으며, 채취권은 왕이 돈을 받고 허가했다. 여기서도 왕이 그런 권리를 행사한 것은 광물이 왕의 것이라서가 아니라 항해 가능한 수로에 대한 통제권을 왕이 갖고 있었기 때문이다. 왕이 채굴권을 빌려주는 권리는 헨리(Henry) 2세의 치하에서 처음 나타났다. 여기서도 그 근거는 광산이 왕의 것이라는 전제가 아니라 왕이 수도원에 땅을 빌려준 사실이었다. 일반적으로, 수도원에 빌려준 것은 단지 땅에 대한 제국의 통제권 덕분에 왕이 법적 권리를 갖는 땅이었다. 원래 국왕은 모든 광산 산물에 대해 10분의 1을 거둬들일 권리를 누렸으며, 이 권리는 일반적으로 사적인 개인에게 임대되었지만, 수도원의 경우에는 11세기에 이 권리가 제국의 재산으로서 임대되었다.

호엔슈타우펜(Hohenstaufen) 가문의 통치 아래에서, 정치적 권력과 광업의 관계가 한 단계 발전한다. 콘라트(Conrad) 3세가 취한 조치들에 내재되어 있는 왕권이라는 개념은 프리드리히 1세에 의해 명확히 제시되었다. 그는 어느 누구도 왕의 허락 없이는 '채광 특허'를 얻을 수 없다고, 또 이 특허를 얻으려면 돈을 내야 한다고 선언했다. 심지어 봉건 영주들도 그런 허가를 받아야 했다. 이 결정은 곧 기정사실이 되었다. 작센슈피겔이 채굴에 대한 왕실의 권리를 하나의 제도로 인정했기 때문이다. 그러나 왕실의 이론적 권리는 당장 '금인칙서'(金印勅書)[64]에서 처음으로 황제를 선출할 권리를 인정받은 군주들과 충돌을 빚었다.

왕실과 봉건 지주들 사이에 광산을 둘러싼 투쟁은 다른 나라에서도 확인된다. 헝가리에서는 왕이 유력자들에게 굴복했으며, 왕은 광산을 운영하길 원할 때엔 그 지역을 매입해야 했다. 루제루(Roger) 1세(1031?-1101) 백작이 여전히 지하의 보물을 지주의 재산으로 인정했던 시실리아에서, 왕국은 12세기 후반기에 지하 보물에 대한 왕의 소유권을 확립했다. 프랑스에서는 남작들이 1400년경까지 채굴권에 대해 '땅의 일부'(pars fundi)라고 주장했다. 그 이후에 국왕이 승리를 거뒀으며, 그때부터 광산이 국유 재산이 된 혁명 때까지 국왕은 채굴권을 독점했다. 영국에서는 존(John) 국왕이 전반적으로, 특히 중요한 주석 광산에 대해 왕의 권리를 주장했지만, 왕실은 1305년에 채굴이 왕의 허가에 의존할 필

---

64 신성 로마 제국 황제 카를(Karl) 4세가 1356년에 발표한 칙령으로 황제 선거법을 규정했다.

요가 없다는 점을 인정하지 않을 수 없게 되었다. 16세기 엘리자베스의 통치 하에서 채광에 대한 왕의 권리는 사실상 귀금속에만 한정되었으며, 그 외의 다른 광산들은 모두 '땅의 일부'로 다뤄지기 시작했다. 따라서 석탄 채광이라는 새로운 산업이 왕실로부터 독립될 수 있었다. 찰스(Charles) 1세 치하에서, 상황은 다시 흔들렸지만, 최종적으로 왕실이 완전히 양보하고, 지하의 모든 보물은 토지 소유자, 즉 "지주"의 재산이 되었다.

독일에서 채광의 자유, 즉 광맥 조사의 자유는 마르크 협동체에서 비롯된 것이 아니라 "자유로워진 산"(gefreiten Bergen)이라는 개념에서 비롯되었다. "자유로워진 산"은 광물을 품고 있는 지역으로, 그 땅의 주인은 누구에게나 광산을 운영할 특권을 허용할 수 있다. 람멜스베르크 광산은 10세기에 여전히 왕실의 시설이었지만, 11세기에 왕이 그곳을 고슬라 시와 발켄리트의 수도원에 빌려주었다. 이 수도원은 다시 자유 경쟁을 통해서 사용료를 받는 조건으로 채광권을 모든 희망자에게 허용했다. 이와 비슷한 방법으로, 트렌트의 주교는 1185년에 자유노동자들로 구성된 채광 공동체의 모든 구성원에게 자신의 은광을 이용할 수 있는 허가를 내주었다. 시장(市場)의 허가와 도시 특권의 허가를 동시에 암시하는 이 같은 조치는 자유노동자들이 11세기부터 14세기까지 얻은 특별한 권력에 따른 것이었다. 숙련된 광산 노동자들은 수적으로 적었기 때문에 독점적인 가치를 지녔으며, 당파적인 다양한 정치 조직들은 광산 노동자들에게 서로 앞다퉈 혜택을 약속했다. 그 혜택은 심지어 채광의 자유까지, 그리고 미리 정한 양을 채굴할 권리까지 포함했다.

이런 식의 전개를 기준으로 한다면, 그 다음 시대들은 중세의 독일에서 뚜렷이 구분된다.

첫째, 농민들이 광산과 관련하여 봉건적인 세금에 대한 언급이 간혹 나옴에도 불구하고, 그 같은 전개는 대단히 강력한 정치권력이 집중적으로 개발하던 조건에서 비롯된 것 같다. 그 다음이자 가장 중요한 시대는 광산 노동자들이 큰 힘을 행사하던 시기이다. 이 시기는 광산의 작업이 영주의 손에서 광산업자들에게로 넘어가는 결과를 낳았다. 이제 영주들은 지하의 보물을 지대(地代)의 원천으로만 이용하면서 단순히 세금을 받는 지위로 전락했다. 따라서 광산 소유자는 노동자들의 협동적인 단체가 되었다.

노동자들은 광산에서 얻는 수입을 농민들이 경작지에서 나온 소출을 나누는 방법과 똑같이, 철저히 균등하게 나눴다. 그리하여 "광산 공동체"가 생겨나게 되었다. 이 공동체는 광산에서 일하는 모든 사람을 포함했으나 영주는 배제했다. 이 단체는 외부적인 문제들에서 구성원들을 대표하며, 영주에 대한 지급을 보증했다. 그 결과, 광산 공동체의 개별 구성원(노조원)들이 광물 생산에 따르는 비용을 책임지게 되었다.

광산 운영은 엄격히 소규모였다. 한 사람의 광부가 취득할 수 있는 수갱의 숫자는 7개였으며, 수갱들은 원시적인 구멍에 불과했다. 광부는 그 수갱들을 운영하는 한 그곳의 소유자가 될 수 있었지만, 아주 짧은 기간이라도 운영을 중단하면 그곳에 대한 소유권을 상실했다. 광산 공동체가 지급에 대해 공동으로 보증했기 때문에, 영주는 자신의 책임으로 하던 모든 활동을 완전히 포기했다. 영주의 임대료, 즉 영주의 몫은 원래 산물의 반에서 꾸준히 빠른 속도로 줄어들어, 7분의 1로, 마지막에는 9분의 1까지 떨어졌다.

그 다음 시대는 노동자들 사이에 분화가 시작되던 시대이다. 실제로 채광 작업을 하면서도 채광 작업을 하지 않는 사람들에게 의존하는 광부 계층 외에, 실제 채광 작업에 가담하지 않는 광부 계층이 생겨났다. 따라서 광산 분야에도 산업 분야의 가내 공업 제도와 비슷한 발전이 일어났다. 이 같은 조건은 일찍이 13세기에 지배적이지는 않아도 이미 많은 곳에서 나타났다. 그러나 몫에 대한 제한은 유지되었다. 따라서 대규모 자본주의가 발달하지는 못했으며, 비록 짧은 기간에 상당한 이익을 챙기는 것이 가능했음에도 불구하고 오직 지대를 받는 식의 소규모 소유만 가능했다.

세 번째 시대는 특히 가로 갱도의 지속적 확장으로 인해 자본의 필요성이 커진 시대이다. 굴을 지속적으로 더 깊이 뚫기 위해서 환기와 물 빼는 작업이 필요했기 때문에, 상당한 액수의 선금이 필요했다. 그런 작업에 들인 돈은 비교적 먼 미래에 회수가 가능했을 것이다. 따라서 자본가가 채광 집단에 합류하게 되었다.

네 번째 단계는 광물 거래에 집중하던 단계였다. 원래, 광부는 산물 중 자신의 몫을 현물로 받아 그것을 자기 마음대로 처분했다. 이런 식의 관행이 지속되는 동안에 광물 상인이 그 산물을 실제로 통제하는 위치에 설 수 있었다. 광물 상인의 영향은 더욱 커졌으며,

그런 발달의 전형적인 양상은 특히 16세기에 등장한 광물 도매상이었다.

이런 상황에서 광물을 다루는 일은 점점 더 하나의 집단으로서 광산업자들의 일반적인 조직(노조)으로 넘어가게 되었다. 이유는 광산업자들이 상인들의 권력으로부터 스스로를 보호할 길을 찾았기 때문이다. 이는 일반 노동조합이 광산 운영의 책임자가 되는 결과를 낳았다. 원래는 개별 광부가 독립적으로 광산을 운영했는데 말이다. 또 다른 추가적인 결과는 노동조합이 자본 회계를 둔 자본주의적인 단체로 조직되었으며, 따라서 광부들이 산물에서 차지하는 몫은 조합의 금고를 통해서만 그들에게 돌아가게 되었다는 점이다. 당연히 정기적인 회계가 따랐으며, 개별 노동자는 실적에 따라서 돈을 받거나 지급해야 했다.

세부적으로 보면, 현대 자본주의의 등장 이전에 있었던 조직의 발달은 다음과 같이 전개되었다. 영주는 광산 노동자들의 조합에 밀려서 광산 활동에 대한 간섭을 포기하지 않을 수 없었다. 광부들(노조원)은 영주의 관리들이 수갱 안으로 들어가는 것을 금지시켰으며, 오직 단체의 구성원들만 서로를 통제할 권리를 누렸다. 광산을 운영할 의무는 유지되었다. 그럼에도 그 의무는 더 이상 영주의 이익을 위하는 쪽이 아니었으며, 광부들의 단체(조합)를 위하는 쪽이었다. 이 광부들의 단체는 면역 지대에 대해 책임을 졌다. 이 대목에서 러시아의 마을, 그러니까 농노제의 폐지에도 불구하고 개인이 땅에 계속 예속되어 있던 러시아의 마을과 비슷한 점이 분명히 드러난다.

추가적인 단계는 광부들이 몫을 확실히 챙기는 것이었다. 광부들의 몫이 어떤 식으로 책정되었는지, 그리고 그 몫이 훗날 '쿡세(Kuxe)'(광산 회사의 몫), 즉 추상적인 몫이 된 원래의 물질적인 몫이었는지 여부는 논란의 대상이 되고 있다. 모든 임금 노동자들은 채광 공동체에 속했지만, 광부들의 조직은 몫을 소유한 자들만을 포함했다. 조합이 언제 등장했는지는 확실하지 않지만, 광산 공동체의 회원들과 광부들의 조직의 회원들이 더 이상 동일하지 않았던 것은 확실하다.

광산 노동자들이 생산 수단뿐만 아니라 원재료까지 소유하게 된 이후로, 광산업의 노동 계층 안에서 분화의 과정이 시작되고, 자본주의를 야기한 해체가 일어났다. 광산 노동자들에 대한 수요 증가는 그 계층의 확대를 낳았다. 그러나 나이 많은 노동자들은 새로운 노동자를 공동체로 받아들이길 거부했다. 따라서 새로운 광산 노동자들은 비회원으로 개별 주인을 위해 일하는 도제 비슷한 임금 노동자가 되었으며, 주인이 자신의 책임 하에 임금 노동자에게 돈을 지급했다. 그리하여 다른 사람에게 의존하는 광부들이 생겨나고, 광업 안에서도 외부의 분화에 상응하는 분화가 시작되었다. 생산 공정에서 개별 노동자들의 지위에 구분이 생겨남에 따라, 광산에서 일하는 권리에도 구분이 생겨났다. 예를 들어, 점증하던 전문화의 필요성은 광산 대장장이의 수요를 높였다. 광산 대장장이들은 일찍이 임금 노동자가 되었으며, 그들은 화폐 임금 외에 산물로

도 일정한 몫을 받았다.

수갱들 사이의 산물이 서로 달랐던 점도 분화가 일어나는 쪽으로 영향을 미쳤다. 원래는 길드의 원칙이 적용되었다. 노동자들의 조직이 특별히 생산량이 많은 수갱에서 거둔 것을 모두 차지하고 거기서 나온 이익을 광산 노동자들에게 나눠줄 권리를 가졌으니 말이다. 그러나 이 원칙은 종지부를 찍게 되었으며, 개별 광산 노동자들이 감수해야 하는 위험에도 엄청난 차이가 나게 되었다. 거액의 이익을 챙길 수 있었던 때도 간혹 있었지만, 가끔은 광부들이 굶주림을 견뎌야 하는 상황도 벌어졌다. 몫을 이전할 수 있는 자유의 폭이 늘어난 것도 마찬가지로 분화를 심화시키는 쪽으로 작용했다. 이유는 작업에 참여하지 않았던 회원들도 자신의 몫을 시장에 팔수 있는 혜택을 누렸기 때문이다.

그리하여 순수하게 자본주의적인 이해관계가 광산 공동체의 인간 집단 속으로 파고들 수 있었다. 자본주의적 이해관계가 개입하는 과정은 채광 작업이 벌어지는 현장의 깊이가 더욱 깊어짐에 따라 자본의 필요성이 더욱 증대되면서 절정에 달했다. 물을 공급할 수갱들의 건설과 값비싼 장비들이 지속적으로 더 많이 필요하게 되었다. 더욱 큰 자본의 필요성은 첫째, 재산을 가진 공동 경영자들만이 채광의 특권을 온전히 누리는 광부로 남을 수 있는 결과를 낳았으며, 둘째로, 새로운 허가가 자본 운용력을 보여주는 사람에게만 주어지게 되는 결과를 낳았다.

게다가, 조합도 나름대로 재산을 축적하기 시작했다. 원래 조합은 아무것도 갖지 않았다. 개별 광산 노동자가 수갱을 위해 필요로 하는 것을 조달하고, 관련 비용을 댔으며, 조합은 단지 그 노동자가 운영에 필요한 의무를 다 수행하지 못할 때에만 개입했다. 그러나 지금 조합은 필요한 자본과 관련해 지원을 하지 않을 수 없게 되었다. 왜냐하면 광맥을 캐는 작업을 하는 수갱 외에 물을 빼내기 위한 수갱을 건설하는 것이 갈수록 원칙이 되고 있었기 때문이다.

처음에 수갱과 가로 갱도를 건설하는 것은 다양한 단체들 사이에 나눠졌으며, 이 단체들은 광산에서 나오는 산물을 나눠가졌다. 산물에서 나가는 이 몫이 광부들에겐 살점에 박힌 가시처럼 아주 못마땅하게 느껴졌다. 그래서 광부들은 점차적으로 채굴을 자신만의 손으로 하려고 노력했다. 지금 조합은 자본의 소유자가 되었지만, 이전의 조건이 그대로 남아 있었다. 개별 광부가 수갱의 비용에 대해 책임을 졌던 것이다. 개별 광부는 비용을 미리 지불해야 했으며, 그가 실제 작업을 더 이상 나눠 하지 않게 된 후로는 그것이 가장 중요한 일로 여겨지게 되었다. 예전처럼, 개별 광부는 다시 개별 노동자들을 확보하고, 그들과 계약을 맺고, 그들에게 임금을 지급해야 했다. 이런 조건은 점진적으로 합리화되었다.

다양한 수갱들이 요구하는 비용도 저마다 크게 달랐다. 실제로 작업하는 노동자들은 개별 "광산업자"를 상대로 서로 단결할 수 있는 위치에 있었다. 따라서 최종적으로 조합 자체가 수갱들에 필요한 선금과 비용을 마련하는 일뿐만 아니라 노동자들을 고용하고 임금을 지급하는 일까지 떠맡았다. 조합은 또 집단을 위해서, 처음에는 사소한 일부터 시작해서 주간 단위로, 나중에는 연 단위로 회계를 처리하는 일까지 맡았다. 개별 광산업자는 선금을 지급하고 산물에서 몫을 받을 권리를 부여받았다. 처음에 이 몫은 현물로 주어졌다. 최종적으로 그 같은 발달은 조합이 전체적으로 산물을 팔고 거기서 나오는 이익을 개별 구성원들에게 몫을 바탕으로 나눠 주는 그런 상황을 낳았다.

일이 이런 식으로 전개됨에 따라, 초기에 광산업자들이 자신들 사이에 불평등이 일어나는 것을 최소화하기 위해 취했던 조치들이 쓰이지 않게 되었다. 그런 조치들 중 하나가 바로 채광에 따른 몫의 축적을 금지한 것이었다. 이 조치는 원래 3개의 몫 이상이 한 사람에게 집중되지 못하도록 정했다. 이것과 비슷한 모든 제한 조치는 사라져야 했다. 조합이 산업의 전체 과정을 지배하게 되고 광업 분야가 체계적으로 확장됨에 따라, 그런 제한 조치는 더더욱 필요 없게 되었다.

이제 확장된 광산 분야들은 개별 출자자들에게 임대를 주게 되었다. 이런 새로운 질서는 그 전의 조건과 완전히 달랐다. 그 전에는 자유노동자들을 광업 쪽으로 무차별적으로 받아들임에 따라, 기술 수준이 고르지 않게 되었고 수갱들이 불합리하게 실패하는 예들이 있었으니 말이다. 게다가, 비생산적인 수갱들을 없애고 운영을 체계화할 목적으로 조합들의 합병이 진행되었다. 일찍이 15세기 말에 프라이베르크의 광업에서 그런 현상이 목격된다.

그런 현상은 길드들의 역사에서 여러 길로 암시되고 있다. 발달이 이 단계에 이르렀을 때, 영주들이 16세기 이후로 줄곧 개입하기 시작했으며, 영주들은 그 목적을 이루기 위해 광산 노동자들과 손을 잡았다. 소규모 자본가 "광산업자들"에 의지하고 있던 광산 노동자들은 개별 광산업자들과 마찬가지로 계획 부족과 광업의 위험한 성격 때문에 고통을 겪었다. 그와 동시에 영주들의 소득도 줄어들었다. 이 영주들이 노동자들의 이익뿐만 아니라 임대 재산의 수익성을 높이기 위해 간섭함에 따라, 단일의 채굴권이 확립되었고, 여기서 광물의 교역이 발달했다.

이 권리들은 중요한 자본주의적 발달을 직접적으로 끌어낸 선구자 역할을 했으며, 그 권리들은 일반적으로 합리적인 산업의 기술적, 경제적 운영에 그 바탕을 두고 있다. 초기 발달의 한 흔적으로, 광산 노동자들의 길드 같은 조직 안에 광산 공동체의 특이한 지위가 남아 있었다. 한편, 합리적인 조합은 영주들에 의해 자본주의적인 운영 조직으로서 만들어졌다. 이 조합은 추상적인 몫을 가지며, 선불을 지급할 의무와 개발 권리에 대해 규정했다. (원래 '쿡세'는 128개였다.) 조합은 대체로 노동자들을 고용하고 광물 구매업자들을 상대했다.

광산과 나란히 존재했으면서도 광산과 독립되어 있었던 것이 제련소였다. 제련소들은 광산들과 마찬가지로 비교적 일찍부터 대규모의 성격을 띤 산업 분야에 속했다. 제련소의 작동에는 반드시 숯이 필요했다. 그래서 대규모 숲의 소유자들, 즉 봉건 영주들과 수도원들이 초기의 전형적인 제련소 소유자들이었다. 대부분은 아니지만, 간혹 제련소의 소유권이 광산과 연결되는 경우가 있었다. 14세기 들어서까지 소규모 운영이 지배적이었다. 그래서 예를 들어 영국의 한 수도원이 작은 용광로를 40개나 소유할 수 있었다. 그러나 최초의 대형 용광로도 수도원과 연결되었다.

채광과 광물을 녹이는 작업이 서로 다른 사람의 손에 이뤄지는 곳에서, 광석 구매자가 둘 사이에 끼어들었다. 광석 구매자들은 처음부터 광산업자들의 조합과 끊임없이 갈등을 일으킨 길드를 형성했다. 정책적인 면을 본다면 광석 구매자들이야말로 대단히 비양심적인 방법으로 유명했지만, 어쨌든 우리는 광석 구매자들이 제련업자와 광업자를 연결시킨 행위 속에, 15세기 말과 16세기 초에 등장하는 최초의 거대한 독점의 씨앗이 들어 있었다는 점을 인정해야 한다.

마지막으로, 서양 세계에 특별한 모든 산물들 중에서 가장 소중하고 가장 결정적이었던 것, 즉 석탄에도 관심을 줘야 한다. 중세에도 석탄은 서서히 중요성을 키워가고 있었다. 우리는 수도원들이 최초의 석탄 광산을 시작했다는 것을 발견한다. 림브뤼흐의 광산들이 12세기에 언급되었고, 뉴캐슬의 광산들이 14세기에 시장을 위해 생산을 시작했으며, 15세기에는 자르 지구에서 석탄 생산이 시작되었다. 그러나 이 모든 사업들은 생산자의 필요가 아니라 소비자들의 필요를 위해 생산했다. 14세기에 런던에서 석탄을 태우는 것이 공기 오염 때문에 금지되었지만, 그 금지는 아무런 소용이 없었다. 영국의 석탄 수출이 너무나 빨리 증가했기 때문에, 선적을 측정하는 특별한 관청이 세워져야 했다.

　철을 숯이 아니라 석탄으로 녹이는 공정은 16세기에 처음으로 전형적인 방법이 되기 시작했으며, 그리하여 철과 석탄의 운명적인 결합이 확립되기에 이르렀다. 그에 따른 당연한 결과는 광산의 수갱의 깊이가 급속도로 깊어지는 것으로 나타났다. 이제 채광 기술은 새로운 문제에 봉착했다. 물을 불로 어떤 식으로 끌어올릴 것인가? 현대 증기 기관이라는 아이디어는 광산의 가로 갱도 속에서 기원했다.

3부

자본주의 이전 시대의
상업과 교환

14장

상업 발달의 출발점

처음에 상업은 민족 집단 간의 일이었다. 같은 부족 또는 같은 공동체의 구성원들 사이에 상업은 일어나지 않는다. 가장 오래된 사회적 공동체에서 상업은 외부의 현상이며, 오직 다른 부족을 상대로 해서만 일어난다. 그러나 상업은 집단 간에 생산의 전문화가 이뤄진 결과로 시작할 수 있다. 이런 경우에 부족 간에 생산자들 사이에 거래가 이뤄지거나 외부 부족에게 생산물을 파는 일이 일어날 수 있다. 어떤 경우든 가장 오래된 상업은 서로 다른 부족들 사이의 교환 관계였다.

어떤 부족이 자신의 산물을 거래하는 형태는 다양할 수 있다. 거래는 먼저 농민들과 가내 공업을 한 사람들의 보조적인 일로서, 그리고 일반적으로 계절적인 일로서 발달했다. 이 단계에서부터 행상이 하나의 독립적인 직업으로 성장했으며, 전적으로 상업에만 종사하는 부족 공동체들이 곧 생겨났다. 그러나 어떤 전문화된 산업에 종사하던 부족을 다른 부족들이 찾아 나설 수도 있다. 또 다른 가능성은 상업에 종사하는 계급의 확립이다.

전형적인 형태가 인도에서 발견되고 있다. 인도에는 상업은 일부 카스트들, 특히 바니아 계급이 다른 계급들을 배척하면서 독점적으로 하는 일이다. 민족적으로 한정되어 있는 계급에 의해 수행되는 이런 거래와 나란히, 의례적으로 일부 종파에 국한되는 거래가 발견된다. 주술적으로나 의례적으로 어느 종파의 구성원들에게 제한한다는 것은 곧 그 종파를 다른 모든 직업으로부터 배제시킨다는 뜻이다. 인도의 자이나 종파가 그런 예이다.

자이나 신자는 어떤 종류든 살아 있는 것을, 특히 약한 동물을 죽이는 것이 금지된다. 따라서 자이나 신자는 군인이 될 수 없으며, 몇 가지 종류의 직업을 추구하지 못한다. 예를 들면, 불을 사용하는 일을 하지 못한다. 이유는 벌레들이 파괴될 수 있기 때문이다. 자이나 신자는 비가 올 때 밖으로 나서지 못한다. 지렁이 같은 것을 밟아 죽일 수 있기 때문이다. 따라서 자이나 신자에겐 일정한 장소에서 장사를 하는 일 외에 다른 직업이 열려 있지 않다. 그 직업의 명예스런 성격은 바니아 계급의 그것만큼 잘 확립되어 있다.

유대인이 버림받은 상업적인 민족으로 발달한 것도 이와 근본적으로 다르지 않다. 바빌론 유수가 일어날 때까지, 유대인들 사이에 기사와 농민, 장인뿐만 아니라 제한적인 숫자의 무역상까지, 온갖 종류의 계급들이 있었다. 예언과 바빌론 유수의 후유증이 유대인을 정해진 영토를 가진 민족에서 영토를 갖지 못한 민족으로 바꿔 놓았으며, 그때 이후로 유대인들의 의식(儀式)이 그들이 땅에 정착하는 것을 금지시켰다. 유대인의 의식(儀式)을 엄격히 지키는 사람은 농민이 될 수 없었다. 따라서 유대인들은 도시의 천민이 되었으며, 종교적 의식을 중요하게 여기는 바리새인 "성인"(聖人)과 법의 보호를 받지 못하는 고향 인구 사이의 대조는 복음서들 안에서 여전히 확인되고 있다.

그리하여 상업 쪽으로 눈길을 돌릴 때, 돈을 다루는 일이 선호되었다. 이유는 그런 일만이 법의 연구에 전적으로 헌신하는 것을 허용했기 때문이다. 따라서 유대인들이 장사 쪽으로, 특히 돈을 다루는 일을 강요한 의례적인 근거들이 있었다. 또 유대인들의 거래가 제한적인 부족적인 장사가 되도록 한 의례적인 근거도 있었다.

상업이 발달하도록 만든 두 번째 가능성은 영주, 즉 상업을 지지한 영주 계층이 상업을 확립한 것이었다. 처음에 자신의 사유지에서 나오는 산물 중 여분을 시장에 팔면 좋겠다는 생각을 떠올린 사람들이 영토를 가진 영주들일 수 있으며, 실제로 모든 곳에서 그런 일이 일어났다. 이 목적을 위해서 영토를 가진 영주들은 전문적인 상인을 관리로 고용했다. 이 범주에 속하는 사람은 고대의 경우에 영주의 이름으로 일을 처리한 '악토르'(actor)[65]와 중세의 '네고티 아토르'(딜러)이다. 네고티아토르는 돈을 지급하는 대가로 봉토와

65 행위자라는 뜻의 라틴어 단어이다.

비슷한 것을 보유했으며, 수도원 영주의 산물들을 시장에 파는 역할을 했다.

네고티아토르의 존재는 독일에서는 분명하게 드러나지 않지만, 그와 비슷한 부류는 독일 외의 모든 곳에서 나타난다. '악토르'와 '네고티아토르'는 현대적인 의미에서 말하는 상인들이 아니라 다른 사람들의 대리인이었다.

또 다른 종류의 영주 상업은 어딜 가나 보호를 필요로 했던 외국 상인들이 법 밖에 서는 위치 때문에 생겨났다. 이 보호는 오직 정치적 권력을 통해서만 이뤄질 수 있었으며, 귀족은 일종의 허가와 배려로 외국 상인들에게 보호를 제공했다. 중세의 군주들까지도 무역업자들에게 영업을 허가하고 그 대가로 그들로부터 돈을 받았다. 이같은 보호 조치로부터 영주 또는 군주가 자신의 책임으로 하는 무역이 종종 발달했으며, 아프리카의 해안 지역에서 행해진 무역이 그런 예였다. 이 경우에 족장들이 통과 무역을 독점하며 직접 장사를 했다. 족장들의 권력은 이 같은 무역 독점에 의존했다. 따라서 이 무역 독점이 깨어지자마자, 족장들의 지위도 사라져 버렸다.

군주들이 행한 또 다른 형태의 무역은 선물(膳物) 무역이다. 고대 동양에서 정치적 권력들은 서로 전쟁을 벌이는 상태가 아닐 때 의도적으로 선물을 함으로써 스스로를 지켰다. 텔-엘-아마르나[66]에서 출토된 목록은 B.C. 1400년경부터 파라오들과 레반트의 통치

---

[66] 이집트 제18왕조의 파라오였던 아크나톤 시대의 수도로 나일 강 동안에 위치해 있다.

자들 사이에 선물 무역이 생생하게 전개되었음을 보여주고 있다. 흔히 교환된 물품은 말이나 노예, 금, 전차(戰車)였다. 거기선 원래 자유로운 선물이 관습이었다. 이와 관련해서 믿음과 신뢰가 수없이 깨어진 결과, 점진적으로 상대방을 배려하는 관행이 생겨나게 되었다. 그리하여 정확한 양을 바탕으로 하는 순수한 무역이 선물 거래에서 비롯되기에 이르렀다.

마지막으로, 경제적 역사는 군주들이 자신의 책임 하에 무역을 했다는 사실을 보여주고 있다. 대단히 큰 규모로 행해진 매우 오래된 예는 이집트의 파라오들이 제시하고 있다. 파라오들은 선박을 소유한 존재로서 수출과 수입을 행했다. 보다 가까운 시대의 예는 초기 베네치아의 총독들이다. 마지막으로, 아시아와 유럽의 무수한 세습 국가들의 군주들도 그런 예이다. 18세기까지의 합스부르크가도 거기에 포함된다. 이 무역은 군주 본인의 지시에 따라 행해질 수도 있었고 특권을 다른 사람들에게 넘김으로써 독점권을 이용할 수도 있었다. 후자의 방식을 택하는 경우에, 군주는 전문적인 무역 계층의 독립적 발달을 자극하는 역할을 했다.

15장

재화의 수송에
필요한 기술적 조건

상업이 하나의 독립적인 직업으로 존재하기 위해서, 특별한 기술적 조건이 반드시 전제되어야 한다. 가장 먼저, 규칙적이고 어느 정도 신뢰할 만한 운송 기회가 있어야 한다. 분명히, 이런 것들에 대해선 오랜 세월 동안 대단히 원시적인 형태였을 것이라고 생각해야 한다. 아시리아와 바빌론 시대에도 강을 대각선으로 건너는 데 공기를 주입한 염소 가죽이 이용되었을 뿐만 아니라, 마호메트의 시대에도 동물 가죽을 이용한 보트가 오랫동안 강의 통행을 지배했다.

육지에서 상인은 중세까지도 원시적인 운송 수단에 의지했다. 가장 먼저 쓰인 수단은 상인 본인의 등이었다. 상인은 13세기까지도 짐을 등으로 졌다. 그러다가 짐승을 이용하거나 한 필 또는 기껏해야 두 필의 말이 끄는 이륜마차를 이용해 짐을 날랐다. 상인은 상업을 위한 길을 이용해야 했으며, 그 길은 우리가 생각하는 그런 길이 아니었다. 오직 동양과 아프리카 내륙에서만 노예를 짐꾼으로 이용하는 대상(隊商)이 꽤 일찍 생겨났던 것 같다. 일반적으로 그곳에서도 짐 싣는 동물이 원칙이었다. 남쪽의 전형적인 동물은 나귀나 노새였으며, 낙타는 이집트의 기념물에 한참 뒤에 나타났으며, 말은 그보다 더 뒤에 나타났다. 말은 원래 전쟁에 쓰였으며, 물건을 옮기는 데 쓰이기 시작한 것은 한참 뒤의 일이었다.

해상 운송은 똑같이 원시적인 운송 수단을 이용해야 했다. 고대에, 그리고 중세 초기에도 마찬가지로 노를 이용하는 보트가 원칙이었다. 배를 만드는 방법은 틀림없이 대단히 서툴렀다. 널빤지로 만든 배를 조립하는 데 쓰인 끈들에 대해 언급한 내용이 발견된다. 단단히 묶지 않으면 널빤지들은 풀어지고 말았을 것이다. 항해가 아득히 먼 날까지 거슬러 올라가기 때문에 항해의 발명이 이뤄진 때를 밝히기가 불가능한 것은 사실이지만, 우리가 오늘날 알고 있는 그런 의미에서 말하는 항해는 절대로 아니었다.

원래 항해는 바람이 순조로울 때 노로 속도를 보태는 것에 지나지 않았으며, 바람이 불어오는 쪽으로 거꾸로 나아가는 기술은 중세 초기까지 알려지지 않았던 것 같다. "에다"(Edda)[67]는 항해에 대해 희미하게 언급만 하고 있으며, 바람이 불어오는 쪽으로 항해

---

67 북유럽 신화의 바탕이 된 시와 노래들을 모은 책으로, '고에다'와 '신에다'로 구분된다.

하는 기술을 처음 발명한 사람이 중세의 전설이 전하는 바와 같이 안드레아 도리아(Andrea Doria)인지 의문스럽다. 호메로스(Homer)와 그 뒤의 자료를 통해서, 우리는 선박들이 그다지 크지 않았으며, 또 배들이 밤에 해안에 닿을 때마다 뭍으로 끌어올려졌다는 것을 알고 있다. 닻도 고대에 무거운 돌에서 시작해 오늘날과 비슷한 형태의 도구로 서서히 발달해갔다.

해운은 처음에 당연히 연안 운송이었으며, 원양 항해는 알렉산드로스 시대의 혁신이었으며 계절풍의 관찰에 근거를 두었다. 아랍인들은 처음에 외해를 가로질러 항해함으로써 인도에 닿으려 들었다. 위치를 결정하는 항해 장비는 그리스인들 사이에 대단히 원시적이었다. 그 장비는 모래시계처럼 공이 떨어지는 숫자를 헤아려 항해한 거리를 계산하는 주행거리계와 깊이를 재는 "볼리스"(bolis)로 이뤄져 있었다. 아스트롤라베[68]는 알렉산드로스 시대의 발명품이었으며, 그때서야 최초의 등대가 세워졌다.

중세의 해운은 아랍인들의 해운과 마찬가지로 기술적으로 중국보다 훨씬 뒤처져 있었다. 중국에서 일찍이 3세기와 4세기에 사용되었던 자침과 나침반이 유럽에는 1,000년이 더 지날 때까지 알려지지 않았다. 지중해와 발트 해에서 나침반이 소개된 뒤로 신속한 발달이 이뤄진 것은 사실이다. 그러나 선박 뒤쪽의 수직타는 13세기가 되어서야 보편화되었다.

항해의 원리는 엄격한 비밀이었다. 그 비밀은 이 측면에서 발전

68　고대 그리스의 천체 관측기.

의 옹호자가 된 한자동맹[69]의 시대까지 줄곧 흥정의 대상이 되었다. 결정적인 걸음들은 항해 천문학의 발전이었다. 아랍인들이 이룬 항해 천문학은 유대인들에 의해 스페인에 소개되었으며, 거기선 13세기에 알폰소(Alfonso) 10세는 그의 이름으로 알려진 일람표를 만들도록 했다.

나침반 지도는 14세기에 처음 알려졌다. 그 시대에 서구 세계가 대양 항해를 시작했는데, 그때 봉착한 문제들은 당분간은 매우 원시적인 수단으로 풀어야 했다. 천체 관찰을 위해서 북쪽에서는 북극성이 꽤 안전한 기점을 제공했으며, 남쪽에서는 십자성이 오랫동안 방향을 잡아주는 역할을 했다. 아메리고 베스푸치(Amerigo Vespucci)는 달의 위치를 바탕으로 경도를 결정했다.

16세기 초에 시계를 이용해 경도를 결정하는 방법이 소개되었다. 이 방법이 꽤 완벽했기 때문에, 정오에 태양이 가리키는 시간과 시계의 시간 사이의 차이를 계산함으로써 경도를 대략적으로 결정하는 것이 가능했다. 위도를 계산할 수 있는 사분원은 1594년에 처음 쓰였던 것 같다. 배의 속력은 이 모든 조건들에 좌우되었다. 노를 젓는 배와 현저히 다른 항해의 소개로 획기적인 변화가 일어났다. 그럼에도 고대에 지브롤터와 오스티아까지 바닷길로 가는 데 8일 내지 10일 걸렸으며, 메시나에서 알렉산드리아까지도 그 정도 걸렸다. 영국이 16세기와 17세기에 효율적인 항해술을 개발한 뒤

---

69 13~17세기에 독일 북쪽과 발트 해 연안의 여러 도시 사이에 이뤄진 동맹으로, 주로 해상 운송의 안전 보장과 상권 확장 등을 추구했다.

로, 적당히 빠른 증기선보다 그리 많이 처지지 않는 범선들이 등장했다. 그럼에도 범선들의 속도는 언제나 바람에 좌우되었다.

16장

운송 조직과
상업 조직의 형태들

A) 외국 무역업자

해상을 통한 상업은 어디서나 원래 해적 행위와 연결되었으며, 처음에 군함과 해적선과 상선은 서로 구별되지 않았다. 군함이 상선과 분리되어 발달하면서 서로 간에 구별이 생겨나게 되었다. 상선이 군함에서 분리되어 발달한 것은 아니었다.

그 후로 군함은 노잡이 자리의 숫자를 늘리고 다른 혁신을 통해서 기술적 발달을 크게 이루었다. 그 결과, 짐을 실을 수 있는 공간이 제한적인 점과 비용이라는 측면에서 볼 때 군함은 더 이상 상선으로서의 가치를 지니지 못하게 되었다.

고대에 파라오와 이집트 신전들이 최초의 선박 소유자였다. 그래서 우리는 이집트에서 개인이 소유했던 선박을 발견하지 못한다. 한편, 호메로스 시대의 그리스인들과 페니키아인들 사이에선 개인 소유의 선박이 특징이다. 그리스인들 사이에서 도시의 왕은 원래 무역과 해적 행위를 위한 선박들을 소유했다. 그러나 도시의 국왕은 훌륭한 가문들의 성장을 막을 수 없었다. 이 가문들은 선박을 소유하게 되었고, 도시의 국왕도 자신이 '동등한 사람들 중 일인자'(primus inter pares)가 되는 것으로 만족해야 했다.

초기의 로마인들 사이에 해외 무역은 그 도시가 중요성을 확보하는 가장 중요한 원천 중 하나였다. 우리는 로마인들이 소유했던 선박의 규모가 어느 정도였는지, 혹은 수출 무역의 규모가 어느 정도였는지에 대해 정확히 알지 못한다. 그러나 로마인들이 이 분야에서 카르타고인과 동등하지 않았던 것은 분명하다. 후에 로마인들은 순수하게 수입 무역으로 넘어갔다. 포에니 전쟁 후에 로마에서 개인 소유 선박이 제로 수준에서 벗어났다. 그러나 로마의 정책이 대륙적인 성격을 워낙 강하게 보였기 때문에, 선박 소유는 원래 원로원 의원에게 어울리지 않는 것으로 여겨졌다. 공화정 때와 심지어 제국 시대에도 원로원 의원은 자신의 잉여 산물을 시장에 내다 파는 데 필요한 수준 그 이상의 선박을 소유하는 것이 금지되었다.

고대에 선박의 운영이 경제적인 관점에서 어떤 식으로 조직되었는지, 우리는 알지 못한다. 유일하게 확실한 것은 노예를 동력의 수단으로 이용하는 현상이 점점 더 뚜렷해졌다는 사실이다. 선박의 관리(官吏)들은 숙련된 장인들이었다. 우리는 로마와 그리스의 선박에서 선장과 조타수, 그리고 노 젓는 사람들의 리듬을 맞추기 위해 피리를 불어주는 사람을 발견한다. 선박 소유자와 상인들의 관계에 대해서는 확실히 아는 바가 전혀 없다.

원래 선박 소유자 본인이 상인이었지만, 곧 바다를 통해 외국 무역을 전문적으로 하는 특별한 계급이 나타났다. 그리스 도시들의 '엠포로스'(émporos)[70]가 그들이다. 이 외국 무역은 규모가 매우 작았음에 틀림없다. 왜냐하면 집단을 위한 재화, 특히 고대의 대도시에 필요한 곡물의 양에 대해 말하자면, 공급이 공동체의 자급자족에 바탕을 두고 있었을 것이 분명하기 때문이다. 아테네의 선박 소유자들은 돌아올 때 아테네로 곡물을 싣고 오는 것이 의무였다.

한편, 로마에서는 국가가 선박과 곡물의 공급을 지배했으며, 이 두 가지에 대해서는 국가가 제정 시대까지 관리했다. 이런 식의 조정이 정말로 해상 운송에 평화와 안전을 부여하고 외국 무역에 매우 유익했지만, 그것이 영원히 이어지지는 않았다. 전선에 상비군을 배치해야 할 필요성 때문에 황제들에게 재정이 많이 필요하게 되었다. 그 결과, 황제들은 국가의 기능들을 조직화하지 않을 수 없었다. 황제들은 그 일을 과세를 통해 추구하지 않고 주로 시민들의 봉사를 통해 추구했다. 다양한 직업들을 길드처럼 조직하고, 각 직업이 국가의 노동 부담을 나눠서 지게 한 것이다.

이 의무에 대한 보수로서, 직업들은 산업의 각 분야에서 독점권을 누렸다. 이 제도는 해운도 그런 식으로 조직되도록 만들었으며,

---

70 그리스에서 영리 행위를 하던 상인을 일컬었다.

따라서 해운이 일찍이 후퇴하는 모습을 보이게 되었다. 3세기에 개인 선박이 사라졌고 동시에 해군도 약해지면서 해적 행위가 새롭게 발달할 기회를 맞게 되었다.

고대에, 무역에 필요한 법적 형식들에 따른 계약이 어떤 식으로 이뤄졌는지에 관한 지식을 줄 수 있는 자료는 극히 적다. 해운의 위험에 대해서만은 '로드 해사법'(lex Rhodia de iactu)[71]을 통해 어느 정도 알 수 있다. 이 법은 대체로 선박 한 척에 다수의 상인들이 타고 있었다는 사실을 보여주고 있다. 만약에 위험한 사태를 맞아 짐을 버려야 한다면, 그 손실은 참가자들이 똑같이 떠안았다. 또 다른 제도인 '해상 융자'(foenus nauticum)는 해상 무역이 특별히 높은 위험을 수반하는 사실 때문에 생긴 것이며, 이 제도는 중세에도 그대로 이어졌다.

만약 해외로 나갈 물건에 대해 융자가 이뤄진다면, 선박이 침몰하는 사태가 벌어지는 경우에 돈을 빌려준 사람이나 돈을 빌린 사람이나 똑같이 상환을 기대하기 어렵다. 양측이 입을 수 있는 위험은, 채권자가 아마 30%나 되는 예외적으로 높은 이자를 받는 대신에 혹시라도 물건을 찾지 못하는 사태가 발생하는 경우에 그 부담을 몽땅 떠안는 방식으로 나눠졌다. 부분적인 손실이 일어나는 경우에도 채권자가 받을 돈은 줄어들었다.

데모스테네스를 비롯한 아티카의 웅변가들이 법원에서 진술한

---

71 BC 300년경 고대 그리스의 식민지였던 로드섬의 해사법을 공화정 말기의 로마가 받아들였다.

내용을 근거로, 우리는 해상 융자가 채권자들이 해상 무역에 권력을 행사할 수 있는 기회를 부여했다는 사실을 확인할 수 있다. 채권자들은 선박 소유자에게 항해 경로와 기간, 제품을 팔아야 할 곳을 미리 정해주었다. 이처럼 해상 상인들이 자본가들에게 크게 의존한 것을 근거로, 해상 상인의 자본이 빈약했다는 추론도 가능하다. 위험을 분산시키기 위해, 선박 한 척에 대한 융자에 보통 다수의 채권자들이 참여했다.

게다가, 채권자의 노예가 화물과 함께 외국까지 나가는 경우가 잦았다. 이 같은 사실도 해상 상인이 자본가에게 의존했다는 점을 강력히 암시하고 있다. 해상 융자는 유스티니아누스가 그것을 고리대금으로 여겨 금지할 때까지 고대 전 기간에 널리 행해졌다. 이 금지도 영구적인 효과를 전혀 발휘하지 못했으며, 주로 선적에 대한 융자 형태에 변화를 초래했을 뿐이다.

중세의 조건은 불분명하다. 자본주의 이전의 제도에 따라서, 조선소는 도시의 소유였으며, 도시는 조선소를 조선 길드에 세를 놓았다. 중세의 해상 무역은 고대보다도 덜 자본주의적인 성격을 띠었다. 해상 무역이 행해진 일반적인 형태는 동일한 무역 거래에 이해관계가 걸린 모든 사람들이 단체를 구성해서 공동으로 하는 식이었다. 중세 전 기간에 걸쳐, 한 척의 선박이 단 한 사람의 책임 하에 항해에 나서는 일은 위험 때문에 거의 없었으며, 배는 언제나 다수의 출자자들을 위해서 건조되었다. 말하자면 파트너십 형태의 소유가 지배적이었다는 뜻이다.

한편, 다양한 파트너들은 여러 척의 선박을 소유하고 있었을 것이다. 선박 건조나 소유와 마찬가지로, 개별 사업은 대체로 단체로 이뤄졌다. 이 단체는 선박 소유자와 관리들, 선원들, 그리고 마지막으로 상인들을 포함했다. 그들은 언제나 하나의 회사 형태로 모여 각자 물건을 갖고 왔다. 이때 상인들은 자신이 직접 가지 않고 종종 대리인이나 중매인(仲買人), 직원을 보냈다. 위험은 공동으로 부담했으며, 이익이나 손실은 정해진 원칙에 따라 분배했다.

이런 식으로 조직된 위험 공동체와 나란히, 자본가들의 해상 융자가 존재했다. 이 해상 융자는 중세의 여행하는 상인들에게 선호되었다. 왜냐하면 여행하는 상인들에게는 융자로 물건을 사고 위험을 채권자들에게로 넘기는 것이 유리했기 때문이다. 피사의 해상법에 따르면, 이자율은 35%였다. 이자율은 이 선을 기준으로 위험의 높고 낮음에 따라 높거나 낮았다. 원래, 위험 공동체에 포함된 상인들은 모두 직접 물건을 갖고 항해에 나섰다. 그 상인들은 자신의 상품을 팔러 다니는 소규모 상인들이었다. 이 관행은 갈수록 약해져갔다. 그러다가 그 대신에 '코멘다'(commenda)[72]가 나타났으며, 틀림없이 그 시대에 '소키에타스 마리스'(societas maris)[73]가 증가했다. 코멘다는 이탈리아 법에만 아니라 바빌로니아와 아랍의 법에서도 발견되며, 한자동맹의 법에도 변형된 형태로 발견된다.

---

72 10세기 이후로 지중해 연안을 중심으로 무역을 하면서 형성된 기업가와 자본가의 조합을 일컫는다.

73 개별 무역을 위해 결성한 상인들 단체를 말한다.

코멘다의 핵심은 동일한 조직 안에 두 가지 유형의 공동 경영자가 존재한다는 점이다. 이 중 한 경영자는 원래의 소속 항구에 머물고, 다른 경영자는 외국으로 물건을 싣고 간다. 그 관계는 원래 개인적인 편의를 위한 것이었다. 다수의 상인들이 돌아가면서 다른 사람들의 물건을 외국 시장에 팔아주었던 것이다.

훗날 이런 관계는 자본의 투자에도 적용되었다. 돈을 제공하는 사람들은 일부는 전문적인 무역상이었지만 특히 남쪽 지역의 경우에 여분의 부를 상업에 투자해서 돈을 벌기를 바라는 귀족 같은 자본가였다. 이런 경우에 외국에 나가는 협력자에게 돈이 주어지거나, 돈으로 계산한 재화가 주어진다. 이 투자가 곧 거래 자본이었으며 전문적인 용어로 '코멘다'라 불렀다. 재화는 외국에서 팔렸고, 물건을 판 돈으로 외국에서 다른 물건을 샀다. 이 외국 물건은 모항으로 돌아와서 팔렸다. 거래에서 얻은 이익을 분배하는 방식은 다음과 같다. 고국에 남은 협력자가 자본을 다 댔을 경우에 그에게 이익의 4분의 3이 돌아갔다. 그러나 만약 그와 외국에 나간 협력자가 투자를 공동으로 했다면, 이런 경우에 대체로 국내에 남는 협력자가 투자 중 3분의 2를, 외국에 나가는 협력자가 3분의 1을 각각 부담하는데, 이익은 두 사람이 반씩 나눠 가졌다.

이런 사업의 두드러진 특징은 처음으로 자본주의적인 회계가 적용되었다는 점이다. 사업이 끝날 때의 자본과 사업이 시작할 때의 자본을 서로 비교했으며, 늘어난 것이 이익으로 확인되고 분배되었다.

그러나 형식에 대해 말하자면, 아직 영속적인 자본주의적 기업은 전혀 없었고 개별적인 모험만 있었을 뿐이다. 회계는 한 차례의 위험한 여행이 끝나고 나면 저절로 끝났다. 이런 식의 계약이 중세 내내 해상 무역을 지배했으며, 영속적인 자본주의적 사업으로 바뀐 뒤에도 그런 식의 계약은 개별 사업의 회계 형태로 계속 남았다.

현대적인 기준으로 평가한 중세 무역의 매출액은 극히 작았다. 중세의 무역은 아주 작은 양을 거래하는 소규모 상인들에 의해 수행되었다. 1277년에 잉글랜드가 수출한 양모의 무게는 6만cwt[74]였다. 이 양을 250명의 상인이 수출했으니, 상인 한 사람이 1년간 수출한 양모는 240cwt였다. 12세기에 제노바에서 결성된 코멘다의 평균 금액은 미국 달러로 250달러 또는 영국 화폐로 50파운드 정도였다. 14세기에 한자동맹 안에서 2개 이상의 코멘다를 결성하는 것이 금지되었으며 금액도 앞에 제시한 액수보다 더 크지 않았다.

잉글랜드와 한자동맹 사이의 전체 무역은 최고조에 달했을 때에도 4,000달러 또는 800파운드에 미치지 못했다. 레발[75]의 상황은 세관 기록을 통해 추적이 가능하다. 1369년에 그 항구를 출발한 선박은 12척이었고, 그 선박들에 이해관계가 걸려 있었던 상인은 178명이었으며, 그 선박들에 걸린 상인들의 이해관계는 돈으로 따지면 평균 400달러 정도였다. 14세기에 전형적인 화물은 베네치

---

74 라틴어 centum(hundred)과 영어 weight의 약자로, 미국에서는 100파운드, 영국에서는 112파운드와 같다.

75 오늘날 에스토니아의 수도 탈린을 말한다.

아에서 1,500달러 정도였고 한자동맹 안에서 1,250달러 정도였다. 15세기에 레발 항구로 들어간 선박의 숫자는 1년에 32척이었으며, 한자동맹 안에서 가장 중요한 항구였던 뤼벡으로 들어간 선박은 1368년에 430척이었다. 이에 반해 뤼벡 항을 떠난 배는 870척이었다. 이런 배를 타고 직접 여행을 하거나 다른 사람들이 대신해서 여행하도록 한 사람은 일단의 소규모의 자본가 무역업자들이었으며, 이 같은 사실은 조직이 회사로 변해가는 과정을 설명해준다.

해적의 위험 때문에, 어떤 선박도 홀로 항해 계획을 잡을 수 있는 위치에 있지 않았다. 선박들은 대상(隊商)처럼 무리를 지었으며, 무장한 선박의 호위를 받거나 스스로 무장을 했다. 이런 해상 대상이 지중해를 항해하는 경우에 소요되는 시간은 대체로 6개월에서 1년 사이였다. 제노바에서 동양으로 떠나는 해상 대상은 1년에 한 차례뿐이었으며, 베네치아에서도 그런 해상 대상은 2번뿐이었다. 대상을 이루는 여행은 자본의 회전을 극도로 느리게 만들었다.

이런 조건에도 불구하고, 소득의 원천으로서 무역의 중요성을 과소평가해서는 안 된다. 1368년에 발트 해 항구들의 매출은 거의 400만 달러에 달했다. 이 수치는 잉글랜드의 국왕이 거둬들이는 전체 세입의 3배에 해당하는 것이었다.

육상 무역은 위험이 덜했다. 유일한 위험은 강도들이었으며, 자연 재해에 따른 위험은 없었다. 그러나 비용은 비교도 되지 않을 만큼 컸다. 위험이 제한적이었던 만큼, 단체 조직 같은 것은 없었으며, 해상 융자와 비슷한 육상 융자도 없었다. 그런 제도를 마련하려는 시도가 있었지만, 로마 교황청이 그것을 악명 높은 고리대금으로 여겨 반대했다.

육상 무역에서도 마찬가지로 상인이 자신의 물건을 직접 갖고 가는 것이 원칙이었다. 상인이 직접 물건을 갖고 가야 하는 부담으로부터 풀려날 수 있을 만큼 운송 조건이 충분히 안전해진 것은 13세기 들어서였다. 이때 상인은 선박의 관계자가 자신의 화물에 대해 대신 책임을 지도록 할 수 있었는데, 이것은 송하인(送荷人)과 수하인(受荷人) 사이에 상거래 관계의 확립을 전제로 한다.

육상 무역은 도로 사정으로 인한 기술적 어려움 때문에 힘들었다. 로마의 도로가 많은 대화의 주제로 떠올랐지만, 로마의 길도 마찬가지로 사정은 이상(理想)과 거리가 멀었다. 카토와 바로는 미천한 신분의 사람들이 그 길을 자주 이용한다는 이유로 그 길을 사용하지 말라고 경고했으며, 여행객들에게 과도한 요금을 물려 부담을 안겨줄 수 있다는 이유로 길 가까운 곳에 선술집을 세우지 않도록 조언했다. 먼 속주에서 로마의 길은 교역에도 활용되었을 것이지만, 원래 교역을 위해 닦은 것은 아니었으며, 로마 도로의 직선 코스는 교역에 따른 필요성을 전혀 고려하지 않았다. 게다가 로마 시대에는 수도에 식량을 공급하는 일이나 군사적, 정치적 목적에 중요한 도로들만 보호의 대상이 되었다. 로마의 도로를 유지하는 일은 하나의 행정적 기능으로서 농민들에게 넘겨졌으며, 농민들은 그 대가로 과세로부터 면제를 받았다.

중세에 봉건 영주들은 재정적 관점에서 교역로를 유지하는 일에 관심을 두었다. 봉건 영주들은 자신들의 '스카라리이'(scararii)를 통해 도로들을 관리했으며, 그런 관리에 대한 대가로 통행료를 받았다. 스카라리이는 도로와 다리를 보수하고 유지하는 일을 맡은 농민들을 말한다. 이 일은 봉건적인 조직이 요구하는 부담 중에서 가장 무거운 부담에 해당한다.

도로들을 합리적으로 설계하는 문제와 관련한 합의는 영주들 사이에 전혀 없었다. 영주마다 세금이나 통행료로 비용을 확실히 메울 수 있는 쪽으로 도로의 위치를 정했다. 체계적인 도로 계획은 롬바르디아 동맹의 시대에 롬바르디아에서 처음으로 발견된다.

이런 모든 사실들 때문에, 중세의 육상 무역의 규모는 해상 무역의 규모보다 훨씬 작았다. 16세기에도 어느 큰 상업 가문의 중매인(仲買人)은 가방 16개 분량의 목화를 구하기 위해 아우구스부르크에서 베네치아까지 여행했다. 중세 말기에 어느 한 해 동안에 생 고트하르트 고개[76]를 넘어간 물품은 화물 열차의 한 칸 반 정도를 채울 양이었던 것으로 추산된다. 교역량이 적었다는 점을 고려하면, 수익은 여행 동안에 지급해야 하는 세금이나 생활비를 충당할 수 있을 만큼 컸음에 분명하다. 도로 사정을 감안하면, 여행 기간은 마찬가지로 길었다. 육로로 여행할 때조차도 상인은 여행 시기를 마음대로 정하지 못했다. 도로가 불안전했기 때문에 호위대가 반드시 필요했으며, 호위대는 꽤 많은 수의 여행객들이 모일 때까지 기다렸을 것이다.

76 스위스 남부와 스위스 북부를 연결하는 고개.

따라서 육상 무역도 해상 무역처럼 대상(隊商)이 되지 않을 수 없었다. 대상은 원시적인 한 현상이며 중세뿐만 아니라 바빌론에서도 발견된다. 고대의 동양에는 공식적으로 임명되는 대상 지도자가 있었다. 중세 들어서 도시들이 대상 지도자들을 제공했다. 14세기와 15세기의 평화로운 조건이 안전을 꽤 괜찮은 수준으로 확립하고 나서야, 사람이 개별적으로 여행하기 시작했다. 기술적인 측면에서 보면, 소위 사역 동물들이 열을 지어 짐을 나르게 하는 형태로 육상 운송이 조직화됨에 따라, 그런 여행이 가능해졌다. 동물들이 열을 지어 짐을 나르는 제도는 봉건적인 계획에서 비롯되었다. 이런 봉건적 계획에서도 다시 수도원들이 주도적인 역할을 맡았다. 어느 지역의 영주는 말과 짐 나르는 동물, 마차 등을 비치해 놓고 그곳의 사람들이 이용할 수 있도록 했다. 마차들은 농민 보유의 땅들을 소유한 사람이 돌아가면서 제공했으며, 그에 따른 부담은 결국엔 농민 보유의 땅에 안겨졌다.

봉건적인 조직은 점진적으로 전문적인 계급에 자리를 양보했지만, 체계화된 산업은 도시들이 운송 사업을 직접 관리하고 나선 뒤에야 발달했다. 동물들을 이용한 운송 사업에 종사하는 노동자들은 스스로 도시 안에서 길드 같은 것을 조직했으며, 그들은 선출한 "운송업자"의 엄격한 규율을 받아들였다. 대신에 이 운송업자는 노동자들을 대표해서 상인들과 협상을 벌이고 길드의 다양한 구성원들에게 마차를 분배해 주었다. 육상 교역에 나서는 대상(隊商)의 지도자가 책임을 지는 것은 일반적으로 통하던 원칙이었다.

내륙의 선적을 위해 다양한 형태의 조직이 결성되었다. 봉건 영주 또는 수도원의 선박과 뗏목을 이용하는 것은 종종 의무였으며, 그래서 영주들은 사실상 재화의 이동에 대해 독점권을 누렸다. 그러나 대체로 영주들은 그 독점권을 직접 행사할 수 없었으며, 따라서 그것을 운송 노동자들의 조합에 넘겼다. 그래서 고도로 전문화된 이 노동자들의 조합이 독점권을 확보할 수 있었으며, 영주는 그 독점권을 빼앗겼다. 게다가, 대체로 도시의 발달이 있은 뒤로 여겨지지만 비교적 일찍이, 자유 선적 길드들이 생겨나서 작업을 돌아가면서 맡는 제도를 시행했다.

운송 노동자들은 자신들의 작은 배를 이용해 물건들을 운송했으며, 이익을 챙길 수 있는 기회는 길드가 정한 엄격한 원칙에 따라 분배되었다. 또 도시 공동체가 선적 조직에 대한 책임을 떠안는 일이 벌어졌다. 이제르 강에서 미텐발트의 시민들이 뗏목에 대한 독점권을, 말하자면 순번을 정해 돌아가면서 짐을 나를 권리를 누렸다. 고지대의 농업 시설로부터 무거운 짐들을 뗏목으로 아래로 수송하는 한편, 높은 가치의 재화를 고지대로 실어 날랐다.

마지막으로, 내륙의 강을 통한 수송을 맡은 폐쇄적인 단체들이 봉건 조직이나 길드 조직으로부터 발달했다. 예를 들면, 잘차흐 강과 인 강에서는 봉건적인 조직으로부터 그런 단체들이 나왔다. 원래 잘츠부르크의 대주교는 일종의 봉토 같은 것으로서 선박 운행에 대한 독점권을 가졌으며, 그때 내륙의 상선단을 이루었던 선박 운영자들의 조합이 생겨났다. 이 조직은 선박들을 소유했고, 운송 노동자들을 고용하고, 대주교로부터 독점권을 넘겨받았다. 15세기에 대주교는 그 특권을 다시 사들여서 그것을 봉토 같은 것으로 하사했다. 무르크 강에서도 수송은 목재 운송업자들의 단체에 좌우되었다. 이 수송의 권리는 숲에 대한 독점에서 비롯되었으며, 따라서 삼림지의 소유자의 것이었다. 슈바르츠발트의 목재 공급이 아주 많았기 때문에, 무르크 강의 선적 조직이 활동 영역을 라인 강까지 확장하게 되었으며, 따라서 그 선적 조직은 숲의 조직과 라인 강 조직으로 나눠지게 되었다. 마지막으로, 그런 단체는 운임 수입을 올릴 목적으로 외국 제품의 운송까지 맡았다. 오스트리아의 다뉴브 선적 조직과 오버라인 선적 조직은 길드들로부터 발달했다. 따라서 광산 공동체의 상황과 비슷한 상황에서, 강을 통한 운송이 노동자들의 단체들의 수중으로 들어가게 되었다.

이런 관계들 속에서 상인들이 떠올리게 된 것은 개인적 보호의 필요성이었다. 가끔 이 부분은 성직을 존중하는 것과 비슷한 성격을 띠었으며, 외국 상인은 신들이나 족장의 보호를 받았다. 또 다른 형태의 보호는 중세의 북부 이탈리아에서처럼 그 지역의 정치권력과 안전 통행을 위한 합의를 맺는 것이었다. 거기서 훗날 시민들은 자신들의 요새화된 지역들을 점령함으로써, 무역을 위협하고 있던 기사들이 도시로 옮기거나 상인들을 보호하는 임무를 맡도록 강요했다. 상인들에게 통행을 허락하고 받는 수수료가 한때 도로 옆에 살던 사람들의 주요 소득원이었다. 스위스에서 그런 예가 확인된다.

상업에 두 번째로 필요한 조건은 법적 보호였다. 상인은 외국인이었으며, 따라서 그 나라 또는 부족의 구성원과 똑같은 법적 기회를 누리지 못했을 것이다. 당연히, 상인에겐 특별한 법적 계약이 절실히 필요했다. 이 목적에 이바지했던 한 가지 제도는 보복의 원칙이었다. 예를 들어 제노바나 피사의 채무자가 피렌체나 프랑크푸르트에서 진 부채를 상환하지 못하거나 상환하지 않으려 한다면, 이 채무자의 동포들에게 압박이 가해졌을 것이다. 이 같은 압박은 불공정했으며 장기적으로 지속 가능하지도 않았으며, 가장 오래된 상업 조약은 이런 보복을 막는 것을 목표로 잡고 있다. 이런 원시적인 보복의 원칙에서 시작해서, 상인이 법적 보호를 받을 필요성이 다양한 제도를 낳았다.

상인은 외국인으로서 그 나라의 법정에 설 수 없었다. 그래서 외국인은 자신을 대표할 후원자를 내세워야 했으며, 따라서 고대에 '프로크세니아'(proxenia)[77] 현상이 생겨났다. 이것은 어떤 이해 관계와 환대를 동시에 나타내고 있다. 중세의 인질법이 이에 해당한다. 외국 상인은 어느 시민의 보호를 받을 권리를 누렸는데, 그런 경우에 그 상인은 자신의 재화를 모두 그 시민에게 맡겨야 하며, 주인은 공동체를 위해 재화를 지키는 의무를 졌다.

상인들의 숫자가 늘어나면서 상인 조합이 조직되었을 때, 그 조합은 앞에서 말한 방향과는 판이한 쪽으로 나아갔다. 상인 조합은

77　어떤 시민이 국가로부터 명예직을 얻는 대가로 자비로 외국의 대사들을 접대하는 것을 말한다.

보통 본국과 멀리 떨어진 도시에서 무역 행위를 하는 외국 상인들의 길드였으며, 이 외국 상인들은 상호 보호를 위해 서로 힘을 모아 조직했다. 그런 조직들이 도시의 지배자로부터 허가를 얻어야 했다는 점에 대해선 말할 필요도 없다. 외국에 결성된 이런 상인들의 조직은 대체로 상인들을 위한 특별한 정착촌의 확립과 연결되었다. 이런 정착촌이 설립됨에 따라, 상인들은 자신들의 물건을 즉시적으로 팔아야 하는 필요성에서 자유롭게 풀려날 수 있었다. 전 세계에 걸쳐, 중세에 육상 무역을 위한 대상(隊商) 숙소가 만들어지고 해상 무역을 위한 무역 기지 또는 창고 혹은 매장이 만들어져 그런 목적에 이바지했다.

이 맥락에서 두 가지 대안이 있었다. 첫째, 외국 상인들이 자신의 이익을 위해서 매장을 스스로 세울 수 있었다. 외국 상인들이 정착한 곳에 그들의 활동이 꼭 필요한 경우에 그런 식의 접근이 가능했다. 이런 경우에 외국 상인들은 자신들의 지도자를 스스로 선택하면서 자율을 누렸다. 런던에 체재하던 독일 상인들이 결성한 조합이 그런 예에 속했다. 한편, 그 나라의 상인들이 외국인 상인들을 위해 시설을 설립할 수도 있다. 이런 식의 접근은 외국 상인들이 그 나라의 시장에 접근하는 것을 통제하고 그들을 억제하기 위한 것이다. 베네치아에서 독일 상인들이 거주했던 폰다코(fondaco)가 그런 예이다.

마지막으로, 무역을 위한 시간을 일정하게 정하는 것이 필요해졌다. 구매자와 판매자가 서로를 발견할 수 있어야 했기 때문이다. 이 필요는 시장을 고정시키는 것으로 해결되었으며, 이것이 시장 면허를 낳았다. 이집트와 인도, 고대와 중세의 유럽 어딜 가나 외국 무역업자들을 위한 시장이 군주들의 면허에 의해서 확립되었다. 그런 면허의 목적은 한편으로는 면허를 허용하는 권력자에게 필요한 것을 공급하는 것이고, 또 한편으로는 재정을 늘리는 것이었다. 군주는 시장의 거래를 통해서 수익을 올리기를 원했다. 그 결과, 수송에 관한 규제는 소득 수입을 위해서 언제나 시장 면허와 연결되게 되었다. 시장 법원을 설립하는 것도 그런 예였다. 시장 법원은 부분적으로 그곳을 통해서 수수료를 받으려는 군주의 이익과 부합하고 또 부분적으로는 그 나라의 정식 법원에 나가기 힘든 외국 무역업자들의 이익과도 부합했다. 도량형과 화폐 주조, 거래의 시간과 방식에 관한 규정도 있었다. 이런 활동에 대한 보상으로, 군주는 시장세를 거뒀다.

시장을 방문하고 있는 상인들과 면허를 허용하는 당국 사이에 애초부터 형성되었던 이런 관계들로부터 다른 제도들이 발달했다. 상인들에겐 자신들의 물건들을 테스트하고 무게를 달고 보관할 거대한 공간이 필요했다. 초기에 발달한 것이 군주의 소유인 크레인을 의무적으로 사용하는 것을 포함하는 바날리테였다. 이것은 과세의 한 방법으로 강요된 것이었다. 그러나 재정적 이익은 주로 강제적인 중개에 의해 촉진되었다. 당국에 대한 지급이 상품의 거래량을 근거로 이뤄졌기 때문에, 상인들은 거래량에 대한 확인을 받아야 했다. 따라서 중개업자들이 확립되었는데, 이것은 동양에서 서양으로 넘어간 제도이다. 이런 조건들 외에, 의무적인 여정(旅

程)이라는 조건이 있었다. 군주가 상인의 안전을 보장해야 했기 때문에, 상인은 군주에게 속하는 도로들을 이용해야 했다. 마지막으로, 시장이 강제하는 사항이 있었다. 이것은 외국 상인들을 통제할 목적으로 그들의 교역이 시장이나 창고에서 공개적으로만 이뤄지도록 한 규정을 말한다.

(B) 거주민 상인

앞에서 묘사한 조건들은 중세 초기의 무역에만 적용되는 것이 아니라, 외국 무역업자가 우세한 한, 아라비아와 전 세계에도 그대로 적용된다. 거주민 상인들의 계급이 발달했을 때, 이와 완전히 다른 조건들이 생겨났다.

이전에 요새(要塞) 근처에 형성된 시장 정착촌에 틀림없이 거주자 상인들이 있었을지라도, 거주민 상인이라는 현상은 전형적으로 도시들의 발달에 따른 산물이다.

거주민 상인은 전문적인 용어로 '메르카토르'라 불렸다. 이 용어를 중세는 도시에 정착할 특권을 얻은 상인을, 그리고 자신의 산물을 팔든 외국인들의 산물을 팔든 불문하고 주로 소매업자를 뜻하는 것으로 받아들였다. 일부 법률 문서를 보면, 이 단어가 현대의 상법에서 말하는 상인과 동일한 뜻으로 쓰이고 있다. '메르카토르'는 이익을 얻을 목적으로 사고파는 사람인 것이다.

그러나 특별히 라인 강 지방의 문서에 나타나는 이 단어의 이런 쓰임새는 중세에 일반적이었던 것으로 받아들여질 수 없다. 중세 도시들의 인구 구조 속에서, '메르카토르'는 도매상이 아니라 무엇인가를 시장에 갖고 오는 사람이었다. 전문적인 상인뿐만 아니라 장인도 '메르카토르'였던 것이다.

도시의 전문적인 상인 계급은 다음과 같은 방식으로 발달했다. 거주민 상인은 우선 돌아다니는 장사꾼이었다. 거주민 상인은 산물을 먼 곳에 팔거나 먼 곳에서 산물을 확보하기 위해 정기적으로 여행하며, 정해진 주거지를 갖고 있는 행상인이었다. 다음 단계는 그가 여행을 다른 누군가, 그러니까 직원이나 하인 아니면 파트너가 자신을 대신해서 하도록 하는 것이었다. 첫 번째 방식이 두 번째 방식으로 넘어간 것이다. 세 번째 단계는 공장 시스템에 의해 이뤄졌다. 상인은 먼 지점에 독립적인 정착지를 발견하거나 적어도 거기에 직원을 상주시키고, 따라서 지방 사이에 어떤 연결 관계를 확립할 수 있을 만큼 자본력을 키웠다. 마지막으로, 거주민 상인은 위치를 완전히 고정시키고 먼 지역과는 서신을 통해서만 거래했다. 이 조건은 중세 말기까지는 가능하지 않았다. 이유는 영토 간의 법적 안전이 충분히 보장되지 않았기 때문이다.

중세의 장사의 무게 중심은 소매에 있었다. 먼 곳에서, 그러니까 동양에서 상품을 들여오는 상인도 소비자들에게 직접 파는 것에 관심을 두고 있었다. 위험은 덜했고, 이익은 더 안정적이었으며, 도매 거래보다 대체로 더 컸다. 그런 소매는 독점적인 성격도 어느 정도 띠고 있었다. 한자동맹의 회원들도 현대적인 의미의 상인은 아니었으며, 러시아와 스웨덴, 노르웨이, 잉글랜드의 소매업에서 외국의 경쟁을 배제하려 노력하면서 주로 외국 땅에서 소매 거래를 통제하는 것을 목적으로 삼았다. 16세기에도 엘리자베스가 특권을 부여한 '잉글랜드의 상인 모험가들'도 이런 정책을 추구했다. 본래의 의미에서 말하는 도매상들은 중세 초기에 전혀 존재하지 않았으며, 중세 말경에 소규모로 존재하면서 남부 유럽의 상업 중심지들에서 점진적으로 숫자를 늘려갔다. 북부 유럽에서는 그때도 마찬가지로 도매상들은 여전히 예외적인 존재들이었다.

하나의 계급으로서 거주민 상인들은 다른 집단들과 경쟁을 벌여야 했다. 도시 시장의 독점을 유지하기 위한 투쟁과 같은 일련의 갈등들은 외적이었다. 거주민 상인들은 특히 부족 산업과 연결된 장거리 상업에서 비거주민 부족 및 씨족 거래와 경쟁을 벌여야 했고 비거주민 외국 무역상들과도 경쟁을 벌여야 했다. 그런 경쟁을 억누르려는 소망에서, 유대인들과의 갈등이 생겨났다.

중세 초기에 독일에서 유대인에 대한 증오가 전혀 발견되지 않는다. 11세기에도 슈파이어의 주교는 본인의 표현을 빌리면 도시의 영광을 높이기 위해 유대인들을 도시로 초대했다. 고대에 셈족에 반대하는 운동이 발견될지라도, 반(反)유대주의의 물결이 신앙들 사이의 전쟁과 유대인들과의 경쟁이라는 이중의 영향을 받아 처음 유럽 대륙 전역에서 터져 나온 것은 십자군 운동 때였다. 타키투스는 "미신"을 근거로 유대인들을 비난했으며, 그는 한 사람의 로마인으로서 동양적인 모든 "황홀감"을 경멸스런 것으로 무시했다. 유대인을 비롯한 외국인들, 말하자면 헨리 3세 통치 기간에 잉글랜드로 들어왔던, 코르시나라 불린 이탈리아 상인들[78]과 롬바르드족, 시리아인들과 맞서 벌이는 경쟁은 그 나라에 상업 계층이 발달하고 있었음을 보여주는 신호이다.

거주민 상인은 또 그 나라에 정착한 상인들과도 경쟁을 벌였다. 이 갈등은 15세기에 도시 상인들의 완전한 승리로 끝났다. 예를 들어, 바이에른의 부호 루이스 공작(Duke Louis)은 통제를 위하여 자신의 영토 안에 있던 농촌 상인들을 도시로 강제로 몰아넣은 것에 대해 특별히 자부심을 느꼈다. 또 다른 상인들도 소매와 갈등을 빚었는데, 갈등은 다양한 형태로 표출되었다. 부분적으로 도시의 상인들은 외국 상인들이 특정한 날짜에만 물건을 팔 수 있도록 하는 조건을 확립했다. 외국 상인들에게는 소비자들을 상대로 직접적으로 파는 것이 금지되었으며, 마찬가지로 통제를 위해서 외국 상인들 간의 거래도 모두 금지되었다. 최종적으로 그들에게는 의무적인 처분이 강요되었다. 말하자면, 그들이 갖고 온 상품은 정해진 시간과 장소에서 소비자에게든 현지의 상인에게든 몽땅 파는 것이 조건이었다는 뜻이다.

거주민 상인들은 외국인에 대한 통제를 강화하는 조치를 추가적으로 취하는 데에도 성공했다. 거주민 상인들은 외국 상인들이 특정한 시민의 주거지에 머무는 것을 의무화했다. 이런 경우에 그 시

---

78 'caursines'라는 명칭은 'Cahors'라는 도시에서 비롯되었다.

민은 외국 상인들의 활동을 감시해야 했다. 이것이 손님과 주인 사이의 금지된 거래를 할 위험을 낳기 때문에, 거주민 상인들은 그런 의무적인 일들을 수행할 수 있는 공적인 창고를 고안했다. 베네치아의 '폰다코 데이 테데스키'의 경우처럼, 늘 그랬던 것은 아니지만 두 가지 방법이 자주 결합되었다.

모든 독일인 상인은 이 폰다코에서 살아야 하고 모든 제품을 거기에 저장해야 했다. 이 폰다코는 자치권을 전혀 갖지 않았으며, 폰다코의 관리들은 도시가 독일 상인들에게 강요한 사람들이었으며, 시는 중개업자들을 통해서 독일 상인들을 통제했다. 이런 조치들 중에서 가장 효과적인 것으로 통하는 의무적인 중개는 외국인들과 현지인들 사이의 거래를 막았다. 그런 중개 제도가 부상하게 된 이유는 거주민의 장사의 독점적인 경향과 도시가 외국인들의 모든 거래를 통제하려는 소망 때문이다. 중개인은 자신의 사업을 할 수 없었으며 파트너십 관계도 맺을 수 없었다. 그는 공식적으로 자신이 감독하는 거래와 관련해서 들어오는 수수료에 의존했다.

상인 계급이 추구하는 두 번째로 중요한 목표는 기회의 내적 평등에 관한 것이었다. 상인 집단의 보호를 받는 구성원들 중 어느 누구도 다른 사람들보다 기회를 더 많이 누려서는 안 되며, 이 원칙은 소매에 특별히 더 적용되었다. 이 목표는 사전 판매나 "매점"(買占)에 대한 금지와 몫을 공유하는 권리를 통해 성취되었다. 이 원칙들 중 첫 번째 원칙은 중개인들이 제품들이 도시에 들어오기도 전에 파는 것을 금지시켰다. 한편, 어떤 상인이 보다 큰 자금력을 바탕으로 다른 상인보다 더 많은 제품을 들여왔다면, 공유의 권리가 작동하게 되어 있었다. 이 공유의 권리는 단체의 구성원이면 누구나 문제가 된 제품 일부에 대해 실제 비용을 부담하는 조건으로 소유권을 포기할 것을 요구할 수 있다고 정했다. 이 조항은 소매상의 경우에만 적용 가능했다. 도매 거래는 멀리서 온 제품인 한에는 그런 조건에 구애를 받을 수 없다. 그 결과, 도매 거래가 보다 큰 자유를 획득하는 데 성공함에 따라 더욱 치열한 경쟁이 촉발되기에 이르렀다.

거주민 상인 계급이 치러야 했던 세 번째 투쟁은 활동 무대 자체를 둘러싼 투쟁이었다. 이 투쟁은 도시의 가능성을 최대한 활용하려는 노력과 관계있었다. 그런 노력은 거리들에 따라 주요 산물들을 강요하거나 제한하는 문제를 둘러싸고 갈등을 낳았다. 말하자면, 모든 상인들이 정해진 곳의 정해진 거리를 이용하고 정해진 지점이나 정해진 항구에서 제품을 팔도록 강제할 권리를 놓고 갈등이 빚어졌다는 뜻이다. 이 같은 조건은 처음에 상업의 발달에 유리하게 작용했다. 그런 조치가 특정 장소와 거리를 정함에 따라 자연히 형성시킨 독점이 없었더라면, 거래 규모가 작았다는 점에 비춰 볼 때, 장사에 필요했던 항구와 거리의 발달에 든 비용을 부담하고 기술적 조건을 충족시키는 일은 불가능했을 것이다. 그러나 그렇다고 해서 독점을 확보한 사람들, 특히 도시의 영주들과 군주들에게 순수하게 재정적인 고려가 최우선이었다는 사실에 변화가 일어난 것은 절대로 아니다.

영토를 가진 모든 영주는 전쟁을 통해 주요 산물과 거리의 권리를 소유하려 들었다. 그런 욕심 때문에 일어난 갈등은 독일에서, 특히 14세기와 15세기 동안에 대단히 폭력적이었다. 주요 산물과 거리에 대한 권리는 그 투쟁의 목적이자 원인이었다. 만약 그 권리가 어떤 장소에 부여되기만 하면, 지배적인 영주는 그 거리에 이르는 길을 가로막거나 정치적 수단을 동원해서 심각한 피해를 입힐 수 있었다. 중세 후반기 동안에 영국과 프랑스의 관계사는 이런 예들로 점철되어 있다.

마지막으로, 거주민 상인 계층은 소비자의 이해관계와 충돌을 빚었으며, 이 계층이 현지의 시장에 관심을 두고 있느냐 아니면 먼 곳과의 거래에 관심을 두고 있느냐에 따라 내적으로 갈렸다. 소비자들은 가능한 한 외국 상인들로부터 직접 구하기를 원한 반면에, 현지 상인들의 절대 다수의 관심은 공급을 확보할 가능성을 열어두는 한편으로 소매상의 관점에서 시장을 통제할 수 있기를 기대하면서 소비자의 태도에 반대했다. 결국엔 두 가지 이익을 다 챙기는 것은 불가능한 것으로 드러났다. 이 같은 사실을 인정함에 따라, 상인 계층 안에서 도매 거래에 관심을 보이는 사람들과 거기에 반대하는 사람들이 갈라지기 시작한 반면에, 소매상과 소비자의 이해관계는 서로 가까워지기 시작했다.

(C) 박람회 무역

외국 상인과 거주민 상인의 통상적인 활동은 똑같이 소비자들을 향했다. 이와 반대로, 상인과 상인 사이의 최초의 거래는 박람회장에서 일어났다. 중세에는 순수하게 지역에 관심을 두었던 소매상이 지배적이었기 때문에, 박람회는 지역을 이어주는 가장 중요한 형태의 거래 조직으로 발달했다.

우선, 박람회의 특징은 현지인들이 찾는 것이 아니라 외국 상인들이 거래를 목적으로 찾았다는 점이다. 두 번째 특징은 바로 눈앞에 놓인 물건을 놓고 거래가 이뤄졌다는 점이다. 이 두 번째 특징이 당시의 박람회가 오늘날의 거래와 두드러지게 다른 점이다. 오늘날엔 현장에 있지도 않고 아직 생산도 되지 않은 물건들이 거래되고 있으니 말이다.

전형적인 박람회를 꼽는다면 단연 샹파뉴 지방에서 개최된 박람회들이다. 샹파뉴의 4개 주요 도시들에서 6차례의 박람회가 열렸으며, 각 박람회마다 준비와 전시, 결제 등을 포함해 50일간 이어졌다. 그래서 휴일을 제외하면 한 해가 6개의 박람회로 채워졌다고 할 수 있다. 이 박람회들은 위에서부터 조직되었다. 박람회 감독 기구 같은 것이 있었다. 이 기구는 한 사람의 시민과 안전한 통행을 위해 한 사람의 군인으로 구성되었다.

박람회는 1174년에 처음 언급되고 있으며, 13세기와 14세기에 이르러 최고의 발달을 보였다. 박람회는 참석자들에 대해 경찰권과 재정적 권리를 행사할 수 있었으며, 최고의 처벌로서 박람회 배제를 결정할 수 있었다. 이런 조치는 다른 권력들, 특히 교회에 의해서도 채택되었다. 교회는 위반자를 박람회로부터 배제하기 위해 정치적 또는 재정적 이유를 근거로 파문(破門)을 자주 들고 나왔으며, 마을 공동체 전체가 그런 운명을 맞기도 했다.

상파뉴는 한쪽에 잉글랜드의 양모 생산지와 플랑드르의 양모 제조 지역을 두고 다른 한쪽에 동양 상품의 큰 수입국인 이탈리아를 두고 있는 지리적 이점으로부터 상업적 중요성을 끌어냈다. 따라서 박람회에서 거래된 재화 중에서 최고의 자리는 당연히 양모와 양모 제품, 특히 값싼 옷감에게 돌아갔다. 이 물건들과 교환하기 위해 남쪽에서는 대단히 소중한 물건들을, 예를 들면, 무두질을 잘 한 양가죽과 양념, 칼륨명반(明礬), 가구 세공용 목재, 염료, 왁스, 사프란 염료, 강심제, 껌, 레이스 등을 갖고 왔다. 남쪽 지역과 동양의 산물들이 섞여 있었다. 상파뉴의 박람회들 중에서 의류 박람회가 가장 중요했으며, 매출액도 가장 컸다.

세계의 모든 화폐가 그곳에서 만났다. 그 결과, 상파뉴는 최초로 환전 사업의 본거지가 되었으며, 채무, 특히 교회의 채무를 결제하는 장소가 되었다. 세속적 의미의 권력가는 부채를 상환하지 않아도 사실 자신의 "도시"의 상인으로부터 아무런 제약을 받지 않았다. 그러나 고위 성직자는 꽤 달랐다. 고위 성직자는 약속을 어기게 되는 경우에 정신적 상관으로부터 파문을 예상해야 하기 때문이다. 이런 식으로 확립된 정신적 고위자들의 특별한 신뢰도는 환어음의 상당 부분이 고위 성직자 앞으로 발행되었고, 또 늦어도 통상적인 결제가 시작되기 4일 전부터 파문의 위협을 느끼면서 어음에 대한 지급이 있었다는 사실에서 분명히 확인되었다. 이 원칙의 목적은 상인에게 박람회에서 사업을 벌이는 데 필요한 경화(硬貨)를 확보할 기회를 주는 데 있었다. 그 원칙도 다음과 같은 사실 때문에 약화되었다. 말하자면, 교회의 행동에 의해 강요할 수 있는 고위 성직자의 의무도 그에 대한 송금의 안전성을 높여주는 것인데, 이 송금의 안전성은 교회의 처벌에 의해서도 비슷하게 보장받을 수 있었던 것이다.

그 시대의 다른 어떤 박람회도 샹파뉴의 박람회만큼 큰 성공을 거두지 못했다. 독일에서 프랑크푸르트에 박람회를 확립하려는 시도가 있었으며, 이 박람회는 점진적으로 발달했지만 샹파뉴의 박람회, 아니 리용의 박람회 수준에도 이르지 못했다. 동 유럽에서 훗날 니즈니-노브고로드가 된 노브고로드는 한자동맹의 상인들과 러시아의 모피 거래상들과 농민 생산자들 사이에 거래가 이뤄진 곳이었다. 영국에도 수많은 박람회 도시들이 있었지만, 그 어떤 곳도 샹파뉴의 박람회와 같을 수 없었다.

17장

상업적 모험의 형태들

양적 계산이 가장 먼저 나타난 분야가 바로 합리적인 상업이며, 이 양적 계산은 최종적으로 경제생활의 전체 영역을 지배하게 된다. 정확한 계산의 필요성은 집단에 의해 사업이 행해지는 곳마다 가장 먼저 대두되었다. 처음에는 상업의 회전 자체가 너무나 느렸던 반면에 이익은 아주 컸기 때문에 정확한 계산이 필요하지 않았다. 상품은 전통적으로 고정적인 가격에 샀으며, 상인은 자신이 팔 수 있는 최대한의 양을 확보하기만 하면 그만이었다. 그러나 거래가 집단에 의해 수행될 때, 회계를 위해서도 장부를 정확히 기록하는 것이 반드시 필요했다.

계산 수단은 거의 현대가 시작할 시기까지 조악했다. 값이 숫자가 놓인 위치에 따라 정해지는 현재의 계산법은 힌두 사람들의 발명이며, 아랍인들이 그들로부터 그것을 배웠으며, 아마 유대인들이 다시 그것을 배워 유럽으로 전파시켰을 것이다. 그러나 그 방식이 계산의 한 방법으로 쓰일 만큼 보편적으로 널리 알려지게 된 것은 십자군 운동 때였다.

고대의 사람들이나 중국처럼 표의 문자를 썼던 사람들은 계산을 위해 기술적인 도움을 받아야 했다. 고대는 물론이고 중세 말까지, 계산을 위한 도구인 주판이 이 목적에 이바지했으며, 주판은 아라비아 숫자 체계가 알려진 뒤에도 오랫동안 사용되었다.

세로 줄의 위치에 따라 값이 달라지는 계산 방식이 유럽에 처음 소개되었을 때, 그것은 경쟁에서 부당하게 우위를 확보하려는 불명예스런 수단으로 여겨졌다. 그래서 당시에는 주판을 사용하지 않는 착한 상인이 경쟁에서 유리한 입장에 섰다. 따라서 처음에는 금지 조항을 통해서 주판을 배제하려 들었으며, 심지어 대단히 발달한 피렌체의 의류 제조 길드들도 한동안 주판을 거부했다. 그러나 주판으로 나누기를 하는 것이 어려웠으며, 그래서 주판은 모호한 미스터리 정도로 여겨졌다. 당시의 피렌체 문서를 통해서 우리 시대까지 전해오는 계산들을 보면, 4분의 3 내지 5분의 4 정도가 틀렸다. 이런 반감 때문에, 실제 계산은 아라비아 숫자로 해 놓고도 회계 장부에 기입할 때에는 로마 숫자로 적었다. 15세기 또는 16세기까지도, 숫자의 위치를 바탕으로 한 계산법은 공식적인 인정을 받으려 노력하고 있었다.

상인들이 활용할 수 있었던 최초의 계산 관련 책들은 15세기에 나왔다. 그보다 앞서 13세기까지 거슬러 올라가는 문헌이 있긴 하지만 충분히 인기를 누리지는 못했다. 서양의 부기는 위치 기수법(記數法)의 토대 위에 만들어졌으며, 그것과 비슷한 것은 세상에 없었으며, 고대 그리스와 로마 시대에 그 조짐만 보인다. 서양 세계만이 화폐 계산의 산실이 되었던 반면에, 동양에서는 현물로 계산하는 것이 원칙이었다(이집트에서 곡물 증서를 바탕으로 하던 계산이 기억날 것이다).

고대에도 부기가 있었고, 금융업에 부기가 있었던 것은 사실이다. 그리스어 단어 'τραπεζῖται '와 라틴어 단어 *argentarii* '[79]가 그것을 뒷받침하는 흔적들이다. 그러나 기재 사항들은 성격상 기록에 불과했다. 그것들은 수입을 관리하는 도구로 만들어진 것이 아니었다. 순수한 부기는 중세 이탈리아에서 처음 생겨났으며, 16세기에 이르러 독일의 한 사무원이 그 기술을 배우러 베네치아로 여행을 떠났다.

부기는 무역 회사를 바탕으로 성장했다. 중세 초기에도 물론이고 중국과 바빌로니아, 인도 등 어디서나 가족은 지속적인 무역 활동을 지원하던 가장 오래된 단위였다. 무역을 하던 가족의 아들은 신뢰할 만한 사무원이었고 후에는 아버지의 파트너가 되었다. 그래서 대를 내려가면서 같은 가문이 자본가와 대출자의 기능을 수행했다. B.C. 6세기 바빌로니아의 이기비(Igibi) 가문이 바로 그런 예였다. 이 경우에 거래가 크지 않았고 오늘날처럼 복잡하지 않고 단

79 환전상, 은행가란 뜻.

순했던 것은 사실이다.

바빌로니아나 인도의 무역 가문들의 부기에 대해 전해오는 이야기는 전혀 없다. 적어도 인도에서는 위치를 바탕으로 한 숫자 체계가 알려져 있었는데도 말이다. 거기서 부기에 관한 기록이 없는 이유는 틀림없이 동양과 중국의 경우에 일반적으로 무역에 종사하는 단체가 철저히 가족 중심이었던 까닭에 회계가 굳이 필요하지 않았기 때문일 것이다. 가족의 구성원들을 넘어서는 무역 단체는 서양에서 먼저 일반화되었다.

최초의 형태의 집단적인 조직은 이미 언급한 '코멘다'처럼 성격상 필요한 때에만 결성되었다. 그런 모험에 지속적으로 참여하게 된 결과, 그것이 점진적으로 상시적인 사업으로 이어지게 되었다. 남부 유럽과 북부 유럽 사이에 두드러진 차이가 있음에도, 그런 진화가 실제로 일어났다. 남부 유럽에서 여행하는 상인은 대체로 기업가였으며, 그에게 '코멘다'가 주어졌다. 왜냐하면 그 상인이 동양에서 1년이나 지내야 하는 까닭에 통제될 수 없었기 때문이다. 그는 기업가가 되었으며, 10개 또는 20개에 이르는 다양한 집단으로부터 코멘다를 받았으며, 각 '코멘다토르'[80]에게 별도로 결과에 대해 설명해야 했다.

북부에서는 이와 반대로 고향에 남아 있던 '소키우스'(socius)[81]가 기업가였다. 그는 여행하는 동료 여러 명과 관계를 맺고 그들에

---

80 코멘다를 제공한 사람을 일컫는 라틴어 단어.

81 동료, 제휴자, 공동 경영자라는 뜻의 라틴어 단어.

게 코멘다를 제공했다. 다른 나라를 여행하는 중매인은 대체로 2개 이상의 코멘다를 떠안는 것이 금지되었다. 이 때문에 중매인은 고국에 남아 있는 파트너에게 의존하게 되었으며, 이 파트너는 관리를 담당하게 되었다. 이런 식으로 차이가 나는 이유는 남부의 상업과 북부의 상업의 차이에 있다. 남부의 경우에 무역 여정이 동양으로 향하는 탓에 훨씬 더 큰 위험을 수반할 수 있기 때문이다.

코멘다 조직이 확산하면서, 항구적인 산업적 사업이 발달했다. 첫째, 가족들 사이에 책임이라는 인식이 팽배해졌다. 이것은 가족이 아닌 '트락타토르'(tractator:기업가)와 사업적으로 연결되면서 생긴 현상이다. 구체적인 코멘다가 가족 구성원의 것일 때에도, 각 사업별로 회계를 하는 것이 필요했다. 이탈리아에서는 이 발달이 독일보다 훨씬 더 빨리 이뤄졌다. 여기서도 다시 남부 유럽이 북부 유럽보다 앞서 나아갔다.

푸거 가문 사람들은 16세기에 이르러서야 마지못해 하면서 자신들의 일에 외국 자본을 허용했다. (이 점에서 보면 벨저(Welser) 가문 사람들의 마음이 훨씬 더 넓었다.) 이와 반대로, 가족 사업에 외부인들이 참여하는 행태는 이탈리아에서 아주 빠른 속도로 퍼져 나갔다. 원래 이탈리아에선 가족과 사업 사이에 구분이 전혀 없었다. 그런 분리는 중세의 화폐 회계를 바탕으로 점진적으로 확립되었으며, 인도와 중국에는 그런 분리가 알려져 있지 않았다. 메디치(Medici) 가문 같은 피렌체의 유명한 상업 가문의 경우에 가계 지출과 자본 거래는 모두 기록되었다. 회계를 마감하는 일은 먼저 외부의 코멘다 사업과 관련해서 이뤄졌지만, 내부적으로는 모든 것은 가족 공동체의 "가족 솥" 안에 그대로 남아 있었다.

가족과 사업 회계의 분리를, 따라서 초기의 자본주의적 제도의 발달을 재촉한 가장 중요한 요소는 신용의 필요성이었다. 거래가 현금으로만 이뤄지는 한, 가족과 사업 회계의 분리는 미결 상태로 있어도 별로 문제가 되지 않았지만, 거래들이 오랫동안 마무리되지 않게 되자마자, 신용을 보증하는 문제가 끼어들었다. 이 보증을 제공하기 위해, 다양한 수단이 사용되었다.

가장 먼저 동원된 수단은 가문 공동체를 아주 먼 혈족까지 확장함으로써 가족의 부를 세분화해서 유지하는 것이었다. 예를 들어, 피렌체의 위대한 상업 가문들의 궁전도 그런 목적을 추구하는 과정에 생겨나게 되었다. 이것과 연결되는 것은 함께 사는 사람들의 연대 책임이라는 제도였다. 가문 공동체의 모든 구성원이 다른 구성원의 부채에 대해 책임을 지는 것을 말한다.

분명히, 이 연대 책임은 전통적인 형사 책임에서 발달했으며, 대역죄를 지은 경우에 죄인의 집은 허물어지고 그의 가족은 수상쩍은 사람으로 여겨지며 파괴되었다. 연대 책임이라는 사상은 틀림없이 민법으로도 넘어갔다. 외부 자본과 외부 사람들이 무역을 위해 가문의 사업에 끼어듦에 따라, 사업은 시간적으로 불규칙적으로 재개되었다. 이 같은 사실에서, 개인이 사적인 용도로 사용할 수 있는 자원과 외적인 문제에서 가문을 대표할 권력의 할당을 놓고 미리 합의할 필요성이 대두되었다.

일의 성격상, 가장은 어디서나 가족을 단결시킬 수 있었지만, 이런 연대 책임은 어디서도 서양의 상거래법 만큼 깊이 발달하지 않았다. 이탈리아에서 연대 책임의 뿌리는 가족 공동체에 있었으며, 연대 책임이 발달하는 단계들은 공동 거주, 공동 작업, 마지막으로 공동 사업이었다.

북부 유럽에서는 그렇지 않았으며, 거기선 큰 가족 공동체가 알려져 있지 않았다. 북부 유럽의 경우에 신용의 필요성은 무역 사업에 참여하는 모든 사람들이 책임을 정한 서류에 공동으로 서명을 하는 것으로 해결되었다. 그러면 각 참여자는 그 집단에 대해 보통 무한 책임을 졌다. 그럼에도 거꾸로 전체가 부분에 대해 책임을 지지는 않았다. 최종적으로, 모든 참여자는 서류에 서명을 하지 않더라도 다른 모든 사람들에 대해 책임을 진다는 원칙이 확립되었다.

영국에서도 이와 똑같은 결과가 공인(公印)이나 위임장에 의해 성취되었다. 이탈리아에서 13세기 이후에, 북부 유럽에서 14세기 이후에, 회사의 모든 구성원들이 기업의 부채에 대해 연대 책임을 진다는 원칙이 완전히 확립되었다.

이 발달의 최종 단계는 신용 상태를 확보하는 가장 효과적인 방법으로 확립되었으며, 다른 모든 것들보다 오랫동안 이어졌다. 그것은 바로 무역 회사의 재산과 공동 경영자의 개인적 부를 분리시킨 것이었다. 이 분리는 피렌체에서 14세기 초에 발견되고 북부 유럽에서 같은 세기의 말에 발견된다. 이 단계는 불가피했다. 왜냐하면 가족 구성원이 아닌 사람들이 점점 더 많이 무역 단위에 속하게 되었기 때문이다. 게다가, 가족이 외부 자본을 거듭 끌어들여야 하는 상황에 처할 때 그 같은 분리는 가족 안에서도 피할 수 없었을 것이다. 한쪽에선 가족을 위한 비용이, 다른 쪽에선 개인적인 비용이 사업상의 지출, 그러니까 사업에 할당된 구체적인 화폐 자본으로부터 분리되었다. '코르포 델라 콤파그니아'(corpo della compagnia)라는 이름으로 불린 기업의 재산으로부터 자본이라는 개념이 발달해 나왔다.

세부적으로 보면, 그 발달은 다양한 경로를 밟았다. 남부 유럽에서 그 발달이 이뤄진 분야는 대가족이었으며, 그 가족은 푸거가와 벨저가를 통해서 알 수 있듯이, 이탈리아에서뿐만 아니라 독일에서도 마찬가지로 상업 가문이었다. 북부 유럽에서 그 발달은 작은 가족과 작은 무역업자들의 단체를 통해 이뤄졌다. 결정적인 사실은 광물 거래와 동양 무역의 큰 부분이 남부 유럽에서 이뤄졌듯이 대규모 자금 거래와 정치적 금권의 중심이 남부에 있었다는 점이다. 반면에 북부 유럽은 소규모 자본주의의 본거지로 남았다.

그 결과, 두 지역에서 발달한 조직의 형태들이 꽤 많이 다르게 되었다. 남부의 상업 회사의 유형은 '합자회사'였는데, 여기선 한 파트너는 사업을 수행하면서 개인적으로 책임을 지고, 다른 파트너는 투자를 통해 참여하며 이익을 공유했다. 이 같은 유형의 발달은 남부 유럽에서 코멘다를 갖고 여행하는 상인이 전형적으로 기업가였다는 사실에서 기인했다. 그래서 그는 정해진 거처를 갖게 되는 때에 코멘다 형태의 영구적인 기업의 중심이 되었다.

북부 유럽에서는 이 관계가 거꾸로 되었다. 한자동맹 지역에서 나온 자료들은 얼핏 거기엔 영구적인 기업은 전혀 없고 무역은 순전히 일회적인 모험으로 행해졌으며 다수의 개별적인 거래가 복잡하게 뒤엉켜 있었다는 인상을 준다. 그러나 실제로 보면 이 개별적인 모험들은 영속적인 사업이었으며 회계를 개별적으로 하고 있었을 뿐이다. 그때까지도 그 지역에 이탈리아의 복식 부기가 도입되지 않았기 때문이다.

　조직의 형태들은 '센데베'(Sendeve)와 '베더레긴제'(Wedderleginge)였다. 전자의 경우에, 여행하는 파트너에겐 커미션으로 재화가 주어졌고 이익 중에서 일정 몫이 주어졌다. 후자는 여행하는 파트너에게 거래 관련 자본 중에서 일정한 몫을 줌으로써 사업에 대한 관심을 끌어내기 위해 만들어졌다.

18장

상인 길드

상인 길드는 특별히 독일의 제도는 아니다. 상인 길드는 전 세계에서 두루 발견된다. 고대에는 그것을 말해주는 확실한 기록은 없다. 어떻든 상인 길드는 고대에 정치적 역할을 하지 않았다. 형식을 보면, 상인 길드는 외국 무역상들이 현지의 상인들에 맞서 법적 보호를 추구할 목적으로 구성한 조직이거나 아니면 토박이 상인들의 조직이다. 후자의 경우에 상인 길드는 중국에서처럼 부족 산업과 무역에서 발달한다. 두 가지가 결합된 형태도 발견된다.

예를 들어, 서양에서 우리는 먼저 특별한 지역에서 외국인들의 길드를 발견한다. 구체적인 예를 들면, 14세기 런던의 독일 무역 길드가 있다. 이 길드는 런던에 "스틸야드"(Steel-yard)라 불린 창고를 설립했다. 상인 조합들은 지역마다 성격이 달랐으며, 독일과 영국, 프랑스에서 그런 이름이 발견된다. 상인 조합이 발달한 단계는 세부적으로 보면 나라마다 많이 다르다. 상인 길드와 가장 밀접히 연결되어 있었던 것은 다수의 도시들에서 발견된 한자 백작이라는 제도이다. 한자 백작은 지역 간 거래에 종사하는 상인 인구를 법적으로 보호할 책임을 진 정치 권력자의 허가를 받은 관리이지만, 그 사람은 거래의 형식 자체에는 절대로 개입하지 않는다.

거주민 상인들이 어느 지역의 거래를 독점할 목적으로 구성하는 두 번째 유형의 길드의 예를 든다면, 중국 상하이의 차(茶) 거래업자들의 길드가 있다. 또 다른 예는 광둥성의 공행(公行) 길드가 있는데, 이 길드의 13개 회사가 1842년 난징조약 때까지 외국 무역을 완전히 독점했다. 중국 길드는 가격을 통제하고 부채에 대한 보증을 섰으며, 회원들에게 세금을 부과할 권력을 가졌다. 중국 길드의 형사상 권리는 가공할 만했다. 규정을 어기는 회원을 나머지 회원들이 사적으로 처벌했으며, 심지어 19세기에도 도제의 상한선을 어기는 경우에 처벌을 받았다. 중국 국내 상업을 보면, 중국에 은행가들의 길드와 무역 길드들이 존재했다. 예를 들면, 니우창(牛庄)[82] 시의 은행가들의 길드가 있었다.

중국의 길드들은 그 나라의 화폐제도의 발달에 중요한 의미를 지녔다. 몽골 제국 황제들이 실시한 주화의 질적 저하가 화폐제도의 붕괴를 낳았다. 이어 나온 지폐 체제는 도매 거래에 은괴를 사용하도록 만들었고, 길드들은 거기에 대비를 잘 했다. 따라서 길드는 도

82 오늘날의 잉커우 시.

량형에 대한 결정을 지배하고 형사 재판권까지 확보하면서 화폐 정책의 중심에 서게 되었다.

인도에서 길드들은 불교의 시대에, 그러니까 B.C. 6세기부터 B.C. 4세기 사이에 등장해서 A.D. 3세기부터 최고로 발달한 모습을 보였다. 인도의 길드들은 세습적인 지배자를 둔, 상인들의 세습적인 조직이었다. 이 길드들이 최고의 발달을 이룬 때는 그들이 서로 경쟁을 벌이고 있던 다양한 군주들에게 돈을 빌려주는 입장이 되었을 때였다. 인도 길드들이 쇠퇴한 것은 부분적으로 불교에 의해 뒤로 밀려났던 카스트 제도가 다시 부활한 결과였다. 또 인도에서 중세 이후에, 군주들의 정책이 다시 지배하게 되었기 때문이다.

그리하여 라마니(lamani) 또는 반자리(banjari)라는 카스트가 형성되었다. 16세기에 등장한 이 계급은 곡물과 소금 거래, 군대에 식량을 공급하는 일을 주로 맡았으며, 아마 오늘날의 반야(banya), 즉 장사하는 계급의 뿌리가 되었을 것이다. 인도에서 우리는 다양한 전문 분야에 따라서 장사의 형태가 분화되었다는 사실을 확인할 수 있다. 자이나 종파는 의례를 고려해 정해진 지점에서 장사하는 일로 제한된다. 신용에 근거한 도매와 원거리 거래는 의례의 제한을 받지 않고 책임과 신뢰도가 두드러지는 파시 교도의 독점이다. 마지막으로, 바니야(bhaniya) 계급은 소매업을 하고, 윤리적 관점에서 바람직하지 않은 소득이 이뤄지는 곳마다 그 계급의 사람이 발견될 것이다. 한 예로, 바니야 계급에 속하는 사람은 세금을 징수하거나 공식적으로 돈을 빌려주는 일에 종사한다.

중국과 대조적으로, 서양에서는 화폐와 도량형에 대한 관리가 정치 당국의 수중에 남았으며, 서양의 정치 당국은 그 권력을 직접 행사하든가 대리인들에게 넘겼지만 길드들에게 넘긴 적은 한 번도 없었다. 서양에서 길드들의 강력한 권력은 전적으로 정치적 특권에 의존하고 있다. 길드들의 형태는 다양하다. 가장 먼저 눈에 띄는 것은 도시 길드이다. 이것은 도시를 지배하고 특히 산업 및 무역 정책의 경제적 이익을 통제하는 집단이다. 도시 길드는 이중적인 형태를 보인다. 베네치아와 제노바의 '공동 회사'(compania communis) 같은 군사적인 연합이 있고, 도시 안에서 공예 길드와 더불어 별도로 성장하고 있는 상인들의 연합(mercadannza)이 있다. 두 번째 중요한 유형은 과세 단위로서의 길드이며, 이것은 특별히 영국의 제도이다. 영국의 길드들은 국왕으로부터 세금을 징수하는 역할을 넘겨받았다는 사실로부터 그 권력을 끌어내고 있다. 세금을 납부하는 사람들만 회원이었으며, 세금을 전혀 내지 않는 사람은 길드에서 배제되고 장사할 권리를 조금도 누리지 못했다. 영국 길드는 이 같은 사실을 근거로 도시 안의 시민권에 대한 통제권을 가졌다.

세부적으로 들어가면, 서양의 길드들의 진화는 아주 다양했다. 영국의 상인 길드는 13세기에 권력이 정점에 달하는 것을 목격했으며, 그 후로 일련의 내부 경제적 혁명들이 시작되었다. 14세기에 상인 길드가 공예 작업으로부터 분리되었으며, 따라서 길드에 남기를 원했던 사람은 공예 활동을 포기해야 했다. 그러나 즉시 공예 길드들 안에서 상업에 종사하던 회원들이 전면으로 나서면서 "동업자 조합"으로 구분되면서 완전한 자격을 갖춘 길드 회원으로 남았다. 이들은 가난한 공예 노동자들이 구입할 수 없는 제복을 구입함으로써 그 노동자들보다 우위에 섰다.

16세기에 외국 무역업자들의 길드로는 처음으로 '상인 모험가들'이 허가에 의해 설립되었을지라도, 도매업자들과 소매업자들의 분리는 그때에도 아직 완전히 이뤄지지 않았다. 영국의 법이 길드의 회원들이 오직 한 가지 종류의 상품을 거래하는 것을 허용하면서 길드들을 공예 종목에 따라 제한하려고 노력했던 것은 사실이다. 한편, 길드들의 이해관계가 의회 안에서 대표되고 있었을지라도, 강력한 국가 권력이 언제나 영국의 길드들 위에 서 있었다. 따라서 영국의 도시들은 농촌에 대해 독일의 도시들이 누렸던 그런 권력을 절대로 행사하지 못했으며, 농촌의 상인과 지주들도 언제나 길드에 가입하는 것이 허용되었다.

이탈리아에서 그 같은 발달은 개별 도시 국가들 안에서 이뤄졌다. 길드들은 순수하게 지역적인 성격을 간직했으며, '분리 동맹'이 '영사 규약'(consular constitution)을 상대로 승리를 거둔 뒤, 길드들 안에서 공예 길드들과 상인 길드들 사이에 갈등이 시작되었다. 독일에서도 우리는 이탈리아와 비슷한 발달의 흔적을 얼핏 발견한다. 한 가지 징후는 시장(市長)의 등장이다. 시장은 처음에 불법적인 길드의 우두머리였으며, 그의 지위는 이탈리아의 '인민 대표'(capitano del popolo)와 비슷하다. 그 외에 우리는 독일 북부의 많은 도시에서 영국과 비슷한 어떤 발달을, 말하자면 길드 상인이 도시의 경제 정책을 결정하는 것을 발견한다.

한편, 독일 중부의 오래된 부유한 도시들에서는 도시를 비공식적으로 관리하는 길드가 발견된다. 쾰른의 "리혀체헤"(Richerzeche)[83]가 그런 예이다. 이것은 부유한 상인들의 길드인데, 이 길드는 시민들에게 도시의 영주들에게 반대한다는 선서를 하도록 해 서로 단결시키면서 대주교들에게 저항하는 혁명에 자금을 댔으며, 그때부터 도시를 영원히 지배하고 시민권을 통제했다. 그러나 독일에서 가장 중요했던 것은 무역 종사자들의 길드들의 영향력이며, 이 길드들 중에서 상점 주인과 상인 재단사가 두드러졌다. 상점 주인들은 오늘날의 소매상과 비슷하다. 수입 옷감을 재단해서 소비자들에게 팔았던 상인 재단사들은 북부의 작은 도시에 많았으며, 그들은 언제나 시장을 놓고 직공(織工)들과 경쟁해야 했지만 그 경쟁에서 대체로 승리를 거두었다. 반면에 큰 도시들에서는 귀족 가문들이 서열이나 품위에서 그들보다 위에 섰다.

중세에 길드들이 지배한 도시들, 특히 도시 동맹에 가입한 도시의 체계적인 무역 정책에 대해 논하는 것은 불가능하다. 도시들은 자체의 책임으로는 전혀 무역을 행하지 않았다. 도시들이 자체적으로 무역을 하는 것은 16세기 들어서 시작되었다. 독일 한자동맹의 정책은 아마 예외일 것이다. 독일 한자동맹만이 일관된 상업 정책을 의식적으로 추구했으며, 이 동맹의 상업 정책은 다음과 같은

[83] 부자들의 클럽이란 뜻.

특징을 보인다.

1) 한자동맹에 소속된 도시의 시민들만 한자동맹이 제공하는 상업적 특권을 누릴 권리를 가졌다.

2) 한자동맹은 외국에서 직접 소매 거래를 하는 것을 목표로 잡았으며, 위탁 거래를 지양했다. 이 정책 때문에, 한자동맹은 영국과 스칸디나비아, 러시아에서 현지 상인 계급이 생겨나자마자 해체되는 운명을 맞게 되었다.

3) 한자동맹 회원들은 무역에서 자신의 선박만을 이용했다. 그들은 외부인의 선박을 빌릴 수도 없었고 한자동맹의 선박을 외부인에게 팔 수도 없었다.

4) 한자동맹은 물품만을 거래했다. 피렌체 상인들과 달리 금전 이동이나 금융 산업에는 관여하지 않았다.

5) 한자동맹은 회원들을 통제하기 위해서 어디든 정착촌과 창고를 확보했다. 한자동맹 회원들의 모든 사업 활동은 엄격한 규제를 받았으며, 도량형도 미리 정해져 있었다. 외부인과는 어떤 신용 거래도 하지 못했는데, 목적은 외부의 자본이 조직 안에서 영향력을 행사하는 것을 막기 위해서였다. 심지어 비회원들과의 결혼도 금지되었다.

6) 한자동맹은 왁스와 소금, 금속, 섬유 등 정해진 종류의 제품을 거래하면서 표준화를 위한 노력을 최초로 폈다.

7) 부정적인 측면에서 보면, 한자동맹은 관세정책이 전혀 없었으며, 기껏 전쟁 목적으로 세금을 징수했다. 한자동맹의 내부 정책은

어떤 시장 귀족 사회의 지배를 추구하는 방향으로, 특히 공예 길드들을 억압하는 방향으로 맞춰졌다. 전체적으로 보면, 한자동맹의 조치들은 외국 무역을 하는 거주민 계층의 이익을 위해 조직된 어떤 정책을 표현하고 있다.

19장

화폐와 화폐의 역사

진화적인 관점에서 보면, 화폐는 사유 재산의 아버지이다. 화폐는 처음부터 이런 성격을 지녔으며, 거꾸로, 개인적 소유의 성격을 갖지 않은 물건 중에서 화폐의 성격을 가진 것은 하나도 없다.

가장 오래된 사유 재산은 개인적인 수공품과 남자들의 도구와 무기, 남자들과 여자들의 장식품 등으로 이뤄졌다. 이 물건들은 특별한 상속법의 적용을 받으면서 개인에게서 개인에게로 넘겨진다. 화폐의 기원은 원칙적으로 그런 물건들의 영역에서 찾아야 한다.

오늘날 화폐는 두 가지 특별한 기능을 갖고 있다. 규정된 지급 수단과 일반적인 교환 수단으로 쓰이고 있는 것이다. 역사적으로 보면, 이 중에서 규정된 지급 수단의 기능이 더 오래되었다. 이 단계에서는 화폐가 아직 교환 수단으로 쓰이지 않았다. 화폐의 교환 수단은 교환이 수반되지 않더라도 지급 수단이 필요한 가치의 이동이 어느 한 경제 단위에서 다른 경제 단위로 빈번하게 일어난다는 사실 때문에 가능해진 특징이다. 그런 예는 족장들 사이에 오가는 부족의 선물이나 신부 값, 지참금, 현상금, 배상금, 벌금 등이다. 말하자면 표준적인 수단으로 이뤄져야만 하는 지급이다. 부차적인 차원으로 내려오면, 부족 구성원들이 족장에게 지급하는 것과, 거꾸로 족장이 자신의 추종자들에게 지급하는 것이 있다. 말하자면, 영주가 자신의 봉신들에게 선물 형태로 주는 임금이 여기에 해당한다. 훗날에는 장군들이 자신의 군인들에게 지급한 돈이 있었다. 심지어 카르타고 같은 도시에서, 그리고 페르시아 제국 전역에서 화폐 주조는 교환 수단이 아니라 오직 군인들에게 돈을 지급하는 목적을 위해 등장했다.

발달의 이 단계에서는 오늘날과 같은 단일한 화폐는 상상조차 되지 않았다. 그보다는 경제적 지역에 따라 지급 기능을 맡은 재화의 종류가 다 달랐으며, 따라서 다양한 종류의 화폐가 나란히 존재했다. 예를 들면, 그 어디서도 남자가 조개껍질로 아내를 살 수 없었고 오직 가축을 줘야만 아내를 데려올 수 있었지만, 사소한 거래에는 조개껍질도 받아들여졌다. 왜냐하면 조개껍질도 작은 화폐 단위로는 쓰일 수 있었기 때문이다. 이런 식으로 집단 내부의 지급과의 연결 속에서 발달한 화폐를 우리는 내부 화폐라고 부른다.

오늘날엔 화폐의 특징으로 자주 꼽히지는 않지만 그래도 역사를 내려오면서 오랫동안 수행했던 또 다른 기능은 보물을 축적하는 매개의 기능이다. 족장이라는 지위를 계속 지키기를 원하는 족장은 추종자들을 부양하고 특별한 행사가 있으면 선물로 보상해 줄 준비가 되어 있어야 한다. 따라서 인도의 왕과 메로빙거 왕조의 왕은 예외 없이 소중한 것들이 가득 담긴 '보고'(寶庫)를 두고 있었다. 게르만 민족의 전설에 나오는 니벨룽겐의 보물도 그런 '보고'에 지나지 않는다.

축적의 수단으로, 다양한 유형의 물건들이 이용되었다. 그런 물건을 군주는 자신의 추종자들에게 선물로 즐겨 주었으며, 그 물건들은 또 동시에 지급 목적에도 사용되었다. 여기서 다시 화폐는 교환 수단이 아니라 단순히 계급을 유지하는 데 필요한 물건일 뿐이었다. 화폐를 소유한 사람은 단지 위신을 근거로, 자신의 사회적 자긍심을 유지하는 수단으로 그것을 지켰다. 이 기능 때문에 화폐는 오늘날에도 요구되는 가장 중요한 특징 중 하나가 필요했다. 말하자면, 이동성과 대조적인 것으로서 연속성이라는 특징이 필요했던 것이다.

상아와 특별한 특성을 지닌 큰 돌들, 그리고 훗날 금과 은, 구리를 포함한 모든 종류의 금속은 화폐의 역할을 했으며, 축적의 수단도 되어 주었다. 이 같은 계급적인 성격을 화폐는 두 가지 사실로 나타내고 있다. 첫 번째 사실은 원시적인 발달의 단계에서 화폐가 남녀 성에 따라서 분화되었다는 점이다. 여자는 남자가 갖는 것과 똑같은 유형의 화폐 재화를 감히 가지려 들지 않았던 것이다. 따라서 어떤 아라고나이트[84] 돌들을 소유하는 것은 남자들에게 한정되었던 반면에, 진주조개들은 여자들의 화폐이며 결혼 이튿날 아침에 남편이 신부에게 주는 선물로 쓰였다. 이 외에, 계급 분화는 족장의 화폐와 부족 구성원들의 화폐가 서로 다르도록 만들었다. 일정 크기 이상의 조개껍질은 족장만 습득하고 소유할 수 있었으며, 그것은 전쟁이 발발하는 경우에 족장에 의해 지급되거나 선물로 주어졌다.

일반적인 교환 수단으로서 화폐의 기능은 외국 무역에서 시작되었다. 일부 경우에 교환 기능의 원천은 집단 밖에서 선물을 통해 정기적으로 일어나는 통상이었다. 텔-엘-아마르나에서 출토된 서판에서 확인되듯이, 이집트와 고대 동양에 그런 교류가 있었다. 두 민족 간의 평화 상태는 통치자들 사이의 지속적인 선물이 이뤄지고 있었다는 뜻이다. 그것은 정말로 족장 사이의 통상이나 다름없는 교환이며, 그런 교환에서 족장 무역이 발달했다. 선물을 생략한다는 것은 곧 전쟁을 의미했다.

교환 수단이라는 기능이 생겨나게 한 두 번째 원인은 널리 사용되는 외국의 산물이다. 전형적인 씨족 및 부족의 거래는 씨족이나 부족 내에서 획득할 수 없는, 따라서 매우 소중한 어떤 물건들에게 교환 수단이라는 기능을 안겨주었다. 세금이나 도로 통행료 같은 준(準)상행위의 지급이 일어날 때, 이 외부 화폐가 내적 기능을 넘

84 동굴의 종유석처럼 지구 지표 부근의 저온에서 형성된 광상에서 주로 발견되는 광물이다.

겨받았다. 족장은 안전한 통행을 보장했지만, 상인들에게 그들이 가진 지급 수단으로 통행료를 지급하는 것을 허용하지 않을 수 없었다. 이런 식으로, 외부 화폐가 내부 경제 속으로 파고들었다.

이 단계의 발달에서, 화폐는 다양한 형태로 나타난다.

1) 개인적 장식품이 있다. 이 유형에 속하는 예는 아프리카와 아시아 내륙 깊은 곳까지 연결되는 인도양 지역들에서 사용된 별보배고등 껍질이다. 이외에도 다양한 지역에서 지급 수단이나 교환 수단으로 쓰인 물건들은 구슬과 호박(琥珀), 산호, 상아, 특정 종류의 동물 머리가죽 등 아주 많았다. 주로 장식적이었던 화폐는 내부 화폐였다. 그 화폐는 다른 부족들 사이에도 지급 수단으로 쓰일 때에야 일반적인 교환 수단이 되었다.

2) 효용 화폐가 있다. 이것은 주로 외부 화폐였다. 의무적인 지급을 치르거나 다른 재화를 평가하는 수단으로서, 보편적인 용도를 가진 다양한 물건들이 확인되고 있다. 예를 들면, 자바에서처럼 곡물이 있고, 가축과 노예도 있다. 그러나 효용 화폐는 일반적으로 널리 쓰이는 그런 물품이 아니라 담배와 브랜디처럼 기호품이거나 소금, 철기(鐵器), 무기 같은 것이었다.

3) 의류 화폐가 있다. 이 화폐는 외부 화폐뿐만 아니라 내부 화폐의 기능도 수행했다. 의류 화폐로서 그 지방에서 생산되지 않는 모피와 가죽, 직물이 발견된다.

4) 명목 화폐가 있다. 현대적인 화폐 상황과 아무런 상관이 없는 조건에서, 사람들이 사회적인 근거에 따라서 어떤 물건과 친숙해

지거나 그것으로 어떤 지급을 행하는 데 익숙해지거나 하면, 그 물건에 그 자체로는 전혀 아무런 가치나 의미를 지니지 않는 단순한 상징으로서 화폐의 기능이 덧붙여지는 현상이 나타날 수 있다. 한 예로, 영국 식민지이던 인도의 내륙에서 중국의 오락 게임에서 점수를 계산하는 도구 같은 것이 화폐로 쓰인 사실이 확인된다. 러시아에는 사용 가치가 조금도 없는 모피 조각으로 된 모피 화폐가 있었으며, 마찬가지로 러시아 남부 지역에서는 다량의 목화를 돈으로 쓰던 것이 나중에는 길쭉한 조각 모양으로 만들어져 진짜 가치는 전혀 없으면서도 명목 화폐로 채택되어 쓰였다.

이 단계에서 단 하나의 지급 수단이 아니라 여러 개의 지급 수단이 유통되기 때문에, 상대적 가치들을 평가할 어떤 척도가 필요하다. 그 지급 수단들은 일반적으로 하나의 척도로 모아진다. 그렇다고 해서 어느 한 지급 수단의 단위 하나가 다른 지급 수단의 단위 몇 개와 동일한 가치를 지닌다는 뜻이 아니라, 몇 개의 물건들이 모여서 하나의 가치 단위가 된다는 뜻이다. 한 예로, 자바에서 하나의 가치 단위는 매우 소중한 돌과 20개의 진주껍질로 이뤄져 있다. 미주리 강에 사는 아메리카 인디언들 사이에, 아내의 가격이 두 개의 칼과 바지 하나, 담요 한 장, 부싯돌식 발화 장치 하나, 말 한 필, 원뿔형 가죽 천막집으로 이뤄져 있는 것으로 보고되고 있다. 그 뜻은 한 명의 여자는 한 사람의 인디언 전사에게 필요한 한 벌의 장비의 가치와 동일하며, 그녀의 부족이 그 금액에 그녀를 판다는 뜻이다. 그런 가치 척도의 바탕은 단순히 경제적 특성이 아니라 재화의 관습적인 가치, 즉 재화들에게 전통적으로 부여되었던 사회적 중요성이다.

그런 상황에선 어림수를 쉽게 다루는 능력이 필요하다. 이 맥락에서 십진법이 특별한 역할을 한다. 한 예로, 가치 면에서 10개의 코코넛을 특정 양의 담배와 동일하게 여기거나 돌고래 이빨 300개를 여자 한 사람과 동일하게 여기는 부족들이 있다.

현상금과 속죄금, 그리고 돈으로 환산한 다른 대가들은 경제적 가치와 전혀 아무런 관계가 없으며 전적으로 사회적 평가와 관계 있다. 자유로운 신분의 프랑크인을 죽였을 경우에 그 가족에게 지급하는 배상금은 금화 200 솔리두스에 달했다. 이 금액은 정해져 있었다. 이유는 그것이 반쯤 자유로운 사람이나 예속된 사람에 대한 배상금과 연결되어야 했기 때문이다. 이런 원칙들에는 오직 전통적으로 강요되어 왔던 평가만 나타났다.

중세 초기에 이미 확인되었듯이, 경제적 교환 관계들이 발달하게 되자마자, 배상금은 더 이상 피해를 보상하는 차원에서 결정되지 않았으며, 피해액보다 더 큰 금액을 요구하는 것이 전형적인 현상이 되었다. 특정한 어떤 화폐재를 기준으로 평가한다는 것은 지급이 언제나 그 화폐재로 이뤄진다는 것을 의미하지 않으며, 그 재화는 개별적 지급을 측정하는 표준으로만 쓰일 뿐이다. 개별적인 지급은 정해진 액수를 따르는 것이 아니라 지급자의 지급 능력에 좌우될 것이다. 이것은 그 배상이 전통적으로 정해진 액수에 따라 이뤄진다는 것을 의미한다.

이제 방금 묘사한 조건에서부터, "귀한" 금속들이 화폐 조직의 명목적 토대라는 중요한 지위를 차지하는 상황이 발달해 나왔다. 이 같은 진화가 일어나게 한 결정적인 조건들은 순수하게 기술적이었다. 귀금속은 쉽게 산화되지 않으며, 따라서 쉽게 파괴되지도 않는다. 반면에 귀금속은 그 상대적 희소성 때문에 장식적 목적에 특별한 가치를 지닌다. 마지막으로, 귀금속은 모양을 다듬거나 나누기가 상대적으로 쉽다.

결정적으로 중요한 사실은 귀금속들이 척도로 이용될 수 있었고, 역사 속에서도 아주 일찍부터 귀금속들을 그런 식으로 이용하는 행위가 일어났다는 점이다. 가장 먼저 한 톨의 밀이 무게를 비교하는 기준으로 쓰였던 것 같다. 귀금속들은 효용을 지닌 물건의 형태로도 만들어졌지만, 그것들이 교환 수단이 되기 오래 전부터 지급 수단으로 특화되었다는 사실은 말할 필요도 없다.

효용을 지닌 물건으로 만들어진 경우에, 귀금속은 먼저 족장 무역에 등장했다. 텔-엘-아마르나의 서판들은 서 아시아의 지도자들이 파라오들로부터 그 어떤 것보다도 장식적인 금의 선적을 기대했다는 사실을 보여주고 있다. 군주가 자신의 추종자들에게 내리는 선물로 선호되었던 형태는 금반지였다. 스칼드(skald)[85]의 언어에, 왕은 특별히 반지를 뿌리는 사람으로 불린다.

주조물 형태의 화폐는 B.C. 7세기에 처음 등장했다. 가장 오래된

---

[85] 바이킹 시대 때부터 중세 시대까지 스칸디나비아 궁정에 소속되었던 시인들을 일컫는다.

조폐국은 리디아의 해안에 위치했으며, 그것은 리디아 국왕과 그리스 식민지 개척자들의 협력을 통해 생기게 되었다. 주화의 선구자는 상인들의 도장이 찍힌, 막대기 형태의 귀금속이었으며, 그것은 인도의 상업에 등장하고 나중에 바빌로니아와 중국에 나타났다. 셰켈 은화[86]는 어떤 상인 가문의 도장이 찍힌 은 조각에 불과했으며, 이 은 조각은 무게가 양심적이고 정확한 것으로 여겨졌다. 중국의 은량(銀量)도 마찬가지로 상인 길드들의 도장이 찍힌 은 막대기 조각이다. 그 뒤에도 정치적 권력이 주조를 넘겨받지 않았지만 곧 정치권력이 주조의 독점을 주장하고 나섰다. 그러나 그 마지막이 리디아의 예였던 것 같다. 페르시아의 다리우스 대왕은 그리스인 용병들에게 임금을 지급하는 수단으로 다리크 금화를 찍었다.

그리스인들은 교환 수단으로 주화를 상업에 도입했다. 한편, 카르타고는 주화를 발명하고도 3세기가 더 지날 때까지 주화를 발행하지 않았으며, 주화를 발행했을 때에도 그 목적은 교환 수단을 확보하는 것이 아니라 단순히 용병에게 돈을 지급하기 위한 것이었다. 대체로 페니키아인의 상업은 전적으로 돈이 없는 상태에서 행해졌으며, 그리스인이 교역 활동에서 우위를 차지하도록 특별히 도와준 것은 앞선 주조 기술이었다. 원시적인 시대 때부터 수출 무역을 행했던 로마조차도 주조를 매우 늦게 시작했으며 동전 주조부터 먼저 시작했다. 로마는 카푸아에서 귀금속으로 주조하는 것을 묵인했다. 반면에 로마에서는 대단히 다

86 옛 이스라엘의 통화.

양한 종류의 주화가 유통되다가 B.C. 269년이 되어서야 은의 주조가 이뤄졌다.

인도에서는 B.C. 500년에서 B.C. 400년 사이에 주화가 나타났으며, 인도의 주화는 사실 서양에서 넘어왔다. 엄밀한 의미에서 진정으로 사용하기 편한 주화는 알렉산드로스 대왕 시대 이후에 처음 발견된다. 동아시아의 상황은 모호하다. 아마 거기서도 주화의 독립적인 기원이 가능했을 것이다. 오늘날 중국의 주조는 관리들이 주화의 질적 저하를 지속적으로 시행한 결과 구리의 주조로 한정되고 있다.

17세기 이전까지, 주화를 제작하는 기술은 현대의 기술과 전혀 아무런 관계가 없었다. 주화는 고대에는 주조되었고, 중세에는 두드려서 만들었지만, 13세기까지 주화를 만드는 공정은 그야말로 수공예품이었다. 주화는 10명 내지 12명에 이르는 장인들의 손을 거쳐야 했으며, 이들은 오직 손도구만을 갖고 작업을 했다. 그 공정은 비용이 대단히 높았으며, 작은 주화 가치의 4분의 1에 해당했다. 그 비용은 14세기와 15세기에도 주화 가치의 10%나 되었다. 한편 오늘날에 그 비용은 1%에 지나지 않는다.

기술이 원시적이었던 결과, 최고의 기술을 자랑하는 주화들의 정확도도 많이 달랐다. 영국의 금화 크라운조차도 공정이 비교적 완벽함에도 불구하고 정확도의 차이가 10%에 이르렀다. 상업은 이런 오류에 대해 무게를 잴 수 있는 곳에서만 주화를 받는 식으로 반응했다. 순도를 보증하는 것으로는 공인(公印)이 꽤 안전했다. 최초로 비교적 정확했던 주화는 1252년 이후에 나온 그 유명한 피렌체 금화였다. 그러나 전문적인 의미에서 정말로 신뢰할 수 있었던 주화는 17세기 말에야 나왔다. 주화 제작에 기계를 사용한 것은 그보다 다소 더 빨랐을지라도 말이다.

금속 본위는 오늘날 가장 먼저 지급 수단으로서 어떤 주조물을, 전체 액수(본위 화폐) 또는 일정한 최고 액수(보조적인 주화)까지 강제한다는 것을 의미한다. 둘째로, 금속 본위는 본위 화폐의 자유로운 주조의 원칙과 연결되는 것으로 이해된다. 말하자면, 누구든 주조에 들어가는 최소 비용만을 감안한 액수로 본위 화폐를 만들어 무제한적으로 지급에 활용할 수 있다는 뜻이다.

본위 금속은 하나일 수도 있고 두 개일 수도 있다. 후자인 경우에 우리에게 떠오르는 유일한 개념은 소위 복본위제이며, 이런 경우에 몇몇 금속들 사이의 교환 비율이 법으로 정해진다. 예를 들면, 라틴 통화 동맹(Latin Monetary Union)[87]에서는 금과 은의 비율을 1 대 15½로 정했다. 일찍부터 이보다 훨씬 더 널리 퍼졌던 두 번째 가능성은 병렬 본위제(parallel standards)[88]이다. 이 제도가 채택된 곳에서는 일반적으로 정해진 가치 관계가 전혀 없는 상태에서 금속을 이용한 주조가 무제한적으로 이뤄지든가, 아니면 변화하는 가치 관계를 주기적으로 조정하든가 했다.

---

87 1865년에 유럽의 여러 통화를 단일 통화로 추진하기 위해 창설된 기구였으며, 1927년에 해체되었다.

88 금화와 은화를 자유롭게 주조하되 금과 은의 상대적 가치를 고정시키지 않는 제도를 말한다.

주조를 위한 금속을 선택하는 문제에 있어서는 무역의 요구가 결정적으로 중요했다. 지역 안에서 일어나는 내부 무역은 그렇게 가치가 높지 않은 금속만을 이용할 수 있었으며, 그런 경우에 은이나 구리가 쓰이거나 둘 다가 쓰였다. 원거리 무역은 한동안 은으로 처리할 수 있었지만, 무역이 중요성을 얻은 후로는 금을 선호했다. 그러나 금이 실질적으로 유통되기 위해선 금과 은의 법적 관계가 결정적으로 중요했다. 그 금속들 중 어느 하나가 공급에 비해 형편없는 평가를 받을 때마다, 그 금속으로 만든 주화는 녹여져 유통되는 결과가 나타난다.

다양한 금속들 사이의 가치 관계의 역사는 동아시아의 조건과, 서아시아와 유럽의 조건 사이에 극명한 대조를 보여준다. 동아시아 국가들이 외부 세계와 단절되어 있었기 때문에, 거기서 비정상적인 관계가 나타났으며, 따라서 서양에선 절대로 존재할 수 없었던 상대 평가를 유지하는 것이 가능했다.

한 예로, 일본에서 금의 가치가 한동안 은보다 겨우 5배 높은 것으로 평가되었다. 이와 대조적으로, 서양에서는 연속성이 완전히 깨어진 적이 한 번도 없었다. 바빌론에서 가치가 은을 기준으로 계산되었지만, 그 은화는 국가 기관이 주조한 것이 아니었으며 개인이 만든 은 막대, 즉 셰켈의 형태로 유통되었다. 은의 가치는 금과 비교할 때 $13\frac{1}{3}$대 1로 정해졌으며, 이 관계는 고대 내내 기준으로 남았다. 이집트인들은 바빌로니아의 은 막대를 데벤(deben)[89]의

89 고대 이집트의 무게 단위.

형식으로 물려받았지만 구리와 은, 마지막에 금까지 이용해 계산했으며, 많은 액수가 금으로 지급되었다.

고대 후기와 메로빙거 왕조 시대까지, 로마의 화폐 정책이 결정적이었다. 고대 로마에선 원래 구리와 은의 병렬 본위가 지배적이었으며, 그 비율을 112대 1로 고정시키려는 노력이 전개되었다. 중요한 조치는 은화 세스테르티우스를 1파운드의 무게로 주조한 것이었다. 금은 단지 상업용 주화로 만들어진 한편, 구리는 작은 거래를 위한 신용 화폐의 수준으로 점진적으로 떨어졌다가 최종적으로 명목 화폐의 성격을 갖게 되었다. 주조는 사실상 주로 군대 장군들이 장악했으며, 금화와 은화는 거의 언제나, 심지어 공화정 때에도 장군들의 이름을 새겼다. 금화와 은화는 전리품에 대한 대가를 지급하는 수단으로 선호되었으며 상업적 목적이 아니라 군대에 돈을 지급하는 목적에 이용되었다.

율리우스 카이사르가 제국의 권력을 넘겨받았을 때, 본위제에 대한 진정한 규정이 처음으로 마련되었다. 카이사르는 금본위제를 택했다. 카이사르가 발행한 금화 아우레우스는 11.9대 1을 바탕으로 은화 100세스테르티우스와 가치가 동일하도록 되어 있었다. 따라서 은의 가치가 다소 올라갔으며, 그것은 무역이 은의 필요를 점점 더 많이 경험하고 있다는 사실을 보여주는 한 신호이다. 아우레우스는 콘스탄티누스 1세(Flavius Valerius Aurelius Constantinus)의 시대까지 이어진 반면에, 은은 다양한 실험을 거쳤다. 네로(Nero)는 은화 데나리우스의 무게와 순도를 낮춤으로써 아우레우스의 격을 더욱 높였다. 카라칼라(Caracalla)[90]는 하나의 사업으로 주화의 질적 저하를 체계적으로 추구했으며, 그의 후계자들, 그러니까 군인 황제들도 그의 길을 따랐다.

로마의 통화 조직이 망가진 이유는 귀금속이 인도로 흘러들어갔거나 채광이 실패해서가 아니라 이런 그릇된 화폐 정책 때문이었다. 로마의 통화 조직은 콘스탄티누스 대제에 의해 다시 복구되었다. 콘스탄티누스 대제는 아우레우스를 금화 솔리두스로 대체했는데, 그는 금 1파운드(327.45g)로 금화 72개를 만들었다. 솔리두스는 아마 통상 활동에서 무게로 유통되었을 것이다.

금화 솔리두스는 로마 제국보다 더 오래 살아남았다. 메로빙거 왕조 시대에, 솔리두스는 독일 안에서, 특히 예전에 로마의 경제가 침투했던 지역에서 최고의 명예를 누렸다. 한편, 라인 강 동쪽 지역에는 옛날의 로마 은화가 훗날 아프리카에서 마리아 테레지아 탈러가 유통되었던 것과 다소 비슷한 방식으로 유통되었다.

카롤링거 왕조의 통치자들로 바뀌었다는 것은 정치적으로 중력의 중심이 프랑크 제국의 서쪽에서 동쪽으로 이동했다는 것을 의미했다. 그러나 화폐 정책에서는 비록 많은 금이 동쪽으로부터 제국으로 수입되었을지라도, 그것은 금본위제로부터 은본위제로 바뀐다는 의미였다. 샤를마뉴는 취지가 불분명한 조치를 많이 취한 끝에 이론의 여지가 없는 것도 아닌데도 409그램을 1파운드로 정

---

90 정식 이름은 마르쿠스 아우렐리우스 안토니누스(Marcus Aurelius Antoninus)이다. A.D. 198년부터 217년까지 로마 황제를 지냈다.

했으며, 1파운드로 각각 12 데나리우스의 가치를 지니는 은 솔리두스를 20개 만들었다. 공식적으로, 카롤링거 왕조의 화폐제도는 중세 말까지 유효했으며, 그 영향으로 유럽 대륙 대부분 지역에서 은 본위제가 이뤄지게 되었다. 카롤링거 왕조의 화폐제도가 남긴 마지막 유물은 파운드 스털링과 실링, 펜스 등 영국 화폐 단위들이다.

그러나 중세의 화폐 정책의 핵심적인 문제는 본위의 문제가 아니라, 주화의 제작에 영향을 미친, 경제적 및 사회적 성격을 지닌 문제들이었다. 고대는 국가의 주조 독점을 진지하게 받아들였다. 그러나 중세로 넘어오면서 그와 반대로 주조 기능이 영토를 바탕으로 주조 권한을 가진 사람들에게로 분산되었다. 그 결과, 11세기 중반을 넘긴 뒤로 카롤링거 왕조의 화폐제도는 모든 곳에서 관습법 정도의 중요성만을 지니게 되었다. 주조 권한이 공식적으로는 국왕 또는 황제에게 남아 있었던 것은 사실이지만, 주화의 제작은 공예품 제작자들의 단체에 의해 수행되었으며 주조 사업에 따른 수입은 주화를 제작한 개별 영주에게로 돌아갔다.

주조 권리를 개별 영주들에게로 넘긴 조치가 주화의 질적 저하를 자극하는 결과를 낳았다. 중세 전반에 걸쳐서 주화의 순도를 떨어뜨리는 관행이 광범위하게 행해졌다. 독일에서 솔리두스는 13세기부터 16세기 사이에 원래의 함량이 6분의 1로 떨어졌다. 마찬가지로 영국에서도 데나리우스의 함량이 12세기부터 14세기 사이에 크게 떨어졌다. 프랑스에서 양면이 새겨진 두꺼운 솔리두스가 생겨나서 12세기와 13세기에 독일에서 만들어진, 한쪽만 새긴 얇은 데나리우스와 치열하게 경쟁을 벌였지만, 두꺼운 솔리두스의 실제 가치는 14세기에서 16세기 사이에 7분의 1로 떨어졌다.

은에 영향을 미친, 주화의 질적 저하는 안정적인 화폐 단위로 계산해야 하는 상업에서 금의 명성을 더욱 높이는 결과를 낳았다. 따라서 1252년에 피렌체가 3.5g의 무게가 나가는 금화 솔리두스(플로린)를 발행하면서 당시의 기술이 허용하는 범위 안에서 최대한 무게를 일정하게 유지했을 때, 그것은 신기원을 여는 사건이었다. 새 주화는 어디서든 받아들여졌으며, 그것이 상업의 통상적인 화폐 단위가 되었다.

그럼에도 불구하고 우리는 은의 가격이 뚜렷이 인상되었다는 사실을 관찰한다. 이것은 점점 커지던 화폐 경제로 인해 무역에서 사용할 은의 수요가 급격히 늘어났기 때문이다. 1500년쯤에 은과 금의 교환 비율은 $12\frac{1}{2}$대 1에서 $10\frac{1}{2}$대 1로 높아졌다. 동시에 통화들 사이에 비합리적인 가치 변동이 있었고, 덩어리와 주화 형태의 금속 사이에 차이가 있었다. 도매 거래에서는 사람들이 덩어리나 피렌체 금화 플로린으로 계산했던 반면에, 소매 거래에서는 다양한 주화가 합의에 의해 평가되었다.

주화의 질적 저하를 일으킨 것이 주조 영주들의 탐욕만은 아니었다. 같은 곳에서 주조되어 나온 주화들 사이에도 차이가 불가피했다. 주화들에 따라서 최대 10%까지 차이가 났다. 주조된 주화들 중에서 가장 나쁜 것만 통용되고, 가장 잘 만들어진 주화들은 당장 녹여지거나 어떻든 따로 추려졌을 것이다.

화폐를 주조한 영주들의 탐욕이 주화의 질적 저하를 낳은 것은 사실이다. 화폐를 주조한 영주들은 옛 주화를 취소하거나 거둬들이면서 새로운 주화를 찍는 작업을 독점했다. 그러나 옛 주화는 본래의 지역 밖을 벗어나 널리 통용되었다. 주조 권한을 가진 영주는 공식적으로 독점을 강조했지만, 그럼에도 그는 자신의 영토 안에서 독점을 완벽하게 행사하지는 못했다. 변화는 오직 몇몇 군주들 사이의 합의를 통해서만 부를 수 있을 뿐이었다. 그래서 중세는 피렌체 시민들의 화폐 주조와 성실성에도 불구하고 주조 비합리성의 시대로 남았다.

주화의 제작에 드러난 바로 이런 비합리적인 조건 때문에, 무제한적인 주조는 말할 필요도 없었다. 주조 권한을 가진 영주는 주조를 늘릴수록 이익을 더 많이 올릴 수 있었다. 그래서 영주는 주조를 위해 모든 귀금속을 확보하려고 노력했다. 그 때문에 귀금속을 소유한 사람들은 압박감을 느끼게 되었다. 귀금속에 대한 수출 금지 조치가 수시로 취해졌다. 광산이 자리 잡고 있는 지역에서 특히 더 심했으며, 귀금속을 캐는 광부들과 그런 광산에 투자한 사람들에겐 금속을 영주의 조폐국으로 가져 갈 것인지 말 것인지를 놓고 선택할 권한이 주어지지 않았던 것 같다.

그러나 이런 온갖 조치도 효과를 발휘하지 못했다. 거대한 양의 밀수가 행해졌을 뿐만 아니라, 주조 권한을 쥔 영주도 광산을 전혀 갖지 못한 다른 영주들의 조폐국으로 금속을 공급해 줘야 했으며, 이 금속은 외국 주화가 되어 그 영주의 지역으로 끊임없이 다시 돌아왔다. 주화의 비합리적인 거래는 중세 내내 지속되었다. 다양한 종류의 주화에 대한 수요를 결정하는 것이 불가능했고, 주조 이익의 극단적인 변동 폭이 주화의 수요와 공급의 조정을 막았기 때문이다. 오직 주조 권한을 가진 영주들 사이의 경쟁만이 그들로 하여금 주조 이익을 포기하도록 만들 수 있었다.

16세기 이후에, 유럽으로 유입되는 귀금속이 늘어나면서 화폐 주조 분야에 보다 안정적인 관계들이 확립될 경제적 토대가 마련되었다. 적어도 서유럽에서만은 절대주의 국가들이 서로 경쟁을 벌이던, 화폐 주조를 하던 다수의 영주들을 이미 정리한 상태였다. 16세기까지 유럽은 영원히 귀금속을 수출하던 지역이었다. 단지 150년 정도 이어진 십자군 운동 기간에만 금으로 챙긴 전리품에다가 플랜테이션의 산물까지 더해지면서 귀금속을 수출하던 상태가 방해를 받았을 뿐이다. 그 시기에 바스쿠 다 가마(Vasco da Gama)와 아폰수 드 알부케르케(Afonso de Albuquerque)가 동인도로 가는 뱃길을 발견했으며, 그로 인해 통과 무역에 대한 아랍인들의 독점이 깨어졌다. 멕시코와 페루의 은광들을 착취함에 따라, 어마어마한 양의 아메리카 금속이 유럽으로 들어왔다. 한편, 수은과의 합금을 통해 은을 추출하는 효과적인 공정이 발견된 것도 그 같은 결과에 기여했다. 멕시코와 남아메리카로부터 획득한 귀금속의 양은 1493년부터 1800년 사이에 금이 거의 250만 kg에 달했고 은이 1억 kg에 달했다.

금속 생산의 증가는 즉각 은화 공급의 급격한 증가를 의미했다.

은 본위제는 유럽에서 무역이 이뤄지는 모든 곳까지 파고들었으며, 계산 화폐[91]에까지 영향을 미치게 되었다. 독일에서 피렌체 금화 플로린이 심지어 은(요아힘스탈러(Joachimstaler))[92]으로 만들어져 나오기도 했다. 이런 상태는 브라질에서 금맥이 발굴될 때까지 이어졌다. 브라질에서 금을 캐는 작업은 18세기 초에서 중반까지 짧은 기간 이뤄졌음에도, 그것이 시장을 지배했고 영국이 입법자들의 반대와 특별히 아이작 뉴턴(Isaac Newton)의 조언에도 불구하고 금본위로 전환하는 결과를 낳았다. 18세기 중반을 지나면서, 은 생산이 다시 전면으로 부상하면서 혁명 시기의 프랑스 입법부에 영향을 미쳤고, 프랑스에 복본위제를 낳았다.

그러나 주조의 합리화는 단번에 실행할 수 있는 일이 아니었다. 주조의 합리화가 마무리되기 전의 상황은 무수히 많은 종류의 주화가 유통되고는 있었지만 현대적인 의미에서 화폐라고 부를 수 있는 것은 단 하나도 없었다는 말로 잘 묘사될 것이다. 1859년에 나온 페르디난트(Ferdinand) 1세의 '제국의 주조 칙령'조차도 30종류의 외국 주화를 인정하지 않을 수 없었다. 같은 종류의 주화에서도 확인되는 함량의 차이는 특히 소액 동전의 경우에 제조 기술의 불완전성 때문에 나타났는데, 이 차이 때문에 독일에서 16세기에 은화의 법정 화폐 능력에 제한을 두기에 이르렀으나, 은화를 보조 주화로 만드는 일은 일어나지 않았다. 보조적인 주화를 합리적

91   가격의 척도가 되는 화폐로, 원이나 달러, 파운드 등을 말한다.
92   보헤미아의 요아힘스탈에서 주조된 탈러라는 뜻을 지녔다.

으로 확립하는 작업은 영국의 화폐 정책이 소개할 때까지 기다려야 했다. 공식적인 화폐 단위는 은으로 주조한 금화 굴덴, 즉 요아힘스탈러였으나, 상업 영역에서 실제로 일어난 일은 다음과 같다.

13세기와 14세기 이후로, 상업 분야는 무게로만 주화를 받고 지급을 제국 내에서 관행으로 인정을 받은 특정 종류의 주화로 국한시키면서 스스로 주조로부터 해방되며 금속 덩어리로 계산했다. 최종적으로, 화폐 주조는 예금 금융 기관으로 넘어갔다. 이런 예의 전형은 중국에서 확인되었다. 중국에서는 주화의 질적 저하가 상인들의 상업을 위한 금속 예금 은행을 설립하는 것으로 이어졌다. 무게 단위가 정해진 가운데, 개별 상인이 은괴를 보관해 놓고 있는 은행 앞으로 끊은 수표나 수표 비슷한 증서를 통해서, 또 아니면 도장이 찍힌 은괴를 통해서 은의 지급이 이뤄졌다. 그러나 은괴를 통한 지급은 수표에 의한 지급에 비하면 중요한 역할을 전혀 하지 못했다. 그리하여 관련 상인들의 은괴의 소유를 바탕으로 은행 화폐가 창조되었으며, 이 화폐는 예금 제도와 연결되는 사람들만을 위한 지급 수단이었다.

이 원형을 모방한 조직이 서양에서 일찍이 16세기에 발견된다. 베네치아의 리알토 은행이다. 이어 1609년에 암스테르담에 비셀방크가 세워졌다. 1621년에는 뉘른베르크에서, 1629년에는 함부르크에서 은행이 설립되었다. 이 은행들은 무게로 계산했으며, 돈으로 오직 주화만 받았다. 개인 계좌가 유지해야 하는 최소 금액이 정해져 있었다. 예를 들면, 암스테르담에서 증서의 최소 금액은 300

굴덴이었다. 한편 600굴덴을 넘어서는 지급은 반드시 은행을 통해야 했다. 함부르크에서 이 은행 표준은 1873년까지 지속되었다.

현대의 화폐 정책은 재정적 동기의 부재라는 점에서 과거의 화폐 정책과 뚜렷이 다르다. 자본 계산의 안정적 바탕이라는 상업의 필요를 충족시킬 일반적인 경제적 이익만이 화폐 정책의 성격을 결정한다. 이 측면에서 영국이 다른 모든 나라들을 선도했다.

원래, 영국에서 은은 모든 내부 거래에 효과적인 지급 수단이었으며, 국제 무역은 금이라는 계산 화폐에 바탕을 두었다. 브라질에서 금이 발견된 뒤로, 점점 더 많은 양의 금이 영국으로 흘러들어왔고, 영국 정부는 병렬 본위제도에 점점 더 당혹스러워하게 되었다. 금의 값이 싸진 뒤로, 금이 조폐국으로 흘러갔으며 동시에 은화를 녹이는 행위 때문에 은의 유통이 위험해졌다. 모든 융자를 은으로 상환해야 했기 때문에, 자본주의적 사업은 은의 유출을 막는 데 관심을 두고 있었다. 처음에 정부는 임의적인 조치를 통해서 병렬 화폐제도를 그대로 지키려 들었다. 그러다가 영국 정부는 1717년에 새로운 평가를 실시하기로 결정했다.

아이작 뉴턴의 지도 아래, 전형적인 영국 금화인 기니의 가치가 21실링으로 고정되었다. 그럼에도 금은 여전히 과대평가되었다. 18세기 동안에 금이 지속적으로 흘러들어올 때, 은은 밖으로 흘러나갔다. 그러자 영국 정부는 근본적인 예방 조치를 취하고 나섰다. 금은 본위 금속이 되었고 은은 보조적인 주화의 지위로 떨어졌다. 은은 무제한적인 법정 통화의 지위를 잃고 합금되거나 은괴의 가치 그 이상의 액수로 주화로 만들어졌다. 그리하여 은이 영국을 빠져나갈 위험이 제거되었다.

프랑스 정부는 많은 실험을 거친 끝에 혁명 기간에 최종적으로 복본위 제도를 택했다. 그 바탕은 은이었다. 9파운드의 은으로 1,000프랑을 주조했으며, 은과 금의 비율은 $15\frac{1}{2}$대 1로 고정되었다. 프랑스 국내에서 주화에 대한 수요가 특별히 컸던 덕분에 오랜 기간 동안 금과 은의 가치 관계가 안정을 유지할 수 있었다. 프랑스의 주화 수요는 영국보다 더 컸다.

독일에서, 은 본위 제도는 19세기 동안에 가만 내버려 둬야 했다. 19세기 전반기는 금속 생산의 감소가 일어난 시기였다. 독일엔 금 본위제로 전환을 주도할 위치에 있는 중앙 권력이 전혀 없었다. 그럼에도 금은 특히 프러시아에서 법적 가치를 지니는 상업용 주화로 주조되었지만, 화폐 기준에서 금에 다른 지위를 부여하려는 시도는 성공을 거두지 못했다. 1871년의 전쟁 배상금이 처음으로 독일이 금 본위로 넘어갈 수 있도록 했으며, 이 과정은 캘리포니아의 금광 발견으로 인해 세계의 금 보유량이 급격히 증가한 덕분에 한결 수월했다.

한편, $15\frac{1}{2}$대 1이라는 가치 비율은 점진적으로 깨어졌다. 이런 조건들이 3분의 1 탈러에 해당하는 독일 라이히스마르크를 가능하게 했다. 30탈러가 은 1파운드와 동일했기 때문에, $15\frac{1}{2}$대 1의 비율로 환산하면 금 1파운드는 1,395마르크와 동일해진다.

20장

자본주의 이전 시대의 금융과 화폐 거래

자본주의 시대 이전까지, 다양한 종류의 화폐가 유통되는 곳마다, 은행의 활동은 주로 돈을 바꿔주는 일이었다. 거기에 돈을 지급하는 일, 특히 멀리 떨어진 곳에서 돈을 지급하는 일의 필요성이 보태졌다. 고대에 전반적으로, 특별히 그리스에서 우리는 전형적인 금융 거래로, 돈을 지급할 의무와 여행자에게 멀리 떨어진 곳에서 지급할 수단으로 신용장을 발급하는 일을 발견한다.

이외에 현대적인 의미에서라면 진정한 교환 업무라고 보기 어렵지만 오늘날의 수표를 암시하는 지급 수단의 창조도 보인다. 더 나아가, 돈을 안전하게 지켜주는 기능, 즉 예금 업무도 금융 활동 중에서 가장 오래된 일에 속한다.

은행가들이 대부분 재산 관리자들이었던 이집트에서도 금융은 그런 식이었으며, 로마에서도 마찬가지였다. 바빌로니아와 중국, 인도처럼 어떤 종류의 화폐제도도 없었던 곳에서, 돈을 교환하는 일은 없었다. 대신에, 그곳의 은행가들은, 중국의 은량처럼, 화폐로 유통되던 은 막대들에 도장을 새긴 대리자들이었으며, 따라서 화폐를 공급하는 일을 수행했다.

일례로, 자본주의 이전 시대에 은행들은 현금 지급을 제거하기 위해서 신용을 이전하거나 제공하는 등의 예금 사업을 실시했다. 그런 계약은 예금주인 은행 고객이 은행에 예금 계좌를 지속적으로 갖고 있는 것을 전제로 했다. 그래서 우리는 바빌론에서도 은행 "지폐"를 발견한다. 그럼에도 이 대목에서 현대적인 의미에서 말하는 그런 은행권을 상상하면 곤란하다. 왜냐하면 현대의 은행권은 어떤 특별한 개인의 예금과 상관없이 통용되고 있기 때문이다. 이와 반대로, 바빌로니아 제국의 은행권 또는 증서는 단순히 예금주들 사이에 지급을 보다 빠르고 안전하게 하는 수단에 지나지 않았다. 고대의 이 예금 거래의 범위에 대해서는 알려진 것이 없다. 어떻든 당시의 조건들에 대해 지나치게 현대적으로 보지 않도록 조심해야 한다. 그 거래들은 일반적으로 엄격히 현지의 거래에만, 또 상인들 사이에 일어나는 거래에만 국한되었다. 따라서 당시의 은행 증서는 일반적으로 유통된 수단이 아니었다.

바빌론에 특별했던 것은 예금 업무로부터 신용을 빌려주는 존재로서의 은행가의 역할이 발달해 나왔다는 점이다. 전문적인 은행가는 담보나 개인적 보증을 바탕으로 소규모 융자를 해주었다. 바빌론의 은행가가 신용을 제공하는 역할은 화폐의 부재를 바탕으로 했다. 지급액은 은화 셰켈로 계산되었지만, 은화가 지급에 쓰이지는 않았다. 그래서 중개자로서 은행가가 필요했으며, 이 맥락에서 은행가는 연기(延期)를 주선했다. 이유는 그가 종종 현금을 지급 수단으로 제공할 수 있는 위치에 있었으며 또 자신이 미래의 지급인이 됨으로써 판매자에게 확신을 줄 수 있는 위치에 있었기 때문이다.

바빌로니아 제국의 또 다른 특성은 은행가가 정기적으로 코멘다 신용을, 말하자면 사업을 위한 자본을 제공했다는 점이다. 설형문자 텍스트를 통해 오늘날 많은 수의 코멘다 계약이 우리 현대인들에게까지 전해오고 있다. 고대 세계에서 그런 신용 업무를 보여주는 다른 예는 전혀 발견되지 않는다. 이유는 주화가 사용된 곳에서는 금융업이 그 주조물로부터 발달했지만 바빌론에서는 금융업이 화폐 거래, 즉 신용 거래로부터 발달했기 때문이다.

고대 로마에서, 은행가의 직업은 두 가지 특성을 보여준다. 경제적 역사에서 전혀 아무런 의미를 지니지 못하는 첫 번째 특성은 은행가가 전문적인 경매인이었다는 점이다. 두 번째로, 우리는 현대적인 의미에서 말하는 당좌 예금 업무를 발견한다. 또 당좌 예금을 은행가의 도움으로 부채를 상환하는 특별한 수단으로 보는 인식도 확인된다. 은 주조가 한참 뒤에까지도 소개되지 않았고 주조의 양이 장군들이 확보한 전리품에 의존했다는 사실에 비춰본다면, 로마에서 은행 사업의 목적은 원래 동일하고 안전한 지급 수단을 제공하는 것이었다.

로마에서 주조 상황이 이처럼 후진성을 보인 것은 예금과, 오직 당좌 예금 잔고를 바탕으로 끊는 환어음이 대단한 중요성을 지녔다는 사실과 은행가의 부기가 통일된 법적 규제의 대상이 되었다는 사실에 대해 쉽게 설명해준다. 로마의 은행가의 장부들은 현대적인 부기의 의미와 부합하지는 않지만 수령과 지출에 대해 말해주고 있다. 개별 고객마다 별도의 장부를 만들어 놓았으며, 이 장부에 고객이 맡긴 돈과 찾아간 돈을 기록했다. 이 기록은 지급이 이뤄졌다는 사실을 뒷받침하는 증거의 역할을 했다. 로마의 은행가가 남긴 장부를 바탕으로 이것 이상으로 명확하게 진술하는 것은 불가능하다.

그러나 일반적으로 고대의 은행들은 예외적으로만 사적인 사업이었을 뿐이며, 이 은행들은 신전 은행들과 국가 은행들과 치열한 경쟁을 벌여야 했다. 고대의 신전은 처음에 금고의 역할을 했다. 신전이 은행의 역할을 맡는 한, 그것이 중요한 기능이 될 수밖에 없었다. 이 측면에서, 신전들은 사적인 은행가들의 금고보다 훨씬 더 유명했다. 신전에 맡긴 예금은 신성했으며, 신성모독죄를 저지르지 않고는 절대로 훔칠 수 없는 것이었다.

델포이 신전은 수많은 개인들, 특히 노예들의 예금을 보관하는 장소 같은 곳이었다. 수많은 명문(銘文)들이 노예들의 자유가 신에 의해 어떤 식으로 구입되었는지에 대한 이야기를 들려주고 있다. 실제로 보면, 자유의 구매는 노예들이 주인으로부터 보호하기 위해 신전에 안전하게 맡긴 돈으로 이뤄졌다.

바빌론과 이집트, 그리스의 수많은 신전들이 금고와 똑같은 기능을 수행한 반면에, 로마의 신전들은 일찍부터 이 성격을 잃었다. 따라서 고대의 신전들은 특히 군주들에게 중요한 대출 기관이 되었으며, 군주들은 신전들로부터 사적인 융자업자들보다 더 유리한 조건으로 돈을 빌렸다. 함무라비(Hammurabi) 법전에도 많은 돈을 빌려주는 대부업자가 발견되는 것도 사실이지만, 일반적으로 국가의 금고와 대부업자는 신전이었다. 이 기능을 바빌론에서는 태양신 시파르의 신전이, 이집트에서는 아멘[93]의 신전이 수행했다. 아티카 해운 동맹의 금고는 아테나의 신전이었다.

사적 은행가가 경험한 경쟁의 두 번째 원천은 국가 은행들 안에서 성장했다. 금융을 하나의 공적인 기능으로 만든 것은 처음에 중세 때처럼 은행가들의 경영 실수나 파산 때문이 아니라 재정적 고려 때문이었다. 환전 사업이 이익을 많이 남기는 분야로 발달했을 뿐만 아니라, 정치적 이유로도 규모가 아주 큰 개인 예금들을 소유하는 것이 유리해 보였다. 그리스의 국가들 거의 모든 곳에서, 특히 프톨레마이오스 왕조의 이집트에서, 그 결과 왕실의 금융 독점이 나타났다. 이런 조직들이 은행권 발행과 기준 규제, 주조 정책 같은 현대의 국영 은행의 업무와 전혀 아무런 관계가 없는 것은 사실이다. 그 조직들이 순수하게 재정적인 기관이었기 때문이다. 로마에서 자본가 기사(騎士)들이 하나의 계급으로서 막강한 권력을 행사

93 이집트의 태양신.

할 수 있었던 것은 기본적으로 그들이 금융 기능을 국가가 독점하는 것을 막는 데 성공했기 때문이다.

중세의 금융의 기원은 성격상 다양하다. 11세기에 우리는 환전상, 즉 '캄프소르'(campsore)를 만나는데, 이들은 그 일로 상당한 이익을 챙겼다. 12세기 말에는 멀리 떨어진 사람에게 지급하는 사업도 그들의 임무였다. 그 일은 아랍인들로부터 물려받은 장치인 '캄비움'(cambium), 즉 문서 교환을 통해서 수행되었다. 고대와 반대로, 거주민 은행가가 돈을 빌려주는 사업에 손을 댄 것은 비교적 늦은 시기에 일어났거나 그런 일이 아예 일어나지 않았다. 거주민 은행가들은 대체로 큰 액수만 빌려주었으며, 그 대출도 정치적 권력자들에게 한정되었다. 소액의 돈을 빌려주는 사업은 외국인 계층, 즉 유대인과 롬바르드인, 코르시니의 수중에 있었다. 롬바르드인과 코르시니라는 명칭은 온갖 부류의 남부 유럽 사람들을 포함하는 것으로 사용되고 있다.

외국인들의 수중에 있었던 이런 소비적인 대출은 원래 담보나 다른 보증을 근거로 매우 높은 이자율로 이뤄지는 긴급 대출이었다. 이런 대출과 더불어, 일찍부터 코멘다 신용 사업이 나타났다. 그런 신용을 제공하는 일에 은행가들도 참여했지만, 은행가들은 바빌로니아의 조건과 반대로, 온갖 종류의 재화를 취급하는 상인들뿐만 아니라 개인 대금업자들과도 경쟁을 해야 했다.

예금 사업은 화폐의 지속적인 질적 저하에 의해 존재하게 되었다. 금속이나 다양한 주화들을 실제 가치로 비축하고 있는 상인 계급 사이에서, 공동체적인 은행들이 생겨났다. 지급은 상인들이 비축한 금속이나 주화를 바탕으로 예금 이전이나 수표로 처리되었다. 한동안, 예금 업무는 환전상들이 맡았지만, 장기적으로 그들은 충분한 신뢰를 얻지 못했으며, 대형 은행들이 생겨나게 되었다.

중세의 금융 분야에 세금을 징수하는 일이 포함되었다. 이 일은 대충 고대의 세금 징수 도급과 비슷했다. 13세기 초부터 14세기 말까지, 세금을 징수하는 일은 큰 재산을 일굴 수 있는 중요한 원천이었다. 특히 피렌체의 금융 가문인 아치아우올리(Acciajuoli)와 페루치(Peruzzi), 메디치가가 그런 식으로 부를 이룬 예들이다. 이 가문들은 상업이 일어나는 큰 지역에는 어김없이 중매인(仲買人)을 두고 있었다. 그렇기 때문에 그들은 자연히 곳곳에서 당시 최고의 과세 권력이었던 로마 교황청의 세금을 거둬들이는 대리인이 되었다. 이 가문들은 또 회계를 아주 정확히 했으며 피렌체의 금화 굴덴처럼 가치가 완전한 돈만을 받았다. 이 기능이 중국 관리들의 예처럼 세금을 징수하는 사람들에게 부를 일굴 좋은 기회를 안겨주었다. 이유는 다양한 지역의 화폐를 로마 교황청이 요구하는 주화로 환산하는 것이 그들의 손에 달려 있었기 때문이다.

마지막으로, 자금을 공급하는 사업이 중세 금융의 기능에 속했다. 그러나 자금 공급이라고 해서 현재와 같은 의미에서 대규모 사업에 자금을 댔다는 것으로 이해하면 안 된다. 자금 공급이 필요했던 사업은 예외적일 뿐이었으며, 일반적으로 군사적인 모험과 연결되었다. 이 분야에서는 일찍이 12세기에 제노바에서 그런 자금 공급이 있었다. 예를 들면, 제노바 사람들이 키프로스를 상대로 대규모 해상 원정을 벌이는 데 필요한 자금은 '마로나'(marona), 즉 그 섬의 정복과 착취를 위한 코멘다 사업을 통해 조달했다. 이와 비슷하게, 도시들 사이에 벌어진 전쟁들도 채권자들의 조직을 통해 자금을 조달했다. 약 100년에 걸쳐서, 제노바가 거둔 세금과 관세는 전적으로 그런 컨소시엄의 이익과 부합하는 방향으로 관리되었다. 피렌체의 유명한 은행가들이 14세기에 프랑스와 영국의 전쟁에 자금을 제공한 것은 이런 한계들을 훨씬 벗어나는 것이었다.

이 거래들이 개인의 수중에 남았다는 점에서, 자금은 어디서 나왔고, 돈은 어디로 흘러갔으며, 은행들은 실은 붕괴하는 경향을 보였던 지급 의무를 어떤 수단으로 충족시킬 수 있었는가 하는 질문이 나왔다. 말하자면, 우리는 중세 은행의 "유동성" 문제를 직시하고 있다. 앞에서 설명한 기관들의 유동성은 매우 빈약했다. 페루치가나 다른 피렌체 은행가들이 피렌체 시민들에게 전쟁을 수행하도록 내놓은 돈은 자신들의 자본에서 나온 것이 아니었으며, 그들이 자신들의 명성을 근거로 가장 낮은 계층을 포함한 모든 인구로부터 낮은 이자율로 받은 예금에서 나온 것이었다.

아무리 돈이 많은 은행가라 하더라도 전쟁을 치를 자금을 충분히 댈 수 있을 만큼 부유하지는 못했을 것이다. 그러나 예금은 단 기간의 통보에도 지급해야 했지만, 전쟁 융자는 장기였다. 따라서 자금을 대는 금융 사업은 자금이 투입된 군사적 모험이 불리하게 끝나자마자 파산의 운명을 맞았다. 이것은 푸거가에도 그대로 적용되었다. 푸거가가 스페인 왕실과 최종적으로 타협을 본 방식은 그들이 엄청난 손실을 겪게 되어 있다는 것을 의미했을 뿐만 아니라 그들의 나머지 부(富)도 실현할 수 없는 형태로 묶였다는 것을 뜻했기 때문이다.

대형 금융 가문들의 개인적인 수단은 국가의 대규모 모험에 자금을 댈 만큼 충분하지 않았고, 그들의 유동성이 쉽게 사라져버리기 때문에, 사건들이 독점적인 금융이 일어나는 방향으로 압박을 가하고 있었다. 자신의 목표를 추구하는 데 돈이 필요했던 정치적 권력은 다양한 독점권을, 말하자면 무역과 관세, 금융 사업 등의 독점권을 주는 대가로만 돈을 받을 수 있었다. 군주 또는 도시는 금융을 공적인 사업으로 규정하고, 융자를 받는 대가로 개인에게 금융을 독점할 특권을 주었다.

그런 독점 금융의 가장 오래된 예는 제노바의 방카 디 산 조르지오(Banca di San Giorgio)였으며, 최근의 예는 뱅크 오브 잉글랜드이다. 뱅크 오브 잉글랜드도 상인들의 자발적인 조직에서 생겨난 것이 아니며, 스페인 왕위 계승 전쟁에 자금을 제공하기 위한, 순전히 정치적인 사업에서 생겨났다. 뱅크 오브 잉글랜드와 중세 은행들의 차이는 단지 전자가 소위 환어음을 바탕으로 사업을 확립할 수 있었다는 점이다.

오늘날의 환어음은 하나의 지급 수단이며, 3명의 사람이 개입된다는 사실이 두드러진 특징이다. 수취인 외에 발행인과 지급인이 있는 것이다. 이 세 사람 중에서 발행인은 언제나 책임을 지고, 지급인 또는 인수인은 어음을 인수하는 순간부터 책임을 진다. 게다가, 어음이 배서에 의해 제삼자에게로 넘어갈 때, 배서한 사람은 모두 책임을 지게 된다. 이때 어음이 작성된 거래에 대해서는 어떠한 물음도 제기되지 않는다. 지급이 이뤄지지 않는 경우에, 특별한 처벌 과정이 있었다. 중세에는 채무를 갚지 않는 사람을 감옥에 가두기도 했다.

오늘날의 은행에 환어음이 지니는 의미는 다음과 같은 특징에 있다. 환어음은 은행에게 정해진 어떤 때에 정해진 금액이 인출된다는 확신을 주고, 따라서 은행에 유동성을 주는 것이다. 중세에는 그런 가능성이 전혀 없었다. 환어음이 알려져 있었던 것은 사실이지만, 당시에 환어음은 오늘날의 수표와 비슷한 도구를 의미했을 뿐이다. 그것은 단순히 하나의 지급 수단이었으며, 대체로 먼 거리의 지급 수단이었다. 이 방법을 빌려서 사람은 다른 곳에 있는 돈으로 부채를 상환할 수 있었다. 지급을 약속한 사람이 있는 곳과 지급이 이뤄지는 곳이 서로 다른 것이 그 지급 수단의 근본적인 조건이었다. 이처럼 장소가 달랐던 이유는 특히 교회법이 현지의 어음을 고리대금업으로 이용하는 것을 강하게 비난했기 때문이다.

전형적인 중세의 어음은 원래 두 가지 별도 서류로 이뤄져 있었다. 그 중 하나인 "공개 문서"(litera aperta)는 우리가 '지급지 지정 어음'이라고 불러야 하는 것이었다. 제노바의 상인 A가 바로셀로나의 B에게 정해진 날짜에 정해진 액수를 A의 채무자인 C를 통해 지급하겠다고 약속했다. 만약 그 어음이 어느 군주에 의해 발행되었다면, 그것은 궁정에 돈을 지불해야 하는 재무부 앞으로 끊어진 것이었다. 두 번째 서류, 즉 "비공개 문서"(litera clausa) 또는 "지급 명령서"는 오늘날의 어음으로 발달했다. 그 문서는 어음을 발행한 사람의 채무자에게 그가 채권자인 발행인을 대신해서 그 금액을 지급해야 한다는 것을 알려주었다. '공개 문서'는 공개적으로 작성되고 목격자가 있었던 반면에, "비공개 문서"는 일반적으로 편지였다. 이 두 가지 서류는 어음의 수취인이 갖게 되어 있었다.

어음의 추가적인 발달은 비용 탓에 "공개 문서"가 점진적으로 배제되는 과정이었다. 원래, 서류가 담고 있던 강제력 있는 약속은 지급 명령서에 포함되고 지급 명령서의 일부로 인식되었다. 따라서 지급 명령서의 중요성이 아주 커졌다. 그러나 그것은 그래도 현대적인 어음과는, 배서에 의해 양도할 수 없었다는 점에서 달랐다. 배서에 의한 양도는 17세기에 이르러서야 가능해졌다.

어음을 제삼자에게 넘기는 것이 가능하고, 제삼자가 어음에 명기된 수취인 대신에 지급을 받을 수 있다고 정한 조항이 어음의 서류에 포함되어 있었던 것은 사실이지만, 이 조항은 훗날 사라졌다. 왜냐하면 지급이 정기적으로 이뤄질 수 있는 기회가 큰 박람회들을 통해 생겨났기 때문이다. 이 박람회들은 현금을 수송하는 위험을 안지 않고 어음을 결제할 가능성을 열었다. 어음교환소에서 지급할 금액과 받을 금액의 차이만 지불하면 간단히 해결되었다. 사실상 어음들은 예금 은행이나 현지의 상인들의 단체를 통해 결제될 것이라는 암묵적인 약속을 바탕으로 한 할인(割引) 도구에 지나지 않았다.

　이 같은 조건은 환전 업무에 종사하는 상인들에게 유일하게 작용하면서 그들이 환전 수수료의 독점을 꾀하도록 만들었다. 그래서 그들은 배서에 반대했다. 그 결과, 어떤 돈도 이전이 가능해진 16세기에도, 기존의 어음을 배서하는 대신에 새로운 어음을 끊어야 했다. 16세기에 외환에 관한 법률은 현재와 같은 발달의 단계에 이르렀던 것이 사실이며, 법적 근거에 관한 애매한 표현은 '어음 인수인이 반드시 지급해야 한다'는 원칙에 의해 제외되었다. 이런 식으로 지급에 대해 무조건적으로 단언한 것이 환어음이 오늘날 은행이 지급을 책임지는 어음이 될 수 있도록 만들었다.

　중세의 은행가가 지급에서 한 역할은 어음을 받는 것이었다. 반면에 오늘날의 은행가는 어음을 할인한다. 말하자면, 은행가가 훗날 현금화할 것을 기대하면서 그 어음에 대해 적정한 할인율을 적용한 나머지 금액을 지급하는 것이다. 따라서 오늘날의 은행가는 자신의 경영 자본을 어음에 투자하는 셈이다. 처음부터 일관되게 그런 식으로 어음 할인 사업을 수행해온 기관이 바로 뱅크 오브 잉글랜드이다.

　뱅크 오브 잉글랜드가 설립되기 전에, 영국의 금융 역사는 금 세공인들이 귀금속 거래상이나 귀금속 소유자로서 금융 사업을 수행하는 위치에 있으면서 종종 주화의 무게와 순도를 측정하는 독점권을 누렸다는 사실을 보여주고 있다. 그러나 금 세공인들은 앞에서 설명한 그런 의미에서 은행가의 역할은 절대로 하지 않았다. 그들은 중세의 은행가와 똑같이 예금을 받아 스튜어트(Stuart)가나 올리버 크롬웰(Oliver Cromwell)의 정치적 모험에 자금을 댔다. 그들은 또 예금 업무를 처리했으며 예금을 바탕으로 먼저 자신들의 고객에게 종이로 된 지급 수단을 발행했다. 그러나 이 "금 세공인의 지폐"의 유통이 이 집단에만 국한되지 않았다.

그러나 1672년에 일어난 영국의 국가 파산이 이 모든 것에 종지부를 찍었다. 영국 정부가 부채를 상환하지 못하고 부채에 대한 이자만 지급할 것이라고 선언했을 때, 금 세공인들의 예금주이자 고객들은 언제라도 자신의 자본을 인출할 자격이 있었다. 그 결과, 그보다 앞서 이탈리아 도시들에서 벌어진 것처럼, 금 세공인들은 예금 인출 요구를 들어줄 수 없게 되었다. 그렇게 되자 예금자들 사이에 공적인 독점 은행이 필요하다는 목소리가 높아졌다.

정치 당국자들은 금융업을 독점하고, 거기서 나오는 이익 중 일정 몫을 국가가 챙기게 하는 데 이 같은 요구를 이용했다. 상인들은 낮은 이율의 융자를 바랐다. 국영 은행이라면 안전하기 때문에 예금을 대규모로 끌어들일 수 있는 위치에 있었기 때문이다. 상인들은 또 화폐 주조에 따르는 어려움으로부터도 놓여나기를 바랐다. 그럼에도 그들이 그 같은 자유를 어떤 식으로 주장했는지에 대해서는 알 길이 없다. 그래도 현대적인 관점을 그 시대에 적용할 수 있다는 식으로 단정해서는 안 된다. 말하자면, 대형 발권 은행이 금을 나라 안으로 끌어들이거나 축적된 양의 금을 유통시키기 위해서 적절한 할인 정책을 통해 신용을 이용하는 임무를 떠안을 수 있다고 판단해서는 곤란하다는 뜻이다. 그보다는 그 은행이 하나의 예금 은행으로서의 기능을 할 것으로 기대되었다. 즉, 정확한 양의 금속을 토대로 지폐를 유통시키고, 그렇게 함으로써 금과 은의 교환 비율의 변동 폭을 줄여줄 것으로 여겨졌던 것이다.

1694년에 뱅크 오브 잉글랜드가 최종적으로 설립된 것은 오라녜의 윌리엄(William of Orange)이 루이 14세와 치르는 전쟁에 자금을 댈 목적으로, 그러니까 순수하게 정치적인 동기에 따른 것이었다. 뱅크 오브 잉글랜드의 설립에, 영국에 관행으로 내려오던 절차가 동원되었다. 일부 지급, 특별히 염세(鹽稅)가 돈을 빌려주는 사람들에게 담보로 제시되었으며, 융자에 참여하는 채권자들은 이사로서 법적 특권을 누리는 집단으로 조직되었다.

이 새로운 기관은 많은 이해관계들과 갈등을 빚었다. 이 프로젝트에 가장 먼저 반대한 사람들은 오라녜의 윌리엄의 반대자들인 토리당원들이었다. 한편, 일반적으로 왕의 지위를 강화하는 것을 두려워하는 휘그당원들도 뱅크 오브 잉글랜드의 설립에 반대했다. 따라서 그 은행은 국가 은행이 아니라 독립적인 사적 법인으로 조직될 수밖에 없었다. 또 법에 의회의 특별한 동의가 있을 때에만 국가에 돈을 지급할 수 있다는 특별 조항도 포함시켜야 했다. 따라서 토리당원들의 관점에서 보면 그 은행은 군주국이 아니라 공화국과 일치했다. 토리당원들은 그런 조직을 가진 은행은 왕국이 은행에 이해관계가 걸린 자본가 집단의 통제를 받는 것을 전제로 한다고 주장했다. 마지막으로, 금 세공인들도 은행에 반대했다. 이유는 그들이 그 사업에서 배제될 것이었고, 또 귀족들과 마찬가지로 상인 계층의 정치적, 경제적 힘을 두려워했기 때문이다.

뱅크 오브 잉글랜드는 주식 자본 120만 파운드로 설립되었으며, 이 자본은 모두 국가의 주머니 속으로 사라졌다. 그에 대한 보상으로, 뱅크 오브 잉글랜드는 환어음을 거래할 권리를 얻었다. 이 권리가 대단히 중요했다. 왜냐하면 그것이 지폐 발행과 연결되었기 때문이다. 은행이 훗날 할인 정책을 통해서 지폐를 발행할 권리를 누리게 될 것이라는 점은 사실 아무도 예견하지 못했다. 그러나 어쨌든 뱅크 오브 잉글랜드는 체계적으로 환어음을 구입하기 시작한 최초의 기관이 되었다. 이 은행은 만기가 되기 전에 어음을 할인함으로써, 제품이 최종 소비자에게 닿기까지의 기간을 상인뿐만 아니라 생산자들에게도 줄여주는 효과를 낳았다. 뱅크 오브 잉글랜드의 등장으로, 어음 할인의 목적이 자본 회전율의 가속이라는 것이 분명히 인식되었으며, 그때까지 그 어떤 은행도 하지 않았기 때문에 뱅크 오브 잉글랜드는 이 사업을 체계적으로 추구했다.

유럽 외의 지역에서 금융의 발달은 유럽의 금융과 부분적으로만 비슷할 뿐이다. 인도와 중국에서, 금융은 겨우 몇 십 년 전까지도 고대와 중세에 보였던 성격을 그대로 간직했다. 그곳의 금융은 화폐제도의 관리와 관련한 특별한 권한으로 인해 서양의 금융과 뚜렷이 구분된다. 중국에서 은행가는 은량을 찍는 일을 맡고 있다. 그래서 은행가는 신용의 조건들을 결정하고, 이자율을 정하고, 지급에 관한 모든 조건들을 지정한다. 그래서 상업적 결제의 기준이 전적으로 그에게 달려 있다. 그러나 이 결제 방식은 외국 무역에 관한 한 신용 사업이다. 예를 들어, 광둥의 경우에 이런 신용 사업은 소수의 큰 중국 가문의 수중에 있다. 중국에 독립적인 국가들이 존재하는 한, 그곳의 은행들도 유럽에서와 마찬가지로 전쟁 융자 업무를 수행했다. 단일한 중국 제국의 건설로 인해, 그런 기회는 최종적으로 사라졌다.

인도에서 금융 사업은 엄격히 종파나 카스트들에 의해 통제되고 있다. 이곳에서도 독립적인 국가들이 존재하는 시대 동안에는 은행들이 정치적 신용을 공급했다. 마찬가지로 인도에서도 무굴 제국이라는 단일 국가가 확립되면서 그 같은 관행이 종말을 맞게 되었다. 그 후로 정치적 금융 거래는 정부 예산과 관련된 것이나 융자를 통해 수익을 예상할 수 있는 때로 한정되었다.

21장

자본주의 이전 시대의 이자

처음에 이자는 국제법 또는 봉건법의 한 현상이었다. 부족이 모여 사는 마을이나 씨족 공동체 안에는 이자도 없고 대출도 없다. 그런 곳에선 상환을 고려하는 가치 이전(移轉)이 알려져 있지 않기 때문이다. 경제생활에 외부의 자원이 이용되는 경우에, 그런 일은 이웃을 위한 도움이라는 형태로 이뤄진다. 집을 지을 때 이웃의 손을 빌리거나 긴급한 상황에 처했을 때 도움을 받는 경우가 그런 예이다. 그런 도움은 씨족의 형제는 보상을 받지 않고 도와야 한다는 의무에 따른 것이다. 로마의 '무투움'(mutuum), 즉 이자 없는 융자도 이런 원시적인 조건의 잔존물이다.

곤경에 처한 사람을 도와야 하는 의무가 종교 공동체에 받아들여져 신앙을 공유하는 형제들 사이에 강요되었을 때, 그 의무는 크게 확장되었다. 가장 잘 알려진 예가 바로 이스라엘 민족의 예이다. 유대인들에게 특유했던 것은 그들이 이자를 받았다는 사실이 아니다. 세계의 모든 곳에서 이자를 받고 있었으니 말이다. 중세의 수도원도 예외가 아니었다. 그보다는 유대인들이 자기들 사이가 아니라 기독교인들로부터 이자를 받은 것이 서양 사람들에게는 예외적이고 불쾌한 일로 다가왔다.

'토라'⁹⁴에 형제로부터 이자를 받지 못하도록 금지한 것은 부분적으로 군사적인 이유 때문이며 또 부분적으로 종교적인 이유 때문이다. 먼저, 씨족의 형제들을 빚 때문에 감옥에 감금함으로써 군대에 인력 손실을 안기는 일이 벌어져서는 안 된다. 이런 이유 때문에 고대 이집트의 종교법은 가난한 자들의 저주에 신성한 권력을 가진 어떤 힘이 실려 있다는 점을 강조했다. 이 사상은 '신명기'로 넘어갔다.

내부 윤리와 외부 윤리 사이에 이런 식으로 생겨난 구분은 바빌론 유수 이후에도 그대로 이어졌다. 이스라엘 민족이 유대인이 된 이후에도, 이자는 동포들로부터는 여전히 금지되었지만 외국인들로부터는 받을 수 있었다. 따라서 마이모니데스(Maimonides)는 유대인이 외국인들로부터 이자를 받는 것은 의무가 아닌가, 하고 물을 수 있었다.

형제로부터 이자를 받는 것을 금지하는 것은 초기 이슬람과 브라

---

94 유대교 율법으로 대체로 '구약성경'의 창세기와 출애굽기, 레위기, 민수기, 신명기를 일컫는다.

만교의 특징이기도 하다. 모든 곳에서 이자는 부족 외의 외국인들에게 돈을 빌려주는 영역이나 계급 간에 일어나는 융자 영역에서 일어난다. 이 맥락에서 채권자와 채무자의 차이는 원래 도시 거주 귀족과 시골 농민의 차이였다. 중국과 인도, 로마에서도 그랬으며, '구약성경'에도 똑같은 인식이 지배하고 있다.

이자에 대한 금지가 생겨날 가능성은 모든 신용이 원래 긴급한 신용이었고 순수하게 소비적인 목적을 위한 것이었다는 사실에 바탕을 두고 있었다. 그래서 형제애에 따른 의무라는 사상이 주인 계급의 이자 요구에 맞서 일어날 수 있었다. 여기서 조금 더 깊이 들여다본다면, 이자를 받는 데 대한 경고의 뒤에는 강한 군사적 관심이 작용했다는 사실을 확인할 수 있다. 왜냐하면 채무자가 땅이 없는 프롤레타리아의 처지로 전락해 스스로 전쟁 준비를 할 수 없는 상황에 처할 위험이 있었기 때문이다.

이자를 받지 않도록 한 조항의 적용을 받지 않은 예는 구체적인 재산을 융자하는 때였다. 첫 번째 예가 가축 융자이다. 유목민들 사이에, 재산을 가진 자와 재산을 갖지 못한 자의 구별은 무서울 만큼 분명했다. 가축을 전혀 갖지 않은 남자는 즉시 법의 보호를 받을 권리를 상실했으며, 그는 오직 가축 융자와 가축 번식을 통해서 시민권을 다시 찾을 희망을 품을 수 있었다. 이와 비슷하게 중요한 것은 씨앗 융자이다. 특히 바빌로니아 제국에서 씨앗 융자는 관습적으로 행해졌다. 가축 융자에서와 마찬가지로 씨앗 융자에서도, 융자의 대상 자체가 몇 배로 번식했으며, 따라서 채권자가 그 가축 또는 곡식의 일부를 챙겨도 그다지 부당해 보이지 않았다. 게다가, 도시의 생활이 발달한 곳마다 이자에 대한 금지는 깨어졌다.

기독교가 지배한 서양에서, 산업적 목적을 위한 신용이 이자가 명확히 정해진 융자의 형태로 이뤄지는 경우는 드물었으며, 그 신용은 어떤 단체의 융자로 나타났다. 융자가 이런 식으로 진행된 것은 교회가 고리 대금을 금지했기 때문이 아니라, 외국과의 사업에 걸린 위험 때문이었다. 이 위험의 심각성을 고려한다면, 그런 거래에서 정해진 이자율 같은 것은 그다지 문제가 되지 않았다. 대신에 채권자는 자신이 제공한 자본이 위험에 노출되는 데 대한 보상으로 이익의 분배에 참여했다. 따라서 이익과 손실의 몫을 위험의 정도에 따라 조정하는 융자인 이탈리아의 '코멘다'는 목표로 잡은 항구의 상황에 따라 이자율이 정해졌다.

무역을 위한 이런 원시적인 신용 거래는 고리대금을 금지한 교회의 조치에 영향을 받지 않았다. 반대로, 육상 운송과 관련해서는 고정된 이자율을 바탕으로 한 융자가 관행이 되었다. 이유는 육상 운송에 따르는 위험은 해상 무역에 비하면 훨씬 덜했기 때문이다. '육상의 안전'(salvum in terra)이라는 관용어는 자본 융자는 사업 결과와 무관하다는 것을 의미했다.

그러나 고리대금에 대한 교회의 반대도 동시에 힘을 더욱 키웠다. 따라서 이자에 대한 금지는 순수한 자연 경제 시대의 산물이 아니며, 이자에 반대하는 운동은 점점 성장하는 화폐 경제 앞에서 자연 경제가 쇠퇴할 때 정점에 달했다. 그레고리오(Gregory) 9세 교황은 해상 융자에 대해 고리대금이라고 비난했다.

교회가 이자와 관련해서 기회주의적인 정책을 추구하면서 자본주의의 발달을 도왔다는 단언도 마찬가지로 틀렸다. 사실 교회는 이자와의 전쟁을 더욱 강력하게 추구했으며, 오늘날 주인으로부터 훔친 물건을 참회를 통해 내놓도록 강요하듯이, 많은 사람들이 임종의 자리에서 이자를 돌려주도록 강요했다. 그러나 화폐 경제가 더욱 발달함에 따라, 금지를 위반하는 예도 더욱 늘어났으며, 교회도 그런 상황 앞에서 관대해지지 않을 수 없었다.

최종적으로, 교회는 15세기에 피렌체의 대규모 은행가들의 권력 앞에서 온갖 반대도 무용지물로 만들어버리는 사실들을 직시하게 되었다. 당시에 신학은 이자에 대한 금지를 최대한 관대하게 해석하려 노력했지만, 비극은 교회 자체가 세속의 한 권력으로서 이자를 받는 융자에 의존하도록 강요를 받았다는 사실이다.

처음에, 그러니까 교회 자체가 '몬테스 피에타티스'(montes pietatis)[95]라는 융자 기관의 설립을 떠안고 나서기 전에, 곤경에서 탈출할 어떤 길이 유대인들의 대금업에서 발견되었다. 유대인의 대금업의 특징은 정치적 권력자에게 "스펀지 정책"(sponge policy) 같은 것을 취할 기회를 주었다는 사실에 있다. 말하자면, 주민들이 유대인에게 이자를 지급함으로써 그들에게 착취당하고, 그러면 국가가 불규칙적으로 유대인 채권자들로부터 이익과 융자를

95 '경건의 산'이란 뜻이다.

몰수함과 동시에 그들을 추방하는 정책을 추구하도록 유혹할 수 있었다는 뜻이다.

이런 식으로, 유대인들은 이 도시에서 저 도시로, 이 나라에서 저 나라로 쫓겨 다녔다. 유대인들은 군주들이 강탈할 공식적인 원천이 되었던 것이다. 그런 강탈의 예를 구체적으로 든다면, 밤베르크 주교와 뉘른베르크의 호엔촐레른(Hohenzollern) 성주(城主)가 있다. 유대인들이 밤베르크의 사법권을 피해서 뉘른베르크로 왔을 때, 두 사람은 약탈물을 나눠가졌다.

그 사이에 이자를 받는 교회의 태도는 점점 조심스러워졌다. 이자 받는 행위에 대한 금지를 철회한다는 내용의 칙령이 공식적으로 나오지 않은 것은 사실이지만, 교회의 발언은 19세기를 지나는 동안에 특별한 조건에서 이자를 받는 것은 합법적이라는 입장을 거듭 밝혔다.

북부 유럽에서 고리대금에 대한 금지는 즉시적이진 않았지만 어쨌든 프로테스탄티즘에 의해 깨어졌다. 칼뱅교의 교회 회의들에서 대부업자와 그의 아내는 주의 만찬에 초대되어서는 안 된다는 인식이 자주 보이지만, 장 칼뱅(Jean Calvin) 본인은 『기독교 강요(綱要)』(Institutio Christianae Religionis)에서 이자를 받지 않도록 금지시키는 행위의 목표는 단지 가난한 사람들을 빈곤으로부터 보호하는 데에 있지 빌린 돈으로 사업을 하는 부자를 보호하는 데 있지 않다고 선언했다. 최종적으로, 1638년에 『고리대금』(De Usuris)이라는 책에서, 그리고 훗날 다수의 논문에서 이자를 금지했던 신학적

토대를 무너뜨린 사람은 고전 문헌학 분야에서 칼뱅교 지도자로
활동한 클라우디우스 살마시우스(Claudius Salmasius)였다.

4부

현대 자본주의의 기원

22장

현대 자본주의의
의미와 전제

어느 인간 집단의 필요를 산업적으로 충족시키는 일이 기업의 방식으로 행해지는 곳이면 어디든, 거기엔 자본주의가 존재한다. 여기서 인간 집단이 필요로 하는 것이 무엇인가 하는 문제는 전혀 중요하지 않다. 보다 구체적으로 말하면, 합리적인 자본주의적 체제는 자본 회계를 가진 체제, 즉 자본이 이익을 남기는 힘을 현대적 부기와 수지 결산 방법에 따라 계산하고 결정하는 체제이다. 대차 수지 계산이라는 장치는 네덜란드 이론가 시몬 스테빈(Simon Stevin)에 의해 1698년에 처음 소개되었다.

개별적인 경제가 자본주의 노선을 따르는 범위도 매우 다양하다는 점에 대해선 말할 필요도 없다. 경제적 준비 중 일부는 자본주의적으로 조직되고, 다른 부분은 수공예 또는 장원 형태로 조직될 수도 있다. 한 예로, 제노바는 아주 일찍부터 정치적 필요의 일부, 말하자면 전쟁 수행의 필요를 자본주의적인 형식인 주식회사를 통해서 충족시켰다. 로마 제국 당시에 수도의 인구에게 식량을 공급하는 일이 관리들에 의해 수행되었는데, 관리들은 이 목적을 위해서 운송 조직에 활동을 명령할 권리를 가졌으며, 따라서 강제로 기여하는 유형의 조직이 공적 자원 관리와 결합되었다.

오늘날엔 과거의 많은 부분과 반대로, 우리의 일상의 필요는 자본주의적으로 충족되고 있지만, 우리의 정치적 필요는 강제적 기여를 통해서, 말하자면 병역 의무와 배심원 의무 등 시민의 정치적 의무의 실행을 통해서 충족되고 있다. 어느 한 시기 전체가 전형적으로 자본주의적이라고 불릴 수 있는 때는 필요를 충족시키는 것이 대단히 광범위하게 자본주의적으로 조직되어 있는 때, 말하자면 그 조직의 형태가 사라질 경우에 전체 경제 시스템이 붕괴하지 않을 수 없을 만큼 자본주의적인 조직이 지배적일 때뿐이다.

역사의 모든 시기에 다양한 형태의 자본주의가 보이지만, 일상의 필요를 자본주의적인 방식으로 충족시키는 것은 서양만의 특징이며, 서양에서도 그 방식은 19세기 중반 이후에야 불가피하게 되었다. 그 앞의 세기들에 발견되는 자본주의적인 기원들은 단순히 선구적인 것들에 지나지 않으며, 16세기의 다소 자본주의적인 제도조차도 머릿속에서 지워버린다 해도 그 시대의 경제생활에 압도적인 변화가 나타나지 않는다.

현재와 같은 자본주의가 존재하는 데 필요한 가장 일반적인 조건은 일상의 필요를 충족시키는 모든 큰 산업적 사업을 위한 규범으로서 합리적인 자본 회계를 갖추는 것이다. 그런 회계는 가장 먼저 생산의 모든 물리적인 수단인 토지와 장치, 기계, 도구 등을 자율적이고 사적인 산업적 사업들의 처분 가능한 재산으로 활용할 것을 요구한다. 이것은 오직 우리 시대에만 알려진 현상이며, 군대가 유일하게 보편적으로 거기서 예외로 여겨진다.

두 번째로, 자본 회계는 시장의 자유를, 말하자면 시장의 거래에 대한 불합리한 제한의 부재를 수반한다. 만약 어떤 유형의 삶의 방식이 어떤 계층에게 속하는 것으로 여겨지거나 소비가 계층을 따라 표준화된다면, 혹은 계급 독점이 존재한다면, 예를 들어 도회지 사람이 사유지를 소유하는 것이 허용되지 않거나 기사나 농민이 산업 활동을 하는 것이 허용되지 않는다면, 그런 제한은 계급적인 성격을 지닐 수 있다. 그런 경우라면 거기엔 자유로운 노동시장도 존재하지 않고 자유로운 상품시장도 존재하지 않는다.

셋째, 자본주의 회계는 합리적인 기법을, 최대한 압축된 계산 기법을 전제하고 있다. 이것은 곧 기계화를 암시한다. 이것은 생산과 상업, 그러니까 재화를 준비하는 것뿐만 아니라 재화를 이동시키는 단계에도 적용된다.

네 번째 특징은 신뢰할 수 있는 법의 존재이다. 자본주의 형태의 산업 조직이 합리적으로 작동하려면 신뢰할 수 있는 심판과 행정에 의존할 수 있어야 한다. 그리스 도시 국가(폴리스) 시대나 아시아의 세습 국가, 스튜어트가가 등장할 때까지의 서양의 나라들에서는 이런 조건이 갖춰지지 않았다. 은혜로 사면을 남발한 왕실의 "싸구려 정의"가 경제생활의 계산을 지속적으로 방해했다. 앞에서 본, 뱅크 오브 잉글랜드는 군주국이 아니라 공화국에만 적절하다는 주장은 이런 식으로 당시의 상황과 연결되어 있었다.

다섯 번째 특징은 자유로운 노동이다. 사람들은 법적으로도 아무런 제약을 받지 않아야 할 뿐만 아니라 경제적으로도 아무런 제약이 없는 시장에서 노동을 팔 수 있어야 한다. 만약에 재산을 갖지 않은 계급이, 그러니까 살아가기 위해서 노동을 팔아야 하는 계급이 없다면, 그런 상황은 자본주의의 본질과 모순되고 자본주의의 발달이 불가능하다. 또 만약에 예속적인 노동만 활용 가능하다면, 마찬가지로 자본주의의 발달은 불가능하다. 합리적인 자본주의적 예측은 자유노동이 바탕이 될 때에만 가능하다. 말하자면, 형식적인 측면에서는 자발적이어도 실제로 보면 굶주림에 쫓기는 상황에서 자신을 제공하겠다고 나서는 노동자들이 존재하는 결과, 생산물의 비용이 미리 합의에 의해 명백히 결정되는 곳에서 합리적인 자본주의적 예측이 가능해진다는 뜻이다.

여섯 번째이자 마지막 조건은 경제생활의 상업화이다. 그것은 곧 사업과 재산 소유에서 분할 소유권을 나타내는 상업적 도구들을 보편적으로 이용한다는 뜻이다.

종합하면, 필요한 것을 제공하는 일이 전적으로 시장 기회와 순이익을 바탕으로 이뤄질 수 있어야 한다. 이 같은 상업화를 자본주의의 다른 특징들에 가미하면, 아직 언급하지 않은 또 다른 요소,

즉 투기의 중요성이 극히 강화된다. 재산이 양도할 수 있는 종이의 형태가 되는 순간부터, 투기가 진정한 중요성을 지니게 된다.

23장

자본주의의 진화를 이끈 외적 사실들

상업화는 가장 먼저 사업의 몫을 나타내는 서류의 등장을 불렀고, 그 다음에는 특히 국채의 형태로, 소득에 대한 권리를 나타내는 서류의 등장을 불렀다. 이 같은 발달은 오직 현대 서양 세계에서만 일어났다. 그 전조들은 고대에도 발견된다. 고대 로마의 푸블리카니(publicani)라는 주식 파트너십 회사들이 그런 예들이다. 이 회사들은 주식이라는 종이 증서를 통해서 대중과 이익을 나눴다.

그러나 이것은 단발적인 현상이며, 로마인의 삶의 필요를 충족시키는 데 전혀 중요성을 지니지 않았다. 그런 것이 전혀 없었다 하더라도, 로마의 경제생활이 그려내는 그림에는 아무런 변화가 없을 것이다.

현대의 경제생활에서 신용 수단을 발행하는 것은 자본을 합리적으로 모으는 길이다. 이 범주에 특별히 주식회사가 해당된다. 이것은 두 가지의 서로 다른 발달 노선들이 하나로 결합하면서 정점을 찍으면서 나타난 형태이다. 먼저, 주식 자본이 예상되는 수입을 얻기 위해서 모일 수 있다. 정치 당국은 정확한 자본 총액에 대한 통제력을 확보하거나 예상할 수 있는 소득이 어느 정도 인지 알기를 원하며, 따라서 당국은 그 소득을 주식회사에 팔거나 빌려준다. 제노바의 산 조르지오 은행이 그런 금융 활동을 보여주는 가장 대표적인 예이다. 이와 똑같은 선상에 있었던 것이 독일 도시들의 '소득 증명서'와 특히 플랑드르의 '지대(地代) 증권'이다.

이 제도의 중요성은 국가에 예외적인 필요가 발생하는 경우에 대체로 이자도 지급하지 않고 원금도 상환하지 않으면서도 강제적인 법으로 해결하던 원래의 조건들 대신에, 융자가 전면으로 부각되면서 참가자들의 자발적인 경제적 관심에 호소하게 되었다는 점에 있다. 국가에 의한 전쟁 수행이 재산을 가진 계층의 사업으로 변한 셈이다.

이자율이 높은 전쟁 융자는 고대에는 알려져 있지 않았다. 만약 백성들이 필요한 수단을 공급할 수 있는 처지가 아니라면, 국가는 외국 금융업자에게 기대야 한다. 이때 외국 금융업자의 선금은 훗날 전리품에 대해 권리를 주장한다는 약속을 근거로 나왔다. 만약 전쟁이 불행한 방향으로 끝난다면, 외국 금융업자는 그 돈을 잃게 된다. 보편적인 경제적 관심에 호소하는 방법으로 국가의 목적, 특히 전쟁 목적을 위해 돈을 확보하는 것은 중세, 그리고 특히 도시들의 창조물이다.

경제적으로 이보다 훨씬 더 중요한 또 다른 형태의 연합은 상업적인 사업에 돈을 대려는 목적의 연합이다. 그럼에도, 이런 시작으로부터 오늘날 산업 영역에서 우리에게 아주 익숙한 형태의 연합인 주식회사로 진화하는 과정은 매우 더뎠다. 그런 연합 조직도 두가지 유형으로 구분된다. 먼저, 어느 한 상업 가문의 자원을 능가하면서 지역을 뛰어넘는 성격을 지닌 대형 사업들이 있었고, 두 번째로 식민지 사업이 있었다.

개별 기업가들이 돈을 댈 수 없는 지역 간 사업의 경우에 집단들에 의한 출자가 전형적인 방식이었다. 특히 15세기와 16세기에 도시들의 활동에 그런 예가 많았다. 부분적으로 도시들이 지역 간 무역을 수행했지만, 경제적인 역사의 측면에서 보면 도시의 다른 활동, 즉 도시가 대중 앞에서 스스로 조직한 상업적 사업에 주식으로참여할 것을 권한 것이 훨씬 더 중요하다. 이 활동이 상당히 활발하게 전개되었다. 도시가 대중에게 호소했을 때, 그런 식으로 만들어진 회사는 어떤 시민이든 허용하라는 압박을 받았다. 따라서 주식자본의 액수는 무제한적이었다. 처음 모인 자본이 충분하지 않은경우가 자주 있었으며, 추가적인 출자가 요구되었다. 도시는 전체시민이 참여할 수 있도록 하기 위해 자주 개인 출자에 한도를 정했다. 전체 시민의 참여라는 목표는 종종 시민들을 납부한 세금이나부(富)에 따라 집단으로 나눈 뒤에 각 계급에 자본 중 일정 부분을할당하는 방식으로 성취할 수 있었다.

현대의 주식회사와 반대로, 종종 투자 자체는 취소할 수 있었던 반면에 개인의 주식은 자유롭게 양도할 수 없었다. 따라서 전체 사업은 단지 미발달 상태의 주식회사를 의미했다. 사업 활동에 대해서는 공식적인 감독이 따랐다.

이런 형태의, 소위 "규제 받는" 회사는 특히 슈타이어의 철 무역에서 흔했으며, 그런 회사는 이흘라바[96]의 의류 무역에 간혹 이용되었다. 방금 설명한 조직의 구조가 낳은 결과는 고정 자본의 부재였으며, 노동자들의 단체의 경우처럼 현대적 의미에서 말하는 자본 회계의 부재였다. 주식 소유자들은 상인뿐만 아니라 군주와 교수, 궁정의 조신, 엄격한 의미의 대중을 포함했다. 대중은 많은 이익이 남는 일에 기꺼이 참여하려 들었다. 배당금의 분배는 너무도 불합리한 방식으로, 그러니까 어떤 종류든 유보금을 하나도 남기지 않고 수익 전체를 나누는 방식으로 이뤄졌다. 이제 필요한 것은 공식적인 통제를 제거하는 것뿐이며, 현대식 주식회사는 바로 코앞에 와 있었다.

식민지를 건설하는 대형 회사들은 현대적인 주식회사의 발달에 또 다른 예비적인 단계가 되어 주었다. 이 회사들 중에서 가장 중요한 것은 현대적인 의미의 주식회사가 아니었던 네덜란드와 영국의 동인도회사였다. 시골 지방에 거주하는 주민들의 질투 때문에, 네덜란드 동인도 회사는 어느 한 도시가 주식을 다 사들이는 것을 허용하지 않았으며, 시골 주민들로부터도 주식을 공모하는 방식으

96 체코의 도시로, 독일어로 이글라우라고 부른다.

로 자본을 모았다. 연방이었던 네덜란드 정부는 관리에 참여했다. 네덜란드 정부가 그렇게 한 특별한 이유는 네덜란드 동인도 회사의 선박들과 대포를 정부가 필요에 따라 이용할 권리를 보유했기 때문이다. 주식의 자유로운 양도가 이뤄지지 않았으므로 현대적인 자본 회계가 부재했다고 할 수 있다. 그럼에도 곧 주식의 양도가 비교적 활발하게 이뤄지게 되었다.

주식 자본이라는 개념을 일반적으로 널리 알리면서 대중화한 것은 성공을 거둔 이런 대형 회사들이었다. 유럽 대륙의 모든 나라들은 이 회사들을 통해서 주식 자본이라는 장치를 배웠다. 국가가 만든 주식회사들과 그 목적으로 허용된 특권들이 일반적으로 사업에 참여하는 조건들을 규정했던 한편, 감독 능력을 갖춘 국가는 비즈니스 활동의 세세한 사항까지 관여했다. 18세기가 되어서야 1년 단위의 대차(貸借) 계산과 재고 목록이 관행으로 자리 잡게 되었으며, 끔찍한 파산을 여러 차례 겪고 난 뒤에야 그런 것들이 받아들여지게 되었다.

국가가 필요로 하는 일에 주식회사를 통해서 자금을 공급하는 방식 외에, 국가가 자체적으로 자금을 조달하는 방식도 택해졌다. 이것은 자원을 담보로 하거나 예상되는 수입을 근거로 발행한 부채 증명서를 바탕으로 한 강제적인 융자로 시작한다. 중세의 도시들은 고정적인 재산과 과세 권리를 담보로 제공하고 공채를 발행함으로써 특별한 수입을 확보했다. 이 출자금이 현대의 콘솔[97]의 전조로 여겨질 수 있지만 오직 제한적인 범위 안에서만 그렇다. 왜냐

97 상환 기한이 없는 영구 공채를 말한다.

하면 그 수입이 공채를 구입한 사람에게 대개 평생 동안 이어지고 다른 고려 사항들과 연결되어 있기 때문이다. 이런 장치들 외에, 돈을 모아야 할 필요성이 17세기까지 다양한 수단들을 낳았다. 레오폴트 1세 황제는 말을 탄 사자(使者)들을 곳곳의 귀족들에게 보내 간청하면서 "기사(騎士) 융자"를 모으려 시도했지만, 그에게 돌아온 대답은 돈을 가진 사람들에게 권하라는 것이었다.

중세 말기에 독일 도시의 재정적 활동을 이해하길 원한다면, 그 당시에 체계적인 예산 같은 것은 존재하지도 않았다는 사실을 반드시 기억해야 한다. 도시는 영토를 가진 영주처럼 일주일 단위로 살았다. 오늘날 작은 가정을 꾸리는 방법과 별로 다르지 않았다.

지출은 수입의 변동에 따라 수시로 조정되었다. 세금 징수 도급(都給)이라는 장치가 예산 없이 관리하는 데 따르는 어려움을 극복할 수 있도록 도왔다. 세금 징수 도급은 행정에 매년 기대할 수 있는 액수와 관련해 어느 정도 안정성을 부여했으며 아울러 지출을 계획하는 일을 도왔다. 따라서 세금 징수 도급은 재정 합리화의 특별한 도구의 역할을 했으며, 유럽의 국가들이 처음에는 이따금, 나중에는 언제나 그 도구를 이용하게 되었다. 세금 징수 도급은 또 전쟁을 수행할 목적으로 공적 세수를 할인하는 것도 가능하게 만들었으며, 이 맥락에서 세금 징수 도급은 특별한 의미를 지녔다.

과세의 합리적인 관리는 이탈리아 도시들이 자유를 상실한 뒤에 이룬 성취였다. 이탈리아 귀족은 당시에 확보할 수 있었던 상업 부기의 원리에 맞춰 재정을 관리한 최초의 정치적 권력이었다. 그래도 당시의 부기는 아직 복식 부기의 수준에 이르지는 않았다. 상업 부기는 이탈리아 도시들로부터 외국으로 퍼져나갔으며 부르군디와 프랑스, 합스부르크가의 국가들을 거쳐 독일 영토로 들어가게 되었다. 재정을 체계적으로 집행해야 한다고 목소리를 높인 사람은 특별히 납세자들이었다.

합리적인 형식의 관리를 위한 두 번째 출발점은 영국의 익스체커(exchequer) 제도였으며, 이 단어 중 "체크"(check)가 지금까지 그 잔재로 남아 있다. 이것은 일종의 체커판 같은 장치였으며, 이것을 이용하면 숫자를 다루는 솜씨가 뛰어나지 않아도 국가가 지급해야 할 돈을 쉽게 계산할 수 있었다. 그러나 대체로 재정은 모든 수입과 지출을 포함하는 예산 같은 것을 바탕으로 실행된 것이 아니라 특별 기금 제도가 이용되었다. 말하자면, 구체적인 어떤 지출을 위해서만 돈이 거둬졌다는 뜻이다.

이런 제도가 생기게 된 이유는 군주의 권력과 시민들 사이의 갈등에서 발견된다. 시민들은 군주들을 신뢰하지 않았으며, 그래서 시민들은 통치자의 개인적 목적에 세금을 낭비하는 것을 막는 유일한 방법은 그런 식으로 세금을 거두는 방법뿐이라고 생각했다.

16세기와 17세기에, 통치자들의 재정 운영이 합리화를 추구하도록 만든 어떤 힘이 군주들의 독점 정책에서 추가로 나왔다. 군주들은 부분적으로 그들 자신이 직접 상업적 독점을 누려야 한다고 주장했으며, 부분적으로 독점적 이권을 허가했다. 당연히 그 허가엔 정치적 권력자에게 큰 액수의 돈을 지급하는 것이 관행처럼 따랐다. 한 예가 카르니올라라는 오스트리아 지방에 있던 이드리야 수은 광산의 개발이다. 이 광산들은 은을 녹이는 공정 때문에 대단히 중요했다. 이 광산들은 합스부르크 가문의 양쪽 혈통 사이에 오랫동안 협상의 대상이 되었으며, 독일 쪽과 스페인 쪽 합스부르크 가문에 똑같이 큰 수입을 안겨주었다. 이런 독점적 면허 정책의 첫 번째 예는 프리드리히 2세 황제가 시실리아의 곡물에 대해 독점권을 확립하려던 시도였다.

독점적 면허 정책을 가장 널리 채택한 나라는 영국이었으며, 그 정책은 스튜어트 가문에 의해 특별히 체계적으로 발달하게 되었다. 또한 독점적 면허 정책이 의회의 항의에 의해 가장 먼저 깨어진 곳도 영국이었다. 스튜어트 시대의 새로운 산업은 저마다 독점을 위해 왕의 면허와 밀접히 연결되었다. 왕은 그런 특권을 통해서 중요한 수입을 확보했으며, 이 수입이 왕에게 의회와 맞서 싸우는 데 필요한 자원을 공급했다.

그러나 재정적 목적을 위해 확립한 이런 산업적 독점은 의회가 승리를 거둔 뒤에 거의 예외 없이 깨어졌다. 이 같은 사실 자체가 일부 저자들이 주장하는 바와 달리, 현대의 서구 자본주의를 군주의 독점적인 정책의 부산물로 여기는 것이 틀렸다는 점을 분명히 증명하고 있다.

24장

최초의
중대한 투기 위기들

자본주의적 사업의 특징과 전제 조건으로, 기업가에 의한 물리적인 생산 수단의 활용과 시장의 자유, 합리적인 기술, 합리적인 법, 자유노동, 최종적으로 경제생활의 상업화 등이 확인되었다. 추가적으로 필요한 동기는 투기(投機)이다. 재산이 자유롭게 양도할 수 있는 서류로 표현될 수 있게 되는 순간부터, 투기가 중요해진다. 초기에 투기의 발달 과정은 그것이 초래한 심각한 경제 위기로 점철되었다.

1630년대에 네덜란드에서 일어난 튤립 열기는 종종 중대한 투기적 위기로 언급되지만, 그것은 투기적 위기로 볼 수 없다. 튤립은 식민지 무역으로 부를 증대시킨 귀족 사이에 사치품이 되었으며, 갑자기 터무니없는 가격에 팔렸다. 대중도 쉽게 돈을 벌 수 있을 것이라는 희망에 끌려 그 열기에 휩쓸렸다. 그러다 돌연 대인기가 붕괴했고, 많은 개인들이 망했다. 그러나 그 모든 것은 네덜란드의 경제적 발달에 전혀 아무런 의미를 지니지 못했으며, 어느 시대든 도박과 연결된 물건들이 투기의 대상이 되어 위기로 이어지는 일이 일어났다. 그것은 존 로(John Law)[98]가 일으킨 사건과 18세기 후반에 프랑스에서 일어난 중대한 투기들과 영국에서 일어난 사우스시(South Sea) 투기와 꽤 다르다.

큰 국가들의 재정적 관행을 보면, 훗날 상환할 증명서들을 발행함으로써 세수(稅收)를 미리 당겨쓰는 것이 관습으로 자리 잡은 것이 확인된다. 스페인 왕위 계승 전쟁 때문에, 프랑스뿐만 아니라 영국에서도 정부의 재정적 필요가 크게 높아졌다. 뱅크 오브 잉글랜드의 창설이 영국에 필요한 재정을 공급했지만, 프랑스의 경우에는 국가가 이미 절망적일 만큼 빚을 많이 진 상태였으며 루이 14세가 죽은 뒤에는 과도한 부채를 어떤 식으로 관리할 것인지에 대해 아무도 알지 못했다. 섭정 하에서, 존 로라는 스코틀랜드 사람이 전면으로 나섰다. 그는 자신이 뱅크 오브 잉글랜드의 창설로부터 무엇인가를 배웠다고, 따라서 재정 문제에 관한 자신만의 이론을 갖게 되었다고 생각했다. 그는 유통 화폐를 최대한 증대시키는 인플레이션에서 생산을 자극하는 요소를 보았다.

1716년에 존 로는 프랑스에서 사설 은행을 설립할 수 있는 허가

98　스코틀랜드의 경제학자(1671-1729)로, 한 국가의 부를 창조하는 데 무역을 중요한 요소로 여겼다. 한때 파란만장한 삶을 산 사기꾼으로 여겨지곤 했으며, 미시시피 버블(Mississipi Bubble)과 뒤이은 프랑스의 경제 대붕괴의 주범으로 알려졌다.

를 받았다. 이 은행은 처음에는 예외적인 성격을 전혀 보이지 않았다. 다만, 국가가 갚아야 하는 신용 관련 의무는 자본으로 받아들이는 한편, 그 은행의 지폐는 세금의 지급에서 받아들여져야 한다는 것만 명기되었다. 뱅크 오브 잉글랜드와 대조적으로, 그 은행에는 은행이 발행하는 것들의 유동성을 유지하기 위해 규칙적이고 안정적인 수입을 갖는 방법에 대한 구체적인 계획이 전혀 없었다.

이 은행과의 연결 속에서, 존 로는 미시시피 회사를 설립했다. 아메리카의 루이지애나 영토는 최대 1억 리브르[99]의 재정을 지원받게 되어 있었으며, 미시시피 회사는 같은 액수의 국가 의무를 주식 대금으로 받고 그에 대한 대가로 어느 영토에서 무역 독점권을 받았다. 루이지애나 계획을 검토해 보면, 루이지애나가 자본의 상환에 충분한 수입을 낳으려면 한 세기는 걸린다는 것이 드러날 것이다. 먼저 로는 동인도 회사와 비슷한 일을 수행할 뜻이었지만, 그는 루이지애나가 인도처럼 고대 문명국가가 아니라 인디언들이 거주하는 척박한 숲이라는 사실을 완전히 간과하고 있었다.

1718년에, 간접세를 임차하길 원하는 어떤 주식회사와의 경쟁에 직면한 상태에서, 그는 미시시피 회사와 프랑스 동인도 회사를 통합시켰다. 새로운 회사는 인도와 중국과 무역을 행하게 되어 있었지만, 프랑스는 영국이 이미 차지하고 있던 아시아와의 무역에서 일정 몫을 챙길 수 있을 만큼 정치적 힘이 강하지 못했다. 그러나 섭정은 유혹에 넘어가서 3% 이자로 융자를 받는 대신에 존 로에게

99　781년부터 1794년까지 쓰였던 프랑스의 금화.

화폐 주조 권리를 부여하고 국가에 대한 생사여탈권이 걸린, 모든 세금에 대한 임차 권리를 부여했다. 섭정은 이 융자로 엄청난 규모의 유동 부채를 관리할 생각이었다.

이 시점에 대중이 광적인 투기에 뛰어들었다. 첫 해에 200%의 배당금이 발표되었고, 주가는 500에서 9,000으로 뛰었다. 이 단계의 전개는 체계적인 교환 메커니즘이 전혀 없었기 때문에 단기 판매가 실행 불가능했다는 사실로밖에 설명되지 않는다.

1720년에 존 로는 프랑스 정부 회계 검사관에 임명되는 데 성공했다. 그러나 전체 사업이 급격히 붕괴되었다. 국가가 나서서 존 로 화폐만이 법정화폐라고 선언했지만 아무런 소용이 없었다. 또 국가가 귀금속 거래에 엄격한 제한을 둠으로써 존 로 화폐를 지속시키려 노력했지만 그것도 아무런 소용이 없었다. 로의 몰락은 단 한 가지 이유로, 말하자면 루이지애나와의 무역이나 중국과 동인도와의 무역이나 똑같이 자본의 일부에 대해서라도 이자를 지급할 수 있을 만큼 충분한 이익을 낳지 못했다는 사실 때문에 불가피한 일이었다. 그 은행이 예금을 받았던 것은 사실이지만, 은행은 예금 지급에 쓰일 유동적인 외적 자원을 전혀 보유하지 않았다. 그 결과는 완전한 파산이었으며, 존 로 화폐는 전혀 가치를 지니지 않는다는 선언이었다. 그 일로 인해 프랑스 대중의 실망이 깊고 오랫동안 이어졌지만, 그와 동시에 소지자에게 자유롭게 양도할 수 있는 주식 증서가 대중화되었다.

같은 시기에 영국에서도 비슷한 현상이 나타났다. 전개 과정이 프랑스만큼 광적이지 않았다는 점만 다를 뿐이다. 뱅크 오브 잉글 랜드가 설립된 직후, 이 은행과 경쟁할 조직이 필요하다는 생각이 퍼지기 시작했다(1696년). 그것은 훗날 독일의 토지 균분론자들의 제안에 담긴 것과 똑같은 사상에, 말하자면 은행권에 대한 보증으로서 환어음 대신에 토지 신용을 이용하자는 사상에 바탕을 둔 토지 은행 프로젝트였다. 그러나 이 프로젝트는 실행되지 못했다. 왜냐하면 당시 영국에서 필요한 유동성이 확보되지 않을 것이라는 점이 잘 이해되었기 때문이다. 그러나 이것은 휘그 정부가 붕괴한 뒤인 1711년에 토리당원들이 몇 년 뒤에 존 로가 따랐던 것과 비슷한 경로를 채택하는 것을 막지 못했다.

영국의 귀족은 뱅크 오브 잉글랜드의 특별히 청교도적인 바탕에 반대하면서 중앙집권적인 권력을 창조하길 원했으며, 동시에 엄청난 액수의 국채를 상환하기를 원했다. 이 목적을 위해서, 사우스 시 회사가 설립되었다. 이 회사는 국가에 상당한 액수를 선금으로 지급했으며, 그에 대한 대가로 남태평양 무역에 대한 독점권을 받았다. 뱅크 오브 잉글랜드는 그 프로젝트에서 멀찍이 떨어져 있을 만큼 충분히 현명하지 않았다. 뱅크 오브 잉글랜드는 심지어 사우스 시 회사의 설립자들보다 더 싸게 입찰하기까지 했다. 이 은행의 제안이 받아들여지지 않은 것은 순전히 정치적 반감을 바탕으로 뱅크 오브 잉글랜드의 참여를 거부한 토리당원들 때문이었다.

사건들의 흐름은 존 로의 조직의 흐름과 비슷했다. 여기서도 파산을 피할 수 없었다. 왜냐하면 사우스 시의 무역이 선금에 대한 이자를 지불할 수 있을 만큼 충분하지 않았기 때문이다. 그럼에도 이같은 결말이 일어나기 전에, 프랑스에서와 똑같이, 투기가 양도 가능한 증명서들을 낳았다. 그 결과, 많은 투기꾼들이 웃음을 지으며 빠져나오고 국가가 절대로 명예롭지 않은 방식으로 이자 부담을 상당히 경감시킨 사이에, 그 거대한 재산이 공중분해되어 버렸다. 뱅크 오브 잉글랜드는 이전과 똑같은 명성을 그대로 지켰으며, 어음의 합리적인 할인에 바탕을 둔 유일한 금융 기관으로, 따라서 필요한 통화 유동성을 확보한 기관으로 남았다. 그에 대한 설명은 어음은 이미 팔린 재화를 나타내고 있을 뿐이며, 당시에 그런 식으로 재화를 규칙적으로 충분히 빨리 회전시킬 수 있었던 곳은 세계에서 런던이 유일했다.

그때 이후로 비슷한 종류의 투기적인 위기들이 일어났지만, 그 위기들은 절대로 그때와 같은 규모가 아니었다. 합리적인 투기에 따른 첫 번째 위기는 100년 뒤에, 그러니까 해방 전쟁[100]이 끝난 뒤에 시작되었으며, 그 이후로 1815년과 1825년, 1835년, 1847년 등 10년 단위로 거의 규칙적으로 일어났다. 칼 마르크스가 '공산당 선언'에서 자본주의의 몰락을 예언하면서 머릿속에 그리고 있었던 것이 바로 이런 위기들이었다. 이 위기들 중 그 첫 번째 위기와 그 위기들의 주기적 재발성은 투기의 가능성 때문에, 따라서 외부 이권들이 대규모 사업에 참여했기 때문에 일어났다.

그 붕괴는 과도한 투기의 결과로 생산 수단이 재화의 소비에 필

100　나폴레옹 전쟁을 독일 쪽에서는 해방 전쟁이라고도 부른다.

요한 것보다 더 빨리 증가했다는 사실 때문에 일어났다. 1815년에 대륙 봉쇄령이 해제될 것이라는 전망이 공장을 설립하는 붐을 일으켰지만, 전쟁이 유럽 대륙의 구매력을 파괴해 버렸기 때문에 대륙은 더 이상 영국 제품을 구입할 수 없었다. 이 위기가 겨우 극복되고, 대륙이 다시 구매력을 키우기 시작했다. 바로 그때 1825년에 새로운 위기가 닥쳤다. 이유는 생산 수단이 전례가 없는 규모로, 필요에 비해 터무니없을 만큼 많이 제작되었기 때문이다.

생산 수단을 그 정도로 많이 창조하는 것이 가능했던 것은 19세기에 철의 시대가 시작되었기 때문이다. 석탄을 코크스로 만드는 공정의 발견, 용광로, 전례 없이 깊은 곳에서 이뤄지는 채광 작업 등이 철이 생산 수단을 창조하는 바탕이 되도록 만들었다. 18세기의 기계는 오직 나무로만 만들어졌는데 말이다. 따라서 생산이 자연이 가한 근본적인 한계로부터 자유로워질 수 있었다. 그러나 그와 동시에 위기가 경제 질서의 한 요소로 언제든지 일어날 수 있게 되었다. 장기적 실업과 빈곤, 시장의 공급 과잉, 그리고 모든 노동자들의 삶을 파괴할 수 있는 정치적 격변과 같은 넓은 의미의 위기는 언제 어디서든 존재해 왔다. 그러나 중국인이나 일본인 농부가 굶주리면서 그 원인을 신이 화가 나 있거나 신령들이 방해를 받은 탓에 비가 내리지 않거나 해가 뜨지 않기 때문이라고 알고 있는 것과, 사회 질서 자체가 그런 위기에 책임을 져야 한다는 인식은 가난한 노동자에게도 크게 다르게 다가온다. 첫 번째 경우에 인간들은 종교에 기댔으며, 두 번째 경우에는 인간들의 일이 잘못되어 있으며 노동하는 사람은 인간들의 일이 변해야만 한다는 결론을 끌어 낸다. 위기가 없었다면 합리적인 사회주의는 절대로 생겨나지 않 았을 것이다.

25장

자유로운
도매 거래

18세기가 흐르는 동안에, 도매상은 마침내 소매상과 분리되어 상인 계층의 분명한 한 부류를 이루게 된 반면에, 예를 들어 한자동맹의 상인들은 아직 전형적인 도매상이 아니었다. 도매 거래가 중요하다. 첫 번째 이유는 그것이 새로운 상업 형태들을 발달시켰기 때문이다. 그 새로운 형태들 중 하나가 경매이다. 이 방법을 이용하는 경우에, 수입 도매상은 물건을 최대한 빨리 팔고 해외에서 지급할 수단을 확보할 수 있게 된다.

하나의 제도로서 박람회를 대신하고 있는 전형적인 형태의 수출 무역은 위탁 거래이다. 위탁 거래는 팔려는 재화를 제삼자에게 보내면, 이 사람이 위탁자의 지시에 따라서 상품을 시장에 파는 방식으로 이뤄진다. 따라서 위탁자와 수하인은 옛날의 무역업자들처럼 박람회장에서 만나지 않고 위탁자가 자신의 판단에 따라 재화를 외국으로 보낸다.

위탁 무역을 위한 긍정적인 전제 조건은 목적지의 일반적인 환시세가 안정적이어야 한다는 점이다. 그렇지 않으면 위탁에 따르는 위험이 감당하기 어려울 만큼 커지기 때문이다. 위탁 무역에 부정적인 조건은 견본을 근거로 한 무역이 아직 확립되어 있지 않아서 재화를 구매자 본인이 직접 봐야 한다는 점이다. 위탁 무역은 일반적으로 해외 무역이며, 상인이 소매상과 전혀 아무런 연결이 없는 곳에서 위탁 무역이 성행한다.

추가적인 발달은 물건을 팔아주는 사람 외에 부탁을 받고 재화를 사주는 사람이 등장했다는 점이다. 이 사람은 재화를 보지 않은 상태에서 해외에서 구매하는 활동을 한다. 가장 오래된 형태의 그런 무역은 견본에 바탕을 두었다. 이런 발달이 이뤄지기 전에도 멀리 떨어진 곳에 물건을 파는 것이 존재했던 것은 사실이다. 전통적으로 품질이 보장되었던 재화는 옛날에도 사고 팔렸을 것이기 때문이다. 그러나 견본을 근거로 한 판매는 특별히 현대적인 형태의 원거리 거래이다. 그런 방식의 판매는 18세기 하반기와 19세기에 상업에서 근본적인 역할을 맡았다. 그러다가 이 방법은 등급들의 표준화와 전문화로 대체되었으며, 이 같은 표준화와 전문화는 견본을 보내지 않고도 무역을 할 수 있도록 했다. 새로운 관행은 등급들을 확실히 정해 놓을 것을 요구했다. 18세기에 상품 관련 투기와 외환 거래가 가능해진 것은 바로 등급에 의한 거래 덕분이었다.

박람회는 거래소의 전(前)단계이다. 박람회와 거래소의 공통점은 거래가 상인들 사이에서만 이뤄진다는 점이다. 박람회와 거래소의 다른 점은 박람회의 경우에 물리적인 재화가 눈앞에 있고 박람회 자체가 정기적으로 일어난다는 사실에 있다. 거래소와 박람회의 중간 유형은 소위 "상설 박람회"이다. 모든 상업 중심지에 16세기부터 18세기 사이에 'exchange' 또는 'bourse'라는 이름을 단 시설들이 생겨났다. 그러나 엄격한 의미의 교환 거래는 그런 곳에서 아직 일어나지 않았다. 왜냐하면 그런 곳을 드나든 사람들 중 과반수가 현지 사람들이 아니라 박람회와의 연결 때문에 "교환"을 해야 했던 비거주민 상인들이었기 때문이며, 또 재화가 기본적으로 현장에 진열되었거나 견본으로 제시되었으며 표준적인 등급에 따라 거래되지 않고 실제 물건이나 견본을 바탕으로 거래되었기 때문이다. 현대적 의미의 교환 거래는 가장 먼저 재화의 영역이 아니라, 본래부터 표준화되어 있던 양도 가능한 문서와 돈의 영역에서 이뤄졌다. 19세기 들어서야, 등급을 충분히 정확하게 부여할 수 있는 상품이 거래 대상에 보태졌다.

발달한 교환 거래에 일어난 혁신은 합리적인 선물 거래 시스템 또는 가격 상승을 노린 투기 시스템이다. 말하자면, 양도일 전에 낮은 가격으로 재화를 구입할 목적으로 재화를 파는 시스템 말이다. 이런 거래의 부재가 튤립 광기와 미시시피 회사 같은 위기의 가능성을 야기했다. 판매상이 갖고 있지도 않은 재화를 양도하겠다고 약속하는 행위는 그 전에도 있었던 것은 사실이지만, 그런 관행은 소비자들에게 피해를 안기며 재화의 매점(買占)을 용이하게 할 수 있다는 이유로 일반적으로 금지되었다. 그런 거래는 현대적인 거래소, 그러니까 가격 하락을 예상한 투기와 거꾸로 가격 인상을 예상한 투기가 언제나 존재하는 그런 거래소가 아닌 다른 곳에서는 체계적으로 실행될 수 없었다.

최초로 선물 거래의 대상이 되었던 것은 돈, 특히 지폐와 은행권, 국가 연금 수령권과 식민지 지폐였다. 여기서, 정치적 사건들의 영향이나 사업의 수익에 대해서, 따라서 이 도구들이 투기 관행의 적절한 대상이었는가 하는 문제에 대해서 의견이 갈릴 수 있다. 이와 대조적으로, 산업 관련 증권은 초기의 가격 공보(公報)에 완전히 빠져 있다. 그런 투기는 철도들의 건설로 엄청난 확장을 겪었으며, 철도들은 투기적인 충동을 처음으로 풀어놓은 증서를 제공했다. 재화라는 항목으로, 곡물과 대량으로 거래 가능한 몇몇 식민지 산물, 이어서 다른 제품들이 19세기 동안에 투기의 대상이 되었다.

도매 거래의 발달이 그런 식으로, 그리고 특별히 투기적인 거래 방식으로 수행되었기 때문에, 꼭 필요한 전제 조건은 적절한 통신사와 적절한 상업 조직의 존재였다. 오늘날 환거래의 토대를 형성하고 있는 공적 통신사는 꽤 늦게 발달했다. 18세기에는 영국 의회도 진행 상황을 비밀에 부쳤을 뿐만 아니라, 스스로를 상인들의 클럽으로 여겼던 거래소들도 자신들의 뉴스 정보와 관련해서 의회와 똑같은 정책을 따랐다. 거래소들은 전반적인 가격을 공개하는 경우에 나쁜 감정을 불러일으키면서 자신들의 활동을 파괴할지도 모른다고 걱정했다. 하나의 기관으로서 신문은 놀라울 만큼 늦게 상업적 서비스를 하게 되었다.

신문은 하나의 기관으로서 자본주의의 산물이 아니다. 신문은 먼저 정치 뉴스를 모았으며, 이어서 세상에서 일어나는 온갖 종류의 진기한 것들을 담았다. 그러나 광고는 매우 늦게 신문에 등장했다. 광고가 완전히 빠졌던 적은 결코 없었지만, 원래 광고는 가족의 선언들과 관계있는 것이었다. 반면에 상인이 시장을 발견하기 위해 게재하는 하나의 공고로서 광고는 한 세기 동안 세상에서 최고의 간행물로 꼽혔던 "더 타임스"에서도 18세기 말에야 처음으로 확고한 현상으로 자리 잡게 되었다. 공적인 가격 공보는 19세기까지 보편화되지 않았다.

원래 모든 거래소들은 폐쇄적인 클럽이었다. 미국에서는 지금까지도 거래소들이 사실상 폐쇄적인 클럽으로 남아 있다. 따라서 18세기에, 사업은 서신의 조직적인 교환에 의존했다. 지역들 사이의 합리적인 거래는 편지의 안전한 전달 없이는 불가능했다. 이것은 부분적으로 상인 길드들에 의해, 또 부분적으로 푸줏간 주인들이나 바퀴 제조인 등에 의해 성취되었다.

서신 전달의 합리화에서 최종적인 단계는 우편에 의해 마무리되었다. 우편은 편지들을 수집했으며 상업 가문과 요금을 놓고 합의했다. 독일에서 우편 면허를 가졌던 투른 운트 탁시스(Thurn und Taxis) 가문은 서신에 의한 통신의 합리화에 뚜렷한 발달을 이뤘다. 그럼에도 서신의 양은 처음에 놀랄 만큼 작았다. 1633년에 영국 전역에서 우편을 통해 부쳐진 편지가 100만 통이었다. 오늘날에는 인구 4,000명인 곳에서도 1년에 그만한 편지를 주고받는다.

철도가 등장하기 전의 시대에, 상업 조직 분야에는 적어도 원칙적으로 아무것도 바뀌지 않았다. 18세기에 해양 선박들은 중세 말의 베네치아 선박들에 비해 배수 톤수 면에서 별로 더 크지 않았다. 해양 선박들의 숫자가 더 늘어났고, 전함의 크기가 더 커진 것은 사실이다. 이것이 상선들이 규모를 키우고 수를 늘리게 하는 자극제로 작용했지만, 목재로 선박을 건조하던 시대에는 그 충동을 추구하기가 힘들었다.

배를 이용한 내륙의 수송은 수문의 건설로 인해 용이해졌지만, 내륙 선박은 19세기까지도 길드 조직을 그대로 갖고 있었으며, 따라서 혁신을 전혀 이루지 못했다. 육상 운송도 예전과 똑같은 상태였다. 우편도 전혀 변화를 이루지 못했다. 우편은 단순히 편지와 작은 소포를 전하는 선에서 그쳤으며, 경제생활에 결정적인 대규모 생산에 대해선 조금도 관심을 주지 않았다.

오직 도로만이 유료 고속도로의 건설을 통해서 놀라운 향상을 이뤘다. 이 측면에서는 프랑스 정부가 쉴리(Sully) 공작의 지도 아래에서 주도권을 잡았던 반면에, 영국은 도로를 개인 기업가들에게 임차했고, 개인 기업가들은 통행료를 징수했다. 유료 고속도로의 건설은 상업적인 생활에 철도의 등장 이전에는 그 어떤 것과도 비교할 수 없는 그런 혁명을 불러일으켰다. 오늘날의 도로 교통량과 이 시기의 교통량 사이엔 비교가 불가능하다. 1793년 한 해 동안

뤼네부르크라는 도시를 통과한 말이 7만 마리였던 반면에, 1846년에는 독일 전역에서 화물 운송에 쓰인 말은 4만 마리에 불과했다. 훗날 육로 운송의 비용은 철도 운임에 비해 10배 내지 20배, 같은 시기의 내륙 선박에 비해 서너 배 비쌌다. 5억 톤킬로가 독일에서 육로 운송의 최고 기록인 반면에, 1913년에 철도 운송은 670억 톤킬로였다.

철도는 단순히 상업뿐만 아니라 경제생활 전반에 걸쳐서 인류 역사에 알려진 가장 혁명적인 도구이지만, 철도는 철의 시대에 크게 의존했다. 철도는 또 다른 많은 것들과 마찬가지로 군주와 궁정의 신하들이 이익을 챙기기 딱 좋은 분야였다.

26장

16세기부터 18세기까지의 식민 정책

이 대목에서, 유럽 외의 거대한 지역을 획득하고 착취한 것이 현대 자본주의 발달에 지니는 의미를 묻는 것이 적절할 것 같다. 비록 오래된 식민 정책의 가장 두드러진 특징만을 언급하는 선에서 끝날지라도 말이다.

유럽 국가들의 식민지 획득은 그 국가들 모두에게 엄청난 부를 안겨주었다. 부를 축적한 수단은 식민지의 산물을 독점하고 또 식민지 시장의 독점, 즉 제품을 식민지 시장에 팔 권리를 독점하고, 마지막으로 본국과 식민지 사이에 일어나는 운송에서 이익을 챙기는 방법이었다. 운송에 따른 이익은 특히 1651년에 마련된 잉글랜드 항해법에 의해 확보되었다. 이 축적은 예외 없이 모든 나라들에 의해서 강압적으로 이뤄졌다.

축적 방식은 다양한 형태를 취할 수 있다. 국가가 행정 기관을 통해서 식민지를 직접 관리하면서 식민지들로부터 직접적으로 이익을 끌어내든가, 아니면 돈을 받고 식민지들을 회사에 빌려주었다. 두 가지 중요한 유형의 착취가 확인된다. 스페인과 포르투갈 식민지에서는 봉건적인 유형의 착취가 행해졌고, 네덜란드와 영국의 식민지에서는 자본주의적인 유형의 착취가 행해졌다.

봉건적인 식민지 형태의 전조들은 특히 레반트에 있었던 베네치아와 제노바의 식민지들과 성전 기사단의 식민지였다. 두 예를 보면, 지역을 봉토로 나눠서 착취함으로써 화폐 수입을 올렸다. 이 봉토는 스페인 식민지에서 "엔코미엔다"라 불렸다.

자본주의적인 식민지들은 대체로 플랜테이션이 특징이었다. 플랜테이션에 필요한 노동력은 원주민이 제공했다. 아시아와 아프리카에서 유리한 결과를 안겨주었던 이런 노동 제도는 대서양 건너편의 대륙에서 크게 확장될 수 있을 것 같았다. 그러나 아메리카 대륙의 인디언들은 플랜테이션 노동에 완전히 부적합한 것으로 확인되었다. 따라서 노동력으로 이용하기 위해 흑인 노예들을 서인도 제도로 수입하는 일이 벌어졌으며, 흑인 노예의 수입은 점진적으로 커가면서 엄청난 규모의 무역으로 발달했다.

노예 수입은 카를(Charles) 5세 황제가 1517년에 플랑드르 사람들에게 처음 허가한 노예무역 특권("아시엔토(assiento)")을 근거로 행해졌다. 이 노예무역 특권은 18세기까지 국제관계에서 중요한 역할을 했다. 영국은 위트레흐트 조약[101]에서 다른 강대국들이 배제된 가운데 남아메리카의 스페인 영토로 노예들을 독점적으로 수입할 권리를 확보했으며, 동시에 최소 숫자 이상을 넘겨야 하는 의무까지 졌다.

노예무역의 결과는 상당했다. 19세기 초에 유럽 식민지들의 영토 안에 약 700만 명의 노예들이 거주하고 있었던 것으로 추산된다. 노예들의 사망률은 아주 높았다. 19세기에도 25%나 되었는데, 그 전에는 사망률이 그 배에 달했다. 1807년부터 1848년 사이에, 아프리카로부터 500만 명의 노예가 더 수입되었다. 그리하여 그때까지 다른 곳으로 노예로 실려나간 흑인의 총합은 18세기 어느 유럽 강국의 인구와 거의 맞먹었다.

흑인 노예들 외에, 반(半) 노예 상태의 백인들, 말하자면 "고용 계약을 맺은 하인들"이 있었다. 그들은 북미의 잉글랜드 식민지들에 특히 많았다. 이 식민지들의 경우에 그런 백인들의 인구가 흑인 인구를 능가했다. 그들 중 일부는 추방당한 죄수들이었고 또 일부는 목돈이었던 뱃삯을─그런 식으로라도 벌려고 나선 가난한 사람들이었다.

노예 노동에 따른 이익은 결코 작지 않았다. 영국의 경우에 18세기에 그 이익이 노예 1인당 연 15파운드 내지 20파운드로 추산되었다. 노예 노동의 수익성은 엄격한 플랜테이션 규율과 혹사, 영속적인 노예 수입(輸入)(노예들이 아이를 낳지 않았기 때문), 마지막

---

101 스페인 왕위 계승 전쟁을 수습하기 위해 1713년 유럽 각국이 체결한 조약.

으로 착취적인 농업에 좌우되었다.

식민지 무역으로 일군 부의 축적은 현대 자본주의의 발달에는 거의 의미를 지니지 않는다. 이것은 베르너 좀바르트(Werner Sombart)의 이론과 반대되는 사실이다. 식민지 무역이 엄청난 부의 축적을 가능하게 만든 것은 사실이지만, 이 부의 축적이 특별히 서양의 노동 조직 형태를 변화시키지는 않았다. 왜냐하면 식민지 무역 자체가 착취의 원리에 바탕을 두었으며 시장 활동을 통해 수입을 확보하는 원리에 바탕을 두지 않았기 때문이다. 더욱이, 예를 들어 벵갈 주둔 영국 군대에 들어가는 비용은 거기서 실려 나간 재화의 가치보다 5배나 더 많은 것으로 알려져 있다. 그렇다면 당시의 조건에서 식민지들이 국내 산업을 위해 넓힌 시장은 비교적 중요하지 않았으며, 중요한 수익은 운송 사업에서 나왔다는 결론이 가능하다.

식민지를 자본주의적으로 착취한 방식의 종말은 노예무역의 폐지와 일치한다. 노예무역의 폐지에서 윤리적인 동기가 한 역할은 극히 일부에 지나지 않는다. 노예제도에 일관되게 반대의 목소리를 높였던 기독교 종파는 퀘이커 교도들뿐이었다. 칼뱅파도, 가톨릭교도도, 다른 어떤 종파도 노예제도의 폐지를 줄기차게 옹호하지는 않았다.

결정적인 사건은 북아메리카 식민지들의 상실이었다. 심지어 독립전쟁 동안에도 북부의 식민지들은 사실 순수하게 민주적인 정치적 원칙 때문에 노예제도를 금지했다. 왜냐하면 그곳의 주민들이 플랜테이션 제도와 그에 따른 농장주 귀족주의의 발달을 피하길 원했기 때문이다. 어떤 종교적 동기도 청교도들이 모든 종류의 봉건주의에 전통적으로 반감을 품도록 하는 데 일조했다.

1794년에 프랑스 국민공회는 적절한 이데올로기로 위장한 정치적 평등주의를 근거로 노예제도의 폐지를 선언했다. 한편, 1815년에 빈 회의는 노예무역을 금지시켰다. 노예제도에 걸린 영국의 이해관계는 중요한 노예 소비 지역인 북미 식민지들의 상실로 인해 크게 낮아졌다. 영국 의회의 법령이 영국이 외국의 노예무역을 억압하는 것을 가능하도록 만들었으며, 그와 동시에 영국은 노예 밀수를 했다. 1807년부터 1847년까지, 아프리카에서 영국 식민 영토로 영국 정부의 묵인 하에 그런 식으로 실려 간 인간이 500만 명에 이르렀다. 1833년에 영국 의회의 개혁이 있은 뒤에야 노예제도가 영국에서 진정으로 금지되었으며, 식민지들에서도 영국에 의해 금지되었다. 그때부터 노예제도 금지가 진지하게 다뤄졌다.

16세기부터 18세기까지, 노예제도는 유럽의 부의 축적에는 큰 의미를 지녔지만 유럽의 경제적 조직에는 그다지 의미를 지니지 않았다. 노예제도는 다수의 연금생활자를 낳았지만, 산업과 경제생활의 자본주의적 조직화에는 아주 조금밖에 기여하지 못했다.

27장

산업 기술의 발달

공장이라는 개념을 정확히 정의하기는 쉽지 않다. 공장이라고 하면 사람들은 먼저 증기 기관과 노동의 기계화를 떠올리지만, 기계는 우리가 "장치"라고 부르는 것을 조상으로 두고 있다. "장치"는 기계와 똑같은 방식으로 작동하는 노동 기계이지만 대체로 물의 힘으로 돌아갔다. 장치와 기계가 뚜렷이 다른 점은 장치는 인간의 하인으로 작동하는 반면에, 현대의 기계에서는 그 관계가 거꾸로 된다는 사실이다.

그러나 현대적 공장의 진정한 특징은 대체로 그곳에서 쓰이고 있는 작업 도구들에 있는 것이 아니라, 작업장과 작업 수단, 동력의 원천, 원자재의 소유권이 한 사람의 손에, 말하자면 기업가의 손에 집중되는 현상에 있다. 이 결합은 18세기 이전에는 오직 예외적으로만 나타났을 뿐이었다.

영국도 이탈리아 같은 다른 나라들의 예를 따랐음에도, 자본주의 진화의 성격을 결정한 영국의 발달을 추적하다 보면, 다음과 같은 단계들이 발견된다.

1) 진정한 공장으로 볼 수 있는 것들 중에서 가장 오래된 것(수력으로 작동하고 있었음에도 불구하고)은 1719년 더비 근처의 더웬트에 있던 비단 공장이었다. 그 공장은 특허를 바탕으로 운영되었는데, 이 공장의 주인은 이탈리아에서 발명을 훔쳤다. 이탈리아에서는 다양한 소유 관계를 가진 비단 제조업이 오래 전부터 존재하고 있었지만, 그 산물은 사치품이 될 운명이었으며 현대 자본주의의 특징을 보이지 않던 시대에 속했다. 그럼에도 비단 산업에 대한 언급을 여기서 해야 한다. 이유는 작업 도구와 모든 재료, 산물이 기업가 한 사람의 소유였기 때문이다.

2) 수력의 도움으로 100개의 실패를 한꺼번에 돌릴 수 있는 장치가 발명된 뒤에, 양모 제조업이 특허를 바탕으로 확립되었다. 1738년의 일이다.

3) 리넨을 반 섞은 생산이 발달했다.

4) 도자기 산업이 스태퍼드셔에서 실험을 거치면서 체계적인 발달을 이루었다. 토기도 수력을 바탕으로 현대적 분업에 의해 생산되었다. 작업장과 도구의 소유자는 기업가였다.

5) 종이의 제조가 18세기에 본격화되었다. 종이 산업의 영원한 토대는 문서와 신문 같은 현대적인 용도의 발달이었다.

그러나 노동의 기계화와 합리화가 성공을 거두도록 만든 결정적인 요인은 면직물 제조업의 운명이었다. 이 산업은 17세기에 대륙에서 영국으로 옮겨졌으며, 거기서 즉각 면직물 제조업은 15세기 이후로 확립되었던 국가적 산업, 즉 양모 산업과 경쟁을 시작했다. 그 경쟁은 양모가 그 전에 리넨을 상대로 벌였던 경쟁만큼 치열했다. 양모 생산자들의 힘이 너무나 강했기 때문에, 그들은 반(半)리넨의 생산에 제한과 금지를 두었으며, 이 제한과 금지들은 1736년에 맨체스터법이 통과되고 나서야 풀렸다.

　　면직물의 공장 생산은 기본적으로 베틀이 향상되고 크기가 커졌음에도 불구하고 물레가 중세의 수준에 그대로 머물러 있었다는 사실 때문에 제약을 받고 있었다. 면직물을 짤 재료인 실이 부족했다는 뜻이다. 1769년에 물레에 기술적 향상이 이뤄지면서 이 관계가 역전되었다. 수력과 기계의 도움 덕분에 엄청난 양의 실이 제공될 수 있게 된 반면에, 실이 생산되는 속도에 맞춰 면직물을 짜는 것이 불가능하게 되었다.

　　이 불일치는 1785년에 에드먼드 카트라이트(Edmund Cartwright)가 기계 직기를 발명함에 따라 제거되었다. 카트라이트는 기술과 과학을 결합시키면서 기술적 문제들을 해결한 최초의 발명가들 중 한 사람이다.

　　그러나 작업 수단에 일어난 이런 온갖 혁신에도 불구하고, 그 발달은 중단되었을 수도 있으며, 가장 특징적인 형태의 현대적 자본주의는 절대로 나타나지 못했을 수도 있었다. 현대적 자본주의의 승리는 석탄과 철에 의해 최종적으로 결정되었다. 석탄이 중세에도 런던과 리에주, 츠비카우에서 쓰이고 있었다는 사실을 우리는 알고 있다. 그러나 18세기까지 그 기술은 철을 녹이고 준비하는 모든 과정이 목탄으로 행해졌다는 사실 때문에 제한을 받았다. 그 결과, 영국에 삼림파괴가 심각한 상황이었지만, 독일은 17세기와 18세기에 자본주의적 발달이 전혀 일어나지 않은 상황 덕분에 이 운명을 피할 수 있었다. 모든 곳에서 숲의 파괴가 산업의 발달을 어느 시점에서 멈추도록 만들었다.

제련은 석탄을 이용함으로써만 식물의 세계에 대한 의존으로부터 자유롭게 풀려날 수 있었다. 이 대목에서 최초의 용광로가 일찍이 15세기에 등장했다는 사실에 대해 언급해야 한다. 그러나 그 용광로들은 나무를 땠으며, 사적 소비가 아니라 전쟁 목적에 이용되었으며, 부분적으로 해상 운송과 연결되었다. 더욱이, 15세기에 대포의 포신을 준비하는 데 필요한 아이언 드릴이 발명되었다. 그와 동시에 무게가 1,000파운드에 달하는, 수력으로 작동하는 무거운 트립 해머가 등장했다. 따라서 드릴로 주철을 다듬는 외에, 기계적으로 벼리는 것도 가능해졌다. 최종적으로 17세기에 현대적 의미의 압연 공정도 적용되었다.

석탄과 철의 만남이라는 추가적인 발달 앞에서 두 가지 어려운 문제가 생겨났다. 이 문제들은 한편으로 삼림 파괴의 위험에 의해, 다른 한편으로 물이 광산으로 지속적으로 스며드는 현상 때문에 일어났다. 첫 번째 문제가 더 긴급했다. 왜냐하면 섬유 산업의 확장과 반대로 영국의 철 산업은 18세기 초까지 점진적으로 줄어들면서 급기야 종말을 맞지 않나 하는 인상까지 주었기 때문이다. 이 문제는 1735년에 석탄을 코크스로 만드는 방법이 발견되고 1740년에 용광로에 코크스를 사용함으로써 해결되었다. 또 한 단계의 발전은 1784년에 '퍼들링 공정'(puddling process)[102]이 하나의 혁신으로 소개되었을 때 이뤄졌다. 광업을 위협하던 요소는 증기 기관의 발명으로 제거되었다. 서투른 시도들은 처음에 불을 이용해서 물을 끌어올릴 가능성을 보여주었으며, 1670년과 1770년 사이에, 그리고 추가로 18세기 말경에 증기 기관은 현대 산업에 필요한 양의 석탄을 생산하는 것을 가능하게 할 단계까지 발달했다.

앞에서 묘사한 발달의 중요성은 3가지 결과에서 확인된다. 첫째, 석탄과 철이 기술과 생산 가능성을 천연 재료에 고유한 품질의 한계로부터 해방시켰으며, 이로 인해 산업은 더 이상 동물의 힘이나 식물의 성장에 의존하지 않게 되었다. 너무나 힘든 작업을 통해서 화석 연료가, 그리고 이 연료의 도움으로 철광석이 지상으로 끌어올려졌으며, 이 두 가지를 이용해서 인간들은 상상을 초월할 만큼 생산을 확장할 가능성을 성취했다. 그리하여 철은 자본주의 발달에 가장 중요한 요소가 되었으며, 이런 발달 과정이 없었을 경우에 자본주의 체제나 유럽에 어떤 일이 벌어졌을 것인지에 대해서는 아무도 알지 못한다.

102　용광로에서 선철에 열을 가하고 자주 휘저음으로써 연철로 바꾸는 방법을 말한다. 1784년에 헨리 코트(Henry Cort)가 발명했다.

두 번째 결과는 증기 기관을 통해 이뤄진 생산 공정의 기계화가 생산을 인간 노동의 근본적인 한계로부터 해방시켰다는 점이다. 기계를 살피는 일에 노동이 불가피하다는 점에 대해선 말할 필요가 없다. 그러나 기계화 과정은 언제 어디서나 노동을 해방시킨다는 명확한 목적으로 도입되었으며, 모든 새로운 발명은 많은 수의 노동자들을 기계를 감독하는 작은 수의 인력으로 대체한다는 것을 의미한다.

마지막으로, 과학과의 결합을 통해서 재화의 생산이 전통의 온갖 굴레로부터 해방되면서 자유로운 지능의 지배를 받게 되었다. 18세기의 발명들 중 대부분이 과학적인 방법으로 이뤄지지 않은 것은 사실이다. 석탄을 코크스로 만드는 공정이 발견되었을 때, 아무도 그것의 화학적 중요성에 대해 의심하지 않았다. 산업과 현대적 과학의 연결, 특히 유스투스 폰 리비히(Justus von Liebig)를 필두로 한 연구실들의 체계적인 노력은 산업이 오늘날의 모습을 갖추도록 만들었고, 따라서 자본주의가 만개하도록 이끌었다.

새로운 형태의 생산에 필요한 노동력을 모집하는 일은 간접적이었지만 강제적인 수단을 통해 이뤄졌다. 여기서 말하는 새로운 형태의 생산은 18세기에 영국에서 발달한 바와 같이 모든 생산 수단이 기업가 한 사람의 수중으로 집중하는 상태에서 행해지는 생산 방식을 말한다. 강제적인 수단으로 분류될 수 있는 것은 특히 '빈민법'(Poor Law)과 엘리자베스 여왕의 '도제 조례'(Statute of Apprentices)이다. 이 조치들은 농업 제도의 혁신으로 인해 절망적인 처지에 빠진 많은 사람들이 시골 지역을 배회하며 다니게 된 결과 필요하게 되었다. 종속적이던 소규모 농민들을 대규모 차지인(借地人)이 대체하고, 경작 가능한 땅을 양들을 위한 목초지로 바꾼 것(이 부분은 가끔 과장되는 경향이 있다)이 서로 함께 작용하면서 땅이 필요로 하는 노동력을 지속적으로 떨어뜨리면서 잉여 인구가 생겨나도록 만들었다. 바로 이 잉여 인구들은 노동을 받아들이지 않을 수 없는 상황에 처해 있었다. 의도적으로 일을 갖지 않은 사람들은 모두 규율이 엄격한 작업 시설에 강제로 수용되었다. 사장, 즉 기업인으로부터 허가를 받지 않고 자리를 떠난 사람은 누구나 방랑자로 다뤄졌다. 일자리를 잃은 사람은 수용 작업 시설로 들어가는 방법 외에 달리 먹고 살 수 있는 길이 없었다.

이런 식으로, 공장에 필요한 최초의 인력이 확보되었다. 사람들은 노동의 규율에 어렵게 적응했다. 그러나 재산을 소유한 계급의 파워가 워낙 막강했다. 그들은 치안판사들을 통해서 정치적 권력의 지원까지 확보했다. 그런데 치안판사들은 구속력 있는 법률이 없는 상태에서 미로(迷路) 같은 지침들을 바탕으로 대개 자신의 양심에 따라 행동했다. 19세기 하반기까지, 재산을 소유한 계층은 노동력을 자의적으로 통제했으며 새로 생겨난 산업 분야에 노동자들을 공급했다.

한편, 18세기 초부터, 기업가와 노동자들 사이의 관계에 대한 규제가 시작되면서 노동 조건에 대한 현대적 통제를 예고하고 있다. 최초의 '현물 지급 금지법'(anti-trucking laws)이 앤(Anne) 여왕과 조지(George) 1세 치하에서 통과되었다. 중세 내내 노동자는 자신의 노동으로 얻은 산물을 시장에 내다 팔 권리를 쟁취하기 위해 투쟁을 벌였던 반면, 지금부터는 법이 노동자들이 노동에 대한 대가로 다른 사람들의 산물을 받지 않도록 보호하고 노동자들이 현금으로 보상을 받도록 해줘야 했다. 영국에서 노동력의 또 다른 원천은 소규모 장인 계급이었으며, 그들 중 절대 다수는 프롤레타리아 공장 노동자로 바뀌었다.

새로 등장한 산업의 제품을 위한 시장에서, 수요의 두 가지 중요한 원천이 등장했다. 전쟁과 사치, 즉 군대 운영과 궁정의 필요였다. 군대 운영 자체가 산업 제품들의 소비자가 되었다. 용병이 발달할수록, 군대 규율과 무기의 합리화도 발달하고 모든 군사적 기술도 발달했다는 점에서 보면 그랬다.

섬유 산업에서 군복의 생산은 근본적이었다. 왜냐하면 군복이 결코 육군 자체의 산물일 수 없지만 통일된 편제를 유지하고 군인들을 통제하는 데 필요한 규율의 수단이었기 때문이다. 대포와 화기(火器)의 생산은 철 산업을 독차지했으며, 보급품 공급은 무역을 독차지했다. 육군 외에 해군도 있었다. 점점 더 커지는 전함의 규모는 산업을 위한 시장을 창조했던 요소들 중 하나였다. 상선의 규모는 18세기 말까지 거의 변하지 않았으며 1750년에 런던 항으로 들어갔던 선박들이 보통 140톤이었던 반면에, 전함들은 16세기에 1천 톤 규모로까지 커졌으며 18세기에는 그것이 정상적인 규모가 되었다. 해군의 수요도 육군의 수요와 마찬가지로 특히 16세기 이후에 항해의 횟수와 범위가 증대됨에 따라 더욱 커졌다(이것은 상선에도 그대로 적용된다). 16세기까지 레반트 지역을 순양하는 항해는 보통 1년이 걸렸다. 그때부터 선박들은 바다에 더 오래 머물기 시작했으며, 동시에 육지의 군사 행동도 강도를 높임에 따라 보급품과 군수품 등의 공급도 더욱 커질 수밖에 없었다. 마지막으로, 선박을 건조하는 속도와 대포를 제작하는 속도가 17세기 이후로 놀라운 속도로 빨라졌다.

베르너 좀바르트는 전쟁을 위한 표준화된 대량 공급이 현대 자본주의의 발달에 결정적인 영향을 미친 조건들 중에 포함된다는 주장을 폈다. 이 이론은 적절한 분석 작업을 필요로 한다. 육군과 해군의 구매에 매년 거액의 금액이 투입되었다는 말은 맞는 말이다. 스페인의 경우에 국가 세입의 70%가 이 목적에 쓰였으며, 다른 나라들에서도 세입의 3분의 2 이상이 그 목적에 투입되었다. 그러나 우리는 서양 세계 밖에서도, 예를 들면 무굴 제국과 중국에서도 거대한 군대가 대포로 무장하고 있다는 사실을 발견하지만(아직 군복까지 갖추지는 않았지만), 그 같은 사실에서 자본주의적 발달을 꾀하려는 충동이 전혀 나오지 않았다. 더욱이, 서양에서도 군대의 필요가 자본주의의 발달과 별도로 군대 자체의 책임으로 자체의 작업장과 무기 및 병기 공장에서 나름대로 군사적 관리를 통해 점점 더 많이 충족되고 있다. 따라서 전쟁이 군사적 수요를 통해서 현대적 자본주의의 창조에서 원동력의 역할을 했다는 식으로 결론을 내리는 것은 틀렸다. 전쟁이 자본주의의 창조에 관여했고 그 관여가 유럽에만 국한된 것은 아니라는 말은 맞는 말이다. 그러나 그 동인은 현대 자본주의의 발달에 결정적이지 않았다.

궁정과 귀족의 사치품 수요에 대해 말하자면, 프랑스가 그런 현상을 보여주는 전형적인 국가가 되었다. 16세기에 한동안, 프랑스 국왕은 사치품에 직, 간접적으로 1년에 1,000만 리브르를 지출했다. 왕가와 최고 사회 계층의 이런 지출은 꽤 많은 산업에 강력한 자극제가 되어 주었다. 초콜릿과 커피 같은 즐거움의 수단 외에, 가장 중요한 품목은 자수품(16세기), 다림질의 발달을 부른 리넨 제품(17세기), 스타킹(16세기), 우산(17세기), 인디고 염색(16세기), 태피스트리(17세기), 카펫(18세기) 등이었다. 수요의 규모를 고려한다면, 태피스트리와 카펫이 사치 산업에 가장 중요한 품목이었다. 태피스트리와 카펫은 자본주의적 생산에 결정적으로 중요한 방향인 사치품의 민주화를 의미했다.

궁정의 사치품은 중국과 인도에도 유럽에 알려지지 않은 규모로 존재했지만, 그럼에도 그 같은 사실로부터 자본주의 또는 자본주의적 산업을 자극하는 요소는 전혀 나오지 않았다. 이유는 이 수요에 대한 공급이 강제적인 기부 형식으로 해결되었기 때문이다. 이같은 제도가 아주 끈질기게 유지되었기 때문에, 우리 시대까지도 베이징 지역의 농민들은 제국의 궁정에 3,000년 전과 똑같은 물품을 바칠 의무를 졌다. 정작 그 농민들은 그 물품을 생산하는 방법을 모르고 있으며, 따라서 생산업자들로부터 구입하지 않을 수 없는데도 말이다. 인도와 중국에서 군대가 필요로 하는 것들은 강제 노동이나 현물 기여로 충당되었다.

유럽 자체에는 동양의 강제적 기여 같은 것은 알려져 있지 않으며, 그것은 다른 형태로 나타났다. 유럽에서는 군주들이 사치 산업의 노동자들을 토지 하사나 장기 계약, 다양한 특권 등을 통해 작업장에 예속시키는 간접적인 방법으로 예속 노동자로 바꿔놓았다. 그럼에도 사치 산업을 주도했던 나라인 프랑스에서는 일이 그런 식으로 돌아가지 않았다. 프랑스의 경우에 수공예품 형식의 제도가 부분적으로 선대제 아래에서, 또 부분적으로 공방 제도 아래에서 이어져왔다. 또 프랑스에서는 기술도, 산업의 경제적 조직도 혁명적인 방식으로 변하지 않았다.

자본주의 쪽으로 향하려는 결정적인 자극은 오직 한 가지 원천, 즉 대량 시장 수요에서만 나올 수 있으며, 이런 대량 수요는 사치 산업 중 작은 부분에서만, 상류 계층의 사치품을 대신하는 대체품의 생산 라인을 통해서 수요의 민주화가 일어날 때 가능하다. 대량 수요 현상에는 가격 경쟁이 일어나는 것이 특징이지만, 궁정을 위해서 일하는 사치 산업은 품질 경쟁이라는 수공예 원칙을 따른다. 가격 경쟁의 단계로 들어가면서 국가가 어떤 조직화를 꾀하려는 정책을 보여주는 첫 번째 예는 15세기 말에 영국에서 확인된다. 수많은 수출 금지를 통해서 홍보 효과를 누렸던 품목인 플랑드르 양모를 싼 가격으로 팔리던 노력이 펼쳐졌던 때를 말한다.

16세기와 17세기의 중대한 가격 혁명은 생산비를 낮추고 가격을 떨어뜨림으로써 이익을 추구하려는, 특별히 자본주의적인 경향을 강화할 막강한 지렛대를 제공했다. 이 혁명은 해외의 중요한 발견에 이어 귀금속이 지속적으로 유입된 데 따른 것으로 이해되고 있다. 옳은 분석이다. 가격 혁명은 16세기의 30년대부터 30년 전쟁(1618-1648)까지 이어졌지만, 경제생활의 다양한 영역에 걸쳐 꽤 다른 방식으로 영향을 미쳤다.

농업 생산물의 경우에 거의 보편적으로 가격 인상이 일어났다. 따라서 농업 생산물이 시장을 위한 생산으로 넘어갈 수 있게 되었다. 공업 제품의 가격은 농업 생산물의 가격 흐름과 꽤 달랐다. 공업 제품들은 가격이 대개 안정적이었으며 인상이 되더라도 폭이 비교적 크지 않았으며, 따라서 농산물과 비교하면 실제로 가격이 떨어졌다.

이 상대적 가격 하락은 기술과 경제 상태의 변화를 통해서만 가능했으며, 이 하락은 생산비를 거듭 낮춤으로써 이익을 증대시키는 방향으로 영향을 미쳤다. 따라서 발달은 자본주의가 먼저 작동하고 가격 하락이 따르는 그런 순서로 이뤄지지 않았으며 그와 반대였다. 먼저 가격이 상대적으로 떨어진 다음에 자본주의가 온 것이다.

비용과 비교해 가격을 낮출 목적으로 기술과 경제 관계를 합리화하려는 경향은 17세기에 발명을 추구하려는 열기를 낳았다. 그 시기의 발명은 모두 생산 단가를 낮춘다는 목적에서 나왔다. 에너지의 원천으로서 영구 운동이라는 개념도 꽤 보편적이었던 이 가격 인하 운동의 수많은 목표들 중 하나일 뿐이다.

하나의 유형으로서 발명가의 역사는 과거로 훨씬 더 멀리 거슬러 올라간다. 그러나 자본주의 이전 시대의 가장 위대한 발명가인 레오나르도 다빈치(Leonardo da Vinci)의 장치들을 면밀히 조사하면(실험이 과학의 영역이 아니라 예술의 영역에서 시작되었다), 그의 충동은 생산을 싸게 하려는 것이 아니라 기술 문제 자체를 합리적으로 정복하려는 것이었다는 사실이 드러난다. 자본주의 이전 시대의 발명가들은 경험적으로 연구했다. 그들의 발명품들은 다소 우연적인 성격을 지녔다. 한 예외가 채광(採鑛)이며, 그 결과 채광의 문제들과 관련 속에서 기술적 진보가 일어나게 되었다.

발명과의 연결 속에서 일어난 긍정적인 혁신은 1623년에 마련된 최초의 합리적인 특허법인 잉글랜드 특허법이다. 이 법은 현대적 법령이 담고 있는 기본적인 조항을 모두 포함하고 있다. 그때까지, 발명을 활용하는 것은 돈을 지급하고 특별히 허가를 받는 방식으로 이뤄졌다. 이와 대조적으로, 1623년의 법은 발명의 보호를 14년으로 제한하고 기업가가 원래의 발명가에게 적절한 사용료를 내는 조건으로 발명을 활용할 수 있도록 했다. 이런 특허법의 자극이 없었다면, 18세기 섬유 산업 분야에서 자본주의의 발달에 결정적으로 중요했던 발명들이 가능하지 않았을 수도 있다.

서구 자본주의의 두드러진 특징들과 그 특징들이 생긴 원인들을 다시 취합하면서, 우리는 다음과 같은 요소들을 발견한다. 첫째, 자본주의만이 합리적인 노동 조직을 만들어냈으며, 그런 노동 조직은 그 전에는 어디에도 존재하지 않았다. 언제 어디서나 늘 거래가 있어 왔으며, 거래는 석기시대까지 거슬러 올라갈 수 있다. 마찬가지로, 우리는 대단히 다양한 시대와 문화에서 전시 금융과 국가에 대한 기여금, 세금 징수 도급, 관직 도급 등을 발견하지만 합리적인 노동 조직은 발견하지 못한다. 또 우리는 서양이 아닌 다른 모든 곳에서 원시적이고, 엄격히 통합적인 내부 경제를 발견한다. 통합의 정도가 너무 강하기 때문에, 그런 경제에서는 같은 부족 또는 씨족의 구성원들 사이에 경제 행위의 자유 같은 문제는 있을 수 없다. 이런 부족 또는 씨족도 외적으로는 완전한 거래의 자유를 누린다. 내적 윤리와 외적 윤리가 뚜렷이 구분되며, 외적 윤리와의 연결 속에서 재정적 절차는 대단히 냉혹할 수 있다.

중국의 씨족 경제나 인도의 카스트 경제보다 더 엄격하게 미리 예정된 것도 없다. 그런 한편, 힌두인 외국 무역업자의 품행만큼 비양심적인 것도 없다. 이와 반대로, 서구 자본주의의 두 번째 특징은 내적 경제와 외적 경제 사이, 내부 윤리와 외부 윤리 사이의 장벽을 제거하고 내부 경제에 상업의 원리를 받아들이고 이 원리를 바탕으로 노동 조직을 갖춘다는 것이다. 마지막으로, 원시적인 경제적 고착성의 해체가 다른 모든 지역에서, 예를 들어 바빌론에서도 발견되지만, 다른 지역에서는 서양 세계가 알고 있는 노동의 기업적인 조직은 발견되지 않는다.

만약 이 같은 발달이 오직 서양에서만 일어났다면, 그 이유는 서양에만 특유한 일반적인 문화적 발달의 특징에서 발견될 것이다. 오직 서양만이 현대적인 의미의 국가, 즉 전문적인 행정 조직과 전문화된 공무원, 시민 개념에 근거한 법을 갖춘 국가를 알고 있을 뿐이다. 고대와 동양에서는 이런 국가의 발달이 절대로 시작될 수 없었다. 서양만이 법률가들이 만들고 해석하고 적용한 합리적인 법을 알고 있으며, 시민의 개념('civis Romanus'(로마 시민), 'citoyen'(시민), 'bourgeois'(중산층, 시민))도 서양에서만 발견된다. 이유는 서양에만 고유한 의미의 도시들이 있기 때문이다.

게다가, 서양만이 과학이라는 단어의 현대적 의미에서 말하는 그런 과학을 갖고 있다. 신학과 철학, 삶의 종국적 문제들에 대한 성찰은 중국인과 힌두인에게도 알려져 있었고, 아마 성찰의 깊이는 유럽인이 도달하지 못했을 만큼 깊을 수 있지만, 합리적인 과학과 그것과의 연결 속에서 합리적인 기술은 중국과 인도 문명에는 알려지지 않았다.

최종적으로, 서양 문명은 처세에 필요한 합리적인 윤리를 가진 인간들이 문명의 주체라는 점에서 다른 모든 문명과 뚜렷이 구별된다. 주술과 종교는 모든 곳에서 발견되지만, 엄격히 따를 경우에 명백한 합리주의로 이끌 그런 삶의 영위를 가능하게 할 종교적 토대는 다시 서양 문명에만 고유하다.

28장

시민권

사회사에서 쓰이는 시민권의 개념에는 3가지 명백한 의미가 서로 결합되어 있다.

첫째, 시민권은 특별한 어떤 공동체적 또는 경제적 관심을 갖고 있는 사회적 범주 또는 계급들을 포함할 수 있다. 이런 식으로 정의되는 것으로서 시민이라는 계급은 단일적이지 않다. 거기엔 위대한 시민도 있고 열등한 시민도 있으며, 기업가들과 노동자들도 함께 같은 시민 계급에 속한다.

둘째, 정치적 의미에서, 시민권은 국가의 구성원을 의미한다. 거기엔 시민은 어떤 정치적 권리를 소유한 사람이라는 암시가 담겨 있다.

마지막으로, 계급의 의미에서 말하는 시민을 우리는 그들 밖에 있는 관료들이나 프롤레타리아 등과는 별도로 "재산과 교양이 있는 사람들"로서 서로 함께 묶이는 계급으로 이해한다. 기업가들과 투자 수입을 올리는 사람들, 학계에 종사하는 사람들, 어느 정도의 생활수준이 있고 사회적 지위가 있는 사람들이 거기에 속한다.

이 개념들 중 첫 번째 개념은 성격상 경제적이고 서양 문명에만 특유하다. 어디에나 노동자들과 기업가들이 있고 또 지금까지 있어 왔지만, 어디서도 노동자들과 기업가들이 같은 사회 계층에 포함된 적은 없었다. 국가의 시민이라는 개념은 고대와 중세의 도시에 그 선구자를 두고 있다. 고대와 중세의 도시에 정치적 권리를 가진 시민들이 있었지만, 서양 밖에서는 이 관계의 흔적만 확인된다. 바빌로니아의 귀족계급에서, 그리고 '구약성경'에 모든 법적 권리를 소유한 것으로 나오는 도시 거주자들인 '요세림'(Josherim)에서 그런 예를 볼 수 있다. 동쪽으로 멀리 갈수록, 이런 흔적은 더욱 적어진다. 국가의 시민들이라는 개념은 이슬람 세계와 인도와 중국에는 알려져 있지 않다.

마지막으로, 시민의 사회 계급적 의미를 재산과 교양을 가진 사람으로, 그러니까 한편으로는 귀족과 대조를 이루고 다른 한편으로는 프롤레타리아와 대조를 이루는 그런 존재로 보는 것도 마찬가지로 부르주아지라는 개념처럼 특별히 현대적이고 서구적인 개념이다. 고대와 중세에도 시민이 하나의 계급 개념이었던 것은 사실이다. 특별한 계급 집단에 속할 자격이 그 사람을 한 사람의 시민으로 만들었으니 말이다. 차이는 고대와 중세의 경우에 시민이 긍정적인 의미에서뿐만 아니라 부정적인 의미에서도 특권을 누린다는 점이다. 긍정적인 의미에서 특권을 누린다고 보는 이유는 예를 들어 중세의 도시에서는 시민만이 특정한 직업을 추구할 수 있었기 때문이다. 또 부정적인 의미에서 특권을 누린다고 보는 이유는 어떤 법적 자격을, 예를 들면, 봉토를 보유하거나 승자전(勝者戰)[103]에 참가하거나 종교 공동체 구성원이 될 자격을 버려야 했기 때문이다.

어떤 계급의 구성원이라는 의미에서 말하는 시민은 언제나 구체적인 어떤 도시의 시민이며, 이런 의미로 말하는 도시는 서양에서만 존재했으며, 다른 곳의 경우에는 메소포타미아의 초기 시대처럼 오직 초기 단계로만 존재했다.

문화의 전체 영역에서 도시가 기여하는 바는 굉장히 크다. 도시는 당(黨)과 선동 연설가를 창조했다. 인간의 역사 내내 귀족들의 파벌과 공직을 추구하는 자들 사이에 투쟁이 있어 왔던 것은 사실이지만, 서양의 도시들 외에 다른 지역에는 현대적 의미에서 말하는 그런 당들은 존재하지 않았으며, 당의 지도자와 장관의 자리를 추구하는 자라는 의미에서 말하는 선동 연설가도 거의 없었다.

도시만이 예술의 역사를 낳았다. 고대 그리스 예술과 고딕 예술은 미케네와 로마의 예술과 달리, 도시 예술이다. 또 도시는 현대적 의미의 과학을 낳았다. 그리스인들의 도시 문명에서, 과학적 사고

---

103 경기의 최종 승자를 가리기 위해 승자끼리만 계속해서 붙는 방식으로, 토너먼트라 불린다. 중세 기사들의 무예 대결에서 유래했다.

를 가능하게 했던 학문, 즉 수학이 틀을 갖추었으며, 그 이후로 수학은 현대까지 지속적으로 발달했다. 바빌로니아인들의 도시 문화는 천문학의 토대를 닦았다. 게다가, 도시는 특별한 종교적 제도들의 바탕이다. 유대교는 이스라엘의 종교와 현저히 다르게 철저히 도시적인 구조였을 뿐만 아니라(농민은 법이 정한 의식(儀式)을 준수할 수 없었다), 초기의 기독교도 마찬가지로 도시의 현상이다. 도시가 클수록, 기독교인의 비율도 그만큼 더 높았다. 청교도와 경건파도 마찬가지였다. 농민이 종교적 집단의 구성원으로서 역할을 할 수 있었던 것은 엄격히 말해 현대적인 현상이다. 고대의 기독교에서, '파가누스'(paganus)라는 단어는 이교도와 마을 거주자를 동시에 의미했다. 바빌론 유수 이후의 시기에, 도시에 거주하던 바리새인이 법을 몰랐던 '암하아레츠'(Am-ha-aretz)[104]를 경멸했듯이 말이다. 토마스 아퀴나스(Thomas Aquinas)까지도 다양한 사회적 계급들과 그들의 상대적 가치를 논하면서 농민에 대해 대단히 경멸하는 모습을 보인다. 마지막으로, 도시만이 신학적 사상을 제시하는 한편으로 성직자가 누르지 못하는 사상을 품었다. 인간들을 유익한 시민으로 만드는 방법을 파고들었던 플라톤(Plátōn)의 특별한 재능은 도시의 환경 밖에서는 상상도 되지 않을 것이다.

어떤 장소가 도시로 여겨져야 하는지 여부를 묻는 질문에는 그곳의 공간적인 범위를 바탕으로 대답하지 못한다. 서양에서나 다른 곳에서나 똑같이 경제적 관점에서 도시는 가장 먼저 상업과 산업

104 땅의 백성이라는 뜻으로 농민을 나타내는 것으로 해석되기도 한다.

의 중심지이며, 생존 수단을 지속적으로 외부에서 공급받는다. 어떤 경제적 관점에서 보면, 다양한 범주의 큰 장소들은 수요의 원천과 그에 대한 지급 수단으로 인해 뚜렷이 구분된다. 자체 농산물을 바탕으로 살지 않는 큰 장소는 그 수입에 대해 자신의 산물로, 말하자면 산업 생산물로 지급하거나, 무역이나 지대로 지급하거나, 마지막으로 연금으로 지급할 수 있다. 여기서 말하는 "지대"(地代)는 관리들의 봉급이나 땅에 대한 임대료를 나타내며, 연금을 바탕으로 한 생존은 수입품에 대한 비용을 정치 공무원과 군 장교들의 연금으로 해결하는 곳인 비스바덴이 좋은 예이다. 큰 장소들은 생활 물품의 수입에 필요한 돈이 주로 나오는 소득의 원천에 따라 분류될 수 있지만, 이것은 대체적으로 세계 전체에 공통적인 조건이며, 그런 조건은 큰 장소들에 해당하지만 그것이 도시만의 특징인 것은 아니다.

도시의 또 다른 일반적인 특징 하나는 과거에 대체로 성채였다는 점이다. 오랜 시기를 내려오는 동안에, 요새화된 곳만이 도시로 여겨졌다. 이 맥락에서, 도시는 대체로 정치적 및 종교적 통치의 본거지였다. 서양에서 일부 경우에 '키비타스'(civitas)[105]는 주교좌가 있는 곳을 의미하는 것으로 이해되었다. 중국에서 도시의 결정적인 특징은 관료가 있는 곳이라는 점이며, 도시들은 그곳에 있는 관료의 등급을 바탕으로 분류되었다. 르네상스 시대 이탈리아에서도 도시들은 그곳의 관리들의 등급과 상류층 거주자들, 그리고 거주

105   도시나 국가를 뜻하는 라틴어 단어.

하는 관리의 등급에 따라 구분되었다.

서양 세계 밖에도 요새화된 지점과 정치적 및 종교적 본거지라는 의미에서 말하는 도시들이 있었던 것은 사실이다. 그러나 서양 밖에는 통일된 공동체라는 의미에서 말하는 도시는 존재하지 않았다. 중세에, 도시의 두드러진 특징은 자체의 법과 법원, 자율적인 행정을 갖추었다는 점이었다. 중세의 시민은 이런 법의 지배를 받고 행정 관리들을 선택하는 데 관여했기 때문에 시민이었다.

정치적 공동체라는 의미에서 말하는 도시들은 서양 외의 지역에 존재하지 않았다는 것은 설명이 요구되는 하나의 사실이다. 그 이유가 성격상 경제적이었다는 점은 매우 의심스럽다. 그런 통일성을 낳은 것이 특별히 "게르만 민족의 정신"이라는 것도 설득력이 약하다. 왜냐하면 중국과 인도에도 서양의 집단보다 응집력이 훨씬 더 강한 통일적인 집단이 있었지만 거기선 도시에서 특별한 연합이 발견되지 않기 때문이다.

그 문제를 탐구하려면, 종국적이고 근본적인 어떤 사실들로 돌아가야 한다. 우리는 그 현상을 중세의 봉건적 또는 정치적 하사를 바탕으로 설명하지 못하며, 또 알렉산드로스 대왕이 인도를 원정하는 길에 도시들을 건설했다는 식으로 설명하지도 못한다. 정치적인 단위로서 도시를 가장 먼저 언급한 내용을 보면, 도시의 혁명적인 성격이 두드러진다. 서양의 도시는 형제애 같은 것의 확립을 통해서 생겨났다. 고대에 '시노이키스모스'(συνοικισμος)[106]가 있었

106　정치적 통일이라는 뜻을 지닌 그리스어 단어.

고, 중세에 '코니우라티오'(coniuratio)[107]가 있었다. 늘 외부 사정과 관련 있는 법제상의 형식들은 그 안에 중세의 갈등과 투쟁을 감추고 있으며, 그 갈등들 뒤에 자리 잡고 있는 사실들은 뚜렷하게 드러날 수 없다. 도시들에 반대한 호엔슈타우펜가의 선언들은 시민권의 특별한 근거들 중 어떤 것도 금지하지 않았으며, 오히려 '코니우라티오'(coniuratio)를, 말하자면 정치적 권력을 남용하면서 상호 지원과 보호를 위해 무장하고 있던 형제애 결사를 금지시켰다.

중세의 첫 번째 예는 726년에 베네치아를 중심으로 벌어졌던 혁명 운동이며, 그 결과 이탈리아는 비잔틴 제국의 통치로부터 벗어나게 되었다. 이 혁명 운동은 특히 황제들이 군사적 압박 속에서 자행한 성상(聖像)들에 대한 공격에 반대해 일어났으며, 따라서 종교적인 요소가 유일한 요소는 아니었더라도 틀림없이 그 혁명에 불을 붙인 동기였다.

이 혁명 운동이 있기 전에 베네치아의 '둑스(dux)[108]'(훗날 '도제'(doge)라 불림)는 황제에 의해 임명되었다. 그럼에도 유독 군단 사령관이나 지역 사령관에 지속적으로 많이 임명되는 특별한 가문들이 있었다. 그때 이후로, 군사령관들과 둑스를 선택하는 권한은 병역을 수행할 수 있는 사람들, 말하자면 기사로서 활동할 위치에 있던 사람들에게 주어졌다. 그런 식으로 그 운동은 시작되었다. 그러고 나서 1143년에 '베네치아 공동체'(Commune Venetiarum)라

107 함께 맹세하는 행위나 음모 등을 뜻하는 라틴어 단어.
108 리더라는 뜻이다.

는 이름이 등장하기까지, 400년 이상의 세월이 더 필요했다.

이와 아주 비슷한 것은 고대의 "통합(synoecism)"이다. 예를 들면, 예루살렘에서 느헤미아(Nehemiah)[109]가 취한 절차가 있다. 이 지도자는 그 땅의 주도적인 가문과 선택된 사람들이 도시의 관리와 방어를 위해서 서로 선서를 하고 뭉치도록 했다. 우리는 고대의 모든 도시의 기원에도 이와 똑같은 배경이 작용했다고 단정해야 한다. 도시국가는 언제나 그런 단체 또는 통합의 산물이며, 또 언제나 실제로 서로 가까이 정착한 사람들이 모인 단위였던 것은 아니며 그보다는 명백한 형제애의 선서를 바탕으로 한 단위였다. 이것은 곧 공동으로 치르는 식사 의식(儀式)이 확립되었고 그런 의식을 바탕으로 단결이 형성되었다는 것을 의미했다. 또 그런 의식을 치르는 집단에는, 죽은 사람을 아크로폴리스에 매장했고 도시 안에 주거지를 가진 사람들만이 참여할 수 있었다.

이런 발달이 오직 서양에서만 일어난 이유는 두 가지가 있다. 첫 번째 이유는 방어 조직의 특이한 성격이다. 서양의 도시는 처음에 무엇보다도 먼저 방어 집단, 즉 경제적으로 능력 있는 사람들이 무기를 갖추고 스스로를 훈련시키는 조직이었다. 군사 조직이 스스로 무장한다는 원칙에 바탕을 두었는가, 아니면 말과 무기, 보급품을 공급하는 군사적인 영주의 장비에 바탕을 두었는가 하는 문제는 사회의 역사에 근본적으로 중요한 구별이다. 그것은 경제적 생산 수단이 노동자의 재산이냐 자본가 기업인의 재산이냐 하는 문

109　B.C. 5세기의 유대인 지도자.

제만큼이나 중요한 구분이다.

서양 밖에서는 어디서든 군주의 군대가 도시보다 더 오래되었다는 사실 때문에 도시의 발달이 차단되었다. 고대의 중국 서사시는 호메로스의 서사시처럼 자신의 전차를 타고 전쟁터로 출발하는 영웅에 대해 말하지 않고, 병사들의 지도자로서 장교에 대해서만 말한다. 마찬가지로 인도에서도 장교들이 지휘하는 군대가 알렉산드로스 대제와 붙으려 진군했다. 서양에서 군대가 권력을 쥔 지휘관에 의해 무장되고 군인이 전쟁의 장비로부터 분리된 것은, 노동자들이 생산 수단으로부터 분리된 것처럼, 현대의 산물이다. 반면에 아시아에서 군대는 역사적 전개의 정점에 선다. 호메로스의 서사시에 나오는 대규모 군대나 서양의 봉건 군대나 고대 폴리스의 도시 군대 또는 중세의 길드 군대의 그림과 비슷한 모습을 보여주는 군대는 이집트나 바빌로니아, 아시리아에는 전혀 없었다.

그 같은 구분은 이집트와 서(西)아시아, 인도와 중국의 문화적 진화에서 관개(灌漑) 문제가 결정적이었다는 사실에 따른 것이다. 물 문제가 관료주의가 존재하도록 하고, 예속적인 계급이 강제적 봉사를 하게 하고, 아울러 백성들이 왕의 관료주의에 의존하도록 만들었다. 왕이 또 군사적 독점을 통해서 자신의 권력을 표현했다는 사실은 아시아의 군사 조직과 서양의 군사 조직이 다른 원인으로 작용했다. 아시아의 군사 조직에서 왕의 관리와 군대의 장교는 처음부터 그 과정의 핵심적인 인물인 반면에, 서양에서는 왕의 관리와 군대 장교는 원래 부재했다.

종교적인 형제애의 형식들과 전쟁을 위한 자기 무장이 도시의 기원과 존재를 가능하게 만들었다. 동양에서도 비슷한 발달의 시작이 발견되는 것은 사실이다. 인도에서 우리는 서양의 의미에서 말하는 도시의 확립과 가까운 관계들을, 말하자면 스스로 무장하는 능력과 법적 시민권의 결합을 본다. 군대를 위해 코끼리를 한 마리 공급할 수 있었던 사람은 바이칼리(Vaicali)라는 자유로운 도시에서 권리를 완전히 누리는 시민이 되었던 것이다. 고대 메소포타미아에서도 기사들은 서로 힘을 합해 전쟁을 수행했으며, 자율적인 행정권을 가진 도시들을 확립했다. 그러나 인도에서도 고대 메소포타미아에서와 마찬가지로, 치수(治水)를 바탕으로 위대한 왕국이 생겨남에 따라, 이 기원들도 훗날 사라지고 말았다. 따라서 서양에서만 그 발달이 성숙 단계까지 이르게 되었다.

동양에서 도시의 발달을 막은 두 번째 장애는 주술과 관련 있는 사상과 제도였다. 인도에서 카스트들은 의식(儀式)을 공동으로 치르는 공동체를, 따라서 도시를 형성할 위치에 있지 않았다. 왜냐하면 카스트들이 의식(儀式)의 측면에서 보면 서로 이방인이었기 때문이다.

이와 똑같은 사실들은 중세에 유대인들의 특이한 위치를 설명했다. 성당과 성찬은 도시의 통일의 상징이었으나, 유대인에겐 성당에서 기도를 올리거나 성찬에 참석하는 것이 허용되지 않았다. 따라서 유대인은 디아스포라 공동체를 형성하지 않을 수 없는 운명에 처했다.

반대로, 고대에 서양에서 도시들이 자연스럽게 발달하도록 만든 것은 성직자의 폭넓은 자유였다. 말하자면 아시아에서와 달리 성직자들이 신들과의 영적 소통을 독점하는 현상이 없었다는 사실이 도시의 형성에 이롭게 작용했다는 뜻이다. 고대 서양에서 도시의 관리들이 의식을 치렀으며, 그 결과 신들에 속하는 것들과 성직자의 귀중품들에 대한 폴리스의 소유권이 생겨나게 되었다. 그런 세속화가 얼마나 심하게 일어났던지, 성직자의 사무실을 경매로 사들인 물건으로 채우는 현상까지 생겨날 정도였다. 이유는 서양엔 인도에서와 달리 길을 가로막고 나서는 주술적 제한이 전혀 없었기 때문이다.

그 후의 시기에 서양에서는 3가지 사실이 결정적으로 중요했다. 첫 번째 사실은 유대인들 사이의 예언이었으며, 이 예언은 유대교의 테두리 안에서 주술을 파괴해 버렸다. 주술적인 과정은 그대로 남아 있었지만, 이제 그 과정은 신성한 것이 아니라 악마 같은 것이 되었다. 두 번째 사실은 오순절 기적이었다. 초기의 기독교 열정이 널리 퍼지는 데 결정적인 요인으로 작용했던 오순절 기적은 의식(儀式)을 통해 그리스도의 정신 속으로 파고들었다. 마지막 사실은 안티오키아[110]에 있던 날('갈라디아서' 2장 11절)이었다. 바오로가 베드로에 맞서면서 할례를 하지 않은 사람들과 동료 관계를 형성한 때였다. 고대 폴리스에서도 상당히 알려져 있었던, 씨족과 부족, 민족 사이의 주술적 장벽은 그런 식으로 옆으로 치워졌으며, 그

110   고대 시리아의 수도.

리하여 서양 도시의 확립이 가능하게 되었다.

엄격한 의미에서 말하는 도시가 특별히 서양의 제도일지라도, 도시의 부류에도 두 가지 근본적인 구분이 있다. 첫째, 고대와 중세 사이에 구분이 있고, 둘째로 남부 유럽과 북부 유럽 사이에 구분이 있다. 도시 공동체의 발달 중 첫 번째 시기에, 고대 도시와 중세 도시 사이에 비슷한 점이 아주 많았다. 고대 도시나 중세 도시나 똑같이, 그 집단 안에서 능동적으로 움직였던 구성원은 기사 집안의 사람들, 그러니까 귀족적인 존재를 영위하던 가문들이었던 반면에, 나머지 인구는 모두 단순히 복종만 하게 되어 있었다. 이 기사 가문들이 도시의 거주자가 된 것은 순전히 무역의 기회를 공유할 가능성을 누린 결과였다.

비잔티움을 상대로 한 이탈리아 혁명이 성공을 거둔 뒤에, 베네치아의 상류층 가문들 중 일부가 리알토[111]에 모였다. 이유는 그때부터 동양과의 교역이 행해졌기 때문이다. 이 대목에서, 베네치아가 정치적으로 독립을 성취했을지라도 해상 무역과 해전에서 여전히 비잔틴 제국의 일부를 형성하고 있었다는 것을 기억할 필요가 있다. 고대에도 마찬가지로, 부유한 가문들은 무역을 직접 행하지 않고 선박 소유자나 대금업자로 활동했다. 고대엔 해안에서 하루 여행 거리보다 더 멀리 떨어진 곳에 위치했던 도시 중에서 중요한 도시는 하나도 없었다는 것이 특징이다. 정치적 이유나 지리적 이유로 무역의 기회를 예외적일 만큼 많이 누렸던 곳만이 번창할 수

111 베네치아의 상업 중심 지역.

있었다. 따라서 지대(地代)가 도시의 어머니이고 상업의 어머니라는 좀바르트의 주장은 근본적으로 틀렸다. 그 사실들은 순서가 거꾸로다. 도시 정착은 무역에 지대를 투입할 가능성과 의도에 의해 일어나게 되었으며, 무역이 도시의 건설에 끼친 결정적인 영향은 특별히 두드러진다.

중세 초기에, 베네치아에서 새로운 유형의 개인이 탄생하는 과정은 다소 이런 식으로 전개되었다. 그는 무역업자로 시작했다. 말하자면 소매상이었다. 그런 다음에 그는 해외로 여행에 나섰다. 그는 상류층 가문들로부터 돈이나 재화를 빌렸으며, 그 재화는 레반트에서 팔았다. 그는 돌아온 뒤에 자신에게 융자를 제공한 사람과 이익을 나눴다. 만약에 무역에서 성공을 거두었다면, 그는 땅이나 선박의 힘을 빌려서 베네치아의 사회 속으로 들어갈 것이다. 선박 소유주나 토지 소유자로서 그가 귀족으로 신분 상승을 꾀할 수 있는 길은 1297년 대(大)의회가 폐막할 때까지 열려 있었다. 지대와 자본 소득(둘 다 무역 수입에 의존한다)으로 사는 귀족 구성원들을 일반적으로 일컫는 표현은 이탈리아에서 '쇼페라토'(scioperato)[112] 이고 독일에서는 '에르자머 뮈싱앵어'(ehrsamer Müssingänger)[113] 이다. 베네치아의 귀족 중에서 직업으로 무역을 지속적으로 수행한 가문들이 언제나 있었던 것은 사실이다. 종교개혁의 시기에 부(富)를 잃은 귀족 가문들이 산업을 통해서 생계를 꾸리려 했던 것

112 게으름뱅이라는 뜻이다.
113 명예로운 게으름뱅이라는 뜻이다.

과 똑같이 말이다. 그러나 대체로 완전한 시민과 도시 귀족 계층의 구성원은 자본뿐만 아니라 땅까지 소유한 사람으로서 수입을 바탕으로 살지만 자신이 무역이나 산업에 직접 종사하지는 않는다.

지금까지는 중세의 발달과 고대의 발달이 일치하지만, 둘의 경로는 민주주의의 확립으로 갈라진다. 확실히 출발 시점에 이 연결에 주목할 만한 유사점이 있었다. 'Δῆμος'[114]와 'plebs'[115], 'popolo'[116], 'Bürgerschaft'[117]은 서로 무관한 단어들이지만 똑같이 민주주의의 도입을 가리키고 있다. 이 단어들은 기사의 삶을 추구하지 않는 시민들의 집단을 일컫는다. 귀족, 그러니까 기사 신분과 봉건적 자질들을 갖춘 남자는 감시의 대상이 되고, 참정권을 박탈당하고 법의 보호를 받지 못하게 되었다. 러시아 부르주아지들이 블라디미르 레닌(Vladimir Lenin)에 의해 그런 처지에 놓였던 것처럼 말이다.

민주화의 토대는 그 성격을 보면 어디서나 순전히 군사적이다. 그 토대는 훈련이 잘된 보병의 등장에, 고대의 호플리테스(hoplites)[118]에, 중세의 길드 군대에 있다. 결정적인 사실은 군사 훈련이 보병들의 전투가 영웅들의 전투보다 유익하다는 것을 입증했다는 점이다. 군사 훈련은 곧 민주주의의 승리를 의미했다. 왜냐하면 공동체가 귀족이 아닌 집단의 협력을 바랐으며, 따라서 무기를,

---

114 평범한 사람이라는 뜻의 그리스어 단어.

115 고대 로마의 평민을 뜻한다.

116 평민이란 뜻의 이탈리아어 단어.

117 서민(계급)이란 뜻의 독어 단어.

118 밀집 대형을 이룬 상태에서 전투를 벌이던 고대 그리스의 보병을 일컫는다.

또 무기와 함께 정치적 권력을 그 집단에게 쥐어주기를 바랐기 때문이다. 게다가, 돈의 힘은 고대나 중세나 똑같이 나름의 역할을 맡았다.

민주주의가 스스로를 확립해 가는 방식에도 비슷한 점이 보인다. 처음 시작 단계에 있는 국가처럼, 평민은 하나의 별도 집단으로서 자신들의 관리들과 투쟁을 벌인다. 대표적인 예가 왕들에 맞서 민주주의의 대표자로 나섰던 스파르타의 에포로스(ephors)[119]와 로마의 호민관이다. 한편, 중세의 이탈리아 도시들에 있었던 '인민 대표'도 그런 관리들이었다. 그들의 특징은 명백히 "비합법적인" 최초의 관리들이라는 점이다. 이탈리아 도시들의 집정관들은 지금도 여전히 자신들의 직함에 '신의 은총으로'(dei gratia)라는 접두사를 붙이지만, '인민 대표'는 더 이상 그런 표현을 붙이지 않는다. 호민관의 권력의 원천은 불법적이다. 호민관이 성스러운 것은 바로 합법적인 관리가 아니고, 따라서 신의 간섭, 즉 인민의 복수에 의해서만 보호를 받기 때문이다.

발달의 두 경로는 목적이라는 측면에서 보면 동일하다. 경제적 계급 이해관계가 아니라 사회적 계급 이해관계가 결정적으로 중요하다. 그 이해관계는 주로 귀족 가문에 맞서 평민을 보호하는 것이다. 시민들은 자신들도 부유하다는 것을 잘 알고 있고, 그들은 귀족들과 함께 도시의 위대한 전쟁들을 치르면서 승리를 거두었다. 그

---

[119] 고대 그리스 스파르타의 공직으로 5명으로 구성되어 있었으며, 스파르타의 왕과 권력을 나눠 가졌다.

들은 무장했으며, 따라서 자신이 차별당하고 있다고 느꼈으며, 예전에 받아들였던 종속적인 지위에 더 이상 만족하지 않았다. 마지막으로, 분리 조직들의 관리들이 이용할 수 있었던 수단이라는 측면에도 비슷한 점이 존재한다. 어디서나 분리 조직들의 관리들은 평민이 귀족과 맞서고 있는 법적 과정에 개입할 권리를 확보했다. 이 목적에 피렌체의 인민 대표뿐만 아니라 로마 호민관의 중재 권리가 많은 기여를 했다. 이 중재 권리는 항소나 사형(私刑)을 통해 행사할 수 있는 권리였다. 분리 조직들은 도시의 법령은 평민의 승인을 받아야만 유효하다고 주장했으며, 최종적으로, 평민이 결정하는 것만이 법이라는 원칙을 확립했다. 고대 로마의 법적 원칙, 즉 '인민이 표결로 택한 것은 모든 사람이 준수할 의무를 진다'(ut quod tributim plebs iussisset populum tenerit)는 원칙은 평민이 최종적으로 결정한다는 피렌체의 원칙에서, 그리고 비(非)노동자들을 모두 배제하는 레닌의 노동 독재에서 아주 비슷한 원칙을 발견하고 있다.

민주주의가 지배를 확립하면서 동원하는 추가적인 수단은 평민 속으로 강제로 파고드는 것이다. 고대에 귀족들은 트리부스(tribus)[120]에 강제로 등록했으며, 중세에는 길드에 가입했다. 많은 예를 보면 그런 조치의 종국적 중요성이 인식되지 않은 것이 확인됨에도 말이다. 마지막으로, 어디서나 관직의 급격한 증가가 있다. 승리를 거둔 집단이 구성원들에게 전리품을 나눠줘야 할 필요성

120　고대 로마의 행정과 재정, 군사의 구성 단위를 말한다.

때문에 공무원 과다 현상이 나타나는 것이다.

지금까지는 고대의 민주주의와 중세의 민주주의 사이에 일치가 확인된다. 그러나 그 일치점들을 따라서 명확한 차이도 드러난다. 출발점에서부터 도시를 지배하고 있는 분야가 뚜렷이 구분된다. 중세에 지배적인 분야는 길드들로 이뤄져 있었던 반면에, 고대에는 그 분야는 길드의 성격을 전혀 띠지 않았다.

이런 관점에서 중세의 길드들을 면밀히 조사하다 보면, 다양한 길드 계층들이 연속적으로 권력을 잡았다는 사실이 파악된다. 전형적인 길드 도시인 피렌체에서, 이 길드 계층들 중에서 가장 먼저 형성된 계층이 '아르티 미노리'(arti minori), 즉 마이너 길드에 속한 장인들과 뚜렷이 구분되는 것으로서 '아르티 마조리'(arti maggiori), 즉 메이저 길드에 속한 장인이었다. '아르티 마조리'는 한쪽으로 상인들과 거래소의 딜러들, 보석 상인들, 그리고 상당한 규모의 산업 자본을 필요로 하는 기업가들을, 다른 한쪽으로 법률가들과 의사들, 약종상, 그리고 일반적으로 현대적 부르주아지를 뜻하는 "재산과 교양을 갖춘 사람들"을 포함했다.

기업가로 구성된 길드들에 대해 말하자면, 적어도 회원들의 50% 이상이 수입으로 살거나 곧 그런 식으로 살게 되었다. 재산과 교양을 갖춘 사람들이라는 범주는 "살찐" 사람들로 알려졌다. 이와 똑같은 표현이 도덕적이고 독실한 사람들이 연금 생활자들과 귀족 계급에게 품는 분개를 특별히 나타내고 있는 '찬송가'에서도 발견된다. 찬송가 속에서 연금 생활자들과 귀족은 거듭 "살찐" 자들이라고 불린다.

메이저 길드들에는 소(小)자본가들이 포함되고, 마이너 길드들에는 푸주한들과 빵 굽는 사람들, 직공(織工) 등이 포함되었다. 마이너 길드들에 속하는 장인들도 독일에서는 상당수가 큰 기업인이 되었음에도 이탈리아에서는 노동 계급의 경계선에 위치했다. 한편, '치옴피'(ciompi)로 분류되는 단순 노동자들은 매우 예외적으로만, 대체로 귀족이 중산층에 맞서서 가장 낮은 계층과 연합을 이룰 때에만 권력을 성취할 수 있었다.

길드들의 지배 하에서, 중세의 도시는 도시 경제라 불리는 특별한 유형의 정책을 추구했다. 그 정책의 목적은 첫째, 직업과 생계를 유지하는 것이고, 둘째, 주변 농촌이 도시의 시장을 강제적으로 이용하도록 하는 '바날리테'를 동원함으로써 농촌이 도시의 이익에 최대한 이바지하도록 하는 것이었다.

중세 도시는 또 경쟁을 제한하고 대규모 산업으로 발달하는 것을 막으려 들었다. 이런 온갖 조치에도 불구하고, 가내 공업이 성장하고 현대의 프롤레타리아의 선구자로서 영속적인 직인(職人) 계급이 성장함에 따라, 상업 자본과 길드로 조직된 수공예 사이에 적대적인 대립이 생겨났다. 이런 것들은 민주주의 통치 하의 고대에서 전혀 발견되지 않는다. 초기에 그런 조건의 흔적이 있었던 것은 사실이다. 고대 로마에서, 셉티미우스 세베루스(Septimius Severus)의 군사 조직 중 장인들과 노동자들, 대장장이들 등은 아마 그런 잔존물일 것이다. 그러나 완전히 발달한 민주주의의 시기에는 그런 종류의 것에 대한 언급이 전혀 없으며, 그런 흔적이 다시 발견되는 것은 로마 시대 말기이다. 따라서 고대에는 도시를 지배하는 권력으로서 길드는 존재하지 않았으며, 길드 정책도 없었고, 중세 말에 있었던 노동과 자본의 대립도 없었다.

고대에는 이런 갈등 대신에 땅을 가진 자와 땅을 갖지 못한 자 사이의 대립이 보인다. 테오도르 몸젠(Theodor Mommsen)이 단언하듯이, '프롤레타리우스'(proletarius)[121]는 아이를 제공하는 방법으로만 국가에 봉사할 수 있는 사람이 아니라, 토지 소유자이자 완전한 자유를 누리는 시민의, 유산을 뺏긴 후손이다. 고대의 전체 정책은 그런 프롤레타리우스들이 생기는 것을 막는 쪽으로 맞춰졌다. 이 목적을 위해서, 부채로 인한 예속을 제한하고 채무자법을 약화시켰다. 고대에 일상적으로 나타난 대립은 도시의 채권자와 농민 채무자 사이의 대립이었다. 돈을 빌려주는 귀족은 도시에 거주했으며, 귀족으로부터 돈을 빌린 가난한 사람들은 시골에서 살았다. 고대의 부채법 아래에서, 그런 조건은 언제든 땅의 상실과 프롤레타리아화를 부를 수 있었다.

이런 모든 이유들에도 불구하고, 고대의 도시는 중세의 도시와 달리 생존 정책을 전혀 갖고 있지 않았으며, 오직 '푼두스'(fundus)[122]를, 그러니까 남자가 거기서 살아가면서 군인으로서 스스로를 무장할 수 있는 그런 농장을 유지하는 데 필요한 정책만을

---

121 고대 로마의 민법에서 과세할 재산이 하나도 없는 사람이란 뜻으로 쓰였다.
122 농장을 뜻한다.

고수했다. 그 목표는 공동체의 군사력을 약화시키는 것을 막는 것이었다.

따라서 그라쿠스 형제들(Gracchi)의 위대한 개혁을 현대적인 의미에서 계급투쟁과 관련 있는 것으로 이해하면 안 된다. 그라쿠스 형제들의 개혁의 목적은 순전히 군사적이었다. 그들의 개혁은 시민군을 용병으로 대체해야 하는 상황을 피하고 시민군을 계속 유지하려는 마지막 노력을 뜻한다. 중세에 귀족주의에 반대한 사람들로 한편에 기업가들이 있고 다른 한편에 공예 노동자들이 있었지만, 고대에 귀족에 반대했던 사람들은 언제나 소작농이었다. 이 갈등의 차이에 따라서, 고대의 도시는 중세의 도시와 다른 선에 따라 나뉜다. 중세의 도시에서 귀족 가문들은 길드들에 강제적으로 가입했지만, 고대의 도시에서 귀족들은 농촌 지주들로 이뤄진 구역 안에서 살아야 했으며, 거기서 귀족들은 농민 차지인(借地人)과 동일한 법의 적용을 받았다. 귀족 가문들은 중세에는 장인이 되었고, 고대에는 농민이 되었다.

고대 민주주의의 발달에 두드러진 또 하나의 특징은 다양한 계층들이 민주주의 안에서 분화되었다는 사실이다. 첫째, 군인 계층, 그러니까 쇠사슬 갑옷과 방패로 스스로 무장할 수 있어서 최고 지위에 고용될 수 있었던 계층이 권력을 잡았다. 다음에는, 고대의 일부 지역에서, 특히 아테네에서 해군 정책이 취해진 결과, 가진 것이 없는 계급이 지배적인 위치에 올랐다. 왜냐하면 함대가 모든 계층의 인구를 다 동원해야만 필요한 인원을 채울 수 있었기 때문이다.

아테네 군국주의는 민중 회합에서 선원들이 마침내 유리한 입장에 서도록 만들었다. 로마에서도 킴브리인과 튜턴족의 침공으로 인해 처음에 사건들이 이와 비슷한 경로를 밟았다. 그러나 그 경로는 군인들에게 시민권을 보장하는 단계까지 이르지 않았으며, 황제를 우두머리로 하는 전문적인 군대의 발달을 낳았다.

고대의 발달과 중세의 발달 사이에 이런 차이들 외에, 계급 관계들에도 뚜렷한 차이가 있다. 중세 길드 도시의 전형적인 시민은 상인이나 장인이며, 그 사람은 가옥 소유자라면 완전한 시민이다. 고대에는 이와 반대로 완전한 시민은 토지 보유자이다. 따라서 길드 도시에서는 계급 불평등이 널리 퍼져 있었다. 토지를 보유하지 않은 사람은 토지를 얻기 위해서 자신의 '후견인'으로 토지 보유자를 필요로 했다. 토지를 보유하지 않은 사람은 법적으로 불리한 위치에 서며, 이런 종속적인 법적 지위는 극히 느리게 동등한 방향으로 변해갔지만 어디서도 완전히 동등해지지는 않았다.

그러나 중세 도시의 시민은 개인적인 관계에 있어서는 자유로웠다. "도시의 공기가 자유롭게 만든다."는 원칙에 따라, 1년하고 하루만 더 지나면 영주는 달아난 농노를 소환할 권리를 갖지 못했다. 그 원칙이 모든 곳에서 받아들여지지 않았고, 특히 호엔슈타우펜 가의 법에 의해 많은 제한이 따랐음에도 불구하고, 그것은 도시 시민의 법적 인식에 따른 것이었으며, 도시는 그 원칙을 바탕으로 군사적 이익과 과세 상의 이익을 추구했다. 따라서 계급들의 평등과 부자유의 제거가 중세 도시의 발달에서 지배적인 경향이 되었다.

이와 대조적으로, 고대 초기는 중세의 계급 구분과 비슷한 계급 구분을 강조했다. 고대는 귀족과 예속 평민의 구분을 인정했으며, 평민은 종자(從者)로서 기사 전사를 추종했다. 고대는 또 마찬가지로 의존의 관계와 노예제도를 인정했다. 그러나 도시가 권력을 증대시키고 민주화 쪽으로 발달을 이룸에 따라, 계급 간의 구분이 더욱 예리해졌다.

노예는 대량으로 구입되거나 실려 와서 수적으로 지속적으로 늘어나던 낮은 계층을 형성했던 한편, 그들의 계층에 자유민들이 더해졌다. 따라서 고대의 도시는 중세의 도시와 반대로 계층 간 불평등이 심화되는 모습을 보이고 있다. 마지막으로, 중세 길드 독점의 흔적은 고대에 전혀 보이지 않는다. 아테네에 민주주의가 지배하는 상황에서, 우리는 에레크테이온의 기둥들을 세우는 일에 관한 이야기를 들려주는 자료에서, 아테네의 자유 시민들과 노예들이 같은 집단 안에서 함께 일했다는 사실을, 또 노예들이 현장 감독으로 자유 시민인 아테네 근로자들보다 높은 위치에 섰다는 사실을 확인한다. 이런 관계는 자유롭고 막강한 산업 계급이 존재한 중세에는 상상도 할 수 없는 일이었을 것이다.

전체적으로 보면, 앞에 제시한 주장은 고대의 도시 민주주의는 정치적 길드였다는 결론으로 이어진다. 고대의 도시가 명확한 산업적 이해관계들을 갖고 있었고 또 이해관계들이 독점화된 것은 사실이지만, 그 이해관계들은 군사적 이해관계에 종속되었다. 조공과 전리품, 동맹 도시들의 지급액은 단순히 시민들 사이에 분배되었다. 따라서 중세 말기의 공예 길드처럼, 고대의 민주주의 시민들의 길드도 지나치게 많은 참가자들을 허용하지 않으려 들었다. 그 결과 시민들의 숫자에 제한이 가해졌으며, 그것이 그리스 도시 국가들의 몰락을 낳은 한 원인이었다. 정치적 길드의 독점은 클레루키아[123]를 포함했으며, 정복한 땅을 시민들에게 분배하고, 전리품들을 분배했다. 마지막으로 도시는 정치적 행위에서 얻은 수익금에서 극장 입장료와 곡물 분배, 배심 활동이나 종교적 행사에 참여한 데 대한 사례비 등을 지급했다.

그러므로 장기간의 전쟁은 그리스의 완전한 시민에겐 정상적인 조건이었으며, 클레온(Cleon) 같은 민중 지도자는 전쟁을 선동해야 하는 이유들을 잘 알고 있었다. 전쟁이 도시를 부유하게 만든 반면에, 장기간의 평화는 시민에게 파멸을 의미했기 때문이다. 평화로운 수단으로 이익을 추구했던 사람들은 전쟁에서 얻을 수 있는 기회로부터 배제되었다. 자유민들과 외국인 거주자들이 그런 사람들에 속했다. 그들 사이에서 우리는 가장 먼저 현대의 부르주아지와 닮은 점을, 그러니까 토지 소유로부터 배제되었음에도 여전히 부유하다는 사실을 발견한다.

군사적인 이유들은 고대의 도시 국가가 특징적인 형태를 고수한 동안에 장인 길드들과 그 비슷한 것을 전혀 발달시키지 않은 사실을, 그리고 도시 국가가 그 대신에 시민권을 위해 정치적, 군사적

---

123 고대 그리스에서 토지를 할당받아 속주에서 살던 아테네 시민들의 단체를 일컫는다.

독점을 확립하면서 군인들의 길드로 진화해간 사실을 설명해준다. 고대 도시는 그 시대에 군사적 기술 수준이 최고로 발달한 모습을 보여주었으며, 고대 그리스의 중장(重裝)보병이나 로마 군단에 맞설 수 있는 군사력은 어디에도 없었다. 이것은 고대에 전쟁을 통해 이익을 얻는 산업의 형태와 방향을 설명해줄 뿐만 아니라 순수하게 정치적인 수단으로 얻을 수 있는 다른 이점들을 설명해준다.

시민의 반대편에 "천박한 존재들"이 서 있었다. 오늘날의 의미로 말하는 이익을 평화롭게 추구하려 드는 사람은 누구나 천박한 존재들이었다. 이와 대조적으로, 중세 초기에 군사적 기술의 중심은 도시 밖에, 그러니까 기사의 신분에 있었다. 그 외의 그 어떤 것도 무장한 봉건 주인과 같을 수 없었다. 그 결과, 자치 도시 시민들로 구성된 봉건 군대는 1302년의 '쿠르트레 전투'(battle of courtrai)[124]를 제외하곤 공격적인 작전을 절대로 수행하지 않았으며 오직 방어적으로만 동원되었다. 그러므로 중세의 자치 주민 군대는 고대 그리스의 중장보병이나 로마 군단의 탐욕적인 길드 기능을 절대로 성취하지 못했다.

서구 세계 안에서 우리는 중세 동안에 남부의 도시들과 북부의 도시들 사이에서 극적인 대조를 확인한다. 기사는 유럽 남부에서 일반적으로 도시에 정착했지만, 북부에서는 그와 반대 현상을 보였다. 북부에서는 기사가 처음부터 도시 밖에 주거지를 잡았고 심

---

124 오늘날 벨기에인 플랑드르 코르트레이크(프랑스어로는 쿠르트레)에서 프랑스 왕국과 플랑드르 백국 사이에 벌어진 전투로 황금 박차 전투로도 불린다.

지어 배제되기도 했다. 유럽 북부에서, 어떤 도시에 내려진 특권은 고위 정치 관리나 기사의 거주를 금지할 수 있다는 특수 조항도 포함했다. 한편, 북쪽의 기사 지위는 도시의 귀족에 맞서 강하게 단결했으며, 도시 귀족을 태생적으로 열등한 존재로 취급했다. 그 이유는 두 지역에서 도시들의 건설이 서로 다른 시대에 일어났다는 사실에서 발견된다.

이탈리아의 자치 도시들이 발달하기 시작했을 때, 기사의 군사적 기술이 최고 수준에 달한 상태였다. 따라서 도시는 돈을 주고 기사들을 고용하거나 그들과 동맹을 맺지 않을 수 없었다. 도시들 사이에 벌어진 겔피와 기벨린의 전쟁들(Guelph-Ghibelline wars)[125]은 본질적으로 다양한 기사 집단들 사이의 갈등이었다. 그래서 도시는 기사들에게 도시에 거주지를 정하도록 요구하거나 강요했다. 도시는 기사들이 자신의 성에 머물면서 그곳을 중심으로 활동하며 길들을 위험하게 만드는 것을 원하지 않았다. 도시는 시민들을 위해서 기사들이 필요로 하는 것을 제공하는 일을 떠안았다.

이런 조건들과 가장 극적으로 대조를 이루는 예는 영국의 도시에서 발견된다. 영국의 도시는 독일과 이탈리아 도시와 달리 도시 국가를 형성한 적이 없었다. 또 영국의 도시는 주변 시골을 지배하거나 그곳까지 사법권을 확장하려는 시도도 하지 않았다. 영국의 도시는 이런 성취를 추구할 군사력도 없었고 야망도 없었다. 영국 도

---

125 교황을 지지하던 세력과 신성 로마 제국 황제를 지지하던 도당들 사이에 벌어진 전쟁을 말한다.

시의 독립은 도시가 국왕으로부터 과세권을 임차했다는 사실에 근거했으며, 이 임차를 공유하는 사람들만이 시민이었으며, 이 임차에 따라 정해진 금액은 도시가 하나의 단위로서 떠안았다.

영국 도시의 특별한 지위는 먼저 윌리엄 정복왕(William the Conqueror, 윌리엄 1세)이 정치적 권력을 잉글랜드로 특별히 집중한 조치에 의해, 또 13세기 후에 잉글랜드의 공동체들이 의회에서 단결했다는 사실에 의해 설명된다. 만약 남작들이 왕권에 맞서는 조치를 취하길 원했다면, 그들은 도시들의 재정적 지원에 의지하지 않을 수 없었으며, 그런 한편 도시들은 군사적 지원을 남작들에게 의존하고 있었다. 도시들이 의회에 자신들의 대표를 두게 된 이후로, 도시들 쪽에서 정치적 고립 정책을 취하려는 충동과 가능성이 제거되었다.

영국에서 도시들과 농촌들 사이의 대립은 일찍이 사라졌고, 도시들은 토지를 소유한 많은 젠틀맨을 시민으로 받아들였다. 그리하여 도시의 자치 주민들이 마침내 유리한 입장에 설 수 있게 되었다. 최근까지도 귀족이 세상사에서 형식적인 리더십을 보였을지라도 말이다.

이런 관계들이 자본주의의 진화에 어떤 영향을 미쳤는가 하는 문제로 관심을 돌리면서, 우리는 고대와 중세의 산업의 이종성(異種性)과 자본주의 자체의 다양한 종(種)을 강조해야 한다. 가장 먼저, 우리는 서로 대단히 멀리 떨어진 시대들에서도 다수의 비합리적인 자본주의 형태들을 발견한다. 이런 자본주의 형태들은 우선 세금 징수를 도급할 목적으로 행하는 자본주의적 사업을 포함한다. 이런 형태는 서양뿐만 아니라 중국과 서아시아에도 있다.

또 전쟁에 필요한 재정을 마련하기 위해 벌이는 자본주의적 사업도 있다. 중국과 인도에, 작은 별도의 국가들이 존재하던 시기에 그런 예가 있었다. 둘째, 무역 투기와 연결된 자본주의가 있으며, 역사에서 상인이 부재한 시기는 절대로 없었다. 셋째, 힘든 사람들의 곤경을 악용하는 대금(貸金) 자본주의가 있다. 이런 형태의 자본주의는 모두 전리품과 세금, 관리의 고리대금, 마지막으로 조공과 실질적 필요와 관계가 있다.

옛날에, 카이사르가 크라수스(Crassus)의 재정적 지원을 받았듯이, 관리들이 금전적 지원을 받아놓고는 나중에 공적 지위를 남용하면서 그 돈을 갚아주려고 노력했다는 사실도 주목을 받을 만하다. 그러나 이 모든 것은 이따금 일어나는 비합리적인 성격의 경제적 행위와 관계있는 반면에, 이런 식의 관계로부터는 합리적인 노동 조직 체계는 절대로 발달하지 못했다.

반대로, 합리적인 자본주의는 시장 기회들을 찾을 목적으로, 따라서 진정한 의미에서 말하는 경제적 목표를 추구할 목적으로 조직된다. 합리적인 자본주의는 합리적일수록 대량 수요와 대량 공급과 그만큼 더 밀접히 연결된다. 합리적인 자본주의를 하나의 시스템으로 향상시키는 과제는 서양에서 중세가 끝난 뒤 현대의 몫으로 남겨졌다. 한편, 고대 전 기간에 걸쳐 단 하나의 자본주의적 계급만 있었을 뿐이며, 그 계급의 합리주의는 현대 자본주의의 합리주의와 비교할 만하다. 바로 고대 로마의 기사(騎士) 신분이다.

고대 그리스의 어느 도시가 신용이 필요하거나, 국유지를 빌려주거나, 보급품 공급을 위한 계약을 체결할 때, 그 도시는 다양한 지방의 자본가들 사이에 경쟁을 유도해야 했다. 이와 대조적으로, 로마는 합리적인 자본가 계급을 소유하고 있었으며, 이 계급은 그라쿠스 형제 시대 때부터 국가에서 결정적인 역할을 했다. 이 계급의 자본주의는 전적으로 국가와 정부가 제공하는 기회와 연결되었다. 말하자면, 자본가 계급이 공유지, 즉 정복한 땅의 임차나 국유지 임차, 세금 징수 도급, 정치적 모험이나 전쟁에 대한 재정적 지원 등을 맡았다는 뜻이다. 이 계급은 공식적인 귀족의 지속적인 반대에 봉착했음에도 불구하고 이따금 로마의 공공 정책에 결정적인 영향력을 행사했다.

중세 말기의 자본주의는 시장 기회를 추구하는 쪽으로 움직이기 시작했으며, 중세 말기의 자본주의와 고대의 자본주의의 차이는 도시들이 자유를 잃은 뒤에 발달하는 과정에 두드러지게 나타났다. 여기서 다시 우리는 고대와 중세, 현대의 발달 노선 사이에 근본적인 차이를 발견한다.

고대의 도시들의 자유는 관료주의적으로 조직된 세계 제국에 의해 완전히 사라져 버렸으며, 제국 안에는 정치적 자본주의가 들어설 자리가 더 이상 없었다. 처음에 황제들은 기사 계급의 재정적 힘에 의존하지 않을 수 없었지만, 우리는 황제들이 점진적으로 스스로를 해방시키면서 기사 계급을 세금 징수로부터, 그러니까 부를 축적시킬 수 있는 가장 큰 원천으로부터 배제시키는 것을 확인한다. 이집트 왕들이 왕국 안에서 자본가의 권력으로부터 독립된 상태에서 정치적 및 군사적 필요를 충족시키면서 징세권 보유자를 세무 관리의 지위로 추락시킨 것처럼 말이다.

로마 제국 시대에, 어디서나 국유지의 임대 규모가 줄고 상속 가능한 토지 보유권이 늘어났다. 국가의 경제적 필요를 충족시키는 것은 강제적 기여와, 경쟁적인 계약 대신에 예속적인 사람들의 강제 노동에 의해 이뤄졌다. 인구의 다양한 계급들이 직업에 따라 계층화되었으며, 국가가 필요로 하는 것들은 연대 책임 원칙에 따라 새롭게 창조된 집단들에게 부과되었다.

이 같은 발달은 곧 고대 자본주의의 목을 졸라 질식시키는 것이나 다름없었다. 징집 군대가 용병을 대신하고, 선박들은 강제 노역에 의해 움직였다. 곡식의 수확은 양이 충분한 한 도시들 사이에 필요에 따라 분배되었으며, 사적인 거래는 배제되었다. 도로 건설을 포함한 모든 서비스와 관련한 부담은 토지 상속이나 직업 때문에 그 지역에 붙박이가 된 사람들의 어깨에 지워졌다. 마지막에, 로마의 도시 공동체들은 시장(市長)을 통해서, 공동 회합을 통하던 마을 공동체와 크게 다르지 않은 방식으로 활동하면서 재산을 근거로 부유한 시 의원들의 복귀를 요구했다. 이유는 도시 공동체의 인구 전체가 나라에 대한 지급과 봉사에 대해 공동으로 책임을 졌기 때문이다. 이 봉사들은 프톨레마이오스 왕조 시대 이집트의 '이디아'(ἰδία)[126]를 본 따 만든

126 동일하다는 뜻의 그리스어 단어.

'오리고'(origo)[127]의 원칙에 따른 것이었다. 따라서 예속적인 사람들의 강제적인 세금은 자신의 공동체 안에서만 납부될 수 있었다. 이 체제가 확립된 뒤로, 자본주의가 이익을 챙길 정치적 기회가 막혀버렸다. 강제적 기여에 바탕을 둔 말기의 로마 제국에도, 강제적인 노동 봉사를 바탕으로 조직된 이집트 국가에서 그랬던 것처럼, 자본주의가 들어설 공간은 거의 없었다.

현대에 도시의 운명은 이와 많이 다르다. 여기서도 다시 도시는 자치권을 점진적으로 빼앗겼다. 17세기와 18세기의 영국 도시는 오직 재정적, 사회적 계급의 중요성만을 주장했던 길드들의 동맹에 불과했다. 같은 시기의 독일 도시들은 제국의 중심 도시들을 제외하곤 단순히 지리적인 독립체였을 뿐이며, 거기서 모든 것은 상부의 명령을 따랐다. 프랑스 도시들에서, 이런 발달은 더 일찍 시작되었던 반면에, 스페인의 도시들은 코무네로스(communeros)의 반란[128]에서 카를 5세에게 권력을 빼앗겼다. 이탈리아의 도시들은 자신들이 군주권의 지배 아래에 있다는 사실을 깨닫게 되었으며, 러시아의 도시들은 서양의 의미에서 말하는 자유를 한 번도 이루지 못했다.

모든 곳에서 도시가 군사적, 사법적, 산업적 권한을 박탈당했다. 형식적인 측면에서 보면 옛날의 권리들이 대체로 변하지 않았지

---

127 기원, 출처라는 뜻의 라틴어 단어.

128 카스티야 시민들이 1520년부터 1521년까지 카를 5세의 통치에 불만을 품고 일으킨 반란을 말한다.

만, 실상을 보면 현대 도시는 자유를, 고대에 로마 지배의 확립으로 인해 도시들이 자유를 잃었을 때만큼이나 쉽게 박탈당했다. 그럼에도 현대의 도시들은 고대와 현저히 달리 평화로운 때든 전쟁을 치르는 때든 권력을 위해 영원히 투쟁하는 상태에 놓인 국민 국가들의 지배하에 놓이게 되었다. 이 경쟁적인 투쟁이 현대의 서구 자본주의에 유리한 기회를 엄청 많이 창조했다. 개별 국가들은 유동적인 자본을 놓고 경쟁을 벌여야 했으며, 국가들이 권력을 행사하는 데 이 자본이 결정적으로 중요했다. 필연이라 해도 과언이 아닌, 국가와 자본의 이런 동맹으로부터 전국적인 시민 계급, 즉 현대적인 의미의 부르주아지가 생겨났다. 따라서 자본주의가 발달할 기회를 누리도록 만든 것은 폐쇄적인 국민 국가이며, 국민 국가가 어떤 세계 제국에 굴복하지 않는 이상 자본주의도 지속될 것이다.

29장

합리적인 국가

(A) 국가 자체: 법과 공무원

합리적인 국가라는 의미에서 말하는 국가는 오직 서양 세계에만 존재했다. 옛날 체제의 중국에서, 소위 얇은 층의 관리들은 씨족들의 철옹성 같은 권력과 상업 및 산업 길드들 위에 존재했다. 중국의 관료는 주로 인문적 교육을 받은 지식인이고 특정한 임지(任地)를 받았지만, 행정을 위한 훈련은 전혀 받지 않았다. 중국 관료는 법학에 대해 전혀 모르지만, 훌륭한 작가였으며, 시를 쓰고, 중국 고대 문학을 잘 알았고 또 그것을 해석할 줄 알았다.

정치적 활동이라는 측면에서 보면, 중국 관료에겐 전혀 아무런 중요성이 부여되지 않는다. 그런 관리는 행정 일을 절대로 직접 처리하지 않는다. 행정은 오히려 법원 관리들의 손에 달려 있다.

중국 관료는 지속적으로 이 지역에서 저 지역으로 옮겨 다닌다. 그가 맡은 행정 지역 안에서 발판을 닦는 것을 사전에 차단하기 위해서다. 중국 관료는 고향으로는 절대로 부임하지 못한다. 그는 임지의 방언을 이해하지 못하기 때문에 그곳의 대중과 소통하지 못한다. 그런 관리들을 둔 국가는 서양의 국가와 꽤 다른 국가이다.

실제로 보면, 모든 것이 주술적인 이론에 근거를 두고 있다. 말하자면, 문(文)이 강조되는 문화에서 황후의 미덕과 관리들의 공로는 그들의 완벽을 의미하는데, 그런 미덕과 공로가 평소에 일들이 질서 있게 돌아가도록 한다는 믿음이 강했던 것이다. 만약에 가뭄이 들거나 다른 불길한 사건이라도 일어난다면, 정령들을 진정시키기 위해 시를 짓는 고시(考試)를 강화하거나 재판의 속도를 높이라는 칙령이 내려진다.

중국 제국은 농업 국가이며, 따라서 경제생활의 10분의 9를 대표하는 농민 씨족의 권력은 완전히 깨어지지 않았다. 나머지 10분의 1은 상업 및 무역 길드 조직에 속한다. 기본적으로 일들은 저절로 돌아가도록 내버려둔다. 관리들은 통치를 하지 않으며 절망적인 일이나 온당치 못한 사건들이 일어나는 경우에 그것을 해석할 뿐이다.

현대 자본주의가 번창할 수 있는 합리적인 국가는 이와 크게 다르다. 합리적인 국가의 토대는 전문적인 공무원과 합리적인 법이다. 중국의 국가는 일찍이 7세기와 11세기에 인문주의적 소양을 갖춘 사람들 대신에 훈련된 관리들을 이용하는 행정으로 전환했지만, 그 변화는 일시적으로만 유지되었을 뿐이다. 늘 그렇듯이 그때 월식(月蝕)이 일어났고, 그러면 질서가 반대 방향으로 바뀌었다.

그러나 중국인들의 정신이 전문가들의 행정을 견뎌내지 못했을 것이라는 식으로 진지하게 단언하는 것은 불가능하다. 그보다는 중국의 발달과 합리적인 국가의 발달은 주술에 대한 의존이 지속되었다는 사실 때문에 저지당했다고 보는 것이 타당하다. 서양에서 도시들과 기독교의 발달을 통해 일어난 상황과 달리, 그 같은 사실 때문에 씨족들의 권력이 깨어질 수 없었다.

현대 서양의 나라에서 훈련된 공무원들이 결정을 내릴 때 그 바탕으로 삼고 있는 합리적인 법은 실제 내용은 그렇지 않아도 그 형식은 로마법에서 나왔다. 로마법은 우선 민주주의가 지배하는 것을 목격하지 못했던 로마 도시 국가의 산물이었으며, 로마의 사법의 형태는 그리스 도시의 사법과 똑같았다. 그리스의 최고 법원은 사소한 정의를 구현했다. 소송 당사자들은 비애감과 눈물로 판사들의 마음을 움직이려 들면서 상대방을 비난했다.

키케로의 웅변이 보여주듯이, 그런 절차는 로마의 정치적인 재판에도 알려져 있었으나 민간 재판에는 알려져 있지 않았다. 민간 재판의 경우에 집정관이 '법관'(iudex)을 임명한 다음에 그에게 피고인에게 불리한 판결을 하거나 소송을 기각시켜야 하는 조건을 엄격히 제시했다. 유스티니아누스 대제 아래에서, 비잔틴 제국의 관료주의가 이 합리적인 법에 질서와 체계를 부여했다. 이는 비잔틴 제국의 관리들이 체계적이고 배우기 쉬운 그런 법에 관심을 갖게 된 덕분에 자연스럽게 나타난 결과였다.

서쪽에서 로마 제국이 붕괴함에 따라, 법은 이탈리아 공증인들의 수중으로 들어갔다. 이 공증인들과 부차적으로 대학들은 무의식중에 로마법의 부활을 생각하고 있었다. 공증인들은 로마 제국의 오래된 계약 형식들을 준수했으며, 그 형식들을 당시의 필요에 따라 재해석했다. 그와 동시에 체계적인 어떤 법의 원칙이 대학에서 발달했다. 그러나 이 발달의 근본적인 특징은 절차의 합리화였다. 원시적인 모든 민족들의 법이 그랬듯이, 고대 게르만 민족의 법적 재판이 엄격히 형식적인 문제였다. 소송 관련 문건에 단어 하나라도 잘못 쓰는 쪽이 소송에서 지게 되어 있었다. 왜냐하면 소송 관련 문서가 마법적인 의미를 지니는 것으로 여겨졌는데, 초자연적인 악들이 두려움의 대상이었기 때문이다. 게르만 재판의 이런 마법적인 형식주의는 로마법의 형식주의와 잘 어울렸다.

동시에, 프랑스 왕국은 대리인, 즉 옹호자라는 제도를 창조함으로써 어떤 역할을 했다. 이 대리자의 임무는 특히 교회법과의 연결 속에서 법적 원칙을 정확히 선언하는 것이었다. 방대한 교회의 행정 조직은 평신도들과의 관계에서 규율의 목적을 위해서뿐만 아니라 교회 내부의 규율을 위해서도 형식들을 확정했다. 부르주아 계급만이 게르만 식의 시련 재판이나 신의 심판에 관심이 끌릴 뿐이었다. 사업가는 상업 관련 주장들이 관용적인 법률 조항을 암송하는 경쟁에 의해 결정되는 것을 용납할 수 없었으며, 사업가는 어디서나 이 같은 법률적 경쟁과 시련으로부터 면제를 확보했다. 교회도 처음에는 망설였으나 최종적으로 그런 절차가 이교도적인 탓에 용인할 수 없다는 견해를 채택하면서 교회법의 절차를 최대한 합리적인 쪽으로 확립했다. 세속적인 측면과 영적 측면에서 동시에 진행된 절차의 합리화는 서양 세계 전역으로 퍼져 나갔다.

로마법의 부활에서, 자본주의 발달의 바탕뿐만 아니라 농민 계층 몰락의 바탕도 보였다. 로마법의 원칙들을 적용한 것이 농민에게 불리하게 작용한 예가 있는 것도 사실이다. 한 예가 옛날의 마르크 공동체의 권리들이 봉건적인 의무들로 변한 것이다. 마르크 공동체의 가장 높은 자리에 섰던 개인이 로마법의 의미에서 소유자로 인식되고, 공동 경영자들은 봉건적인 세금을 부담하는 것으로 인식되었던 것이다. 그러나 한편으로 보면, 프랑스에서 왕국이 영주들이 소작농들을 내쫓지 못하도록 막을 수 있었던 것은 로마법을 배운 법학자들을 통해서였다.

로마법이 자본주의의 발달의 토대로서 한 역할은 별로 크지 않다. 자본주의의 고향인 영국은 로마법을 결코 받아들이지 않았다. 이유는 왕립 법원과의 연결 속에서, 영국의 법적 제도들이 타락하는 것을 방지하는 변호사 계급이 있었기 때문이다. 법관들이 지금과 마찬가지로 바로 이 계층에서 선택되었기 때문에, 이 계층이 법적 원칙의 발달을 지배했다. 이 계층은 로마법이 영국 대학에서 가르쳐지는 것까지도 막았다. 목적은 이 계층 밖의 사람들이 법관에 임명되는 것을 차단하기 위해서였다.

사실 현대 자본주의의 특징적인 제도들은 모두 로마법이 아닌 다른 것에 기원을 두고 있다. 개인적 부채 또는 전쟁 융자에서 비롯된 연금 증서는 중세의 법에서 비롯되었으며, 이 중세의 법에서는 게르만 민족의 법사상들이 중요한 역할을 했다. 마찬가지로, 주권(株券)은 중세의 법과 현대의 법에서 생겨났으며 고대의 법에는 알려져 있지 않았다. 또 환어음의 발달에는 아랍과 이탈리아, 독일, 영국의 법이 기여했다. 상사회사도 중세의 산물이다. 단지 코멘다 사업만 고대에도 있었다. 등기 기록까지 남긴, 담보가 딸린 융자도, 위임장뿐만 아니라 신탁 증서도 그 기원은 중세이며 고대까지 올라가지 않는다.

로마법을 받아들인 것은 그것이 형식적인 법학적 사고를 창조했다는 의미에서만 중요했다. 모든 법률 체계는 그 구조의 바탕을 법률적이고 형식적인 원칙이나 물질적인 원칙에 두고 있다. 여기서 말하는 물질적인 원칙은 공리주의적이고 경제적인 사항을 고려하는 원칙으로 이해된다. 예를 들면, 이슬람교의 법관이 업무를 처리할 때 기준으로 삼는 원칙들이 있다. 모든 신정 국가와 모든 절대주의 국가에서, 정의는 물질주의적인 쪽으로 추구되는 반면에, 모든 관료주의 국가에서 정의는 법률을 존중하고 형식적이다.

프리드리히 2세는 법관들을 미워했는데, 이유는 법관들이 물질적인 원칙에 바탕을 둔 황제의 칙령을 지속적으로 형식적인 의미로만 적용하면서 칙령들의 목적을 황제의 의도와 완전히 다른 것으로 받아들였기 때문이다. 이 맥락에서 보면, 로마법은 형식적인 법률 체계에 유리한 방향으로 물질적인 법률 체계를 분쇄하는 수단이었다.

그러나 이런 형식적인 법은 예상이 가능하다. 중국에서는 집을 판 사람이 가난해지면 자신의 집을 산 사람을 찾아가서 그 집에 살게 해 달라고 부탁하는 일도 일어날 수 있다. 그때 집을 산 사람이 형제를 도와주라는 고대 중국의 가르침을 따르길 거부하면, 정령들이 화를 낼 것이다. 따라서 가난해진 주택 매도자는 집세를 전혀 내지 않는 세입자로 그 집에 들어갈 수 있다. 이런 식으로 구축된 법의 토대 위에서는 자본주의는 작동하지 못한다. 자본주의가 요구하는 것은 기계처럼 확실히 믿을 수 있는 법이다. 의식(儀式)과 종교를 고려하거나 주술을 고려하는 법은 배제되어야 한다.

신뢰할 수 있는 법의 창조는 현대적인 국가와 법학자들이 법이 곧 권력이 되도록 하기 위해 서로 동맹을 맺음으로써 성취될 수 있었다. 16세기에 한동안 국가는 인문주의자들과 협력하려고 시도했으며, 최초의 그리스 김나지움들이 적절한 국가 공무원을 배출할 목적으로 세워졌다. 그런 식으로 판단한 이유는 정치적인 논쟁이 상당 부분 국가 문서의 교환을 통해 이뤄졌는데, 라틴어와 그리스어로 교육을 받는 사람만이 그 일을 수행할 자격을 갖춘 것으로 여겨졌기 때문이다. 이 망상은 오래 지속되지 않았다. 김나지움을 나온 사람들이 바로 거기서 배웠다는 이유 때문에 정치적인 삶에 필요한 준비를 갖추지 못했다는 사실이 확인되었던 것이다. 그래서 마지막으로 기대게 된 것이 법학자들이었다.

인문적인 교육을 받은 관료가 현장을 통치한 중국에서, 군주는 활용 가능한 법학자를 전혀 두지 않았으며, 다양한 철학 학파들 사이에 누가 최고의 정치가를 배출하는가 하는 문제를 놓고 치열하게 경쟁을 벌였다. 여러 학파들이 엎치락뒤치락하다가, 최종적으로 전통적인 유교가 승리를 거두었다.

인도도 작가들을 두었지만 훈련된 법률가는 전혀 두지 않았다. 이와 대조적으로, 서구 세계는 로마의 천재성의 산물인, 형식적으로 조직된 법률 체계를 갖고 있었으며, 이 법률로 훈련된 관리들은 전문적인 행정가로서 다른 어떤 사람들보다 우수했다. 경제사적 관점에서 본다면, 이 같은 사실은 국가와 형식적인 법학 사이의 동맹이 간접적으로 자본주의에 유익하게 작용했다는 점에서 의미를 지닌다.

(B) 합리적인 국가의 경제 정책

국가가 이름에 걸맞은 경제 정책을, 그러니까 지속적이고 일관적인 정책을 갖는 것은 전적으로 현대에 들어와서 시작된 현상이다. 그런 경제 정책이 낳은 최초의 체제는 소위 중상주의이다.

중상주의가 발달하기 전에, 널리 퍼졌던 상업 정책은 두 가지였다. 재정적 관심이 두드러진 정책과 일반적인 생활수준이라는 의미에서 복지에 대한 관심이 두드러진 정책이 그것들이다.

동양에서 계획적인 경제 정책의 발달을 막은 것은 기본적으로 카스트와 씨족 조직을 포함한 의례에 관한 고려 사항들이었다. 중국에서, 정치 체제는 특별한 변화를 겪었다. 중국은 한때 외국 무역이 인도까지 확장하면서 대단한 발달을 누렸다. 그러나 훗날 중국의 경제 정책은 외국을 배제하는 쪽으로 선회했다. 그 정도가 얼마나 심했던지, 중국의 수입과 수출 활동 전체는 단지 13개 기업에 의해서만 행해졌으며, 무역항도 광저우로 집중되었다. 내적으로 보면, 그런 정책은 종교적 고려의 지배를 받았으며, 오직 자연 재해가 일어날 때에만 정책의 남용에 대한 조사가 이뤄졌다. 언제나 지방의 성들 사이의 협력 문제가 관점을 결정했으며, 중요한 문제는 국가가 필요로 하는 것을 과세로 충족시킬 것인지 아니면 강제 노역으로 충족시킬 것인지를 결정하는 것이었다.

　　일본에서 봉건적 조직은 똑같은 결과를 낳았으며 외부 세계에 대해 철저한 배타성을 보였다. 일본이 그런 정책을 취한 목적은 계급 관계들의 확립이었다. 외국 무역이 재산의 분배에 관한 조건을 흔들어놓을 것이라는 걱정이 있었던 것이다. 한국에서도, 의례적인 근거들이 배타적인 정책을 취하도록 했다. 만약에 불경스런 존재인 외국인들이 한국으로 들어 오면, 정령들의 분노를 사게 될 것이라는 우려가 있었다.

　　인도의 중세에서 우리는 로마 군인들뿐만 아니라 그리스와 로마의 상인들을 발견하며, 유대인들이 특권을 누리면서 그곳으로 이민 오는 것을 발견한다. 그러나 이런 씨앗들은 발달할 수 없었다.

왜냐하면 훗날 모든 것이 다시 카스트 제도에 의해 정형화되었으며, 카스트 제도가 계획적인 경제 정책을 불가능하게 만들었기 때문이다. 추가적으로 고려해야 할 사항은 힌두교가 사람들이 외국으로 돌아다니는 것을 강력히 비난했다는 점이다. 외국에 나간 사람은 돌아오는 즉시 자신의 카스트로 다시 들어가야 했다.

서양에서 14세기까지 계획적인 경제 정책이 발달할 기회는 오직 도시들과의 연결 속에서만 가능했다. 군주들 쪽에서 경제 정책을 시작한 예들이 있는 것은 사실이고, 카롤링거 왕조 시기에, 우리는 가격 결정과 다양한 방향으로 표현된 복지에 관한 대중적 관심을 발견한다. 그러나 이런 것들 대부분은 서류로만 남았을 뿐이며, 샤를마뉴의 화폐제도 개혁과 도량형 제도를 제외하고 모든 것은 그 다음 시기에 흔적조차 남기지 않고 사라져 버렸다. 동양과 관련해서 기꺼이 취했을 상업 정책도 해운의 부재로 불가능했다.

국가가 군주의 지배 아래에서 그 싸움을 포기했을 때, 교회가 경제생활에 관심을 보이면서 경제적 거래에 최소한의 법적 정직성과 교회의 윤리를 강요하려고 노력했다. 교회가 취할 수 있었던 가장 중요한 조치 중 하나는 공공의 안녕을 추구하는 것이었다. 교회는 처음에 특정한 날들에 공공의 안녕을 강요하다가 최종적으로 그것을 하나의 일반적인 원칙으로 강요했다. 게다가, 교회의 위대한 재산 공동체들, 특히 수도원들은 매우 합리적인 경제생활을 지지했으며, 그런 경제생활은 자본주의 경제라고 불릴 수는 없었지만 당시까지 존재한 것 중에서 가장 합리적이었다.

훗날 교회의 이 같은 노력은 점점 불신의 대상이 되어갔다. 이유는 교회가 옛날의 금욕적인 이상을 부활시키고 그것을 그 시대에 적용했기 때문이다. 황제들 사이에서, 특히 프리드리히 1세 치하에서 상업 정책의 기원이 몇 개 발견된다. 가격 결정과 독일 상인들을 도울 목적으로 영국과 맺은 관세 조약이 그런 예들이다. 프리드리히 2세는 공공의 평화를 확립했지만, 단순히 부유한 상인들에게 유리하게 작용하는, 순수하게 재정적인 정책을 추구했다. 그는 상인들에게 특권을, 특히 관세 면제를 허용했다.

독일 왕들 쪽에서 경제 정책으로 취한 유일한 조치는 라인 강 통행세를 노린 투쟁이었지만, 라인 강을 끼고 있던 영주들의 숫자가 많았다는 사실을 고려한다면 그 조치도 대개 헛수고에 지나지 않았다. 이것 외에, 계획된 경제 정책은 전혀 없었다. 지기스문트(Sigismund) 황제가 베네치아에 대해 통상 금지 조치를 취하든가, 쾰른과의 갈등에서 라인 강이 일시적으로 폐쇄되는 일 등 마치 계획된 경제 정책 같은 것이 있었다는 인상을 준 조치들은 성격상 순전히 정치적이었다.

관세 정책은 영토를 가진 군주들의 몫이었으며, 거기서조차도 극소수의 예외를 제외하곤 산업을 고무하려는 지속적인 노력이 결여되어 있었다. 그런 군주들의 주요한 목표는 첫째 도시들과 주변 농촌 사이의 재화의 교환을 촉진시키기 위해서 원거리 무역에 반대하고 현지의 무역을 선호하는 것이었다. 그래서 수출세가 항상 수입세보다 더 높게 유지되었다. 둘째는 관세 측면에서 현지의 상인들을 유리하게 하는 것이었다. 도로 통행세에 차별을 두었으며, 군주는 자신의 도로를 세입의 원천으로 편리하게 활용하려고 노력했다. 이 목적을 달성하기 위해 군주들은 심지어 특정 도로의 사용을 의무화하고, 주요 산물에 관한 법을 체계화했다. 마지막으로, 도시 상인들에게 특혜가 주어졌다. 바이에른의 부호 루이스(Louis the Rich of Bavaria)는 시골 상인들을 억누른 데 대해 스스로 자랑스러워했다.

보호 관세는 몇 가지 예외를 제외하곤 알려지지 않았으며, 티롤이 이탈리아산 수입품들의 경쟁을 물리치기 위해 포도주에 매긴 세금이 그 예외 중 하나이다. 관세 정책은 대체로 재정적 관점과 전통적인 생활수준의 영향을 강하게 받았다. 똑같은 원칙은 13세기까지 거슬러 올라가는 관세조약에도 적용된다.

관세의 기법도 크게 변했다. 원래의 관세는 상품 가치의 60분의 1을 내는 종가세(從價稅)였다. 14세기에 세율이 12분의 1로 뛰었다. 이는 관세가 소비세의 역할까지 하도록 정해졌기 때문이다. 보호 관세 같은, 경제 정책의 현대적인 조치들 대신에 무역을 직접적으로 금지하는 조치가 취해졌으며, 이런 조치는 훗날 국내 장인들이나 중매인(仲買人)들의 생활수준을 보호해야 할 때가 되면 자주 중단되었다. 가끔 도매 거래는 허락되고 소매 거래는 금지되었다. 군주 측에서 취한 최초의 합리적인 경제 정책의 흔적은 14세기 잉글랜드에서 등장한다. 바로 중상주의이며, 그 정책은 애덤 스미스(Adam Smith) 이후로 그런 이름으로 불렸다.

(C) 중상주의

중상주의의 핵심은 자본주의적인 산업의 관점을 정치 속으로 깊이 옮겨 놓은 데 있다. 나라가 마치 자본주의 기업가들로만 구성된 것처럼 다뤄지는 것이다. 외적인 경제 정책은 최소 가격으로 수입하고 최고 가격으로 수출함으로써 교역 상대방을 최대한 이용한다는 원칙에 바탕을 두고 있다. 중상주의의 목적은 외국과의 관계에서 정부의 힘을 강화하는 것이다. 따라서 중상주의는 국가가 정치적 권력으로 발달하는 것을 의미하며, 그 발달은 인구의 납세 능력을 키우는 방식으로 직접적으로 성취된다.

중상주의 정책의 전제 조건은 국가 안에 현금 소득의 원천을 최대한 많이 포함시키는 것이다. 분명히, 중상주의 사상가들과 정치가들이 귀금속의 소유와 국부(國富)를 혼동했다고 생각하는 것은 실수이다. 그들은 이 부(富)의 원천이 곧 납세 능력이라는 것을 충분히 잘 알고 있었으며, 그들이 통상을 통해서 사라질 위험에 처한 돈을 나라 안에 묶어두기 위해서 취한 온갖 조치는 전적으로 이 과세 능력을 키우려는 목적에서 나온 것이었다.

중상주의 프로그램에서 두 번째로 중요한 것은 중상주의 체제의 특징인 권력 추구 정책과 분명히 연결되는데, 그것은 인구 증가의 가능성을 최대한 키우는 것이다. 늘어난 인구를 부양하기 위한 노력은 외부 시장을 최대한 많이 확보하는 것으로 나타났다. 시장을 확보하는 노력은 특별히 국내 노동을 최대한으로 투입할 산물들에, 따라서 원료보다는 마무리된 제조품에 적용되었다. 마지막으로, 무역은 최대한 그 나라의 상인들에 의해 수행되어야 했다. 무역에 따른 소득이 모두 과세 대상이 되도록 하기 위해서였다. 이론의 측면에서 보면, 중상주의는 수입품의 가치가 수출품의 가치를 초월하는 나라는 가난해지게 되어 있다고 가르치는 무역 수지 원칙에 의해 뒷받침되었다. 이 이론은 가장 먼저 16세기 영국에서 발달했다.

영국은 분명히 중상주의의 고향이다. 영국에서 중산주의적인 원칙이 최초로 적용된 흔적은 1381년에 발견된다. 허약한 왕 리처드(Richard) 2세의 통치 아래에서 화폐 경색이 일어났으며, 의회는 조사 위원회를 임명했다. 이 위원회는 무역 수지 개념을 처음으로 본격적으로 다뤘다. 이 위원회는 당분간 수입 금지와 수출 촉진을 포함한 비상조치만을 시행했으나 영국의 정책에 진정으로 중상주의적인 성격을 부여하지는 않았다.

진정한 전환점은 일반적으로 1440년으로 여겨진다. 그때 각종 남용을 바로잡기 위해 통과된 수많은 고용 법령 중 하나에, 두 가지 주장이 담겨 있었다. 이 주장들은 그 전에도 적용되었던 적이 있으나, 그땐 부차적으로만 적용되었을 뿐이다. 첫 번째 주장은 영국으로 물건을 갖고 온 외국 상인들은 영국에서 받은 모든 돈을 영국 제품으로 바꿔야 한다는 것이었다. 두 번째 주장은 외국에서 장사를 한 영국 상인들은 적어도 그 거래의 일부를 현금으로 영국으로 갖고 와야 한다는 것이었다. 이 두 가지 주장을 바탕으로, 중상주의의 전체 체계가 1651년에 외국 해운업을 배제시키는 항해법이 마련될 때까지 점진적으로 발달했다.

국가와 자본가의 이익 사이의 동맹이라는 측면에서 말하는 중상주의는 두 가지 양상으로 나타났다. 한 가지 양상은 계급 독점이었으며, 이 양상은 스튜어트 왕가의 정책과 성공회 교회의 정책, 특히 훗날 참수당한 윌리엄 로드(William Laud) 주교의 정책에서 전형적인 형태를 보인다. 이 체제는 기독교 사회주의자의 의미에서 전체 인구를 어떤 계급 조직으로 생각하고 있었다. 말하자면, 기독교의 사랑을 바탕으로 사회적 관계를 확립할 목적으로 계급의 안정화를 꾀했다는 뜻이다. 모든 가난한 사람을 게으름뱅이나 죄인으로 보았던 청교도주의와는 정반대로, 이 체제가 가난한 사람들을 대하는 태도는 우호적이었다.

실제로, 스튜어트가의 중상주의는 주로 재정적인 노선을 추구했으며, 새로운 산업들은 오직 왕실의 독점적 이권을 근거로 해서만 수입이 허용되었으며, 그 산업들은 영원히 재정적 착취를 염두에 두고 있던 왕의 통제 아래에 놓이게 되어 있었다.

프랑스의 장 바티스트 콜베르의 정책도 똑같지는 않아도 중상주의와 비슷했다. 콜베르는 독점을 통해서 산업들을 인위적으로 촉진시키는 것을 목표로 잡았다. 이런 관점을 콜베르는 위그노들과 공유했으며, 그는 위그노에 대한 박해를 불쾌하게 여겼다. 영국에서 왕실과 성공회 교회의 정책은 '장기 의회'(Long Parliament)[129]

---

129 영국의 찰스 1세가 1640년에 소집한 의회이다. 올리버 크롬웰의 시기에 잠시 해산되었으나 다시 소집되어 1660년까지 지속되었다

아래에서 청교도들에 의해 깨어졌다. 청교도들과 왕의 투쟁은 일부는 외국인들에게, 일부는 알랑쇠들에게 허용된 독점을 놓고 "독점 타도!"라는 청교도의 구호 아래에서 수십 년 동안 이어졌다. 한편, 식민지들은 왕의 총애를 받는 신하들의 수중에 들어 가 있었다.

그 사이에 성장한 소규모 기업가 계급은 왕의 독점 정책에 반기를 들고 나왔다. 소규모 기업가들은 길드 밖에서 성장한 사람도 있었지만 길드 안에서 성장한 사람들이 특히 많았다. '장기 의회'는 독점을 누리던 사람들로부터 참정권을 박탈해 버렸다. 영국 사람들의 경제적인 정신이 신탁과 독점에 특별히 반대한다는 사실은 청교도의 투쟁에서 잘 드러나고 있다.

두 번째 형태의 중상주의는 국가적 중상주의라고 불릴 수 있다. 이 중상주의는 독점을 통해서 산업들을 설립하려고 시도하는 행태와는 정반대로, 실제로 존재하고 있는 산업들을 보호하려는 노력으로 국한된다. 중상주의에 의해 창조된 산업들 중에서 중상주의 시대 이후까지 생존한 것은 거의 없다. 스튜어트가의 경제적 창조물들은 유럽 대륙 서쪽의 국가들과 그 뒤의 러시아의 경제적 창조물들과 함께 사라졌다.

그렇다면 자본주의의 발달은 국가적 중상주의의 산물이 아니라고 할 수 있다. 오히려 자본주의는 처음에 영국에서 재정적 독점 정책과 나란히 발달했다. 사건의 경로는 이런 식이었다. 스튜어트가의 재정 독점 정책이 붕괴한 뒤, 정치적 행정과 관계없이 독립적으로 발달했던 기업가 계층이 18세기에 영국 의회의 체계적인 지원을 확보했다. 여기서 처음으로 불합리한 자본주의와 합리적인 자본주의가, 말하자면 재정 및 식민지 특권과 정부 독점 분야의 자본주의와 판매 가능한 서비스를 바탕으로 한 사업적 관심에 의해 발달하는 시장 기회를 추구하려는 자본주의가 정면으로 충돌을 일으키고 있다.

두 가지 유형이 충돌을 일으킨 지점은 바로 뱅크 오브 잉글랜드였다. 뱅크 오브 잉글랜드는 스코틀랜드 사람으로서 스튜어트가의 독점 허가 정책에 의해 생겨난 자본주의 모험가 윌리엄 패터슨(William Paterson)에 의해 설립되었다. 그러나 그 은행에는 청교도 사업가들도 소속되어 있었다. 이 은행이 투기적인 자본주의 쪽으로 향하다 마지막에 방향을 튼 것은 사우스 시 컴퍼니와의 연결 속에서였다. 이 모험과 별도로, 패터슨과 그의 추종자들이 합리주의적인 유형의 은행 구성원들 사이에서 힘을 잃어가던 과정을 우리는 단계적으로 하나하나 추적할 수 있다. 당시에 합리주의적 유형의 구성원들은 모두가 직접적으로나 간접적으로 청교도와 연결되거나 청교도의 영향을 받은 사람들이었다.

중상주의는 경제사에서도 그와 비슷한 역할을 했다. 영국에서 중상주의는 자유무역이 확립되었을 때 최종적으로 사라졌다. 그것은 산업에 관심이 있었던 청교도 반항자 리처드 콥덴(Richard Cobden)과 존 브라이트(John Bright)와 그들의 동맹이 이룬 성취였으며, 그때 그들은 중상주의적인 지원이 필요하지 않은 위치에 있었다.

30장

자본가 정신의 진화

인구 증가를 서구 자본주의의 발전에 진정으로 중요한 요인에 포함시켜야 한다는 주장은 널리 퍼져 있는 실수다. 이 같은 견해에 반대하면서, 칼 마르크스는 모든 경제 시대엔 나름의 인구 법칙이 있었다고 주장했다. 마르크스의 주장이 일반적인 원칙으로 뒷받침될 수 있는 것은 아니지만, 그의 주장은 현재 상황에서 정당화된다.

서양의 인구 증가는 18세기 초부터 19세기 말까지 가장 빠른 속도를 보였다. 같은 기간에 중국은 적어도 서양과 같은 속도의 증가율을 경험했다. 6,000만 명 내지 7,000만 명에서 4억 명으로 증가했으니 말이다. 어느 정도 불가피한 과장을 인정한다 하더라도, 이 수치는 서양의 인구 증가율과 대충 비슷하다.

이 같은 사실에도 불구하고, 중국에서 자본주의는 후퇴했지 결코 전진하지 못했다. 중국에서 인구 증가는 유럽과 다른 계층에서 일어났다. 인구 증가는 중국을 소농 집단의 본거지로 만들었다. 서양의 프롤레타리아에 해당하는 계층의 증가는 단지 외국 시장이 쿨리들("쿨리"(coolie)는 원래 인도의 표현이며, 어떤 씨족의 이웃 또는 동료 구성원을 의미한다)의 고용을 가능하게 할 정도까지만 일어났다. 작은 인구에서는 자본주의 체제가 필요한 노동력을 확보하지 못했을 것이라는 점에서 본다면, 유럽의 인구 증가는 진정으로 자본주의의 발달에 호의적으로 작용했지만, 인구 증가 자체가 자본주의의 발달을 낳은 것은 절대로 아니다.

좀바르트가 주장하는 것처럼, 귀금속의 유입도 자본주의 등장의 주요 원인으로 여겨질 수 없다. 주어진 상황에서 귀금속의 공급이 증가하면 1530년 이후에 유럽에서 일어난 것과 같은 가격 혁명을 일으킬 수 있는 것은 틀림없는 사실이다. 또 어떤 형태의 노동 조직이 발달 과정에 있다든지 다른 호의적인 조건이 있을 때, 많은 현금이 특정 집단의 수중에 있다는 사실에 의해 자본주의의 발달 과정이 촉진될 수 있는 것도 사실이다.

그러나 인도의 예는 그런 귀금속의 수입만으로는 자본주의를 초래하지 않을 것이라는 점을 증명하고 있다. 로마가 권력을 휘두르던 시기에 인도로 어마어마한 양의 귀금속이 들어왔다. 인도산 제품이 국외로 나간 대가로 매년 2,500만 세스테리우스가 인도로 흘러들었지만, 이 흐름은 상업적 자본주의를 아주 약간만 낳았을 뿐이다. 귀금속의 절대 다수는 현금으로 바뀌어 합리적인 자본주의의 성격을 띤 기업들을 설립하는 데 투입되지 않고 왕들의 금고 속으로 사라져 버렸다. 이 같은 사실은 자본주의는 전적으로 귀금속의 유입으로 생겨나는 노동 제도의 본질에 의존한다는 점을 증명하고 있다.

아메리카에서 금과 은이 발견된 뒤에, 그 금속들이 가장 먼저 흘러들러온 유럽 국가는 스페인이었다. 그러나 스페인에서는 귀금속의 수입에 비례해 자본주의의 발달에 퇴보가 일어났다. 한편에선 반란이 억압되고 스페인 귀족들의 상업적 관심이 파괴되는 현상이 나타났으며, 다른 한편에선 군사적 목적을 위해서 화폐를 동원하는 현상이 나타났다. 따라서 귀금속이라는 강물은 스페인을 거의 건드리지 않고 관통했으며, 오히려 다른 나라들을 비옥하게 만들었다. 그런데 이 나라들은 15세기에 이미 노동관계에 변화를 겪었으며, 그 변화가 자본주의에 호의적으로 작용했다.

따라서 인구 증가도, 귀금속의 수입도 서구 자본주의를 초래하지 않았다. 자본주의의 발달을 위한 외적 조건은 오히려 첫째로 성격상 지리적이었다. 중국과 인도에서, 그 지역의 내륙 통상과 연결된 엄청난 운송비는 자연히 무역을 통해 이익을 챙기고 무역 자본을 자본주의적 체제를 구축하는 데 쓸 수 있는 위치에 있었던 계급들에게 심각한 장애 요소가 되었다. 반면에 서양에서 내해의 역할을 하는 지중해의 위치와 강을 통한 촘촘한 연결은 반대로 국제 무역의 발달에 호의적으로 작용했다. 그러나 이 요소를 과대하게 평가해서는 안 된다. 고대의 문명은 틀림없이 해안에서 발달했다. 태풍이 있는 중국의 바다와 반대로, 서양의 해안 지역은 (지중해의 성격 덕분에) 통상에 아주 유리했지만, 그럼에도 고대에는 어떤 자본주의도 생겨나지 않았다. 현대에도 자본주의의 발달은 제노바나 베네치아보다 피렌체에서 훨씬 더 치열하게 일어났다. 서양의 자본주의는 내륙의 산업 도시들에서 탄생했으며 해상 무역의 중심지였던 도시에서 탄생하지 않았다.

군사적 필요도 자본주의의 발달에 유리했지만, 그럼에도 군사적 필요 자체 때문이 아니라 서양 군대들이 필요로 하는 것들의 특별한 성격 때문이었다. 사치품에 대한 수요도 마찬가지로 자본주의 발달에 유리하게 작용했다. 그러나 이 부분에서도 다시 사치품 자체가 중요했던 것은 아니라는 점이 강조되어야 한다. 많은 경우에 사치품에 대한 수요는 오히려 불합리한 형식들의 발달을 낳았다. 프랑스에 소규모 공방들이 많이 생기고, 독일에서 많은 군주들의 궁정과 관련 있는 노동자들이 강제적으로 정착한 현상 등이 그런 예이다. 최종적으로, 자본주의를 낳은 요소는 영속적으로 이뤄지는 합리적인 사업과 합리적인 회계, 합리적인 기술과 합리적인 법이지만, 이런 것들만으로 가능했던 것은 아니라는 점을 다시 강조해야 한다. 자본주의 발달에 필요했던 보완적인 요소들은 합리적인 정신과 행동 양식 전반의 합리화, 합리적인 경제 윤리 등이다.

모든 윤리와 경제적 관계들의 출발 지점에 전통주의가 자리 잡고 있다. 전통을 신성하게 여기고, 조상들로부터 내려오는 통상과 산업에 전적으로 의존하는 것이 모든 경제적 관계의 바탕이라는 뜻이다. 이 전통주의는 지금까지도 살아남았다. 그래서 계약에 따라 일정한 크기의 땅을 일구던 실레시아의 농촌 노동자가 노력을 더 많이 펴도록 하기 위해 그의 임금을 배로 올리는 것은 소용없는 일이었다. 그런 경우에 그 노동자는 단순히 일을 반으로 줄이는 경향을 보일 것이다. 왜냐하면 일을 반만 해도 예전에 벌던 만큼 벌 수 있을 것이기 때문이다. 이처럼 익숙한 길을 벗어나지 않으려 드는 경향이나 벗어나지 못하는 무능력이 전통을 고수하는 동기로 작용하고 있다.

그러나 원시적인 전통주의는 두 가지 상황을 거치면서 근본적으로 강화되었을 수 있다. 먼저, 물질적인 이해관계가 전통의 유지와 연결되어 있을 수 있다. 예를 들어, 중국에서 일부 도로를 바꾸거나 보다 합리적인 운송 수단이나 경로를 채택하려고 시도했을 때, 일부 관리들의 부수입이 위협을 받았다. 중세 서양에서도 똑같은 일이 벌어졌고, 현대에 들어와서도 철도가 소개될 때 똑같은 일이 벌어졌다. 관리들과 지주들, 상인들의 그런 특별한 이해관계들이 합리화를 추구하려는 경향에 틀림없이 제한을 가했다. 주술적인 이유를 근거로 무역을 정형화하려는 태도는 지금도 여전히 강하다. 초자연적인 악마들을 무서워하면서 기존의 행동 방식에 변화를 주는 일을 깊이 혐오하고 있는 것이다. 일반적으로 이 같은 반대의 뒤에는 경제적 특권의 상실이 숨어 있지만, 그 반대가 효과를 발휘할 수 있는 것은 사람들이 무서운 마법적 과정의 효력에 대해 일반적으로 품고 있는 믿음 때문이다.

전통의 방해는 경제적 충동만으로는 극복되지 않는다. 서양의 합리적인 자본주의 시대는 다른 시대에 비해 경제적 관심이 더 큰 것이 특징이라는 인식은 유치하다. 왜냐하면 현대 자본주의를 주도하고 있는 사람들이 예를 들어서 동양의 무역업자들보다 더 강한 경제적 충동을 갖고 있는 것은 아니기 때문이다. 속박되지 않은 경제적 관심 자체는 단지 비합리적인 결과만을 낳았을 뿐이다. 그런 경제적 관심을 가장 강력히 구현한 사람으로 꼽히는 에르난 코르테스(Hernán Cortés)와 프란시스코 피사로(Francisco Pizarro) 같은 사람들은 합리적인 경제생활이라는 생각과는 거리가 아주 멀었다. 만약에 경제적 충동 자체가 보편적인 것이라면, 어떤 관계들 속에서 경제적 충동이 자본주의적인 사업의 성격을 지닌 합리적인 제도를 낳도록 합리적인 방향으로 길들여질 수 있는가, 하는 질문이 아주 중요해진다.

원래, 이익의 추구를 보는 두 가지 상반된 태도는 서로 짝을 이룬 상태에서 함께 존재한다. 내적으로, 전통에 대한 집착이 있고, 부족과 씨족, 하우스 공동체의 동료들과의 친밀한 관계에 대한 집착이 있다. 또 종교적 끈으로 서로 연결된 사람들의 집단 안에서는 무제한적으로 이익을 추구하려는 태도가 배제된다. 외적으로는, 경제적 관계에서 이익을 추구하려는 정신이 무제한적으로 작용한다. 이런 경우에 모든 외국인은 원래 적(敵)이며, 그들과의 사이에는 어떤 윤리적 제한도 적용되지 않는다. 말하자면, 내적 관계와 외적 관계의 윤리는 뚜렷이 구분된다.

그런 태도가 발달하는 과정에 인습적인 형제애에 타산적인 생각이 개입하게 되고, 그러면 옛날의 종교적 관계는 힘을 잃게 된다. 가족 공동체 안에 책임이 확립되고 따라서 경제적 관계가 더 이상 엄격히 공산주의적이지 않게 될 때, 순진한 신앙심은 종말을 맞고 동시에 신앙심이 경제적 충동을 억압하던 효과도 사라진다.

발달의 이런 측면은 특히 서양에서 두드러진다. 그와 동시에, 경제 원칙을 내부 경제에 적용함으로써 무제한적으로 이익을 추구하려는 유혹도 생겨난다. 그 결과가 바로 경제적 충동이 한계 안에서 작용하는 가운데 이뤄지는 절제된 경제생활이다.

세부적으로 보면, 발달의 경로는 다양했다. 인도에서 이익을 추구하는 행위에 대한 제한은 오직 가장 높은 2개의 계급, 즉 브라만과 라지푸트[130]에만 적용된다. 이 계급들에 속하는 사람은 일부 직업을 갖는 것이 금지된다. 브라만 계급에 속하는 사람은 브라만 계급만이 깨끗한 손을 가진 것으로 여겨지기 때문에 음식점을 운영할 수 있다. 그러나 그 사람은 라지푸트와 마찬가지로 이자를 노려 돈을 빌려준다면 그 계급으로 여겨지지 않을 것이다. 그러나 돈을 빌려주는 일은 상인 카스트들에게는 허용되며, 인도의 대금업에서 세계 어느 곳과도 비교되지 않을 정도로 심한 파렴치가 확인된다. 마지막으로, 고대는 이자에 오직 법률적인 제한만을 두었으며, '매수자 위험 부담'(caveat emptor) 원칙이 로마의 경제 윤리를 특징

130 라지푸트는 '왕자'란 뜻이며, 5세기경 서부 인도에 이주한 중앙아시아계의 민족이나 유력한 토착민이 자신이 크샤트리아 계급 출신이라는 점을 자랑하기 위해 스스로 이런 이름으로 불렀다.

적으로 말해준다. 그럼에도 불구하고, 로마에선 현대적인 자본주의가 절대로 발달하지 않았다.

　최종적 결과는 현대 자본주의의 기원들을, 원칙적으로 자본주의에 적대적인 태도를 매우 강하게 보였던 어떤 이론이 지배했던 지역에서 찾아야 한다는 특이한 사실이다. 이 이론은 동양과 고대 그리스 로마의 이론과 뚜렷이 구분되었다. 고전적인 경제적 도덕성의 정신은 옛날의 원시적인 아리우스주의[131]에서 차용한, 상인에 대한 다음과 같은 판단에 요약되어 있다. '상인은 하느님을 기쁘게 하지 못한다.' 상인은 죄를 짓지 않고 처신을 잘 할지라도 신에게 만족스런 존재가 되지 못한다는 말이다. 이 진술은 15세기까지 유효했으며, 이 진술을 변화시키려는 최초의 시도는 피렌체에서 경제적 관계의 변화라는 압박 하에서 서서히 성숙했다.

　가톨릭교회의 윤리와 루터 교회가 모든 자본주의적 경향에 기본적으로 반감을 품는 것은 자본주의 경제 안에서 일어나는 관계들의 비인간성에 대한 불만에 바탕을 두고 있다. 일부 인간의 일들을 교회와 교회의 영향력 밖에 놓는 것도 바로 이런 비인간적인 관계이며, 또 교회가 인간의 일들에 관여하면서 그것들을 윤리적으로 바꾸려는 노력을 벌이지 못하게 막는 것도 그런 비인간적인 관계이다. 주인과 노예의 관계는 즉시 윤리적인 규제의 대상이 될 수 있지만, 담보를 받고 돈을 빌려주는 채권자와 담보로 제시된 재산의

131　이집트 알렉산드리아 출신의 기독교 성직자였던 아리우스(Arius)가 성부와 성자의 관계에 대해 제시했던 교리를 말한다. 아리우스는 신(新)플라톤주의의 영향을 받아 합리성을 바탕으로 삼위일체를 설명하려 노력했다.

관계나 배서인과 환어음의 관계를 도덕적으로 고찰하는 것은 불가능하지는 않다 하더라도 지극히 어려울 것이다. 교회가 최종적으로 그런 역할을 떠안은 결과, 중세의 경제적 윤리가 값을 깎거나 가격을 높이 책정하거나 무제한적으로 경쟁하는 행위를 배제하고, 적정한 가격의 원칙과 모든 사람에게 살아갈 기회를 보장한다는 원칙에 바탕을 두게 되었다.

좀바르트가 주장하는 바와 달리, 이런 아이이어들의 고리를 유대인들이 깨뜨렸다고 볼 수 없다. 중세 동안에 유대인들의 지위는 사회학적으로 보면 카스트들을 제외하고는 자유로운 세계에 살고 있는 인도의 어느 카스트의 지위와 비교할 만하다. 유대인들은 버림받은 민족이었다. 그러나 거기엔 차이가 있다. 인도의 카스트 제도는 인도 종교의 약속에 따라 영원히 유효하다는 점이다. 개인은 시간이 흐르는 동안에 윤회의 과정을 거치며 천국에 닿을 수 있고, 그 시간은 그 사람의 공적에 좌우되지만, 이것은 오직 카스트 제도 안에서만 가능하다. 카스트 조직은 영원하고, 그것을 버리려 시도한 사람은 저주를 받고 지옥에서 개의 창자를 통과하는 벌을 받을 것이다.

이와 반대로, 유대인의 약속은 미래의 세계에서는 현재의 세계와 달리 계급 관계가 거꾸로 될 것이라고 암시한다. 현재의 세계에서 유대인들은 '제2의 이사야서'(Deutero Isaiah)[132]가 강조하듯이 조상들의 죄에 대한 처벌로, 아니면 나사렛의 예수의 임무의 전제

132 '구약성경'의 '이사야서' 중 40장부터 55장까지를 일컫는다.

인 세상 구원에 대한 처벌로 버림받은 민족으로 낙인 찍혔다. 그들은 어떤 사회적 혁명에 의해서 그런 입장으로부터 풀려나게 되어 있다. 중세에 유대인들은 정치적 사회 밖에 놓여 있는 떠돌이 민족이었으며, 그들은 도시의 시민 집단으로 받아들여질 수 없었다. 이유는 그들이 성찬에 참여할 수 없었고, 따라서 자치 도시에 속할 수 없었기 때문이다.

유대인들이 유일한 떠돌이 민족은 아니었다. 그들 외에도, 예를 들면, 코르시니도 유대인들과 비슷한 처지였다. 코르시니들은 돈을 취급한 기독교 상인들이었으며, 따라서 그들은 유대인처럼 군주의 보호를 받았고 돈을 지급한 데 대한 대가로 금전을 취급하는 특권을 누렸다.

유대인들이 기독교 떠돌이 민족과 뚜렷이 달랐던 점은 그들이 기독교인들의 공동체에 들어가거나 기독교인들과 결혼을 할 수 없었다는 점이다. 원래 기독교인들은 유대인의 환대를 받는 것을 주저하지 않았다. 이와 대조적으로, 유대인들은 주인이 음식에 관한 자신들의 의례를 지키지 않을 수 있다는 점을 우려해 기독교인의 환대를 달가워하지 않았다.

중세에 처음으로 반유대주의가 터져 나왔을 때, 기독교 신자들은 교회 회의로부터 신분에 어울리지 않게 처신하는 일이 없도록 하라는, 말하자면 기독교인의 환대를 경멸했던 유대인들로부터 대접을 받지 않도록 하라는 경고를 들었다. 유대인과 기독교인의 결혼은 엄격히 불가능했으며, 그 금지는 '에즈라-느헤미아서'까지 거슬러 올라간다.

유대인이 버림받은 처지였다는 점을 뒷받침하는 또 다른 근거는 유대인 장인(匠人)들이 존재했다는 사실에서 나왔다. 시리아에는 심지어 유대인 기사 계급도 있었다. 그래도 유대인 농민은 극히 드물었다. 왜냐하면 농사를 짓는 일이 의례의 요구 사항을 충족시키기가 어려웠기 때문이다.

유대인의 경제생활이 돈을 다루는 일로 집중되도록 만든 것은 의례에 대한 고려였다. 유대인의 신앙심은 법률에 대한 지식을 높이 평가했으며, 지속적인 공부는 다른 직업보다 돈을 취급하는 일과 더 쉽게 연결되었다. 게다가, 교회가 고리 대금을 금지하고 돈 거래를 비난했음에도 그런 거래는 불가피했고, 유대인들은 교회법의 적용을 받지 않았다.

마지막으로, 유대인은 원래 보편적인 현상인, 내적인 도덕적 태도와 외적인 도덕적 태도의 이중성을 그대로 유지했으며, 이 이중성을 채택하는 경우에 형제애 집단이나 확립된 단체에 속하지 않는 외국인들로부터 이자를 받는 것이 허용될 수 있다. 이런 이중성으로부터 다른 불합리한 경제적 문제들에 대한 허가가 나왔다. 특히 세금 징수 도급과 온갖 종류의 정치적 금융도 가능했다.

여러 세기가 흐르는 동안에 유대인들은 이런 일들에서 특별한 기술을 획득했으며, 그 기술이 그들을 쓸모 있고 필요한 존재로 만들었다. 그러나 이 모든 것은 천민 자본주의였으며, 서양에서 기원한 것과 같은 합리적인 자본주의는 절대로 아니었다. 따라서 현대적인 경제 상황의 창조자들, 즉 큰 기업가들 사이에 유대인은 거의 발견되지 않게 되었다.

큰 기업가 유형은 기독교 신자였고, 오직 기독교의 영역에서만 생겨날 수 있었다. 반대로, 유대인 제조업자는 현대적인 현상이다. 다른 이유가 전혀 없었다 하더라도, 유대인들은 공예 조직 밖에 있었기 때문에 합리적인 자본주의의 확립에 역할을 하는 것이 불가능했다. 그러나 폴란드처럼, 유대인들이 많은 수의 프롤레타리아 계급을 지배할 수 있어서 기업가의 정신에서 가내 공업을 조직할 수 있었던 곳에서도 아마 유대인들은 스스로 그렇게 하지 못했을 것이다. 어쨌든, 유대인의 진짜 윤리는 '탈무드'가 보여주는 바와 같이 특별한 전통주의이다. 경건한 유대인이 혁신 앞에서 느끼는 공포는 주술에 대한 확고한 믿음에서 확립된 제도를 가진 원시적인 민족에 속하는 사람이 혁신에 대해 느끼는 공포만큼이나 크다.

그럼에도 불구하고, 유대교는 기독교가 주술에 대해 적대감을 품도록 했다는 점에서 현대의 합리적인 자본주의에 큰 중요성을 지녔다. 유대교와 기독교, 두세 개의 동양의 종교(그 중 하나는 일본에 있다)를 제외한다면, 주술에 노골적으로 적대감을 나타내는 종교는 전혀 없다. 아마 이 적대감은 이스라엘 사람들이 가나안에서 발견한 것이 농업 신 바알의 주술이었다는 상황 때문에 생겨났을 것이다. 한편, 야훼는 화산과 지진, 전염병의 신이었다.

두 성직자단 사이의 적대감과 야훼의 성직자들의 승리가 바알의 성직자들의 생산력 주술을 무시하며 그것이 퇴폐와 사악한 성격을 지녔다고 비판했다. 유대교가 기독교를 가능하게 만들고 기독교에 기본적으로 주술로부터 자유로운 그런 종교의 성격을 부여했기 때문에, 경제의 역사라는 관점에서 보면 유대교는 중요한 역할을 했다. 왜냐하면 기독교가 지배하던 영역 밖에서 주술이 우세했다는 사실이 그 지역의 경제생활의 합리화에 최대 장애로 작용했기 때문이다.

주술은 기술과 경제적 관계의 정형화를 수반한다. 중국에서 철도와 공장을 건설하려는 시도가 일어났을 때, 흙점(占)을 전문으로 하는 집단과의 갈등이 따랐다. 그들은 정령들의 평화를 깨뜨리지 않기 위해서 산과 숲, 강, 묘지 등 건설이 이뤄질 장소에서 특별한 의식을 치러야 한다고 주장했다.

인도에서 카스트들과 자본주의의 관계도 이와 비슷하다. 인도인이 채택하는 새로운 기술적 과정은 무엇이든 그 사람에게는 무엇보다 먼저 자신의 카스트를 벗어나 반드시 더 낮은 다른 카스트로 추락한다는 것을 의미한다. 그 사람이 영혼의 윤회를 믿고 있기 때문에, 그것은 그가 정화(淨化)를 이룰 가능성이 또 다른 탄생이 이뤄질 때까지 연기된다는 것을 의미한다. 인도인은 그 같은 변화에 좀처럼 동의하지 못할 것이다. 또 다른 사실은 모든 카스트가 다른 카스트를 불결한 것으로 여긴다는 점이다. 따라서 서로로부터 물그릇조차 받으려 하지 않는 노동자들을 같은 공장 건물 안에 고용하지 못한다. 영국이 거의 한 세기 동안 그 나라를 지배한 지금까지도 이 장애는 극복하지 못했다. 분명히 말하지만, 주술적인 믿음에 의해 손발이 완전히 묶인 경제적 집단 안에서 자본주의는 절대로 발달하지 못한다.

주술의 힘을 깨뜨리고 합리적인 행동 방식을 확립할 수 있는 한 가지 수단은 언제나 존재했다. 그 수단은 바로 대단히 합리적인 예언이다. 모든 예언이 주술의 힘을 파괴하는 것은 결코 아니다. 그러나 기적 등으로 자격을 갖춘 예언가가 전통 종교적인 원칙들을 깨뜨리는 것은 가능하다. 예언은 세상을 주술로부터 풀려나도록 했으며, 그렇게 하면서 예언은 현재의 과학과 기술을 위한 토대를, 그리고 자본주의를 위한 토대를 창조했다.

중국에 그런 예언은 언제나 결여되어 있었다. 중국에 있었던 예언은 노자와 도교의 경우처럼 밖에서 왔다. 그러나 인도는 구원의 종교를 낳았으며, 중국과 달리, 인도는 중요한 예언적 사명들을 알았다. 그러나 인도의 예언들은 몸소 실천을 통한 예언이었다. 말하자면 부처 같은 대표적인 힌두 예언가는 세상 사람들이 보는 앞에서 해방으로 이끌 그런 삶을 살지만, 자기 자신을 신이 세상을 이끌도록 보낸 존재로 여기지 않는다. 인도의 예언가는 자유롭게 선택한 하나의 목표로서 구원을 원하는 사람은 누구나 삶을 영위해야 한다는 입장을 취한다. 그러나 누구든 구원을 거부할 수 있다. 죽으면서 열반에 드는 것이 모든 사람의 운명은 아니니까. 오직 대단히 엄밀한 의미에서 말하는 철학자들만이 이 세상에 대한 증오로 금욕을 실천하기로 결정하고 삶으로부터 철수할 준비가 되어 있다.

그 결과, 힌두교의 예언은 지식인 계층에 즉시 중요성을 지녔다.

그런 예언에 영향을 받은 지식인들은 산 속으로 들어가서 살거나 가난한 승려가 되었다. 그러나 대중에게는 부처가 불교 종파를 창설했다는 것은 꽤 다른 의미를 지녔다. 말하자면, 성인(聖人)들에게 기도할 기회로 여겨졌던 것이다. 기적을 행하는 것으로 믿어지는 신성한 사람들이 있었다. 이런 사람들에겐 영양(榮養)이 충분히 공급해 주어야 했다. 그래야만 그들이 보다 나은 윤회를 보장하거나 부(富)와 긴 수명, 말하자면, 이 세상의 좋은 것들을 허용하는 것으로 그런 선한 행동에 보답할 것이기 때문이다. 따라서 순수한 형태의 불교는 소수의 승려 계층에만 국한되었다. 평신도는 삶을 사는 기준으로 삼을 만한 윤리적 가르침을 전혀 발견하지 못했다.

불교도 나름으로 십계명 같은 것을 갖고 있었지만, 유대인들의 십계명과 달리 불교의 계율은 구속력을 갖고 있지 않고 단지 권고 사항에 지나지 않는다. 가장 중요한 봉사 행위는 승려들을 육체적으로 잘 지키는 것이었으며, 지금도 마찬가지이다. 그런 종교적 정신은 주술을 대체할 수 있는 위치에 있지 않다.

인도의 금욕적인 구원의 종교와 그것이 대중에게 미치는, 결함 있는 영향력과는 아주 달리, 유대교와 기독교는 처음부터 대중의 종교였으며 그 이후로 줄곧 의도적으로 그런 종교로 남았다. 고대의 교회가 영지주의와 벌였던 투쟁은 금욕적인 종교에 흔한 지식인들의 귀족주의에 맞서는 투쟁에 지나지 않았다. 목적은 지식인들이 교회에서 지도자의 지위에 서는 것을 막는 것이었다. 이 투쟁은 대중 사이에 기독교가 성공을 거두는 데 결정적으로 중요했으며, 따라서 일반 사람들 사이에 주술을 최대한 억압하는 결과가 나타났다. 정말로, 주술을 완전히 극복하는 것은 오늘날까지도 가능하지 않았지만, 주술은 신성하지 않고 악마적인 성격을 지니는 것으로 여겨지게 되었다.

주술과 관련한 이런 발달의 씨앗은 고대 유대인의 윤리에서 발견되는데, 고대 유대인의 윤리는 우리가 이집트인들의 예언서와 격언 등에서 만나는 그런 관점에 많은 관심을 두고 있었다. 그러나 죽은 사람의 심장 부위에 스카라베(scarab)[133]를 놓음으로써 사자(死者)가 지은 죄를 성공적으로 숨기고, 사자의 심판자를 속이고 낙원으로 들어가도록 할 때, 이집트 윤리 중에서 가장 중요한 도덕률은 아무 소용이 없었다. 유대인의 윤리는 그런 복잡한 장치를 전혀 모르고 있으며, 기독교도 그런 것을 거의 모르고 있다. 기독교는 성체 성사에서 주술을 성사의 한 형태로 승화시켰지만, 기독교는 추종자들에게 이집트 종교에 포함된 것과 같은, 최종 심판을 피할 수 있는 수단을 전혀 주지 않았다. 종교가 삶에 미치는 영향을 연구하길 원하는 사람이 있다면, 그 사람은 종교의 공식적 가르침과 이런 종류의 실제적 절차를 구분해야 한다. 실제로 보면, 종교는 아마 자체의 의지에 반하게도 이 실제적 절차를 현세를 강조하거나 내세를 강조하는 방향으로 끌고 갈 것이다.

전문가들의 종교(virtuoso religion)와 대중의 종교를 구분하는 것도 필요하다. 전문가들의 종교는 일상의 삶에 오직 하나의 모범으

---

133 고대 이집트인이 사용한 왕쇠똥구리 모양의 부적을 말한다.

로서만 의미를 지닌다. 그런 종교의 요구 사항은 대단히 높지만, 그 요구는 일상의 윤리를 결정하지 못한다. 둘 사이의 관계는 종교에 따라 다 다르다. 가톨릭에서는 종교적 전문가들에게 요구되는 사항들이 '복음적 권고'(consilia evangelica)로서 평신도들의 의무들과 함께 지켜지는 한, 두 가지가 조화롭게 결합한다. 진정으로 완전한 기독교인은 수도사이다. 그러나 수도사의 미덕들 중 일부가 이상(理想)으로 제시되고 있을지라도, 그의 삶의 유형이 모든 사람에게 요구되지는 않는다. 이처럼 두 가지가 결합하는 데 따르는 이점은 윤리가 불교에서처럼 갈가리 찢어지지 않았다는 점이다. 어쨌든, 수도승의 윤리와 대중의 윤리를 구분한 것은 종교적 의미에서 가장 가치 있는 개인들이 세상으로부터 뒤로 물러나서 별도의 공동체를 확립했다는 것을 의미한다.

이런 현상을 보이고 있는 종교가 기독교만은 아니다. 금욕주의의 강력한 영향에 의해서 확인되는 바와 같이, 그 현상은 종교들의 역사에 자주 나타난다. 금욕주의는 명확하고 조직적인 삶의 방식을 실천하는 것을 의미한다. 금욕주의는 언제나 그런 뜻으로 받아들여졌다. 그런 식으로 금욕적으로 결정된 삶의 방식이 이룩할 수 있는 엄청난 성취는 티베트의 예가 잘 보여주고 있다. 티베트는 영원한 사막이 되도록 자연의 저주를 받은 것 같지만, 독신자 금욕주의자들의 공동체는 라사에 거대한 건축물을 지었으며, 그 나라를 불교의 종교적 교리로 흠뻑 적셨다.

이와 비슷한 현상은 중세의 서양에도 있었다. 그 시대에 수도사는 합리적으로 살면서, 합리적인 수단을 갖고 어떤 목표, 즉 미래의 삶을 위해 조직적으로 일했던 최초의 인간 존재이다. 시계는 오직 수도사만을 위해서 종을 쳤고, 하루의 시간들은 오직 수도사만을 위해서 쪼개졌다. 당연히 기도를 위해서였다.

수도원 공동체의 경제생활도 합리적이었다. 수도사들은 중세 초기에 공무원들을 부분적으로 공급했다. 서임권 투쟁이 벌어지면서 베네치아의 총독들이 교회 관계자들을 해외 사업에 고용할 기회를 잃게 되자, 총독들의 권력이 붕괴하고 말았다.

그러나 합리적인 삶의 유형은 수도원 안에만 한정되었다. 프란치스코회 운동은 정말로 수도회의 제3회원(비성직자)이라는 제도를 통해서 그런 삶의 유형을 평신도에게까지 확대하려고 시도했지만, 고백 제도가 그런 확장에 장애로 작용했다. 교회는 고백과 참회라는 제도를 통해서 중세 유럽을 순화시켰지만, 중세 사람들에게는 고백을 통해 자신의 속을 털어놓는 것이 곧 교회의 가르침 때문에 생겨난 죄의식으로부터 풀려난다는 것을 의미했다. 따라서 조직적인 삶의 방식의 통일성과 힘이 사실상 깨어지고 말았다.

교회는 인간의 본성을 파악하면서 각 개인이 배타적이고 통일적인 하나의 윤리적인 인격체라는 사실을 고려하지 않았으며, 그러면서 교회는 개인이 고백실과 참회의 강력한 경고에도 불구하고 도덕적으로 다시 타락할 것이라는 관점을 고수했다. 말하자면, 교회는 정의로운 것과 정의롭지 않은 것에 똑같이 은총을 베풀었다는 뜻이다.

종교개혁이 이 시스템을 결정적으로 깨뜨렸다. 루터의 개혁에 의해 '복음적 권고'가 폐지되었다는 사실은 보편적으로 구속력을 발휘하는 도덕과 전문가들에게 특별히 이로운 규정 사이의 구분, 즉 이중적인 윤리가 사라졌다는 것을 의미했다. 내세를 위한 금욕주의가 종지부를 찍게 되었다. 예전에 수도원으로 갔던 신앙심 깊었던 사람들은 이제 세상의 삶 속에서 자신의 종교를 실천해야 했다. 세상 속의 금욕주의를 위해서, 프로테스탄티즘의 금욕적인 교리가 적절한 윤리를 창조했다. 독신은 요구되지 않았으며, 결혼은 단순히 아이들을 합리적으로 키우기 위한 제도로 여겨졌다. 가난도 요구되지 않았으나, 부를 추구한다고 해서 사람이 무분별하게 즐기는 쪽으로 길을 잃어서는 안 되었다. 따라서 종교개혁의 정신을 다음과 같이 요약한 제바스티안 프랑크(Sebastian Franck)의 분석은 정확했다. "당신은 자신이 수도원에서 도망쳐나왔다고 생각하지만, 이제 모든 사람이 평생 동안 수도사가 되어야 한다."

금욕적인 이상에 일어난 이런 변화의 광범위한 의미는 프로테스탄트의 금욕적인 독실함이라는 전통적인 영역에서 지금까지도 추구되고 있다. 그 의미는 미국에서 종파들을 받아들이는 행태에서 특별히 뚜렷하게 드러난다. 국가와 교회가 분리되어 있을지라도, 15년 내지 20년 전까지도 은행가나 의사는 어디에 거주지를 잡든 꼭 어떤 종교 공동체에 속하는가 하는 질문을 반드시 받았다. 그 사람의 미래 전망은 그가 이 질문 앞에 내놓는 대답의 성격에 따라 좋아지거나 나빠졌다. 그 사람이 어느 종파에 받아들여질 것인지 여부는 그 사람의 윤리적인 행동에 관한 엄격한 조사를 바탕으로 결정되었다.

유대인과 달리 내적 도덕규범과 외적 도덕규범의 구분을 인정하지 않는 종파의 회원이라는 사실은 그 사람의 사업적 도의심과 신뢰성을 보장했으며, 이 도의심과 신뢰성은 다시 그의 성공을 보장했다. 따라서 "정직이 최고의 정책"이라는 원칙이 생겨났고, 또 퀘이커교도와 침례교도, 감리교도들 사이에 경험을 바탕으로 하느님이 자신의 것을 돌본다는 원칙이 끊임없이 재생되었다. "신을 믿지 않는 사람들은 길 하나만 건너도 서로를 믿지 않는다. 그런 사람들도 장사를 하길 원할 때면 우리 쪽으로 눈길을 돌린다. 신앙심이 부(富)에 이르는 가장 확실한 길인 것이다." 이것은 절대로 "위선적인 말"이 아니며, 신앙심과 원래 신앙심이 알지도 못했고 의도하지도 않은 결과를 결합시키고 있는 표현이다.

신앙심으로 돌려지는 부의 획득이 모든 측면에서 어떤 딜레마를 낳는 것은 사실이다. 그 딜레마는 중세의 수도원들이 끊임없이 빠졌던 딜레마와 비슷하다. 종교적 길드인 중세의 수도원들은 부(富)를 일으켰고, 이 부는 타락으로 이어졌으며, 이것이 다시 개조의 필요성을 낳았다. 칼뱅주의는 인간은 신이 자신에게 준 것을 관리하는 존재에 불과하다는 사상을 통해서 이 어려움을 피하려고 노력했다. 칼뱅주의는 즐기는 것을 비난했으면서도 세상으로부터 달아나는 것을 절대로 허용하지 않았으며, 칼뱅주의의 합리적인 규율을 바탕으로 서로 함께 일하는 것을 개인의 종교적 임무로 여겼다.

바로 이 사상 체계에서 "소명"이라는 단어가 나왔다. 그런데 이 단어는 성경을 프로테스탄트 입장에서 번역한 내용에 영향을 받은 언어에만 알려져 있다. 소명은 합리적인 자본주의 원칙에 따라서 수행한 합리적인 활동의 가치를 신이 내린 임무의 성취로 표현하고 있다. 최종적으로, 청교도와 스튜어트가 통치자들 사이에 두드러진 대조의 토대가 바로 여기에 있었다. 양측의 사상은 똑같이 자본주의 쪽으로 향하고 있었지만, 기이하게도 청교도에게 유대인은 혐오스런 모든 것의 구현으로 비쳤다. 이유는 유대인이 궁정의 총애를 받으며 전쟁 융자와 세금 징수 도급 , 관직 도급 같은 불합리하고 불법적인 일에 전념했기 때문이다.

소명이라는 개념이 이런 식으로 발달함에 따라 현대의 기업인이 놀랄 만큼 깨끗한 양심을 가꾸게 되었고 노동자들도 근면해졌다. 현대 기업인은 직원들에게 소명에 금욕적으로 헌신한 데 대한 임금으로서, 또 자신이 자본주의를 통해서 그들을 무모하게 착취하는 데 협력한 데 대한 임금으로서 영원한 구원이라는 희망을 주었다. 교회의 규율이 현대인에겐 상상이 되지 않을 정도로 생활 전체를 통제하던 시대에, 이 영원한 구원은 오늘날 생각하는 바와 꽤 다른 어떤 실체를 뜻했다.

가톨릭교회와 루터 교회들은 똑같이 교회의 규율을 인정하고 실천했다. 그러나 프로테스탄트의 금욕적인 공동체 안에서 주의 만찬에 허용되는 기준은 다시 사업상의 도의심과 일치하는 윤리적 적절성에 따라 결정되었던 반면, 그 사람의 신앙의 본질에 대해서는 아무도 조사하지 않았다. 자본주의적인 개인들을 낳는 데 필요했던, 무의식적으로 다듬어진 그런 막강한 조직은 다른 교회나 종교에는 결코 존재하지 않았으며, 그런 조직과 비교하면 르네상스가 자본주의를 위해 한 것들은 대단히 초라해진다. 르네상스 시대에 각 분야에서 활동한 전문가들은 기술적인 문제에 빠져 있었으며, 최고 수준의 실험자들이었다. 예술과 채광(採鑛)으로부터 실험은 과학으로 넘어갔다.

그러나 르네상스의 세계관은 인간의 영혼을 종교개혁의 혁신만큼 변화시키지 않았음에도 불구하고 통치자들의 정책에는 영향력을 꽤 많이 행사했다. 16세기와 심지어 17세기 초에 있었던 위대한 과학적 발견들 중에서 거의 전부는 가톨릭교회에 맞서면서 이뤄진 것이었다. 코페르니쿠스(Nicolaus Copernicus)는 가톨릭 신자였던 한편, 루터와 필리프 멜란히톤(Philip Melanchthon)은 그의 발견들을 부정했다. 그러므로 과학적 진보와 프로테스탄티즘을 무조건적으로 동일시하는 일은 절대로 없어야 한다. 정말로, 가톨릭교회는 간혹 과학적 진보를 방해했다. 그러나 프로테스탄트의 금욕적인 종파들도 일상적인 삶의 물질적 필요가 걸린 상황을 제외하고는 과학과 아무런 연결을 보이지 않았다. 한편, 과학이 기술과 경제학에 이바지하도록 자리매김을 한 것은 프로테스탄티즘의 특별한 공헌이다.

현대의 경제적 인간애의 종교적 뿌리는 죽었다. 오늘날 소명이라는 개념은 세상 속에 '무가치한 유물'로 남아 있을 뿐이다. 금욕적

인 신앙심은 버나드 맨더빌(Bernard Mandeville)의 '벌들의 우화'
(Fable of the Bees)에 묘사된 것과 같은, 염세적이지만 절대로 금
욕적이지는 않은 세계관으로 대체되었다. 맨더빌의 작품은 어떤
조건에서는 개인적 악덕이 공중(公衆)에 이로울 수 있다고 가르친
다. 프로테스탄티즘 종파들이 원래 가졌던 금욕적인 신앙심의 잔
재가 완전히 사라짐에 따라, 이해관계들의 조화를 믿었던 계몽운
동의 낙관주의가 경제 사상 분야에 프로테스탄트 금욕주의의 후계
자로 등장했다.

계몽운동은 18세기 말과 19세기 초의 군주들과 정치가, 작가들
의 손을 잡고 이끌었다. 경제적인 윤리학이 금욕적 이상을 배경으
로 생겨났으나, 지금 금욕적 이상은 종교적 중요성을 완전히 상실
하고 말았다. 영원한 행복이라는 약속을 노동 계급에게 제기될 수
있는 한, 노동 계급이 계급의 운명을 받아들이는 것은 가능했다. 그
러나 이 위안이 사라졌을 때, 경제 사회에 긴장과 압박이 등장하는
것은 불가피했으며, 그때 이후로 긴장과 압박은 급속도로 커졌다.
이 지점에 이른 것은 초기 자본주의의 끝, 그러니까 19세기 들어 철
의 시대가 시작되던 때였다.

찾아보기